Le RPR et la construction européenne :
se convertir ou disparaître ?
(1976-2002)

Questions Contemporaines
*Collection dirigée par J.P. Chagnollaud,
B. Péquignot et D. Rolland*

Chômage, exclusion, globalisation... Jamais les « questions contemporaines » n'ont été aussi nombreuses et aussi complexes à appréhender. Le pari de la collection « Questions Contemporaines » est d'offrir un espace de réflexion et de débat à tous ceux, chercheurs, militants ou praticiens, qui osent penser autrement, exprimer des idées neuves et ouvrir de nouvelles pistes à la réflexion collective.

Derniers ouvrages parus

François HULBERT, *Le Pouvoir aux régions, la reconstruction géopolitique du territoire français*, 2010.
Thierry FOUCART, *Démocratie et libéralisme ou les motivations d'un candidat du parti alternative libérale aux élections européennes de 2009*, 2010.
Daniel TREMBLAY, *Un monde transnational est possible. Mutation des frontières internationales*, 2010.
LUONG Cân-Liêm, *Conscience éthique et Esprit démocrate. Essai sur l'harmonie et le politique*, 2010.
Gérard LEFEBVRE, *Quelques considérations sur l'attente*, 2010.
Philippe POITOU, *La misère. Analyse sociologique, philosophique et politique*, 2010.
Claude CEBULA, *Discours sur la guerre ou la fatalité nécessaire*, 2010.
Alain PENVEN, *Ville et coopération sociale*, 2010.
Jean-Pierre GIRAN, *La République impudique*, 2010.
Santiago LOPEZ PETIT, *Aimer et penser. La haine du vouloir vivre*, 2009.
Santiago LOPEZ PETIT, *Horror vacui. La traversée de la Nuit du Siècle*, 2009.
Robert DE ROSA, *Utopie et Franc-Maçonnerie*, 2009.
Éric FERRAND (dir.), *Quelle République pour le XXIe siècle ?*, 2009.
Fred DERVIN et Yasmine ABBAS (dir.), *Technologies numériques du Soi et (co-)constructions identitaires*, 2009.

Bertrand MARICOT

Le RPR et la construction européenne :
se convertir ou disparaître ?
(1976-2002)

© L'HARMATTAN, 2010
5-7, rue de l'École-Polytechnique ; 75005 Paris

http://www.librairieharmattan.com
diffusion.harmattan@wanadoo.fr
harmattan1@wanadoo.fr
ISBN : 978-2-296-11399-2
EAN: 9782296113992

« La vérité historique est souvent une fable convenue », Napoléon.

REMERCIEMENTS

L'auteur remercie pour leur aide technique et documentaire,
le Service de Documentation du RPR,

l'UMP (Union pour un mouvement populaire), pour lui avoir autorisé à reproduire les logos du RPR,

Monsieur Christian JANSSENS (adjoint au Maire de La Madeleine, Nord), pour lui avoir permis de consulter un certain nombre de documents originaux de sa collection privée.

L'auteur remercie également les responsables politiques rencontrés : Jacques Legendre (sénateur du Nord), Christian de la Malène (sénateur de Paris, député européen, conseiller de Paris), Jacques Toubon (ancien ministre, député européen), Alain Juppé (ancien Premier ministre, député, maire de Bordeaux).

L'auteur remercie également la participation de Nomentiana-Paule, son épouse, pour le soutien moral, la grande patience qu'elle a acceptée tout au long de la réalisation de ce travail, et qui lui a permis de retrouver le chemin de la réussite.

L'auteur remercie également tous ceux qui lui ont apporté aide et compréhension.

L'auteur dédie cet humble travail, signe de gratitude et de reconnaissance éternelle, à tous ceux et à toutes celles, qui sont empreints de recherche de la vérité.

INTRODUCTION

Le premier tour de l'élection présidentielle de mai 2002 a créé un « *séisme* » politique. Il laisse en lice, au second tour, Jacques Chirac et Jean-Marie Lepen. Face à cette situation, le président sortant appelle de ses vœux l'union entre le RPR et l'UDF, dans un grand parti et impose la constitution d'une majorité, l'Union pour une Majorité Présidentielle (UMP). Cette union doit le soutenir à sa propre réélection, atténuer les tensions entre le RPR et l'UDF et lui donner une majorité présidentielle pour gouverner. Sa réélection assurée, l'idée se poursuit et se concrétise, en novembre 2002, par la création d'un grand parti de droite, libéral et européen, l'Union Pour un Mouvement Populaire (UMP). Ce parti résulte de la fusion du RPR[1], de Démocratie Libérale et d'une partie de l'UDF[2]. Ainsi, la création d'un parti unique met fin à plus de 25 années de lutte interne, à droite, entre le RPR et l'UDF[3].

Que s'est-il donc passé, entre 1976 et 2002, pour amener le RPR et l'UDF à fusionner en un seul parti, à l'image des grands partis de droite, en Europe ?

En effet, quand Jacques Chirac crée le RPR, le 5 décembre 1976, les objectifs sont clairs. L'UDR est divisée, désemparée, prise entre la légitimité et la fidélité à l'égard du Président de la République, Valéry Giscard d'Estaing, non-gaulliste. Son élection, en 1974, avait mis fin à seize années de présidence gaulliste et avait marqué une « *première forme d'alternance politique* »[4], au sein de la majorité. Dès lors, la création du RPR est le fruit de la « *transformation d'une entreprise politique* »[5], la transformation de l'ancienne UDR dissoute[6] qui doit permettre de reconquérir le pouvoir. Le RPR devient la « *machine RPR* »[7], une machine de guerre électorale. Il rivalise avec la majorité au pouvoir, bien qu'appartenant à cette dernière.

---

[1] Au RPR, Philippe Séguin (ex-président du RPR) et Charles Pasqua ont critiqué la formation de l'UMP. Le 24 avril 2002, lors du bureau politique du RPR, la création de l'Union pour la Majorité Présidentielle est approuvée à l'unanimité, moins l'abstention de Philippe Séguin.
[2] A l'UDF, une partie, derrière François Bayrou, s'est refusée à rejoindre l'UMP.
[3] Voir La charte des valeurs de l'UMP, préambule : le sens de l'union sur le site UMP, http://www.u-m-p.org. Il y est noté que la création de l'UMP « transcende … (les) anciennes frontières… ».
[4] Serge Berstein, René Rémond, Jean-François Sirinelli, *Les années Giscard : Institutions et pratiques politiques 1974-1978,* Fayard, 2003, page 7.
[5] Michel Offerlé, Le RPR, pouvoirs n° 28, pages 5-26.
[6] Source RPR, site internet : http://francepolitique.free.fr/PRPR2.htm. Les nouveaux statuts sont votés à 96.16% pour et Jacques Chirac est élu à la présidence avec 95.56%. Le bureau exécutif du 4 novembre puis le comité central du 28 novembre 1976 approuve les textes constitutifs du nouveau mouvement.
[7] Pierre Cristol, Jean-Yves Lhomeau, *La machine RPR, Collection intervalle,* 1977, 263 pages.

Or, cette élection de 1974 s'inscrivait davantage dans un mouvement de fond, celui d'un possible rééquilibrage, au centre, des forces politiques françaises autour de nouveaux enjeux. Elle met fin à l'affrontement politique qui, depuis la Libération, oppose les communistes aux gaullistes, autour de l'idée de l'Etat-nation, comme espace d'organisation politique. Ainsi, l'élection présidentielle de 1974 est marquée par un autre affrontement, celui des démocrates-chrétiens (Valéry Giscard d'Estaing) et des socialistes[8], où le thème de l'Europe trouve toute sa place. La présidence giscardienne en est le reflet en s'inscrivant dans *« une dynamique forte de construction de l'union européenne, tant en matière institutionnelle qu'économique et monétaire »*[9] et où Valéry Giscard d'Estaing va faire de l'Europe *« le terrain central des affrontements politiques »*[10].

Or, sur l'Europe, le gaullisme défend l'idée d'une Europe des Etats, indépendante et souveraine. En créant le RPR, ses dirigeants se veulent les héritiers de cette pensée politique. C'est sur les bases de cette Europe que le RPR essaie de se différencier au sein de la majorité. Or, en juin 1979, les élections européennes sont un échec pour le RPR. Il arrive en quatrième position. Cette élection donne raison aux giscardiens et montre que seul, le RPR, ne peut reconquérir le pouvoir. L'échec à la présidentielle de 1981 confirme aussi l'hypothèse.

Dès lors, s'il veut revenir au pouvoir, le RPR doit évoluer, mais à quel prix ? Face à cette nouvelle donne politique, le RPR entame une *« mue idéologique »*[11].

A bien des égards, cette fusion des droites, en 2002, a été possible, idéologiquement, autour de la défense d'une Europe supranationale et libérale. Ainsi, parti à la conquête du pouvoir, le RPR finit par fusionner dans un grand parti avec l'adversaire politique d'hier.
Est-ce la conséquence d'une ambition personnelle, celle de Jacques Chirac, dans sa stratégie de conquérir la magistrature suprême ou est-ce le résultat d'une évolution structurelle du RPR et de l'UDF, laquelle a pu faciliter un possible rapprochement des deux formations politiques ?

Il est évident que les échecs de 1979 comme ceux de 1981 ont montré que, pour revenir au pouvoir, le RPR doit évoluer. Dès lors, il doit développer une tactique politique : l'union politique avec l'UDF. Mais, cette union impose, pour l'un comme pour l'autre, des abandons idéologiques, des

---

[8] Voir sur ce point, la contribution de Gilles Richard, « L'élection présidentielle de 1974 : un événement », dans « Les années Giscard : Institutions et pratiques politiques 1974-1978 », Fayard, pages 15-33.
[9] Jean-Pierre Dubois, dans « les années Giscard », page 74.
[10] Serge Berstein, René Rémond, Jean-François Sirinelli, op. cit., page 31.
[11] François Saint-Ouen, Le RPR est-il devenu européen?, dans Revue politique et parlementaire, 90 (933), janvier-février 1988, pp. 51-54.

alignements sur l'Europe, sur le libéralisme... La reconquête du pouvoir appelle la recherche d'un consensus sur l'Europe, de manière à rassembler, pour gagner. Ce choix stratégique amène à faire des alliances, des compromis. Dès lors, il est plus aisé de comprendre la contradiction dans le discours et l'action du RPR. En effet, quelle logique entre l'appel de Cochin de décembre 1978 où Jacques Chirac dénonce le *« parti de l'étranger »* et l'acceptation de l'acte unique de 1987 de nature libérale, la création d'une monnaie unique aux dépens de la monnaie nationale, en 1999, à l'acceptation d'une Constitution européenne, évoquée au Sommet de Laecken, en décembre 2001 ?

Si le RPR évolue idéologiquement et structurellement, des facteurs externes ont facilité son évolution. Des réponses se trouvent dans l'évolution politique, économique, idéologique du monde : la crise économique, la mondialisation, l'émergence des grands ensembles géopolitiques, l'évolution même de la construction européenne ?

En effet, le projet de construction européenne n'est pas nouveau. Il est né du traumatisme de la Seconde Guerre Mondiale. Son objectif, à l'époque, était différent. Il s'inscrivait dans la volonté d'aller vers une organisation de l'Europe de manière à garantir la paix et la stabilité sur le continent. Mais, avec l'affaiblissement des anciennes grandes puissances européennes, la décolonisation et la montée en puissance des deux grands, les Etats-Unis et l'URSS, la construction européenne est perçue comme une nécessité, afin de maintenir des positions. Delà, un débat est né sur l'évolution que doit prendre la construction européenne. Toute avancée est alors perçue comme un pas supplémentaire, vers l'intégration. Dès lors, si l'intégration progresse, qu'elle peut être la marge de manœuvre des Etats ? N'y a-t-il pas un risque de perte de souveraineté ?

Pour l'UDF et une partie du parti socialiste, l'intégration doit être totale. Le stade ultime est le passage à une Fédération qui se doterait d'un gouvernement, d'un parlement. Pour d'autres, elle doit évoluer vers une simple zone de libre-échange, comme le souhaite la Grande Bretagne. Pour d'autres, encore, elle doit se résumer à une association faite de coopération entre les Etats et doit évoluer vers la confédération, comme le souhaitait Charles de Gaulle.

De 1976 à 2002, la construction européenne s'est poursuivie. L'intégration a franchi de nouvelles étapes. Face aux nouvelles difficultés économiques et sociales, les Européens s'unissent davantage. Ce renforcement donne naissance au SME, en 1979, lequel stabilise les monnaies, sous la présidence giscardienne. En 1984, la construction européenne est relancée, grâce à des circonstances favorables, sous l'impulsion de Jacques Delors. Elle est permise grâce à l'unanimité trouvée autour de l'économique. En 1986, c'est la signature d'un nouveau traité, l'acte unique. Il permet de réaliser un espace économique unifié : le marché unique, pour le 1er janvier 1993. L'acte unique modifie le traité de Rome et permet, après les marchandises, la libre circulation des personnes et des capitaux. Il est l'aboutissement du projet initial et ouvre la voie à l'achèvement du Marché unique.

Sur cette intégration de nature économique, le RPR finit par s'y rallier. Sur le plan institutionnel, les pouvoirs du parlement européen sont étendus, alors que le processus intergouvernemental est atténué par l'introduction de la règle de la majorité qualifiée à la place de l'unanimité, cher aux gaullistes. Mais d'un autre côté, le Conseil européen est consacré, comme le souhaitait le RPR.

Mais, en 1989, l'effondrement du bloc soviétique ouvre d'autres perspectives. La finalité du départ, la coopération qui vise à une articulation des politiques des différents Etats dans quelques domaines, est dépassée par l'accentuation de l'intégration. De cet événement naît, en 1992, le traité de Maastricht. Il voit la Communauté européenne se substituer à la CEE et donne le jour à l'Union européenne. Ainsi, les Européens poursuivent dans le sens d'une union plus accomplie, sur les plans économique et politique. En 1997, le traité d'Amsterdam propose une réforme des institutions pour faire face aux élargissements à l'Est. Il pose le principe de la coopération renforcée, ce qui permet à certains pays d'aller plus loin dans l'union. Il renforce le vote à la majorité. Toutefois, ces deux traités ne permettent pas de choisir entre la voie fédérale ou confédérale. Ils font plutôt la synthèse entre les deux projets. En 2001, le Traité de Nice tente d'y apporter une réponse, par une réforme des institutions.

Si l'élargissement a été une réponse à la crise des années soixante-dix. L'Europe passe des Six de 1957 à neuf en 1973. Puis, en 1981, c'est l'Europe des Dix et en 1986, celle des Douze. Enfin, les élargissements de l'après-1989 sont le signe d'une espérance, l'unification entière du continent européen. C'est aussi une réponse à la crainte de voir une Allemagne renouer avec son passé, à l'Est. En 1995, c'est l'Europe des Quinze (en 2004, celle des Vingt Cinq). Cette situation finie par poser le devenir et la finalité de la construction européenne.

Le pas est franchi, avec l'évocation d'un *« traité constitutionnel »*, par Jacques Chirac, en juin 2000. Cette idée de traité est une réponse aux propositions de Joschka Fischer, du 12 mai 2000. Il appelait à passer *« de la confédération à la fédération »*, à l'achèvement de l'intégration, la rédaction d'une constitution… Jacques Chirac tout en rejetant l'idée de *« super-Etat »* tranche avec les positions passées de la France. Il souhaite la clarification des compétences entre l'Union et les Etats, selon le respect du principe de subsidiarité. Il est davantage favorable à l'idée d'une Union des Etats-

nations. D'autres, comme Jacques Delors ou Lionel Jospin, évoquent alors davantage l'idée d'une « *Fédération d'Etats-nations* ».
Face à ces évolutions sur la construction européenne, une union intégrée, le RPR a du se positionner ?

Or, si à ses débuts, la construction européenne n'est que l'affaire des politiques et des élites économiques, au fur et à mesure du temps, elle devient un enjeu politique.
Ce nouveau pouvoir européen, aux nouvelles prérogatives, devient un enjeu du débat politique et un enjeu de pouvoir. Tout parti de gouvernement se doit d'intégrer cette nouvelle donne politique, à savoir la nature que doit prendre cette organisation politique. L'Europe devient aussi un élément d'appréciation d'un futur président. Ainsi, il faut apparaître comme un européen. Il devient délicat d'éviter l'enjeu européen, pour parvenir au pouvoir.

Sur la construction européenne, il existe, au RPR, un certain nombre de personnalités qui s'expriment différemment. Il y a différents cercles de positionnement sur l'Europe : les dirigeants, les groupes parlementaires, les cadres du mouvement, les militants, les électorats, qui, tous, au gré des évolutions, se montrent méfiants, prudents, confiants devant la construction européenne et la direction politique prise par le RPR. Et ce même si le RPR se rassemble sur un corpus commun : l'Europe des Etats, l'Europe de « *l'Atlantique à l'Oural* »… Il y a ceux favorables à une extension des pouvoirs européens et ceux qui entendent sauvegarder les souverainetés nationales.

Mais, parti de conquête du pouvoir, comme tous les grands partis, le RPR doit s'adapter. Ainsi, quand le parti est au pouvoir et qu'il a à choisir, il s'aligne sur l'Europe. Cet alignement donne lieu à des acquiescements, des départs, des éloignements, des tentatives de rénovation, des rapports de force pour conquérir la direction du parti, en espérant des changements, des infléchissements…

Tout ceci amène à s'interroger sur l'influence des hommes, sur leurs prises ou non de position, sur la construction européenne. Une place centrale est occupée par un homme, Jacques Chirac, président du RPR de 1976 à 1995. Incarne-t-il pour autant le leadership au RPR ? Sur l'Europe, ses prises de position sont des plus paradoxales. Cependant, devant la réalité européenne, son positionnement pragmatique, depuis un certain nombre d'années, montre un engagement européen et une certaine continuité dans sa pensée. Mais, a-t-il une mainmise suffisante, sur le RPR, pour le faire accepter des évolutions, sans risquer de voir le parti se diviser voire exploser?

Dès lors, dans cette conquête du pouvoir interne et externe, la construction européenne n'est-elle pas « *instrumentalisée* », à des fins politiques ? Si Marie-France Garaud et Pierre Juillet incarnent la phase nationaliste du RPR, jusqu'en 1979, la période qui suit est marquée par la présence d'un Edouard Balladur, d'un Alain Juppé ou d'un Charles Pasqua, Philippe Séguin, Nicolas Sarkozy … Des hommes qui, à un moment ou un autre, influent peu ou prou sur les évolutions du parti et sur les actions de Jacques Chirac.

Si à l'origine, la construction européenne n'a pas véritablement d'impact sur la vie du RPR, tant sa conquête interne mobilise toutes les attentions, c'est, la reconquête du pouvoir qui pousse à des alignements et des acceptations, lesquels sont plus faciles à dénoncer, dans l'opposition. De 1976 à 2002, la présence du RPR aux affaires est réduite à une portion congrue. Il faut attendre, 1995, pour voir son leader, Jacques Chirac accéder à la magistrature suprême. De 1976 à 1995, il ne revient qu'au cours des deux cohabitations, celle de 1986 à 1988 et celle de 1993 à 1995. Finalement, le pouvoir n'est véritablement exercé qu'entre 1995 et 1997.

En effet, de 1997 à 2002, Jacques Chirac connaît une période de cohabitation, avec les socialistes.

Ainsi, le RPR semble sur la période davantage un spectateur qu'un acteur.

Pour voir en quoi, sur la construction européenne, le RPR évolue, il faut dans un premier temps, comprendre la pensée européenne de Charles de Gaulle, des gaullistes et voir quelle Europe ils ont voulu bâtir. C'est sur cet héritage que le RPR se présente aux élections européennes de 1979 en se différenciant d'un Valéry Giscard d'Estaing, favorable à une Europe intégrée. Or, les résultats ne semblent pas être à la hauteur de la situation de reconquête du pouvoir. Le résultat explique une redéfinition des enjeux stratégiques (Première partie).

La volonté de conquête du pouvoir aidé par l'évolution du monde, la mondialisation, l'émergence de grands ensembles politiques et économiques, la situation politique nationale, avec l'arrivée des socialistes, sont autant de défis qui amènent le RPR à se repositionner.

Ainsi, le RPR nuance ses positions, ayant intégré l'idée que la construction européenne peut être un enjeu de la reconquête. La construction européenne devient une arme du débat politique, essentiellement contre le pouvoir en place. Cette période amène le RPR à opérer une *« mue idéologique »* en optant pour certaines stratégies et certains discours comme le discours libéral, facteur de différenciation face à la gauche, mais aussi facteur d'évolution de la pensée des néogaullistes sur la construction européenne essentiellement par l'économie, ce qui facilite un rapprochement avec l'UDF et l'acceptation de l'acte unique, en 1987. Mais, si l'arme du libéralisme économique permet une certaine évolution, les réticences restent fortes sur les évolutions politiques, tout comme les défaites électorales amènent à des remises en cause de ces évolutions. Ainsi, le traité de Maastricht et le débat qu'il entraîne au sujet de sa ratification révèle le fragile consensus interne trouvé au RPR. Il manifeste l'attachement d'une partie du RPR à une conception de l'Europe des Etats. Ainsi, l'acceptation d'abandons purs et simples de souveraineté comme la souveraineté monétaire soulève les réserves du RPR. Des réserves qui se manifestent par des tentatives pour prendre la direction du parti (Deuxième partie).

Dès lors, le RPR doit se positionner clairement face à une construction européenne qui va de plus en plus vers une intégration renforcée. Jusqu'où est-il prêt à aller dans les transferts et les abandons de souveraineté ? Si le traité de Maastricht et la campagne référendaire marquent les divisions du RPR sur la question européenne, sans toutefois aller jusqu'à son explosion. La période qui s'ouvre, avec l'après-Maastricht et jusqu'en 2002, marque l'éclatement du RPR, entre les pro-européens, prêts à accepter les abandons demandés et les « *souverainistes* », farouchement hostiles à toute extension des abandons de souveraineté. Les élections européennes de juin 1999 sonnent le glas de l'unité, du consensus. Les souverainistes quittent le RPR. L'éclatement est donc une période salutaire pour permettre au RPR de clarifier ses idées, sur l'Europe et de se fondre dans un grand parti unique, l'UMP, en 2002 (Troisième partie).

PREMIERE PARTIE :
LA GESTION DE L'HERITAGE EUROPEEN
1976-1979

Projet politique d'organisation du continent européen, la construction européenne amène les partis politiques, à développer et à proposer leur conception sur la future organisation à donner à cet ensemble. Si, à l'origine, tous aspiraient à la paix sur le continent, leurs conceptions divergent et s'affrontent entre une construction supranationale, peu ou prou fédérale ou confédérale.

Le Rassemblement Pour la République n'a pas échappé à ce débat sur la finalité à donner à la construction européenne. Ainsi, il revendique une conception européenne de nature confédérale. Cette conception, il l'a puisé dans les *« valeurs essentielles du gaullisme »*[12]. En effet, cette représentation d'une Europe confédérale se dessine et se précise, durant les années de l'après-guerre. Cette conception n'est expérimentée que lors du retour au pouvoir de Charles de Gaulle et de Georges Pompidou, entre 1958 et 1974. Deux périodes se distinguent. La présidence de Charles de Gaulle (1958-1969) le laisse apparaître comme *« l'un des meilleurs artisans de l'intégration »*[13]. Il accepte le Traité de Rome et se trouve un défenseur de la Politique agricole commune, organisme supranational accompli. Mais, dans le même temps, Charles de Gaulle veut imposer sa *« marque »*[14] à ses partenaires, c'est-à-dire la perspective de voir émerger une Europe politique. Il n'y réussit pas. Cet échec entraîne, de sa part, une volonté de blocage de la construction européenne. Il en est de la *« crise de la chaise vide »*, en 1965 ; le « Compromis de Luxembourg », en 1966 ; le double rejet de l'adhésion britannique. Ce blocage intronise donc la prééminence du vote à l'unanimité et *« officialise »*, dans la pratique, une organisation politique de nature intergouvernementale. Ainsi, quand il quitte le pouvoir, en avril 1969, l'Europe est dans une situation de blocage. Son intransigeance a brisé toute relance de nature supranationale et ce jusqu'aux années 1980. Son départ est alors une occasion pour relancer la construction européenne. Elle trouve une espérance avec l'élection d'un autre gaulliste, Georges Pompidou, lequel lève d'une certaine manière cette hypothèque. Sa présidence de 1969 à 1974 est placée sous le signe du sommet de La Haye de décembre 1969. Mais, sur le fond, la présidence est marquée par une poursuite de la politique

---

[12] Jacques Chirac, *Discours d'Egletons,* 3 octobre 1976, dans *Discours pour la France,* page 24. Parmi ces valeurs, on y trouve la défense de la grandeur de la France, l'indépendance de la nation par rapport aux Etats-Unis, à des organismes comme l'ONU ou l'OTAN, l'économie sociale, c'est-à-dire le refus du libéralisme comme de la lutte des classes.

[13] Marie-Thérèse Bitsch, *Histoire de la construction européenne,* page 135.

[14] Alain Duhamel, *De gaulle-Mitterrand, la trace, la marque,* Flammarion, 1992, 240 pages.

européenne de Charles de Gaulle. Dès lors, elle est davantage marquée par des « *infléchissements* »[15] que par des ruptures.

Ainsi, de 1958 à 1974, les gaullistes ont voulu bâtir une Europe : une Europe politique, une Europe des Etats, une Europe indépendante[16] et européenne. Sur ces bases, il est possible de dresser, un bilan, à la veille de la création du RPR (chapitre 1).

Dès lors, quelle place est faite à l'Europe dans le projet politique de ce nouveau rassemblement ? La récupération de l'héritage européen du gaullisme semble être avant tout une opportunité, un moyen, pour se créer un espace politique, une culture politique. D'autant que sur bien des points, le RPR se trouve en retrait des positions gaulliennes (chapitre 2).

Or, au début des années 1970, l'Europe est en train de devenir un nouvel enjeu des rivalités de pouvoir que se livrent les forces politiques. Elle s'inscrit comme une nouvelle réponse à donner devant les évolutions du monde que marquent la crise économique et monétaire, la crise pétrolière… Si, le paysage politique est dominé, depuis la Libération, par l'affrontement entre les gaullistes et les communistes, autour de la conception de l'Etat-nation, la construction européenne fait « *exploser* » les clivages politiques traditionnels, les représentations mentales et apparaît comme une autre solution aux difficultés, que seuls, les Etats semblent incapables de résoudre.

En effet, tous les partis politiques sont traversés par le débat qui dépasse les ralliements traditionnels. Au Parti Socialiste, « *l'internationalisme prédispose les socialistes à se faire les champions de l'idée européenne* »[17]. Mais l'union de la gauche amène le PS à cadrer ses positions sur celles du Parti Communiste, puissance politique dominante à gauche. Ce dernier est défavorable au Marché commun, à l'inverse du Parti Socialiste. Dès lors, le PS va dénoncer le projet « *néolibéral* » de la construction européenne et son objectif se tourne alors vers la réussite du socialisme, en France, avant de réussir l'Europe. En décembre 1973, François Mitterrand, lors d'un congrès extraordinaire, confirme cette direction, en voulant une Europe socialiste. Il souhaite alors rester sur une ligne proche de la SFIO, alors que le CERES[18] (minoritaire au sein du PS) et une partie de son courant se font critiques par rapport à l'Europe libérale. Mais, avec la demande de davantage de nationalisations comme la volonté de donner plus de pouvoir aux syndicats, cette différence d'appréciation, sur l'Europe, fait, en partie, échouer le

---

[15] Michel Cointet, dans *Georges Pompidou et l'Europe,* contribution : « Georges Pompidou, Charles de Gaulle, les gaullistes et la construction européenne », page 537.
[16] L'idée d'indépendance est à lire au regard des Etats-Unis.
[17] Alfred Grosser, *La IVème République et sa politique extérieure,* Paris, page 118.
[18] Le CERES est fondé, en 1966, par Jean-Pierre Chevènement, Georges Sarre et Didier Motchane.

programme commun de la gauche en 1977-78. D'autre part, le PS rejette le SME alors que l'un des initiateurs est Helmut Schmidt, Chancelier social-démocrate allemand. Cette division à gauche amène, en 1980, le projet socialiste à une stratégie de rupture avec le capitalisme. Mais, si la gauche est divisée sur l'Europe, la majorité l'est tout autant.

C'est dans ce contexte de recomposition du paysage politique que sont organisées les premières élections européennes au suffrage universel, en juin 1979.

A gauche, la vision socialiste l'emporte sur la conception européenne des communistes. A droite, les conceptions du Président Valéry Giscard d'Estaing semblent être en phase avec les attentes des Français à la différence des conceptions défendues par le RPR d'une Europe des Etats, indépendante des Etats-Unis. Cette situation amène le RPR, à devoir soit resté sur ses conceptions européennes soit à évoluer (chapitre 3).

Chapitre 1 :
Quelle Europe, les gaullistes ont-ils bâti, à la veille de la création du Rassemblement Pour la République ?

1 Construire une Europe des Etats, un projet européen confédéral

Le projet politique gaulliste vise à instaurer une « *Europe des Etats* »[19]. Cette volonté s'exprime dans la pensée de Charles de Gaulle. Quelles en sont les origines? Elles se lisent au miroir de la conception de l'Etat-nation.

1.1 : D'une « certaine idée de la France »[20]

Un certain nombre de « *principes* »[21] inspirent la conception de la nation de Charles de Gaulle : « *le rang, l'indépendance, la paix, le primat de la défense nationale* ». En effet, Charles de Gaulle pense que « *seules les nations constituent le véritable moteur de l'histoire* »[22]. De ce sentiment, il développe une conception politique dont les nations sont le primat, les seules « *réalités* » qui vaillent. Dès lors, tout ce qui amène « *à rendre la Nation, vulnérable, à la dévitaliser, à la dissoudre, à l'intégrer ou à la désintégrer* »[23] est mauvais. Il refuse que la nation devienne un « *sous-produit* »[24].

Quant à la nation française, il lui réserve une place de choix en ne la concevant pas « *sans la grandeur* »[25]. Ce sentiment nourrit toute son action politique. Une « *grandeur* » qui, pour lui, a un prix, celui de l'indépendance. Il s'exprime dans l'expression de la « *nation aux mains libres* »[26]. Mais, comment mettre en action cette politique de la grandeur? Si, un temps, Charles de Gaulle pense s'appuyer sur l'Empire, la décolonisation et l'indépendance de l'Algérie contrarient ses projets. Dès lors, la construction européenne va devenir un substitut à l'empire. Elle va devenir le « *nouveau*

---

[19] Voir le site http://gaullisme.free.fr/GEIIAReorienter.htm, deuxième partie : la doctrine européenne gaulliste.
[20] Charles de Gaulle, *Mémoires,* page 1.
[21] Jean Touchard, *Le gaullisme 1940-1966,* page 197.
[22] Charles Melchior de Molènes, *L'Europe et le général,* cité dans *l'Europe et formation,* septembre-octobre 1965, numéro 66/67.
[23] Edmond Jouve, *Le général Charles de Gaulle et la construction de l'Europe (1940-1966),* tome I, Paris, 1967, page 44.
[24] Edmond Jouve, Ibid., page 44.
[25] Charles de Gaulle, *Mémoires de guerre, l'Appel,* tome I, page 1.
[26] Elie Barnavi et Saül Friedländer (sous la direction), *La Politique étrangère du général Charles de Gaulle,* Paris, PUF, 1985.

levier pour accéder à la grandeur »[27]. Un *« multiplicateur de puissance »*[28] qui doit permettre à la France de maintenir son rang de grande puissance. Ainsi, pour lui, *« l'Europe ne se fera pas, si la France n'en prend pas la tête »*[29], si elle n'en est pas *« le centre physique et moral »*[30]. L'Europe doit être *« à l'avantage de la France »*[31]. Ainsi, l'Europe qu'il ambitionne s'exprime au regard de l'image qu'il a de la France, une certaine idée de la France.

1.2 : *« Une certaine idée de l'Europe »*

Sur l'Europe, sa pensée a évolué depuis la guerre[32]. Ainsi, est-il délicat de qualifier sa pensée européenne de *« doctrine »*[33]. Cette acception est développée par Guy Sabatier, ancien gaulliste. Cela supposerait qu'elle soit figée dans le temps et que toute évolution soit perçue comme une dérive. Or, sur l'Europe, sa conception a évolué.

Sa vision de la construction européenne se lit au regard du concept de l'Etat-nation. Dès lors, un certain nombre de principes doivent s'appliquer. Sur ce point, il y a une *« fixité »* dans la pensée européenne gaullienne. En effet, elle est très exigeante sur la notion de nation et de souveraineté. Or, quelle place peut-il être fait à la nation, dans une construction européenne qui suppose le rapprochement, l'union des Etats européens, et qui suppose des transferts de souveraineté?

Son projet s'appuie sur une vision cohérente celle d'une Europe des Etats à bâtir. Une Europe qui serait de nature confédérale. En effet, il préconise la coopération comme fondement de cette Europe. Un rapprochement entre les états qui ne doit pas porter atteinte à leur souveraineté, ni à leurs identités nationales. En effet, il est davantage favorable à *« l'alliance des Etats libres de l'Europe »*[34] qu'à une *« fusion intolérable et impraticable »*[35], c'est à dire,

---

[27] Marie-Thérèse Bitsch, *Histoire de la construction européenne,* page 136.
[28] Philippe Moreau-Defarge, *Introduction à la géopolitique,* Inédit Essais, Seuil, page 203.
[29] Charles de Gaulle, *Discours au Vélodrome d'Hiver,* 1 février 1950.
[30] Charles de Gaulle, *Discours de Marseille, Assises nationales du RPF,* 17 avril 1948.
[31] Charles de Gaulle, *Discours de Limoges,* 20 mai 1962.
[32] Edmond Jouve, op. cit., tome 1, 881 pages.
[33] Guy Sabatier, Philippe Ragueneau, *Le dictionnaire du gaullisme,* chapitre sur la doctrine politique, pages 189-326.
[34] Charles de Gaulle, *Conférence de presse à l'hôtel Continental,* 25 février 1953.
[35] Charles de Gaulle, Ibid..

pour lui, une Europe supranationale ou fédérale.

C'est pourquoi, la confédération a sa préférence. Il ne veut qu'une alliance entre plusieurs Etats qui se concrétise par des traités, de nature économique ou militaire. Pour lui, cette conception de l'unité réside dans le fait que les Etats conservent une autonomie et peuvent se retirer. Dès lors, cette construction confédérale serait chapeautée par un organisme central, lequel ne disposerait pas du pouvoir exécutif. Quant aux décisions, il souhaite qu'elles se prennent à l'unanimité, ce qui permet à chaque Etat de disposer librement de sa souveraineté, grâce au droit de veto utilisé, quand les Etats jugent leurs intérêts essentiels menacés. Ainsi, cette structure développerait un aspect intergouvernemental des institutions. Cette structure confédérale développe ainsi un aspect intergouvernemental des institutions.

Sa conception se différencie de la vision d'une Europe intégrée, supranationale, voulue par les Pères fondateurs comme Jean Monnet. En effet, dans ce modèle, plusieurs Etats décident volontairement de céder une partie de leur souveraineté à une autorité supérieure, l'Etat fédéral, et ce même si, une certaine autonomie existe dans certains domaines.

Or, à l'époque, la question de la finalité de la construction européenne, une confédération ou une fédération, ne se pose pas en ces termes. Le débat tourne davantage sur la nature des institutions supranationales à accepter ou à refuser.

En effet, la supranationalité est une situation intermédiaire qui, sans aller, vers la fédération, permet une forme d'intégration. Elle respecte les souverainetés étatiques grâce aux acceptations volontaires de délégation de souveraineté à l'échelon européen, et ce, à partir du moment où ces transferts servent les intérêts des nations, à l'exemple de la PAC. Cependant, son idée de la construction européenne apparaît ambiguë.

1.3 : Une construction européenne ambiguë ?

En effet, sous la Quatrième République, Charles de Gaulle ne semble pas opposé au principe d'une construction d'une Europe supranationale[36]. Il exprime simplement des réserves sur le rôle du Conseil de l'Europe. Il estime qu'il a des « *manquements* ». Ainsi, pour « *l'unité* » de l'Europe, il préfère la mise en place d'un « *organisme commun* » ayant « *la forme d'une confédération* »[37]. Pour que soit réalisée « *l'unification* », il propose des

---

[36] Voir le site http://gaullisme.free.fr/GEIAParenthese.htm : première partie : gérer la construction européenne des autres.
[37] Charles de Gaulle, Conférence de presse à l'hôtel Continental, 25 février 1953.

délégations de souveraineté dans des domaines qui peuvent aller aussi loin que la *« défense…, la monnaie… »*[38]. Ses propos permettent de penser qu'il n'est pas hostile à une délégation de pouvoirs[39]. Mais, son propos répond davantage à une période de balbutiement européen.

En effet, il utilise indifféremment les termes de fédération et de confédération[40]. Ce n'est qu'avec le temps qu'il finit par refuser le partage de la souveraineté, dans certains domaines. Cette phase de coopération acceptée trouve des limites. Il s'oppose à la CECA ou à la Communauté Européenne de Défense[41], en 1954. Ces deux épisodes marquent la période du *« gaullisme d'opposition »*[42] et permettent d'établir certaines limites à ne pas franchir au niveau européen où le partage de la souveraineté militaire est refusé. Ces manifestations marquent l'hostilité de de Gaulle et des gaullistes à toute *« amputation de la souveraineté du pays au bénéfice de quelque organisation supranationale »*[43]. C'est le rejet d'une construction politique de l'Europe sur le modèle fédéral. Ainsi, toute idée de délégation de pouvoir exercée par un organisme indépendant des pouvoirs nationaux est rejetée. Mais, en 1958, quand il revient au pouvoir, il accepte une Europe économique qui impose le partage de la souveraineté. Il accepte le traité de Rome du 25 mars 1957, qui institue la CEE (Communauté Economique Européenne) et la Communauté européenne de l'énergie atomique (Euratom).

Ainsi, contrairement aux idées reçues, Charles de Gaulle ne remet pas en cause le Traité de Rome qui doit entrer en vigueur le 1er janvier 1959. Il ne recourt pas aux *« clauses de sauvegarde »*[44] comme le lui suggérait, en particulier, son Ministre des Finances, Antoine Pinay. Il confirme *« le choix européen de la France »*[45]. Sans doute, cette décision lui est dictée par son souci de respecter les engagements passés par la France. Il accepte l'Europe libérale, l'installation d'une économie de marché, facteur positif de concurrence et de modernisation des entreprises françaises[46].

---

[38] *Commission du Conseil de direction du RPF,* le 7 août 1949.
[39] Marie-Thérèse Bitsch, page 135.
[40] Conférence de presse, tenue au Palais d'Orsay, 21 décembre 1951.
[41] Jean Charlot, *Le gaullisme d'opposition 1946-1985,* pages 304-312. Voir, le site http://gaullisme.free.fr, la querelle de la communauté européenne de défense (CED).
[42] Jean Charlot, Ibid., pages 304-312.
[43] Paul-Marie de La Gorce, *De Gaulle,* page 1093.
[44] A. Fabre-Luce, *Le plus illustre des Français,* Julliard, 1962, p. 200.
[45] Maurice Vaïsse, *La grandeur. Politique étrangère du général de Gaulle 1958-1969,* pages 162-224.
[46] http://gaullisme.free.fr/GEIBAcception.htm, l'Europe des intérêts nationaux : 1958-1969.

1.4 : Une Europe politique : Une Europe des Etats, indépendante et « européenne »

Charles de Gaulle imagine surtout une « *Europe des Etats* » qui se base sur des « *réalités* ». Or, pour lui, ces « *réalités* » sont les Etats et « *la réalité, c'est qu'actuellement l'Europe se compose de nations* »[47]. Ainsi, il considère comme une « *chimère* »[48] toute tentative visant à bâtir une Europe en dehors de cette réalité. Il exclut toute idée d'intégration supranationale car celle-ci entraînerait la dissolution des nations. Comme il le dit « *si vous voulez que les nations s'unissent, ne cherchez pas à les intégrer comme on intègre des marrons dans une purée de marrons* »[49]. Pour que cette « *Europe des peuples et des Etats* » se réalise, il faut que « *ses peuples, dans leur profondeur, décident d'y adhérer* »[50]. C'est pourquoi il est favorable avant tout à une « *confédération* »[51].

D'autre part, il n'imagine pas cette Europe des Etats, sous dépendance. Il rêve d'une « *Europe indépendante* ». C'est dans ce sens qu'il faut comprendre son idée d' « Europe européenne ». Défenseur de l'idée d'indépendance nationale, il se montre hostile à toute forme de supranationalité. Pour lui, cette « *Europe européenne* » doit exister « *par elle-même et pour elle-même* »[52]. Elle doit être capable de « *faire front aux deux mastodontes, les Etats-Unis et la Russie* »[53]. Cette position exprime son idée d'une Europe comme une « *troisième voie* ».

Ce souci d'indépendance l'amène tout naturellement à refuser toute « *intégration* » militaire, au profit d'un « *système d'alliance bilatérale* »[54]. A ce titre, il fera sortir la France du commandement intégré de l'OTAN, le 7 mars 1966. Pour marquer cette indépendance, il va développer toute une politique autour de la force de frappe nucléaire. Ce refus d'intégrer un système militaire trouve réponse dans son idée que la défense ne peut se partager pas. Mais son rejet ne s'inscrit pas dans un refus d'une défense européenne. Il est motivé par le fait que la communauté atlantique est sous dépendance et sous direction américaine, ce qui risquerait d'absorber la

---

[47] Charles de Gaulle, *Conférence de presse à l'hôtel Continental*, 25 février 1953.
[48] Charles de Gaulle, *Conférence de presse au Palais de l'Elysée*, 5 septembre 1960.
[49] Charles de Gaulle, *Mémoires d'Espoir*, page 181.
[50] Charles de Gaulle, *Conférence de presse au Palais d'Orsay*, 14 novembre 1949.
[51] Charles de Gaulle, *Discours au Vélodrome d'Hiver*, 23 février 1952.
[52] Charles de Gaulle, *Conférence de presse au Palais de l'Elysée*, 23 juillet 1964.
[53] Charles de Gaulle, *Conférence de presse au Palais de l'Elysée*, 9 septembre 1968.
[54] Frédéric Bozo, *La France et l'OTAN, de la guerre froide au nouvel ordre européen*, Paris, Masson, 1991. Maurice Vaïsse, *Diplomatie et Outil militaire : politique étrangère de la France, 1871-1991*, Le Seuil, « Points-Histoire », 1992, 749 pages.

Communauté de l'Europe. Ainsi, il n'exclut pas l'idée de voir se développer des politiques de coopération en vue de voir une standardisation de certains matériels militaires.

Enfin, son Europe, il la perçoit dans un espace géographique qu'il imagine de *« l'Atlantique à l'Oural »*[55], sans toutefois la confondre avec les frontières de l'URSS. En ce sens, il est en phase avec l'article 237 du Traité de Rome. Dans ce dernier, les Six appellent *« les autres peuples de l'Europe qui partagent leur idéal à s'associer à leur effort »*.

Ces principes montrent tout le paradoxe de la construction européenne voulue par Charles de Gaulle.

En effet, comment peut-on vouloir une *« Europe européenne »* et refuser toute idée de supranationalité, pourtant indispensable pour peser politiquement et diplomatiquement ? Au pouvoir de 1958 à 1969, il essaie de mettre en pratique l'Europe qu'il rêve.

2 De la théorie à la pratique : la politique gaulliste européenne de 1958 à 1969

De 1958 à son départ en avril 1969, Charles de Gaulle va essayer de bâtir l'Europe qui souhaite, une Europe des Etats. Cette conception résulte aussi des circonstances. En effet, la conjoncture l'oblige à la *« reconversion européenne »*[56]. Confronté à la guerre d'Algérie, à la décolonisation et à des difficultés intérieures, il doit repenser sa conception politique de manière à permettre à la France de redevenir une puissance écoutée, respectée. Mais cette ambition ne peut plus passer par la seule conception de l'Etat-nation. En effet, l'Empire ne peut plus lui permettre de recouvrer les moyens de la puissance. Or, durant ses années d'opposition, il n'avait pas épargné la construction européenne par ses positions d'hostilité contre la supranationalité et l'intégration européenne. Quand il revient aux affaires, il doit constater que l'Europe a progressé sur la voie supranationale. S'il ne dénonce pas directement l'idée du Marché commun, c'est Michel Debré, qui le fait, le 19 juillet 1957. Il déclare qu'avec le Marché commun *« ce que l'on vous propose, c'est la disparition de la Nation »*. Son retour inquiète les

---

[55] Charles de Gaulle, *Discours de Strasbourg,* 22 novembre 1959. Conférence de presse au Palais d'Orsay, 16 mars 1950. C'est là qu'il utilise pour la première fois cette expression. Il la réutilise aussi en 1963, et le 4 février 1695 lors d'une conférence de presse. Sur l'interprétation à donner de cette expression, Edmond Jouve, op. cit., chapitre II : La « Grande Europe » : objectif final, pages 145-156.
[56] Jacques Chirac, *Oui, à l'Europe,* Albatros, 1983, page 113.

Européens[57], d'autant plus que Michel Debré va devenir son Premier ministre.

La décennie gaullienne se décompose deux périodes. De 1958 à 1966, la construction européenne, sous l'impulsion de la Commission (organe supranational), voit son pouvoir étendu par le renforcement des institutions supranationales. C'est durant cette période que Charles de Gaulle propose son Europe des Etats. De 1958 à 1962, la présidence gaullienne est riche en initiatives afin d'organiser l'Europe sur ce modèle. Son Europe est en germe lors de deux entrevues. L'entrevue de Colombey[58], en septembre 1958, entre le général de Gaulle et le Chancelier allemand Adenauer. C'est le point de départ d'un axe franco-allemand. Celle de Rambouillet, en juillet 1960, où il lance l'idée d'une nouvelle organisation de l'Europe politique, dans laquelle chaque état conserverait son indépendance. Mais, c'est un échec. Delà débute une phase de blocage jusqu'à son départ. Cette période est marquée par une série de conflits visant à ralentir et bloquer la progression d'une Europe supranationale.

2.1 Les initiatives en matière européenne de 1958 à 1962 : bâtir une Europe des Etats, une Europe confédérale

2.1.1 : Le plan Fouchet

Charles de Gaulle veut donner, à l'Europe, une organisation politique. Il souhaite une union de type confédérale où l'exécutif est délégué au Conseil de l'union européenne, organe intergouvernemental[59] qui statue à l'unanimité. Ainsi, il souhaite que la Commission n'ait plus qu'un rôle d'assistance auprès du Conseil, afin de limiter la voie supranationale.

Au sommet de Paris, les 10 et 11 décembre 1961, l'initiative est lancée par la création d'une commission intergouvernementale. Elle est présidée par un gaulliste, Christian Fouchet[60]. Ce dernier a la charge de proposer une

---

[57] Voir sur ce point, Paul Raynaud, *La politique étrangère du gaullisme*, Julliard, 1964, 269 pages. Il a une vision négative sur la politique gaullienne.
[58] Pierre Maillard, *De Gaulle et l'Europe, entre la nation et Maastricht*, pages 135-168.
[59] Il devient ce conseil de l'union européenne, le conseil européen, en 1975 composé de chefs d'Etat et de gouvernement.
[60] Christian Fouchet a été ambassadeur de France au Danemark de 1958 à 1962. Il a été président de la commission intergouvernementale instituée par le sommet de Paris les 10 et 11février 1961 afin d'élaborer un projet d'union politique européenne.

union politique, en réfléchissant au renforcement de la coopération politique. Son objectif est contenu dans l'article premier qui suggère d'instaurer une *« Union ... fondée sur le respect de la personnalité des peuples et des Etats membres».* Cette organisation doit créer des organismes intergouvernementaux nouveaux. En effet, elle prévoit la réunion des chefs de gouvernement, de trois comités (Comité des ministres des Affaires Etrangères, des ministres de la défense et des ministres de l'Education nationale). D'autre part, elle souhaite que l'Assemblée parlementaire (et non un Parlement européen) soit maintenue avec un rôle consultatif. Ces idées se retrouvent dans son projet, le plan Fouchet.

Ce projet donne lieu à trois versions rendues publiques le 3 novembre 1961, le 13 janvier 1962 et le 18 janvier 1962.

Le plan Fouchet va rester *« la grande occasion européenne manquée de la présidence gaullienne »*[61]. En effet, il échoue sur trois points.

Le premier concerne la place accordée à l'OTAN. La France rejette cette référence dans le plan, à la différence des Belges et des Néerlandais qui auraient préféré faire une place de choix à l'Alliance Atlantique. Dès lors, dans la troisième version, la référence à l'OTAN est supprimée, car elle est devenue une pierre d'achoppement. Pour Charles de Gaulle, cela ne permettait pas l'émergence d'une Europe autonome par rapport aux Etats-Unis.

Le deuxième concerne la réorganisation des institutions. Charles de Gaulle souhaitait une réorientation à caractère intergouvernemental. Il voulait subordonner la Commission aux Etats. Pour lui, *« les organismes supranationaux ... tendent ... à devenir des super-Etats irresponsables... ».* Il proposait de les *« réformer, (les) subordonner aux gouvernements... »*[62]. Ses partenaires refusent cette conception. Ainsi, Paul-Henri Spaak[63] déclare que *« l'Europe sera supranationale ou ne sera pas »*[64]. Les Belges et les Néerlandais auraient préféré voir le vote à la majorité instauré aux dépens du vote à l'unanimité.

Enfin, le projet échoue sur la candidature de la Grande-Bretagne souhaitée par la Belgique et les Pays-Bas. Paul-Henri Spaak résume le dilemme: *« Si vous ne voulez pas l'intégration, alors il faut la Grande*

---

[61] Charles Zorgbibe, *Histoire de la construction européenne,* Paris, PUF, 1997, page 52.
[62] Charles de Gaulle, *Entretien de Rambouillet avec Conrad Adenauer,* 30 juillet 1960.
[63] Député socialiste belge, ministre et président de l'OECE, de l'assemblée commune de la CECA. Il est l'homme de la relance de 1955, secrétaire général de l'OTAN de 1957 à 1961. Il s'oppose farouchement à la politique européenne de Charles de Gaulle. Il développe ses idées dans *« Combats inachevés »* en 1969.
[64] Il fait cette déclaration le 10 janvier 1962.

Bretagne et si vous ne voulez pas de la Grande Bretagne, alors il faut l'intégration ».

C'est donc sur sa finalité que le projet gaullien d'union politique échoue. Si, l'idée d'une Europe politique échoue, à l'inverse, sur le plan économique, le marché commun permet de réussir l'intégration commerciale de la France.

2.1.2 : Le chantier du Marché commun

Si Charles de Gaulle a des positions bien tranchées, il n'en demeure pas moins un pragmatique qui sait être *« à l'écoute du monde environnant ».* Il se laisse *« (influencer) par les événements... »*[65]. C'est pourquoi, il accepte le Traité de Rome. Mais, cette acceptation cache des non-dits. Ainsi, ne déclare-t-il pas que : *« Nous avons fait ... une Communauté économique qui commence à produire ses effets et ce sera, à l'avantage de la France, sans cela nous ne l'aurions pas fait »*[66].

En validant le choix de la France, par continuité de l'Etat, il permet, à la France, de réussir son *« intégration européenne »*[67]. C'est le point de départ d'un projet ambitieux. En effet, le traité de Rome vise à *« abolir entre les Etats tous les obstacles à la libre circulation des biens, des personnes, des services et capitaux »* et de créer une union douanière. Or, pour réaliser cette dernière, il faut instaurer une politique commerciale commune, ce qui suppose une dévolution de la souveraineté nationale à des institutions communes.

L'acceptation du traité de Rome a entraîné une certaine surprise, chez les gaullistes. En effet, comme le dit Pierre Maillard : *« il est peu d'aspects de la pensée du Général qui n'aient suscité plus d'interrogations opposées »*[68].

Mais pour lui, le Traité de Rome n'est pas une réplique de la CECA, organisme supranational, par excellence. A la différence du Plan Schuman de 1947, qui donne à une autorité européenne des pouvoirs qui dépassent les préoccupations nationales, le Traité de Rome ne donne pas un pouvoir de la même ampleur à la Commission de Bruxelles, même si elle est qualifiée d'*« exécutif ».* En acceptant le Traité de Rome, dans sa *« globalité »,* en acceptant le Marché commun industriel, lequel profite à l'Allemagne Fédérale, il s'appuie sur les non-dits des négociations. La PAC en est une illustration. Il interprète le Traité de Rome de manière à faire profiter, à la

---

[65] Pierre Maillard, op. cit., page 9.
[66] Charles de Gaulle, *Discours de Limoges*, 20 mai 1962.
[67] Maurice Vaïsse, *La grandeur. Politique étrangère du général de Gaulle 1958-1969,* page 163.
[68] Pierre Maillard, op. cit., page 9.

France, des avantages de l'Europe, comme l'Allemagne en a profité, sur le plan industriel. Mais, avant d'en venir à la PAC, il faut voir comment l'union douanière est mise en place et quels en sont les résultats.

2.1.3 : L'union douanière à quel prix ?

Pour un homme attaché à la souveraineté, à l'indépendance, l'acceptation du traité de Rome apparaît comme une démarche paradoxale. Or, ce choix est dicté par le fait que la France peut tirer des avantages de ce traité. En effet, il accepte le Traité si, en retour, la France obtient des garanties sur le plan agricole.

Mais, il y voit aussi une opportunité pour « *ouvrir l'économie française à la concurrence internationale* »[69], avec l'idée que ce sera un « *le levier qui peut soulever le monde de nos entreprises, les contraindre à la productivité, les amener à s'assembler, les transformer à la lutte en dehors* »[70]. Pour réussir cette entrée dans le Marché commun, Charles de Gaulle lance alors un plan de redressement économique, le plan Pinay-Rueff en décembre 1958, qui prévoit une lutte contre l'inflation, un assainissement monétaire, la dévaluation du franc de 17.5%, la création d'un « *nouveau franc* ». Le plan entre en vigueur, le 1er janvier 1959. L'union douanière, qui prévoit l'abolition des droits de douane intérieurs et un même tarif extérieur commun, est effective avec un an et demi d'avance sur les prévisions du Traité, le 1er juillet 1968.

2.1.4 : La Politique Agricole Commune[71]

Les gaullistes ne sont pas favorables à la construction européenne quand les nations n'en tirent pas « *un avantage substantiel* »[72]. C'est ainsi qu'ils s'engagent dans la construction européenne avec l'objectif de « *faire de la France la grande puissance agricole de l'Europe* »[73] et faire en sorte que les

---

[69] Alain Prate, *La France en Europe,* page 43.
[70] Charles de Gaulle, *Mémoires d'Espoir,* Tome I, Plon, 1970, page 143.
[71] Voir le site http : gaullisme.free.fr/GEIBLimites.htm, les limites de l'acceptation du traité de Rome : la crise de la chaise vide et le compromis de Luxembourg.
[72] Pierre Maillard, op. cit., 370 pages.
[73] Pierre Coulomb, Hélène Delorme, Bertrand Hervieu, Marcel Jollivet, Philippe Lacombe (sous la direction), *Les agriculteurs et la politique,* Presses de la Fondation Nationale des Sciences Politiques, page 33.

Européens mangent nos « *produits* »[74]. Charles de Gaulle réussit à faire accepter à l'Allemagne l'idée de la « *préférence communautaire* ». En effet, l'agriculture est un secteur spécifique de l'économie française, ils veulent en faire un facteur de la puissance. Ainsi, ils vont être de farouches défenseurs de la Politique Agricole Commune, et ce, même si celle-ci suppose des transferts de souveraineté. C'est le prix de la compensation à la faiblesse industrielle de la France. C'est l'un des paradoxes de la politique gaullienne.

En effet, la PAC est l'élément le plus accompli, sur le plan de l'intégration. En effet, elle permet la libre circulation des produits agricoles entre les Six ; elle organise les marchés par produits et instaure la préférence communautaire et la solidarité financière.

En 1962, la PAC est acquise sous l'influence de Charles de Gaulle[75], au prix de « *marathons agricoles* », ceux de juin 1962, de décembre 63 et de décembre 1964. Grâce à l'Europe et la Politique agricole commune, les structures de l'agriculture vont se moderniser. La France va devenir une grande puissance exportatrice. C'est le prix de compensation à la faiblesse industrielle de la France.

Ainsi, de 1960 à 1965, Charles de Gaulle constate que « *la Commission de Bruxelles ... (a accompli) objectivement des travaux de grande valeur...* »[76].

En ayant accepté des « *délégations* » de souveraineté, dans le domaine économique, il apparaît comme « *l'un des meilleurs artisans de l'intégration* »[77]. Mais, l'échec du plan Fouchet d'une Europe des Etats ouvre une nouvelle période plus difficile. La conférence de presse du 14 janvier 1963 en donne le ton. Elle préfigure les crises à venir. Ainsi, si de 1958 à 1966, l'Europe poursuit dans la voie supranationale, les échecs amènent à une nouvelle attitude contre l'Europe qui se construit.

2.2 : L'offensive contre la supranationalité : 1963-1969

Avec l'échec de l'Europe politique s'ouvre une nouvelle phase dans la politique européenne de Charles de Gaulle. A défaut de voir son Europe se

---

[74] Pierre Maillard, *Charles de Gaulle et l'Allemagne. Le rêve inachevé.* Plon, 1990, page 183.
[75] Charles de Gaulle, *Mémoires d'espoir,* tome II, pages 167 et 186-187. Pierre Gerbet, *La Construction de l'Europe,* Paris, Imprimerie nationale, 1994. Pierre Coulomb, Ibid., (pages 34 et 406).
[76] Charles de Gaulle, *Conférence de presse du Palais de l'Elysée,* 31 janvier 1964.
[77] Marie-Thérèse Bitsch, *Histoire de la construction européenne,* page 135.

concrétiser à Six, il se réfugie autour du couple franco-allemand et il se lance dans une politique de blocage de l'Europe supranationale.

2.2.1 : Le traité de l'Elysée 1963 (22 janvier 1963)

Après l'échec du plan Fouchet, il fait du couple franco-allemand, un « *avatar de son dessein européen* »[78]. Ce traité de l'Elysée s'inscrit comme un substitut au projet d'Europe politique. Il vise à la réalisation de projets communs et une concertation dans les domaines des affaires étrangères, de la défense et des questions culturelles. Ce traité est le point de départ d'une Europe à deux en attendant l'adhésion ultérieure des autres partenaires. Il se réduit au renforcement de la coopération franco-allemande. Par ce traité, Charles de Gaulle manifeste l'idée d'un dessein privilégié entre la France et l'Allemagne, basé sur la « *réconciliation franco-allemande* ». C'est le prélude à la naissance du couple franco-allemand. Toutefois, le préambule additif au traité allemand souligne l'échec de la conception gaulliste de l'Europe politique, comme une troisième voie entre les Etats-Unis et l'URSS. En effet, en octobre 1963, le successeur de Conrad Adenauer, Ludwig Erhard, entérine cet échec en prenant position en faveur de la politique américaine.
La fin de la période gaullienne est donc marquée par des crises.

2.3 : Les crises

2.3.1 : Le compromis de Luxembourg où le refus du vote à la majorité qualifiée

En 1965, Charles de Gaulle entre en conflit avec la Commission européenne sur deux projets de réforme institutionnelle. En effet, le Traité de Rome prévoyait qu'à partir du 1er janvier 1966 le vote passerait à la majorité qualifiée, au sein du Conseil des Ministres, et que, les compétences du Parlement européen et de la Commission européenne seraient renforcées. Or, ces mesures reviennent à renforcer l'aspect supranational. En effet, le traité du 8 avril 1965 établit un Conseil et une Commission uniques et renforce les pouvoirs de la Commission. La réponse gaulliste passe par la « *politique de la chaise vide* » qui va durer jusqu'en 1966. Ainsi, la France cesse de

---

[78] Pierre Maillard, op. cit., page 274.

participer à l'activité et au fonctionnement des communautés. Cette crise se solde par le « *Compromis de Luxembourg* », le 30 janvier 1966, qui consacre la règle de l'unanimité pour les décisions qui touchent aux intérêts nationaux essentiels. Ce compromis souligne la mise au pas de la Commission et marque un coup d'arrêt à la supranationalité. C'est le début d'une réorientation de la construction européenne dans un sens intergouvernemental. D'autre part, dans la défense d'une « *Europe européenne* », il s'oppose à l'adhésion de la Grande Bretagne.

2.3.2 : Le double refus à la Grande Bretagne

Ce double refus de l'adhésion anglaise apparaît paradoxal. En effet, la Grande Bretagne est le seul Etat qui partageait les conceptions d'une Europe des Etats. Ainsi, c'est sans doute dans un souci d'indépendance que Charles de Gaulle s'oppose, par deux fois, à l'entrée de la Grande Bretagne, dans le Marché commun. En effet, il la soupçonne d'être « *attirée par la masse d'outre-Atlantique* »[79] et la qualifie de « *cheval de Troie* » des Etats-Unis. Cette méfiance est renforcée par la signature des accords de Nassau[80] en janvier 1963 entre la Grande Bretagne et les Etats-Unis.

Mais, ses réserves trouvent aussi une explication dans le fait que la Grande Bretagne a une vision essentiellement libre-échangiste de l'Europe et en méprise l'aspect politique. Il pense alors que cette dernière va « *paralyser du dedans* »[81] la Communauté. Ainsi, l'adhésion de la Grande-Bretagne n'est pas conforme aux intérêts français et à l'Europe voulue par Charles de Gaulle. En effet, favorable au libre-échange, elle aurait sans doute remis en cause les acquis de la PAC dont la France profite. Mais, sa nouvelle démarche pose aussi des difficultés sur le plan intérieur.

2.3.3 : La crise de politique intérieure

Sa politique extérieure a des répercussions sur la politique française. Ainsi, suite à l'échec du plan Fouchet visant à une union politique, il rejette

---

[79] Charles de Gaulle, *Discours de Bordeaux,* 25 septembre 1949.
[80] Ces accords portent sur la fourniture de missiles POLARIS au Royaume Uni et le Royaume Uni accepte de n'utiliser sa force nucléaire qu'en accord avec les Américains.
[81] Charles de Gaulle, *Mémoires d'espoir, tome I : Le renouveau 1958-1962,* Plon, 1970-1971, pages 239-240.

l'idée d'Europe « *intégrée* »[82]. Ce rejet est annoncé, lors d'une conférence de presse, le 15 mai 1962. Elle provoque, le jour même, le départ des ministres MRP favorables à l'Europe supranationale. De même, en décembre 1965, l'élection présidentielle donne lieu à une mise au point au sujet de la construction européenne. En effet, Charles de Gaulle est mis en ballotage, au premier tour, le 5 décembre, du fait de la candidature du centriste, Jean Lecanuet, lequel obtient le score de 15.57%. Or, Jean Lecanuet avait reçu le soutien du MRP mais aussi celui du Centre national des indépendants et paysans inquiets de la politique gaullienne, laquelle aurait pu remettre en cause la PAC et tous ces avantages. Dès lors, l'entre-deux tours, amène Charles de Gaulle à réaffirmer que « *l'Europe ne sera pas supranationale* », alors que Jean Lecanuet appelle à voter pour le candidat européen, François Mitterrand.

2.4 : Quels bilans de la présidence gaullienne ?

Par la politique de la « *chaise vide* », par le « *compromis de Luxembourg* », par le double refus de l'adhésion anglaise, Charles de Gaulle cantonne la construction européenne dans les limites du respect des souverainetés nationales. Grâce au principe du vote à l'unanimité, la voie supranationale est rejetée. Il limite ainsi le rôle de la Commission de Bruxelles et du Parlement européen, à qui, il refuse de voir les pouvoirs accrus. Mais sa conception d'une Europe des Etats, reflet de sa fidélité au concept de la nation, n'est pas dans l'esprit de ce que souhaitent ses partenaires européens, attachés au principe de supranationalité, au rêve d'une fédération. Ainsi, sur la construction européenne, le projet de Charles de Gaulle apparaît comme inachevé. Alain Minc voit dans la présidence gaullienne, une « *occasion perdue* » de voir une Europe unie à direction française. Ainsi, à la veille de son départ, en avril 1969, Charles de Gaulle apparaît comme « *un obstacle sur la voie de l'intégration* ». en 1969, l'Europe gaullienne est dans une impasse. N'ayant pu imposer son Europe politique, Charles de Gaulle bloque la construction européenne. Elle devient le champ d'affrontement d'intérêts nationaux où domine l'idée qu'un mauvais compromis vaut mieux qu'un éclatement de l'édifice européen. L'intransigeance gaullienne finit par assombrir les relations franco-allemandes.

---

[82] Charles de Gaulle, *Discours et messages, tome III : Avec le renouveau, mai 1958-juillet 1962,* 1970, Plon, pages 408-409.

Toutefois, malgré ces difficultés, la France gaullienne respecte la réalisation du marché commun, au 1er juillet 1968, même si des dérogations sont demandées sur les produits textiles, l'automobile... Enfin, un autre dessein, celui d'une Europe de l' « *Atlantique à l'Oural* » est repoussé, en août 1968, avec le coup de Prague. L'Europe européenne s'efface alors. Dès lors, quelles perspectives offrent sa démission ?

3 L'infléchissement sous Georges Pompidou 1969-1974 ?

Comment le projet gaulliste européen évolue-t-il sous la présidence de Georges Pompidou. La situation en 1969 est différente de la situation trouvée par Charles de Gaulle, en 1958. Son élection marque un déblocage sur la construction européenne. En effet, pour Georges Pompidou, sa politique européenne s'articule autour de l'idée que la construction européenne est une « *nécessité* » pour la France. Mais, à la différence de Charles de Gaulle, c'est par l'économie qu'il pense qu'elle doit affirmer sa personnalité « *européenne* », indépendante des Etats-Unis. Mais, son élection à la présidence est marquée par des accords avec les alliés politiques. Ainsi, elle est sujette à des concessions sur le plan européen.

3.1 : Une élection présidentielle conditionnée par une relance européenne ?

Son élection est le résultat des promesses formulées lors de la campagne électorale, qu'exprime « *l'ouverture dans la continuité* »[83]. Ainsi, au registre de l'ouverture, non seulement, celle-ci se manifeste par une ouverture politique mais aussi sur un débat sur l'élargissement[84] de la construction européenne.

Si l'ouverture politique vise à un rassemblement des forces politiques de droite et du centre, cette hypothèse suppose une ouverture sur les idées, en particulier sur la question européenne. La composition de son premier gouvernement marque son engagement électoral. En effet, un certain nombre de personnalités acquises à la cause européenne y participe. C'est le cas du

---

[83] Serge Berstein et Jean-Pierre Rioux, *La France de l'expansion, 2, L'apogée Pompidou (1969-1974)*, pages 9-26.
[84] Jacques Rigaud, *Georges Pompidou, les centristes et l'Europe, dans Georges Pompidou et l'Europe*, Edition Complexe, 1995, page 549.

Premier ministre, Jacques Chaban-Delmas, des centristes comme Jacques Duhamel[85], dont le débat[86] avec Georges Pompidou, le 22 mai 1969 a été suivi de son ralliement pour le second tour, tout comme la présence de Maurice Schumann qui hérite des Affaires Etrangères. En effet, ce dernier avait quitté le gouvernement, en mai 1962, suite aux propos tenus par Charles de Gaulle, contre la supranationalité. Ils sont rejoints aussi par les Républicains Indépendants en la personne de Valéry Giscard d'Estaing. Or, cette ouverture n'est pas sans causer d'étonnement chez les gaullistes. Elle crée un *« premier choc »*[87]. En effet, ces derniers avaient joué contre la politique européenne du général. Cette crise d'identité chez les gaullistes se manifeste alors par l'exclusion de Louis Vallon à la fin de l'année 1969 et les départs de Jacques Vendroux, beau-frère du général, et de Christian Fouchet, en 1971. Mais, cette ouverture répondait à des conditions de politique intérieure. D'autre part, sur le plan extérieur, la France était isolée de par ses positions européennes. La présence de ces personnalités doit donner un sentiment de confiance, à l'extérieur.

Ainsi, une fois élu, le 10 juillet 1969, il fait une conférence de presse dans laquelle il expose sa politique et où il prévoit la relance de l'Europe.

3.2 : La relance de la construction européenne : « Achèvement, approfondissement, élargissement »

La relance est annoncée lors de la conférence de La Haye, en décembre 1969. Elle s'exprime dans le triptyque *« achèvement, approfondissement, élargissement »*. Un sommet qui va alors se fixer comme objectif de réaliser une union économique et monétaire à l'aube des années 80, afin de protéger l'acquis communautaire, le marché commun, de la crise économique, de la crise pétrolière et de l'instabilité monétaire.

Par achèvement, il faut entendre le règlement définitif du marché commun agricole. Il est obtenu à partir du 1er janvier 1970, après le « marathon agricole » des 19-22 décembre 1969. Georges Pompidou obtient satisfaction, en échange de quoi, il doit accorder au parlement européen des pouvoirs accrus, en particulier, celui du contrôle, certes limité, du budget. En effet, pour achever ce marché commun, il fallait mettre au point un budget

---

[85] Jacques Rigaud, Ibid., pages 543-554.
[86] Débat entre Georges Pompidou et Jacques Duhamel sur Europe 1, le 22 mai 1969, tiré du Monde daté du 24 mai 1969, cité dans Actes du colloque : Georges Pompidou et l'Europe, page 554.
[87] *Georges Pompidou et l'Europe,* Ibid., page 538.

communautaire destiné essentiellement à la PAC. Ainsi, dès 1975, le contrôle du budget disparaît des prérogatives des parlements nationaux. Avec la disparition des contributions nationales au budget communautaire, le contrôle exercé par les parlements nationaux se substitue à celui du parlement européen Mais, il entend aussi l'extension du Marché commun à d'autres domaines *« techniques, scientifiques, de l'énergie »*, comme à *« la politique financière et monétaire »*[88].

L'approfondissement suppose que la Communauté évolue vers une union européenne, à l'aube des années quatre-vingt. Les troubles monétaires relancent le mouvement vers plus d'Europe. Ils donnent naissance au comité Werner, en mars 1970. Il prévoit une union monétaire qui prendrait le relais de l'union douanière[89]. Il définit aussi l'objectif d'une monnaie commune se substituant aux monnaies nationales. La « tempête » monétaire de 1971 rend cette coopération monétaire[90] nécessaire. Toutefois, si les Cinq sont favorables à cette évolution, de nature supranationale, Georges Pompidou semble réservé et considère ce plan de *« monstrueux »*. Il manifeste son souci de concrétiser d'abord une « union progressive » et une « Europe confédérale »[91]. Ainsi, s'il se montre favorable à la coopération, il se refuse à des transferts de compétence. Il veut une Europe aux assises économiques et monétaires solides comme le montre la création du Serpent monétaire par les accords de Bâle de mars 1972. Cependant, à La Haye, Georges Pompidou s'est montré *« européiste »*[92].

Dans le même esprit, le comité Davignon va présenter des propositions en vue d'un approfondissement dans le cadre de la coopération politique. Certes, ce projet est en deçà du plan Fouchet, mais les Six décident de se consulter sur les questions de politique étrangère. L'objectif vise à parvenir à des positions communes. La coopération va se faire par des réunions semestrielles des ministres des Affaires Etrangères et des réunions trimestrielles en ce qui concerne le comité politique. Ainsi, l'aspect intergouvernemental est maintenu selon la volonté de Georges Pompidou[93]. Mais, dans la pratique, à partir de 1973, ces réunions vont devenir l'apanage des *« sommets »* des chefs d'Etat et de gouvernement.

---

[88] Georges Pompidou, *Conférence de presse*, 10 juillet 1969.
[89] Georges Pompidou, *Entretiens et discours,* tome 2, la conférence de presse du 2 juillet 1970, page 35.
[90] Robert Frank, « Pompidou, le franc et l'Europe », dans Actes du colloque : Georges Pompidou et l'Europe, pages 339-366.
[91] Robert Frank, Ibid., page 352.
[92] Marie-Thérèse Bitsch, « Le sommet de La Haye. L'initiative française, ses finalités et ses limites » dans la Revue d'histoire de l'intégration européenne.
[93] Pierre Gerbet, op. cit., page 76.

Quant à l'élargissement, s'il vise à donner à la construction européenne une réelle dimension, Charles de Gaulle comme Maurice Couve de Murville ont bloqué l'adhésion de la Grande Bretagne. Ils pensaient qu'elle n'aurait pas renforcé la CEE mais, au contraire, elle l'aurait détruite ou l'aurait transformée en une zone de libre-échange. Dès lors que souligne le choix de Georges Pompidou ? Est-ce la conséquence d'une promesse électorale ou d'une décision pragmatique ? Pour Alain Peyrefitte, Georges Pompidou a préféré céder sur l'élargissement plutôt que sur les questions institutionnelles. Ainsi, il résume cette idée : « *l'Angleterre, justement, ne voudra pas de la supranationalité, et sera la garantie que nous pourrons bâtir l'Europe des nations…, et cela nous permettra de bloquer cette marche vers la désintégration* » [94]. Toutefois, la politique européenne de Georges Pompidou reste limitée.

3.3 : Les limites de la politique européenne de Georges Pompidou

3.3.1 : Le référendum d'avril 1972

La Constitution n'obligeait pas le président, Georges Pompidou, à recourir à la procédure du référendum. Seuls quatre Etats sur dix (France, Danemark, Norvège et Irlande) choisissent la ratification des traités d'adhésion par ce procédé. La Norvège, elle, rejettera le traité.

En recourant au référendum, Georges Pompidou demande aux Français d'autoriser la ratification du traité relatif à l'adhésion de la Grande-Bretagne, du Danemark, de l'Irlande et de la Norvège aux Communautés européennes. Par-là, il veut non seulement signifier son engagement européen mais aussi « *sensibiliser* » les Français à la construction européenne[95]. Sur le fond, il voulait ressaisir l'électorat avec l'espoir de recueillir un vote massif, qui aurait pu le renforcer politiquement. Mais, ce référendum a d'autres préoccupations. En effet, la France en ces années 1970 connaît des scandales politiques et la place que prend le Premier ministre, Jacques Chaban-Delmas, inquiète. Politiquement, ce référendum vise donc à renforcer la majorité politique et confirmer la validité de la stratégie d'ouverture (les Républicains Indépendants et les centristes lors de la présidentielle de 1969).

---

[94] Alain Peyrefitte, *actes du colloque Georges Pompidou et l'Europe,* page 254 et page 541.
[95] Françoise Descaumont, *Le référendum du 23 avril 1972,* acte du colloque pages 583-599.

Les résultats ne sont pas à la hauteur des espérances. Si, le *« oui »* l'emporte avec 68,31%, ce pourcentage ne représente que 36,37% des inscrits. L'abstention n'a jamais été aussi forte, 39,75%. Le résultat est décevant[96] d'autant plus que l'électorat européen, essentiellement socialiste, prône l'abstention. Seuls les communistes appellent à voter pour le *« non »*. Quant à l'électorat présidentiel, force est de constater la *« défaillance d'un quart environ des électeurs »*[97]. Et ce malgré les propos du président sur l'idée que « nous voulons que la France entre dans l'Europe en tant que nation, …, capable d'y défendre ses intérêts et d'y mettre sa marque » ou encore *« la construction européenne n'est pas pour la France le début de la démission*[98] *»*.

Cette *« contre-performance »* a des conséquences sur la politique intérieure. Elle sonne le glas du rassemblement des gaullistes en vue des prochaines élections législatives et amène à un changement de gouvernement. Pierre Messmer, ancien collaborateur de Charles de Gaulle, est nommé Premier ministre, alors qu'Alain Peyrefitte est remplacé, au secrétariat général de l'UDR, par René Tomasini. Dès lors, quel avenir pour l'ouverture politique ?

Les élections législatives de 1973 confirment la tendance. La majorité se maintient grâce à l'unité[99] et l'entrée au gouvernement de Jean Lecanuet (centriste). Cette ouverture irrite les gaullistes. Le départ de Michel Debré qui n'a pu obtenir le poste de ministre des Finances ne les rassure pas, tout comme l'arrivée de Michel Poniatowski. Cet agacement se manifeste dans les propos d'Alexandre Sanguinetti, secrétaire général adjoint du parti gaulliste qui déclare : *« l'Ouverture ne doit pas être l'effacement du gaullisme au profit de ceux qu'il a battus »*[100]. En octobre 1973, Alexandre Sanguinetti est élu secrétaire général de l'UDR contre André Fanton. Enfin aux assises de Nantes de l'UDR, les 17 et 18 novembre 1973, si le Congrès ovationne Michel Debré, Jacques Chaban-Delmas est intronisé comme candidat potentiel à l'Elysée. Mais, l'ouverture entamée par Georges Pompidou trouve sa consécration avec la victoire en 1974 d'un républicain indépendant, Valéry Giscard d'Estaing, sur un gaulliste, Jacques Chaban-Delmas.

---

[96] Danielle Bahu-Leyser, « les Français et l'Europe, au temps de la Présidence de Georges Pompidou », dans Georges Pompidou et l'Europe, pages 616-625.
[97] Colloque, page 538.
[98] Georges Pompidou, *Discours de Nancy,* 13 avril 1972.
[99] Serge Berstein et Jean-Pierre Rioux, *La France de l'expansion, 2. L'apogée Pompidou (1969-1974),* pages 100-113.
[100] Ibid., page 116.

3.3.2 : Un bilan mitigé ?

Au regard des enquêtes d'opinion, quelle image donnent les deux présidences gaullistes de 1958 à 1974? A 75%, les Français, en avril 1968, laissent penser que la politique étrangère de Charles de Gaulle a permis, à la France, de gagner en influence, alors que celle de Georges Pompidou, n'obtient que 59% d'avis, en ce sens. Par rapport à la Grande Bretagne, 45% des Français pensent que Georges Pompidou s'est davantage rapproché des anglo-saxons que Charles de Gaulle (40%[101]).

Quant aux gaullistes eux-mêmes, qu'en pensent-ils ? Le départ de Charles de Gaulle a créé une émotion chez ceux qui se réclament de son héritage. L'élection de Georges Pompidou ne dissipe pas les inquiétudes. En effet, le premier gouvernement, par engagement politique, a vu l'entrée de ministres centristes (René Pleven, Jacques Duhamel, Joseph Fontanet). D'autre part, Georges Pompidou a confirmé un engagement européen au sommet de Paris en octobre 1969 et la conférence de La Haye en décembre 1969. Enfin, l'entrée de la Grande Bretagne constitue, par rapport à la politique de Charles de Gaulle, une rupture. Si ce dernier a pu apparaître comme un frein à la construction européenne, Georges Pompidou rompt avec cette image. Cet événement souligne la réussite la plus importante de la relance de la construction européenne. Au même moment, la construction européenne atteint une certaine maturité que symbolise la PAC, l'union douanière. L'Europe commence à devenir une grande puissance essentiellement commerciale. Toutefois, sur le plan institutionnel, l'évolution est bloquée par la *« crise de la chaise vide »* de 1965 qui renforce l'aspect intergouvernemental aux dépens de l'aspect supranational que soulignent les réunions au sommet.

D'une manière générale, il ressort que la politique de Georges Pompidou s'inscrit dans la continuité de la politique européenne menée par son prédécesseur, même si un certain nombre d' *« infléchissements*[102] *»* sont à souligner, comme l'élargissement à la Grande-Bretagne. En effet, sur le fond, il demeure un adversaire de la supranationalité comme le souligne son refus d'une extension des pouvoirs de la Commission et du parlement européen. De même, il préserve les *« acquis communautaires »,* à l'exemple de la politique agricole. Mais, un certain nombre de domaines ne peuvent que rester dans l'expectative, comme l'Europe monétaire, l'Europe de la

---

[101] Jérôme Jaffré, *Georges Pompidou et les Français à travers les sondages,* dans L'Histoire, n°175, mars 1994.
[102] Jean-Paul Cointet, *Georges Pompidou, Charles de Gaulle, les gaullistes et la construction européenne,* acte de colloque, page 537.

défense, l'Europe de l'énergie. Mais, cela est le reflet d'un comportement, celui de la *« prudence »* face au risque de *« défaire la France »*[103].

En conclusion, à la différence de Charles de Gaulle qui refuse le compromis et préfère le risque d'une crise, Georges Pompidou agit de manière plus pragmatique, tout en restant attaché à une *« Europe des Etats »*[104], à une *« Europe européenne »*[105].

Dès lors, à la veille de la création du RPR, en décembre 1976, sur quel aspect de l'héritage, le RPR s'appuie-t-il ?

---

[103] Pierre-Bernard Cousté et François Visine, *Pompidou et l'Europe,* Librairies Techniques, Paris, 1974, page 2.
[104] Ibid., pages 27-50.
[105] Ibid., pages 51-69.

Chapitre 2 :
De la création du RPR à la recherche d'une identité européenne

1 La création du RPR : le pourquoi ?

1.1 : Se rassembler

La création du RPR s'inscrit dans un contexte de tactique politique. La démission de Jacques Chirac, de son poste de Premier ministre, en août 1976, n'en est que l'une des conséquences. Avec la perte de Matignon, l'UDR se trouve exclue du dernier rouage du pouvoir qu'elle détenait. Dès lors, quelle attitude doit-elle adopter ? Se rallier au Président de la République ou afficher son originalité ? Cette situation n'a pas été tranchée, depuis l'élection présidentielle de 1974. Ainsi, le RPR est une tentative qui vise à clarifier cette situation conflictuelle. Le RPR se veut l'outil stratégique capable à la fois de rassembler la formation gaulliste en mettant un terme aux rivalités internes et la volonté de ramener les *«néogaullistes»* aux plus hautes marches de l'Etat. Telle est l'ambition de Jacques Chirac, quand il appelle au *«rassemblement»*[106]. Mais sur qui et sur quoi peut s'appuyer cette démarche ? Comment cette *« entreprise politique »* peut-elle réussir ?

1.2 : Exister comme force politique

Tout l'enjeu de la création du RPR consiste à perdurer comme force politique. Le RPR doit exister dans un espace politique en se démarquant à la fois de la Gauche[107], par principe, et du *« giscardisme »*[108], lequel apparaît comme une menace[109]. En effet, Valéry Giscard d'Estaing souhaite un rééquilibrage politique au sein de la majorité. Or, comme sous Charles de Gaulle ou Georges Pompidou, le RPR veut apparaître comme la force dominante de la majorité et non une force d'appoint. Cette décision est

---

[106] La Lettre de la Nation, n°473 du vendredi 15 octobre 1976, page 2. Dans la Lettre de la Nation, n°479 du lundi 25 octobre 1976, page 1, le comité central de l'UDR vote à l'unanimité cette décision tout comme la motion visant à convoquer des assises extraordinaires en octobre.
[107] Jean Baudouin, « « gaullisme » et « chiraquisme » : réflexions autour d'un adultère », pp. 53-66, « une mutation thématique spectaculaire », pp. 55-60.
[108] Valéry Giscard d'Estaing, *La démocratie française*.
[109] En riposte à la création du RPR, la création de l'UDF (Union pour la Démocratie Française) est réalisée le 1er février 1978.

approuvée par l'UDR[110], qui valide, aussi, la réforme des statuts devenue nécessaire pour permettre la création du RPR et le « *manifeste du parti* » qui en fixe les objectifs.

En ce sens, il est aisé de comprendre pourquoi le RPR va faire de la victoire électorale, une motivation essentielle. En effet, seule cette dernière peut le crédibiliser et la victoire collective lui permettre de s'affirmer. Dès lors, tout recul électoral va donner lieu à une attention particulière, comme les cantonales de 1976, mais surtout les élections législatives de mars 1978.

Or, si en 1974, la gauche socialiste a perdu la présidentielle, du fait de ses alliances avec le parti communiste ; Depuis cette époque, elle remporte des succès aux cantonales de 1976, aux municipales de 1977 et aux cantonales de mars 1979[111]. Elle est même majoritaire en nombre de voix en 1978[112]. Dans le raisonnement binaire d'un affrontement gauche contre droite. Ces élections intermédiaires sont des révélateurs du résultat possible lors d'une élection présidentielle. Ainsi, l'union est apparue comme le facteur de la victoire en 1969 et en 1974. Mais, Valéry Giscard d'Estaing souhaite un « *recentrage politique* », au centre, à la différence de l'UDR et du RPR, lesquels semblent s'orienter dans la logique d'un affrontement classique, gauche-droite. Dès lors, leur motivation s'inscrit dans la volonté de gagner les élections. Les municipales de 1977 et les cantonales partielles sont donc des occasions de mesurer la rivalité de pouvoir entre le RPR et les partisans du Président. La candidature de Jacques Chirac à la mairie de Paris s'inscrit aussi dans cette logique. En se déclarant candidat à Paris, le 19 janvier 1977, sur les conseils avisés de Pierre Juillet et de Marie-France Garaud, cette candidature vise à déstabiliser le Président. En effet, Jacques Chirac se retrouve en concurrence avec le candidat officiel de l'Elysée, Michel d'Ornano. La presse va qualifier cette élection de « *bataille de Paris* ». Cependant, le 25 mars 1977, Jacques Chirac devient le premier maire de Paris, depuis Jules Ferry. Cette victoire, si elle cache la contre-performance de la droite au niveau national, devient, pour Jacques Chirac, un formidable contre-pouvoir et un tremplin électoral vers l'Elysée. Elle se montre un élément électoral favorable dans la rivalité entre les deux composantes de la

---

[110] La Lettre de la Nation, n°502 du lundi 29 novembre 1976, pp. 1-2. Le Monde du 5-6 décembre 1976, page 12.

[111] Par rapport aux précédentes élections cantonales, le RPR se stabilise avec 12.3% soit une baisse de 0.4% par rapport à la dernière consultation cantonale. L'UDF connaît une forte progression avec 21.1% contre 14.8% aux composantes politiques qui formeront l'UDF. Le Parti Socialiste totalise 26.9% et gagne cinq points. Quant au Parti Communiste, il se stabilise avec 22.4%. Le second tour confire la tendance.

[112] En pourcentage, le PS recueille 24,9% des voix ; l'UDF : 23,8% ; le RPR : 22,8% et le Parti Communiste : 20,6%.

majorité[113]. Fort de ce succès, Jacques Chirac veut faire du RPR le plus important groupe parlementaire au sein de la majorité, à l'issue des élections législatives de mars 1978. Ce pari est gagné. Le RPR reste la première formation de la majorité. Ces élections soulignent une possibilité pour le RPR de maintenir un rapport de force, à son avantage. Or, le président semble ignorer ces résultats.

1.3 : Le gaullisme : l'héritage du RPR ?

Pour y parvenir à ses objectifs, le RPR veut se rassembler sur un message et *se « régénérer idéologiquement »*[114]. Il va développer une « culture politique » qui va lui permettre de définir une *« identité collective »*[115]. Jacques Chirac réunit les conditions pour s'approprier les éléments d'un *« gaullisme partisan »*[116], celui du parti. Ainsi, il veut *« faire du gaullisme une tradition »*[117]. Cette idée était déjà perceptible dans ses propos, quand il déclarait le 10 mars 1975 : qu'*« avant, l'UDR était un élément marginal du gaullisme. Aujourd'hui, c'est l'élément fondamental et vital »*. Toutefois, de quel héritage gaulliste se réclame-t-il ? Les jeunes élus du RPR sont-ils « des héritiers ou des parricides? »[118]. Le « néo-gaullisme » est le qualificatif donné alors au RPR. Pour René Rémond, si *« le temps altère la pureté des filiations »*, *« le néo gaullisme qu'incarne le chiraquisme est un gaullisme rétréci...... »*[119]. Pour d'autres, comme Jean Charbonnel, ancien UDR, *« le parti issu du gaullisme n'est plus gaulliste »*[120]. Enfin, d'autres parlent d'un adultère[121] entre le *« gaullisme »* et le *« chiraquisme »*. En effet, en voulant

---

[113] Elisabeth Duportier, « *Une ou deux droites à Paris ? Les élections municipales de 1977 et la restructuration du bloc conservateur* », Revue française de science politique, 1977, volume 27, numéro 6, pp.848-883.
[114] Serge Berstein (sous la direction), *Les années Giscard, institutions et pratiques politiques 1974-1978*, 2003, page 28.
[115] Serge Berstein (sous la direction), *Les cultures politiques en France*, PAO, Seuil, 412 pages.
[116] Annie Collovald, *Jacques Chirac et le gaullisme,* Belin, 1999, page 81.
[117] Ibid., pp. 101-103.
[118] Jacques Frémontier, dans Pouvoirs, n° 28, pp. 67-75.
[119] René Rémond, *Les droites en France,* Paris, Aubier, 1992, pp. 334-335 et 341. René Rémond, Le Monde du 11 décembre 1976, « la filiation du Rassemblement », pages 1 et 14.
[120] Jean Charbonnel, entretien dans l'Histoire : La droite 1789-1993, 162 (1), 1993, p. 113.
[121] Jean Baudoin, « Gaullisme » et « chiraquisme » : réflexions autour d'un adultère, pages 53-66, dans Pouvoirs, n°28, 1984.

sauver le gaullisme, comme force politique, Jacques Chirac devient davantage un *« « converti » malgré lui à un autre héritage (l'héritage gaullien) qui n'était pas le sien »*[122]. Il devient un héritier beaucoup moins *« décidé à s'emparer de l'héritage gaullien qu'on ne l'imagine »*[123]. Dès lors, il est plus exact de qualifier cette nouvelle formation de « chiraquisme ».

En effet, le RPR ne s'empare pas de tout l'héritage gaulliste. Les objectifs ne sont pas les mêmes. Le « chiraquisme » est avant tout une méthode au service d'une ambition, celle de revenir au pouvoir qui s'appuie sur le concept gaulliste du « rassemblement ». Le RPR renoue aussi avec la tradition d'un gaullisme populaire et social ce qui lui permet de se distinguer du *« programme démagogique de la gauche socialo-communiste »* comme des *« solutions de la droite conservatrice, orthodoxe, classique »*[124]. Ce positionnement vis-à-vis des giscardiens amène alors le RPR à refuser le qualificatif de parti de droite. Un positionnement refusé bien avant la création du RPR. En effet, en 1975, Jacques Chirac soulignait que *« le mouvement gaulliste ne peut pas dans l'avenir être classé à droite »*[125] et s'identifie à d'autres courants politiques européens de *« sensibilité sociale-démocrate »* [126]. Cette idée s'exprime dans l'expression d'un *« véritable travaillisme français »*[127]. En 1978, le refus de ce positionnement est confirmé. En effet, 30% des cadres du RPR se déclarent être de centre-gauche et 52% au centre. Ceux qui se positionnent au centre droit et à droite ne représentent que 18%[128]. Mais, qui peut être intéressé par ce rassemblement ? Va-t-il rassembler seulement autour du gaullisme ou rassembler au-delà ?

1.4 : Les groupes intéressés

Cette *« entreprise collective »*[129] intéresse un certain nombre de groupes qui y voit une occasion d'exister. Mais c'est aussi une occasion pour atténuer les rivalités internes. En effet, la tentative n'est pas nouvelle. En 1994, lors

---

[122] Annie Collovald, op. cit., p. 20.
[123] Ibid..
[124] Jacques Chirac, *Discours de Metz, 20 octobre 1977.*
[125] Jacques Chirac, Le Monde, 1er juillet 1975.
[126] Jacques Chirac, Le Monde, 28 octobre 1977.
[127] Jacques Chirac, *Discours de Metz, 20 octobre 1977.*
[128] Pierre Bréchon, Jacques Derville, Patrick Lecomte, *L'univers idéologique des cadres du RPR,* RFSP, 37 (5), octobre 1987.
[129] Annie Collovald, op. cit., page 48.

de son investiture, Jacques Chirac avait tenté de séduire non seulement l'UDR (organisation politique), mais aussi, ses députés et les barons du gaullisme, dans sa déclaration d'investiture. La signature par Jacques Chirac de la « *déclaration atlantique* » d'Ottawa qui réaffirme des points sensibles aux barons va aussi dans cet objectif.

Ainsi, dès 1974, le contrôle du groupe parlementaire, « *ventre mou de l'UDR* »[130] est réalisé. Ce soutien est acquis car les élus étaient maintenus « *aux arrières du gaullisme* ». Leur soutien marque « *une forme de rupture avec le temps (…) et une forme d'héritage, tant institutionnel qu'idéologique, qui les dessert* »[131]. Ils voient en Jacques Chirac et le RPR, « *une occasion de s'affranchir des barons* » et de « *conserver leur unité et leur existence collective* »[132]. Si, Jacques Chirac gagne leur soutien, il rallie le soutien d'hommes et de femmes restés dans l'ombre du parti.

Ce sont les « seconds » de l'appareil UDR, comme Charles Pasqua ou René Tomasini, sans qui rien n'aurait été possible. Mais, il gagne aussi le soutien de personnalités aux « *positions marginales voire illégitimes* »[133] au sein de l'UDR comme les anciens conseillers politiques de Georges Pompidou, Marie France Garaud et de Pierre Juillet, qualifiés de « *gaullistes d'extrême droite* »[134]. En Jacques Chirac, ils voient celui qui va leur permettre d'en « *finir avec les ministres et leur tutelle* »[135].

Mais, le soutien le plus important va venir des militants. Ils vont, dans cette « entreprise collective », jouer un nouveau rôle. Si, jusque-là la structure des partis gaullistes leur donnait peu de place, hormis leur mobilisation en période électorale, les nouveaux statuts leur offrent une place de choix, celle d'élire le président du RPR. Une élection qui était réservée jusque-là aux barons, aux cercles ministériels, voire au groupe parlementaire. Ils vont pouvoir aussi évoluer dans l'organisation du RPR.

Mais pour capter cette nébuleuse, sur quels messages le RPR va-t-il s'appuyer, et, en particulier, quel message peut-il tenir sur la construction européenne?

---

[130] Alexandre Sanguinetti, 26/06/1974. En effet, dès le mois de juillet, il est désigné comme « animateur de l'UDR » et reçoit le titre de « chef de la majorité représentée et Parlement et au Gouvernement », en septembre 1976 par Claude Labbé, président du groupe à l'Assemblée nationale.
[131] Annie Collovald, op. cit., page 47.
[132] Ibid., page 47.
[133] Ibid., page 47.
[134] Jacques Chaban-Delmas, *Mémoires pour demain*, Flammarion, 1997, page 446.
[135] Annie Collovald, op. cit., page 47.

1.5 : Quel message en général et sur quel message européen en particulier?

Le RPR doit apparaître dans cette conquête du pouvoir comme le « *négatif* » du président Valéry Giscard d'Estaing. Dès lors, sur le plan intérieur, *la « société libérale avancée »*[136] du Président est dénoncée. Un certain nombre de thèmes sont utilisés pour cultiver une différenciation sur la politique économique et financière, la politique militaire ou la politique européenne, avec l'espoir d'en tirer quelque profit.

1.5.1 : Du « manifeste » au discours fondateur du RPR

Le 5 décembre 1976, le « *manifeste* »[137] du RPR et la réforme des statuts sont approuvés à 96.16% des 13726 votants. Jacques Chirac est élu président du RPR, par 96.56% des 11952 votants. Mais sur quel projet, le RPR se construit-il ?

Le manifeste fixe les nouveaux objectifs du RPR. Il expose tout un programme qui s'articule autour de quatre idées. A bien des égards, il fait une large part à un certain nombre de principes hérités du gaullisme : l'indépendance et la liberté. En effet, ces références apparaissent dès le premier thème sur *« une société de liberté »*. Comme pour le gaullisme, le RPR fait de l'indépendance, la condition de la liberté. Le terme revient sept fois. L'indépendance apparaît comme une *« exigence »* dans le domaine des *« institutions »*, celui de la défense grâce à *« la dissuasion nucléaire »* et sur la politique étrangère qui doit refuser *« toute allégeance extérieure »*. Mais, cette indépendance ne peut exister sans une économie forte et un *« développement économique... »*[138] suffisants. Si l'indépendance nationale est jalousement défendue, quelle place est-il fait à la construction européenne ?

Force est de constater que la défense de l'indépendance n'est pas spécifiquement compatible avec l'idée d'une Europe de nature supranationale. Or, sur ce point, le manifeste reste flou. Il ne fait pas référence explicitement à l'Europe confédérale des gaullistes. Tout au plus,

---

[136] Jean-Pierre Dubois, dans « Les années Giscard : Institutions et pratiques politiques 1974-1978 », Fayard, 2003, pages 70-72.
[137] La consultation de ce « manifeste » a été effectuée dans la brochure des Assises de 1979, pages 21-23. Le Monde du 1er décembre 1976, pages 8-9, le manifeste est présenté comme « progressiste ».
[138] Le manifeste du RPR, Annexe 1, dans Premières assises du RPR, 31 mars 1979, page 21. La Lettre de la Nation, n°502 du lundi 29 novembre 1976, page 2.

l'accent est-il mis sur l'idée que la France doit « *participer avec réalisme et activement à l'édifice d'un ensemble uni et fort* »[139]. L'absence à la référence gaulliste d'une Europe confédérale s'explique sans doute dans le souci des fondateurs d'offrir un manifeste sur lequel nombre de personnes peuvent se retrouver. Ainsi, ce manifeste s'inscrit davantage dans une logique de séduction électorale que de conversion idéologique. Qu'en est-il du discours fondateur du RPR.

Si le manifeste pose un certain nombre de principes, le discours fondateur prononcé par Jacques Chirac reprend les mêmes grandes lignes : la défense des « libertés », la volonté de voir se « *développer les responsabilités* »[140] et « *d'abolir les privilèges* »[141] en promouvant la « *démocratie* »[142]. Tout un « *arsenal doctrinal* »[143] est exposé en vue de conquérir le pouvoir. Mais, si la mission est de revenir au pouvoir, ce retour est envisagé dans le cadre de la « *majorité parlementaire* » avec l'intention d' « *agir* », de « *proposer* » et non de « *dénigrer* »[144]. Ainsi, la première mission du RPR est de parvenir à « *la victoire en 1978* »[145]. En clarifiant son action vis-à-vis de la majorité, le RPR souhaite que certaines de ses idées soient « entendues » par le gouvernement et le Président, comme « *les principes d'une démocratie que nous avons en commun* »[146].

Quant à la construction européenne, la référence à une Europe confédérale n'est toujours pas précisée. Cependant, il est possible de la deviner dans le souhait de voir un jour « *l'édification d'un ensemble uni et fort, respectueux de notre souveraineté.....*"[147]. Cet attachement à l'indépendance s'exprime alors dans une expression forte de faire une Europe « *sans défaire la France* »[148], laquelle doit s'appuyer sur « *une économie forte et équilibrée* »[149] et une « *défense efficace* »[150], principes chers au gaullisme…

---

[139] Le manifeste du RPR, Annexe 1, Ibid., page 21.
[140] Discours fondateur prononcé le 5 décembre 1976 à Paris, 9 pages, page 4, trouvé sur le site du RPR : http://www.rpr.org/Evenement/discours. Voir aussi Le Monde du 9 décembre 1976, pages 10-11.
[141] Ibid., page 5.
[142] Ibid., page 6.
[143] Jean-Charles Brisard et Patrice Pinard, *Enquête au cœur du RPR*, édition Jacques Grancher, 1996, p. 24.
[144] Discours fondateur, Ibid., page 7.
[145] Jacques Chirac, Ibid, discours d'Egletons, page 22.
[146] Discours fondateur, Ibid., page 3.
[147] Ibid., page 3.
[148] Ibid., page 3.
[149] Ibid., page 3.
[150] Ibid., page 3.

Ce discours fondateur peut surprendre. En effet, sur bien des points, il est un contre-pied à la politique que Jacques Chirac a mené pendant deux années en qualité de Premier Ministre. En effet, il propose une politique basée sur une « *gestion rigoureuse des fonds publics* », le « *maintien de la valeur de franc..* » et la « *refonte complète* » du système fiscal. Or, à Matignon, sur le plan économique, la relance par la consommation qu'il finit par obtenir, à l'automne 1975, se révèle « *catastrophique* », avec une flambée de l'inflation et un fort déficit de la balance commerciale. D'autre part, c'est sous son gouvernement que le déficit budgétaire a le plus augmenté et que le franc a été dévalué de 17% par rapport au Deutschemark. Cette politique s'oppose à celle qu'il préconisait. Enfin, il appelle au « *rassemblement* » lequel doit dépasser « *les clivages politiques* »[151]. Or, en appelant au « *rassemblement* », il s'oppose directement au Président dont c'est l'une des missions. Mais, ce rassemblement se veut contre le « *socialisme* », le « *programme commun* » et le « *collectivisme à la française* »[152]. Il dénonce aussi tous « *les tenants du totalitarisme* » et « *l'idéologie perverse du fascisme* »[153]. Cette dénonciation de la gauche va lui permettre, après 1981, d'apparaître comme le mieux placé dans la lutte contre cette dernière. En effet, de 1976 à 1981, le RPR dénonce la politique sociale « *pré-socialiste* » menée par Valéry Giscard d'Estaing. Il s'oppose à la réforme des entreprises et la loi sur l'imposition des plus-values, durant cette période.

Ainsi, la création du RPR en se fixant de nouvelles orientations, en allant puiser aux sources du gaullisme, est prête pour entamer la reconquête du pouvoir, en tout cas d'essayer de faire évoluer l'équilibre interne de la majorité en sa faveur. Mais, comment y parvenir ?

1.6 : Se démarquer : être le « *négatif* » du Président

La création du RPR apparaît comme la mise en place d'un contre-pouvoir qui, au fur et à mesure du temps, va s'affirmer et cristalliser contre le chef de l'Etat et son gouvernement. Au fond, le RPR est une « *riposte* » à la « *giscardisation* ». Dès lors, Valéry Giscard d'Estaing est accusé de brader l'indépendance nationale, chère aux gaullistes, à travers la dénonciation de sa politique extérieure et européenne. En se démarquant sur la construction européenne, le RPR manifeste clairement ses intentions. Il identifie clairement l'adversaire le Président, seul à définir la politique extérieure. En

---

[151] Ibid., page 2.
[152] Ibid., page 2.
[153] Ibid., page 7.

effet, Valéry Giscard d'Estaing apparaît « *moins sourcilleux que ses prédécesseurs sur les concepts d'identité et de souveraineté nationale* »[154]. C'est une opportunité pour le RPR. Il se montre alors réservé sur les initiatives européennes présidentielles. Il veut apparaître comme le « négatif » du président. Or, le Président suit l'attitude de ses prédécesseurs. Il déclare, lors d'une conférence de presse, le 15 février 1979, « *je suis responsable de la politique étrangère que je conduis* »[155]. Dès lors, le RPR a tout à gagner en s'opposant, même si son influence est infime, car la politique extérieure est devenue une forme de « pré carré présidentiel ». La construction européenne devient le terrain le plus propice à une différenciation idéologique. Se situant dans la volonté d'incarner le gaullisme européen, le RPR endosse les héritages politiques de ses prédécesseurs, Charles de Gaulle et Georges Pompidou. Il semble que l'enjeu soit avant tout tactique. Il s'agit de rassembler les gaullistes et de faire leur unité. C'est pour cette raison que le RPR n'hésite pas à recourir à la politique du pire en dénonçant la perspective de la mécanique communautaire, l'Europe intégrée. La cristallisation se fait contre toute idée, fut-elle justifiée, de dénoncer tout accroissement de compétences, toute extension de la supranationalité. Jacques Toubon souligne que le RPR, dès ce moment, se positionne « *en retrait par rapport aux différentes initiatives prises* »[156] par le Président en refusant « beaucoup d'éléments qui allaient vers plus d'intégration » comme le « *Système Monétaire Européen* »[157], mais aussi à l'encontre du gouvernement de Raymond Barre en « *matière économique et monétaire* »[158]. Raymond Barre souligne que la contestation n'était pas orientée contre lui en personne mais parce qu'il était « *le Premier ministre de Valéry Giscard d'Estaing* »[159].

Cependant, en reprenant les anathèmes de Charles de Gaulle contre la construction européenne, le RPR est-il dans une optique de conquête du pouvoir ou de rassemblement avant tout des gaullistes ? Jacques Legendre souligne qu'« *à cette époque, la priorité du RPR et de Jacques Chirac n'étaient pas la construction européenne, mais la sauvegarde de l'unité du RPR avant toute chose* »[160].

---

[154] Bruno Bruneteau, *Histoire de l'unification européenne,* Armand Colin, Paris, p. 179.
[155] Le Monde, 17 février 1979.
[156] Entretien avec Jacques Toubon du 27 novembre 2001.
[157] Ibid.
[158] Ibid.
[159] Raymond Barre, *Mémoires,* page 151.
[160] Entretien avec Jacques Legendre du 13 juillet 2000.

Ainsi, de 1976 à 1979, si la priorité est à la sauvegarde de l'unité, tout ce qui peut la renforcer est utilisé. Ainsi, l'Europe devient une arme de la différenciation et une marque de l'unité du RPR.

2 La construction européenne : une arme de la différenciation ?

2.1 : Les initiatives giscardiennes en matière européenne

A l'instar de ses prédécesseurs, Valéry Giscard d'Estaing est un *« Européen convaincu »* et *« déterminé »*[161]. Il souhaite accélérer le processus européen, car il pense que la place de la France n'est plus celle de l'après-1945, du fait, de l'interdépendance croissante des affaires internationales. Il défend alors l'idée des Etats-Unis d'Europe et se montre un partisan d'une « troisième voie », entre une Europe des Etats et une Europe supranationale. Cependant, il reste favorable à une Europe de nature confédérale qui soit un tremplin de la puissance française et qui lui permette de *« se faire entendre »*[162]. Il ne remet pas en cause *« l'importance de l'indépendance nationale française »*[163]. Cette volonté européenne se distingue, cependant de celle de ses prédécesseurs. Le septennat est marqué par des avancées en matière européenne, qui s'inscrivent dans sa volonté annoncée lors de sa candidature d' *« atteindre en 1980 l'objectif essentiel de l'union politique de l'Europe »*[164]. Dans « Démocratie française », il évoque l'idée de *« mener à son terme l'union économique et monétaire, selon les termes du traité de Rome »*[165], de *« faire progresser le fonctionnement confédéral de l'Union européenne »*, qui repose sur les *« décisions des gouvernements et des parlements nationaux, seuls à même d'organiser l'union confédérale de l'Europe »*[166]. En ce sens, il semble favorable au maintien de la règle de l'unanimité et refuse l'extension des pouvoirs du parlement européen. Toutefois, sa véritable pensée va s'exprimer avec le

---

[161] Raymond Barre, *Entretien, Mémoire vivante*, Flammarion histoire, 2001, page 140.
[162] Toinet, « Valéry Giscard d'Estaing, page 125.
[163] Alfred Grosser, *Affaires extérieures. La politique de la France 1944-1989*, Paris, Flammarion, 1989, page 259.
[164] Valéry Giscard d'Estaing, *Le pouvoir et la vie*, II : l'affrontement, page 67.
[165] Valéry Giscard d'Estaing, *Démocratie française*, page 162.
[166] Ibid., page 163.

temps et les circonstances, en particulier après le départ de Jacques Chirac. Ainsi, la première moitié du septennat s'inscrit dans cette démarche.

En décembre 1974, au Sommet européen de Paris, il réussit à mettre en place le Conseil européen[167] et l'organisation de réunions de sommets européens. Sa démarche s'inscrit dans la lignée du rapport Davignon de 1970 sur la coopération dans le domaine de la politique étrangère. C'est une avancée importante car, cette proposition a été refusée à Charles de Gaulle et Georges Pompidou. L'UDR ne peut que se satisfaire de cette décision qui renforce la coopération entre les Etats et rappelle le projet de Charles de Gaulle de 1961. Ce Conseil européen va devenir le *« véritable centre de décision politique »,* capable de donner les impulsions et de fixer les grandes orientations pour la coopération politique au détriment du conseil des Ministres. Ainsi, c'est lors de ces réunions de chefs d'Etat que vont se définir la politique européenne.

Le Sommet de Paris envisage aussi la création d'une union européenne qui avait été prévue pour 1972. Cette dernière donne lieu au rapport Tindemans, lequel propose d'élargir les pouvoirs communautaires. Rendu public au Conseil Européen du 29 décembre 1975, ce rapport reste lettre morte.

Sur le fond, *« la politique étrangère giscardienne (est) surtout marquée par la continuité des politiques précédentes »*[168]. En effet, avec le conseil européen, l'aspect confédéral de l'Europe est renforcé. C'est un *« véritable progrès vers la construction d'une Europe véritable »*[169]. Or, en renforçant l'aspect confédéral, la volonté de démocratisation des institutions communautaires s'éloigne. Pour remédier à cette dérive, Valéry Giscard d'Estaing accepte le principe d'une élection du parlement européen au suffrage universel direct. Ainsi, derrière cette idée, il y a la volonté de susciter l'intérêt pour la chose européenne auprès de l'électorat et de faire sortir l'Europe de la sphère de quelques initiés et des politiques. Sur ce point, il se distingue de ses prédécesseurs qui l'ont refusé. Mais, ce choix répond aussi à une autre préoccupation. En effet, le Conseil des ministres semble paralysé par le recours à l'unanimité. Ce frein amène Valéry Giscard d'Estaing à voir appliquer plus fréquemment le vote à la majorité.

---

[167] Or, le traité de Rome a ignoré le conseil européen, qui est l'appellation officielle de la réunion des chefs d'Etat et de gouvernement.
[168] Charles Hargrove, *Valéry Giscard d'Estaing,* page 119 ; Frédéric Bozo, *La politique étrangère de la France depuis 1945,* Paris, La Découverte et Syros, 1997, page 70.
[169] Charles Zorgbibe, *Histoire de la construction européenne,* 1997, page 173.

En juin 1976, le sommet de Bruxelles de juin 1976 arrête le principe de l'élection européenne du Parlement européen au suffrage universel. L'acte institutionnel[170] est signé en septembre 1976.

Ainsi, il souhaite dépasser l'Europe des Etats sans aller jusqu'à une Europe supranationale. En effet, selon lui, la question de la supranationalité est secondaire si la coopération entre les gouvernements est effective. C'est cette conviction qui l'amène à donner son aval à l'accroissement du pouvoir du Parlement Européen[171]. Il accepte non seulement l'augmentation de ses pouvoirs budgétaires mais aussi son élection en échange de la reconnaissance des réunions qui institutionnaliseront le conseil européen.

Ces évolutions, entamées sous Valéry Giscard d'Estaing, bouleversent les bases de l'architecture de la communauté européenne. Ainsi, le Conseil européen devient l'organe suprême de décision, l'élection du Parlement européen au suffrage universel devient le prélude à une extension de ses pouvoirs, de ses compétences, un pas vers la supranationalité. Enfin, la fin du septennat s'ouvre sur deux initiatives : le Système Monétaire Européen et les élargissements de la Communauté.

En juillet 1978, le conseil européen de Brême décide la création du système monétaire européen[172], la création de l'Ecu, la suppression des montants compensatoires monétaires. Tout ceci préfigure la future union économique et monétaire. En effet, la disparition du système de Bretton Woods, confirmée par la suppression de la convertibilité du dollar en or le 15 août 1971, a entraîné le flottement généralisé des monnaies. Cette situation est aggravée par la crise du pétrole au début des années 70. Face à cette instabilité monétaire qui cause de graves difficultés économiques et sociales, les partenaires européens ont recherché à mettre en place un cadre permettant d'introduire un minimum de stabilité au moins à l'échelle européenne en allant vers l'union monétaire. Cette situation n'est pas nouvelle. Déjà, en 1969, quand le système monétaire international avait menacé de s'effondrer, les chefs d'Etat et de gouvernement avaient décidé au sommet de la Haye que la Communauté se transforme progressivement en une union économique et monétaire. Ainsi, en octobre 1970, le rapport Werner (Premier ministre luxembourgeois) proposait la réduction des

---

[170] Le texte de l'acte du 20 septembre 1976, dans Charles Zorgbibe, *Histoire de la construction européenne,* 1997, pages 247-249.

[171] Le traité de Luxembourg du 22 avril 1970 accordait déjà au Parlement européen certains pouvoirs budgétaires. Le traité signé à Bruxelles le 22 juillet 1975 les renforce encore (droit de rejeter le budget). Le traité du 20 septembre 1976 lui confère une légitimité et une autorité nouvelles en prévoyant son élection au suffrage universel.

[172] Valéry Giscard d'Estaing Valéry, le pouvoir et la vie, tome 1 : la rencontre, Paris, Compagnie 12, 1988, pp. 136-142.

marges de fluctuation entre les monnaies des Etats membres; la réalisation de la liberté complète des mouvements de capitaux avec une intégration des marchés financiers et la fixation irrévocable des taux de change entre les monnaies. En 1972, le mécanisme du « *serpent monétaire* » réduisait les marges de fluctuation entre les monnaies communautaires. En 1973, pour assurer le fonctionnement de ce mécanisme, les Etats membres créaient le Fonds européen de coopération monétaire (FECOM) qui était habilité à recevoir une partie des réserves monétaires nationales. Mais, les résultats de ce mécanisme ont été décevants. À la fin de l'année 1977, la moitié seulement des neuf pays membres (Belgique, Danemark, Luxembourg, RFA et Pays-Bas) restait à l'intérieur du mécanisme, les autres laissaient flotter leurs monnaies. Le plan Werner était abandonné. En 1979, la reprise du processus d'intégration reprend, sous l'influence du chancelier allemand Helmut Schmidt et du président français Valéry Giscard d'Estaing. Le Sommet de Bruxelles de décembre 1978 décide la création d'un Système Monétaire Européen (SME) pour remplacer le « *serpent monétaire* ». Le SME visait à instaurer une zone de stabilité monétaire en Europe en réduisant les fluctuations entre les monnaies des pays participants. Ce succès relève, cependant, davantage d'un « *souci d'efficacité* » que de « *préoccupations institutionnelles* » lesquelles auraient posé le problème des « *abandons de souveraineté monétaire* »[173]. La création du SME est perçue par Jacques Chirac comme « une petite lueur d'espoir » dans l'ébauche d'une « *nouvelle solidarité européenne* »[174], soulignant que ce projet s'inspire des « *principes d'une union économique et monétaire* » obtenue lors de la conférence européenne du sommet de Paris, par Georges Pompidou, le 20 octobre 1972. Sur ce plan de l'Europe, le RPR ne s'oppose pas au Président. La volonté de renforcer la puissance de l'Europe, par l'économie, en est sans doute la raison. Par le SME, les fluctuations entre les monnaies des Neuf se trouvent amorties voire supprimées. C'est un facteur de la croissance. Quant à la stabilité monétaire, c'est une condition au développement d'autres formes de coopération entre les Neuf, comme celles de la technologie, des transports… Ainsi, cette zone de stabilité monétaire devient un contrepoids à l'hégémonie monétaire américaine ce qui est un gage d'indépendance pour l'Europe, ce qui n'est pas pour déplaire au RPR. En effet, ce dernier, par la voix de Jacques Chirac, se félicite de la « *création d'une zone de stabilité monétaire (qui) va dans le bon sens* » avant d'en déduire que cette décision peut amener le RPR à « *soutenir le chef de l'Etat* »[175].

---

[173] Alain Prate, *la France en Europe*, p. 181.
[174] La Lettre de la Nation, n°877 du lundi 10 juillet 1978, La tendance, page 1.
[175] La Lettre de la Nation, Ibid., page 4.

Ces jalons posés auront une importance lors de l'arrivée des socialistes, au pouvoir, en 1981. En effet, par le SME, ces derniers seront dans l'incapacité de changer le cours de la construction européenne.

Quant aux élargissements, l'Europe s'ouvre à l'Europe méditerranéenne : l'adhésion de la Grèce, en 1981, et de l'Espagne et du Portugal, en 1986. Mais, ces initiatives provoquent les « *emballements du gaullisme[176]* ».

3 l'agitation du RPR

3.1 : Le projet d'élection européenne : contre la démocratie ou contre une extension des pouvoirs du Parlement Européen

Le projet d'élection du parlement européen au suffrage universel est une occasion pour les gaullistes de l'UDR puis du RPR de souligner leur attachement à une conception gaullienne de l'Europe. En effet, ces réticences rappellent la crise institutionnelle créée en 1965 par Charles de Gaulle contre de nouveaux transferts de souveraineté au profit du parlement européen. A l'époque, le refus s'inscrivait contre la possibilité pour le Parlement Européen d'amender le budget voté par le Conseil. Par la suite, le 22 avril 1970, le traité de Luxembourg accordait à ce dernier certains pouvoirs budgétaires, suite au remplacement des contributions financières des Etats membres par des ressources propres à la Communauté. Le 22 juillet 1975, un second traité renforçait encore ces pouvoirs budgétaires. Il lui donnait le droit de refuser à la majorité des deux tiers le budget. Le 22 juillet 1974, l'UDR refusait cet accord et s'inscrivait dans la continuité des positions de Charles de Gaulle comme de celles de Georges Pompidou. L'UDR refusait une dérive vers la supranationalité par un accroissement des pouvoirs du Parlement européen sur les parlements nationaux. La même crainte s'exprime quant à la décision de faire élire le Parlement au suffrage universel direct. Or, le principe de cette élection était contenu dans le traité

---

[176] Annie Collovald, op. cit., pp 84-86. La Lettre de la Nation, n°192, mardi 17 juin 1975, page 2. La Lettre de la Nation, n°192, mardi 17 juin 1975, « Les assises nationales », page 2. Catherine Nay, La double méprise, page 213. La Lettre de la Nation du lundi 14 juin 1976, page 3, « la défense nationale ». Samy Cohen, Les conseillers du Président. De Charles de Gaulle à Valéry Giscard d'Estaing. Paris, PUF, 1980, pages 110-111. Le Monde du 16 juillet 1976, pages 1 et 5. La Lettre de la Nation, n°396 du vendredi 21 mai 1976, La tendance, page 1.

de Rome. Dès lors, son application n'était que la mise en pratique du traité de Rome.

Face à ce traité, l'UDR puis le RPR vont manifester des réserves. Le bureau exécutif de l'UDR du 18 décembre 1975 était resté dubitatif et ne souhaitait pas « *engager le débat sur le fond tant qu'il ne serait pas saisi de propositions précises* »[177]. Il soulignait simplement qu'il fallait s'en tenir au strict respect du traité de Rome, lequel prévoyait l'élection et limitait les attributions de l'Assemblée européenne. En fait, en s'en tenant au traité de Rome, le bureau de l'UDR voulait prévenir les risques d'une réforme qui pouvait entraîner vers la supranationalité, comme le suggérait le rapport Tindemans[178]. En effet, ce rapport préconisait que les compétences du Parlement soient accrues aux dépens de la représentation nationale, en vue de voir émerger une démocratie pluraliste, facteur de paix et de justice.

Cette réforme suscite les prises de position d'un certain nombre de personnalités de l'UDR. D'une manière générale, si tous semblent favorables au principe de l'élection, ils dénoncent la possible dérive vers la supranationalité. Seul Michel Debré considère l'élection « *irréelle parce que l'Europe n'est pas une nation* »[179]. Il craint que cette réforme n'aboutisse à un accroissement de compétences du parlement européen au détriment des parlements nationaux.

A l'inverse, le « *mouvement pour l'indépendance de l'Europe* »[180], présidée par Olivier Guichard, ancien ministre du général de Gaulle et ministre du gouvernement Barre, se déclare favorable à l'élection, dans la limite où elle ne va pas « *vers des solutions de caractère supranational* »[181].

Quant à Alexandre Sanguinetti, ancien secrétaire général de l'UDR, il dénonce le « *péril de l'idée d'une Europe supranationale* ».

Ainsi, l'UDR souhaite que l'assemblée en reste à son seul pouvoir politique, celui de censurer la Commission.

---

[177] La Lettre de la Nation, n°297, du vendredi 18 décembre 1975, Le séminaire du Bureau exécutif, page 3. La lettre de la Nation, n°301, du lundi 5 janvier 1976, Blocs notes, page 2.

[178] Léo Tindemans, Premier Ministre belge, fédéraliste européen, rend son rapport en vue de relancer la construction européenne le 29 décembre 1975. Ce rapport met en évidence l'absence de séparation entre l'exécutif et le législatif.

[179] La Lettre de la Nation, n°301 du lundi 5 janvier 1976, bloc Notes de Michel Debré, page 2.

[180] La Lettre de la Nation, n°313 du mercredi 21 janvier 1976, page 3. Ce mouvement est composé de composé d'un certain nombre de personnalités comme Pierre Messmer, André Fanton, Maurice Schumann, Paul Granet. Son manifeste est signé par Vincent Ansquer (ministre) Pierre Mazeaud, Norbert Segard, Nicole de Hautecloque, Jacques Chaumont, Pierre Closter-Douarec, J.P. Palewski, Maurice Papon, Alain Peyrefitte, Alain Terrenoire.

[181] La Lettre de la Nation, n°321 du lundi 2 février 1976, page 4.

En mars 1976, l'UDR définit ses positions, en rejetant les arguments peu « *convaincants* »[182] qui laissent supposer que l'élection au suffrage universel va créer un « *intérêt dans l'opinion* » et qu'elle va gagner en « *autorité* »[183]. L'UDR réitère ses craintes estimant que cette réforme va « *réveiller les vieilles querelles sur la supranationalité* »[184] et « *transporter au plan européen les querelles entre partis politiques* ». Au fond, c'est la peur de voir la nouvelle assemblée « *déborder ses attributions* »[185] qui l'inquiète. Alors que pour elle, le problème vient d'un manque de « *volonté politique* ». Toutefois, le bureau de l'UDR finit par s'en tenir à des conditions sur l'organisation de l'élection. L'UDR souhaite que l'élection ait lieu le même jour dans tous les pays et que la répartition soit proportionnelle aux populations en siège avec le même mode de scrutin. Des réserves et des conditions sont approuvées à l'unanimité[186].

Le mercredi 14 juillet 1976, le conseil européen de Bruxelles entérine l'accord de Bruxelles sur les élections européennes. Le 15 juillet 1976, le projet est approuvé, en conseil des ministres, sans susciter de réticence particulière. Enfin, l'Acte définitif est signé le 20 septembre 1976. Dès lors, la phase de ratification peut commencer en Europe. Elle a lieu, en France, en juin 1977. Or, cette décision va agiter le RPR et le voir accentuer ses exigences.

Pour l'heure, Yves Guéna, secrétaire général de l'UDR, souligne dans « La lettre de la Nation » que la politique européenne du président est « *une réussite et sa démarche est la bonne* » car il engage « *l'Europe dans la voie confédérale* »[187]. Curieusement, cette position est en contradiction avec ses propos du 5 juillet, où il y exprimait des réserves et soulignait que l'UDR ne croyait pas que l'Europe avancerait par la création d' « *institutions nouvelles* »[188]. Dans le Monde, il dénonçait un suffrage universel « *au rabais* » et l'éventuelle extension des pouvoirs de l'Assemblée européenne. Son propos était en phase avec les aspirations de l'UDR, qui s'opposait à « *tout pouvoir supranational* »[189], tout comme il constatait que les réserves formulées par l'UDR n'avaient pas été retenues, comme la répartition en nombre de sièges. Or, pouvait-il en être autrement, sachant que la politique européenne est une prérogative présidentielle. Au fond, l'UDR dénonce les

---

[182] La Lettre de la Nation, n°352 du mardi 16 mars 1976, page 1.
[183] Ibid., page 1.
[184] Ibid., page 2.
[185] Ibid., page 1.
[186] La Lettre de la Nation, n°570 du jeudi 10 mars 1977, page 2.
[187] La Lettre de la Nation, n°436 du mercredi 21 juillet 1976, page 2.
[188] La Lettre de la Nation, n°425 du lundi 5 juillet 1976, page 2.
[189] Le Monde du 15 juillet 1976, dans « Divergences dans la majorité et dans l'opposition en France », page 3.

non-dits et exprime derrière cette élection du Parlement l'idée que ce dernier allait gagner en légitimité et, à terme, voir ses pouvoirs accrus ; ce qui renforcerait l'aspect supranational de la construction européenne.

Dès lors, un certain nombre d'arguments vont être utilisés pour démontrer que ce traité va dans ce sens. L'UDR, puis le RPR, vont jouer sur cette perspective. Ainsi, ils agitent l'idée que la Constitution, clé de voûte du régime gaulliste, doit être modifiée.

Or, il s'agit uniquement de mettre en pratique un mécanisme du traité de Rome. Pour prouver que cette réforme ne modifie en rien les pouvoirs, et sur la demande de l'UDR, Valéry Giscard d'Estaing décide de consulter le Conseil Constitutionnel, alors qu'il n'y avait pas *« matière juridique pour une intervention du Conseil constitutionnel »*[190]. Le président donne satisfaction aux gaullistes, pour les rassurer.

Mais, en novembre 1976, le bureau exécutif de l'UDR accentue son refus de voir toute extension d'attribution budgétaire et réitère *« ses réserves contre tout risque de glissement vers l'intégration politique de l'Europe »*[191].

Devenu président du RPR, Jacques Chirac, approuve la décision de l'élection, mais, il la conditionne à certaines conditions. Il souhaite que le gouvernement français s'engage à ne pas accepter d'extension de pouvoirs du parlement européen, comme il refuse le scrutin à caractère régional et souhaite que l'élection se déroule dans chaque Etat selon les mêmes règles[192].

Saisi le 3 décembre 1976, le conseil constitutionnel rend public ses décisions le 30 décembre. Il considère le projet d'élection au suffrage universel conforme à la Constitution. Claude Labbé, président du groupe RPR à l'Assemblée nationale, en conclue alors que *« cette décision … permet de faire l'économie d'un référendum »*[193]. En effet, une modification de la Constitution se serait imposée si l'intégration européenne avait été constatée.

Or, le Conseil Constitutionnel stipule que *« la Constitution n'autorise aucun transfert de souveraineté à quelque organisation internationale que ce soit »* et que *« l'élection au suffrage universel n'entraîne aucune modification des pouvoirs ou de la nature de l'Assemblée européenne »*. Enfin, il confirme que *« le mode de scrutin ne peut porter atteinte à l'indivisibilité de la République »*[194] ce qui exclue l'idée du scrutin régional.

---

[190] Le Monde du 13 juillet 1976, page 2.
[191] La Lettre de la Nation, n°487 du vendredi 5 novembre 1976, page 2.
[192] Jacques Chirac, *discours de Strasbourg, 17 décembre 1976.*
[193] La Lettre de la Nation, n°522 du lundi 3 janvier 1977, « la tendance », page 1.
[194] Ibid., page 3.

Ainsi, le Conseil Constitutionnel met des limites à la supranationalité et dissipe les craintes énoncées par l'UDR puis le RPR sur la perte de souveraineté, depuis plusieurs mois.

Fort de cette décision, Valéry Giscard d'Estaing décide de porter le projet devant le parlement lors de la session du printemps 1977[195]. Cette décision a tout son intérêt car elle s'inscrit dans un souci d'intérêt national en vue d'obtenir un consensus sur les règles d'élection du Parlement Européen. En effet, un consensus sur l'Europe aurait été souhaitable à l'ensemble de la classe politique. Mais, le pari est risqué car l'Europe divise. La décision suscite l'agitation du RPR. Rassuré par la décision du Conseil Constitutionnel, il souhaite faire des « *conditions* » qu'il a posé des « *exigences* ». Il veut que soit affirmé qu'il n'y aura pas de « pouvoirs accrus », que *la « réciprocité entre les Etats »* soit effective de manière à faire progresser l'Europe et que soit affirmé le « *maintien de l'unité nationale* »[196].

Mais, certains RPR ne se satisfont pas de l'ensemble de ces décisions comme Yves Guéna (secrétaire général du RPR), et Michel Debré (ancien Premier ministre du général de Gaulle et rédacteur de la Cinquième Constitution).

Le 20 janvier 1977, Michel Debré lance alors un « Comité pour l'indépendance et l'unité de la France ». Il estime le projet *« inacceptable »* et pense que *« l'aliénation de la souveraineté nationale est l'aboutissement fatal de l'élection au suffrage universel de l'Assemblée européenne »*[197]. Au fond, son propos manifeste son opposition à la supranationalité, à l'intégration politique. Son positionnement est, cependant, curieux. En effet, en 1950, il était favorable à des élections européennes[198]. Il réclame alors une nouvelle négociation du projet et l'ajout d'un « *protocole additionnel* », lequel assurait strictement le respect des compétences attribuées à l'Assemblée européenne. Or, une telle renégociation s'avère délicate d'autant que d'autres partenaires européens ont déjà ratifié le projet. Entre-temps, Claude Labbé, président du groupe RPR à l'Assemblée Nationale tente de rassurer et de relativiser les propos de Michel Debré et d'Alexandre Sanguinetti (ancien ministre et ancien secrétaire général de l'UDR). En effet, ce dernier souhaite aller jusqu'à la rupture[199]. En réponse, Claude Labbé

---

[195] La décision est annoncée par Robert Boulin, ministre chargé des relations avec le Parlement, le mercredi 9 mars 1977.

[196] La Lettre de la Nation, n°522 du lundi 3 janvier 1977, « la tendance », page 1.

[197] La Lettre de la Nation, Ibid., page 1.

[198] Michel Debré, *Projet de pacte pour une union d'Etats européens,* Paris, Editions Nagel, 1950, pages 34-35.

[199] Le Monde du 4 janvier 1977, page 5.

souligne que « ce n'est pas l'affaire européenne qui divisera le RPR et la majorité »[200].

Ces exigences ne trouvent pas l'aval de Valéry Giscard d'Estaing, lequel déclare qu'il « *ne transigera pas* »[201] sur cette élection. Le RPR réagit vivement.

Le 27 mars 1977, le comité central du RPR considère que le texte n'est pas « *susceptible d'être voté* »[202], par lui. Les journées d'étude de Baux-de-Provence[203] confirment les positions. Dès lors, le RPR conditionne son « soutien » au gouvernement à la seule condition « *qu'on ne cherche pas à (lui) faire voter des projets qui seraient inacceptables, comme ... l'élection de l'assemblée européenne* ». Il exige des « *garanties solennelles pour l'indépendance nationale* »[204] du Président. Maurice Couve de Murville, ancien Ministre des Affaires Etrangères du général de Gaulle, se refuse à la « *simple garantie verbale* » du président et prône, comme Michel Debré, l'ajout d'un « *protocole additionnel* »[205]. En effet, si Valéry Giscard d'Estaing a tenté de rassurer le RPR, ce sont davantage les propos des partenaires européens qui inquiètent. Ainsi, Willy Brandt voit, dans ce projet, une « *constituante rampante* »[206] du Parlement Européen. Toutes ces prises de position reflètent le climat qui règne dans la majorité. Entre-temps, la formation du second gouvernement Barre ne rassure pas le RPR, puisqu'il n'a de nouveau que le nom… L'affrontement entre le RPR, le gouvernement et le Président atteint son maximum lors du débat qui se prépare au Parlement en vue de la ratification du projet.

---

[200] Le Monde du 12 mars 1977, page 11.
[201] Le Monde du 26 mars 1977, page 7.
[202] La Lettre de la Nation, n°582 du lundi 28 mars 1977, « la réunion du comité central du rassemblement », page 4. Le Monde du 29 mars 1977, « devant le conseil politique et le comité central, M. Chirac : le RPR doit affirmer sa personnalité », page 8.
[203] Elles ont lieu du 30 au 31 mars 1977.
[204] La Lettre de la Nation, n°585 du jeudi 31mars 1977, page 2.
[205] La Lettre de la Nation, Ibid., page 3.
[206] La Lettre de la Nation, n°627 du mercredi 8 juin 1977, page 2 et dans La Lettre de la Nation du jeudi 16 juin 1977, Pierre Charpy, rédacteur, rapporte les propos de Monsieur Thorn, Premier Ministre du Luxembourg, lequel confirme, au lendemain du vote français, que « les élections au Parlement européen vont marquer le passage à la création d'une Europe, « je n'ose pas dire intégrée » mais plus poussée », page 1.

3.2 : Vers le vote à l'Assemblée Nationale

Le débat parlementaire donne lieu à des discussions avant le vote. Au fond, les assurances formulées par Valéry Giscard d'Estaing ne rassurent pas le RPR. Le débat sur la ratification du projet suscite la polémique entre les « *ultra fédéralistes* », qui rêvent de voir cette assemblée élue se transformer en une « *Constituante européenne* »[207] et les tenants de l'Europe des Etats, dénonçant la mort future et programmée de l'Etat-nation.

Ainsi, le 31 mai 1977, Raymond Barre s'exprime devant le groupe RPR à l'assemblée nationale. Il n'apporte « *aucun élément nouveau* »[208], mais, il rappelle que toutes les précautions nécessaires ont été prises dans les traités et qu'elles sont renforcées par l'article 2[209] qui précise que l'assemblée européenne ne peut accroître ses pouvoirs, ce qui est conforme à l'avis rendu par le Conseil Constitutionnel. Si Raymond Barre ne peut apporter que des garanties techniques, il ne peut, à la place du Président, apporter de garanties politiques. Dès lors, cette explication ne peut rassurer le RPR. C'est pourquoi, il décide d'arrêter seulement sa position, le 7 juin.

Le 7 juin, le RPR annonce qu'il ne peut amender lui-même le projet. Cette décision ne peut être prise que par le Président, car il s'agit d'un traité international. D'autre part, l'hypothèse de la renégociation, évoquée par Michel Debré, est rejetée. En effet, le président appelle le gouvernement à recourir à l'article 49-3 pour faire adopter le projet[210]. Il refuse de donner satisfaction au RPR. Dès lors, quelle position peut-il adopter? Il semble que ce dernier ne cherche pas un affrontement qui pourrait aller à la crise politique, ce qui pourrait entraîner la dissolution de l'Assemblée.

Devant cette impasse, le RPR se trouve divisé. Michel Debré propose le rejet du projet sur le vote d'une question préalable. Mais, cette hypothèse est politiquement délicate. Le RPR choisit de déposer une motion d'ajournement. Michel Debré finit par se rallier à cette proposition, mais à la condition qu'il soit le premier à intervenir dans le débat à l'Assemblée Nationale[211].

---

[207] Charles Zorgbibe, op. cit., p. 237.
[208] La Lettre de la Nation, n°622 du mercredi 1er juin 1977, page 1.
[209] L'article 2 a été négocié par Maurice Couve de Murville, lequel a dû convaincre le Premier Ministre de sa nécessité, tout comme il devra réussir à convaincre le Président.
[210] Le Monde du mercredi 15 juin 1977, page 1.
[211] Dans Le Monde du jeudi 16 juin 1977, Raymond Barrillon rapporte les propos de Michel Debré, lequel accuse le gouvernement de commettre une « faute constitutionnelle », dans « L'élection du Parlement européen », page 1.

Cette solution permet au RPR d'adopter une position conforme à ces valeurs et qui, sur le plan politique, ne lui est pas « *nuisible* »[212]. En effet, l'attitude du RPR se voulait seulement être un « *coup d'arrêt du processus d'intégration politique* »[213]. En effet, même si le parti socialiste et le parti communiste s'associaient dans ce vote, le projet serait quand même voté, car le gouvernement a décidé d'engager sa responsabilité, en recourant à l'article 49-3 et que le RPR ne prendra pas le risque de voter une motion de censure contre le gouvernement. En effet, la crainte de voir arriver une coalition socialo-communiste au pouvoir est perçue comme plus dangereuse que la décision de faire élire l'assemblée européenne au suffrage universel.

D'autre part, une motion de censure ne se comprendrait pas car le RPR ne refuse pas l'élection dans son principe. Ainsi, par cette décision, le RPR décide de préserver son unité tout en évitant une crise politique[214] au sein de la majorité[215] comme au sein de la Communauté Européenne. En effet, par cette décision, le RPR réaffirme sa ligne européenne héritée du gaullisme, son attachement à la réalisation d'une union européenne dans l'indépendance et il montre qu'il n'a pas réussi à faire insérer dans l'accord de ratification les garanties qu'il souhaitait. La ratification peut être votée. La motion a peu de chance d'obtenir la majorité. Cette décision est approuvée lors du congrès extraordinaire du RPR[216].

3.3 : Un congrès pour se positionner

Le Congrès extraordinaire du RPR « *approuve à l'unanimité la décision du Conseil Politique, du bureau et du groupe parlementaire de l'Assemblée Nationale demandant l'ajournement du vote du projet de loi relatif à l'élection au suffrage universel de l'Assemblée européenne* »[217]. Il permet au RPR de rappeler quelle Europe il veut. Ce congrès montre que, finalement, Jacques Chirac s'est rallié à l'idée que l'élection du parlement européen est *une* « *réforme illusoire et dangereuse* », suivant en cela la frange la moins favorable à une intégration de l'Europe comme Michel Debré...

Il dénonce les manquements de la politique giscardienne. Il souligne que cette décision est contradictoire entre la volonté de « *bâtir une Europe de*

---

[212] La Lettre de la Nation, n°627 du mercredi 8 juin 1977, « la tendance », page 1.
[213] Ibid., page 2.
[214] La Lettre de la Nation, Ibid., page 1.
[215] Le Monde du 2 juin 1977, « le RPR ne souhaite pas ouvrir de crise », page 6.
[216] La Lettre de la Nation, n°630 du lundi 13 juin 1977, pages 2 à 6.
[217] La Lettre de la Nation, Ibid., page 6. Rassemblement actualité, n°11 de juin 1977, page 14.

type confédérale et à introduire en même temps des mécanismes de type fédéral »[218]. Il dénonce le manque de volonté politique de Valéry Giscard d'Estaing, à travers un « *Conseil européen qui n'a pas de réelle volonté,.. »*. Autrement dit, il dénonce une Europe fédérale, supranationale qui se profile. Au bilan, le RPR sort renforcé à l'issue de ce congrès. Mais, Valéry Giscard d'Estaing persiste dans son agacement vis-à-vis du RPR. En juillet 19777, il choisit la proportionnelle pour ces élections.

Ce débat a suscité une vive réaction du RPR, et a montré que le RPR n'a pas été en position de modifier la donne. Finalement, il se décide à soutenir le gouvernement afin de ne pas remettre en question le pacte majoritaire et le manifeste de la majorité, lesquels sont adoptés à l'unanimité par les députés du RPR aux journées d'étude du groupe parlementaire, en septembre 1977[219]. Mais, pour l'heure, l'affrontement n'est pas terminé. S'il a dénoncé les risques de voir le Parlement Européen gagner en influence, il se montre aussi réservé sur la décision d'élargir l'Europe à d'autres pays.

3.4 : Quelle position sur les élargissements ?

La fin du septennat marque toujours l'activisme européen de Valéry Giscard d'Estaing en faveur de la construction européenne. Ainsi, l'Europe se prépare à l'adhésion de la Grèce, de l'Espagne et du Portugal.
La Grèce connaissait déjà un régime d'association avec la CEE, depuis l'accord d'Athènes du 9 juillet 1961. Mais, la période de dictature avait retardé toute évolution. Ainsi, son adhésion à la Communauté est une occasion d'arrimer la nouvelle démocratie après la phase dictatoriale au bloc des pays libres européens. Elle fait sa demande d'adhésion en juin 1975. Le 9 février 1976, le conseil des ministres des Neufs acceptait sa candidature. Les négociations d'adhésion engagées le 27 juillet 1976 s'achèvent le 23 mai 1979 par la signature du traité d'adhésion du 28 mai 1979, à Athènes. La Grèce adhère officiellement le 1er janvier 1981 et devient le dixième Etat membre. Cette décision avait renforcé le rôle du Conseil européen lequel outrepassait la décision de la Commission qui, pour des problèmes techniques, proposait une période probatoire. Tout le poids de Valéry Giscard d'Estaing et d'Helmut Schmidt avait donc permis de remettre à sa place cet organe supranational.

Comme la Grèce, l'Espagne et le Portugal avaient des similitudes : un niveau de vie inférieur, une démocratie récente et géographiquement des pays méditerranéens.

---

[218] La Lettre de la Nation, Ibid., page 4.
[219] La Lettre de la Nation, n°688 du vendredi 30 septembre 1977, page 4.

Le Portugal sortait de la dictature de Salazar suite à la *« révolution des Œillets »* du 25 avril 1974. Une jeune démocratie s'installait. Sa demande d'adhésion date de mars 1977. Acceptée par la Commission, les négociations commencent en octobre 1978 pour aboutir le 12 juin 1985, à Lisbonne. Le Portugal entre dans la CEE le 1er janvier 1986. Quant à l'Espagne, c'est la mort de Franco, en novembre 1975 qui ouvre la voie du changement politique. Elle dépose sa demande d'adhésion en juillet 1977. En novembre 1977, elle entre au Conseil de l'Europe. Après des négociations entamées en février 1979, elle adhère en juin 1985 à la CEE.

Ces adhésions changent la diversité interne de la Communauté où le môle méditerranéen se renforce. Mais, le véritable problème va venir de la structure de leurs économies qui sont éloignées des pratiques des démocraties industrielles du Nord. Si l'adhésion de la Grèce est moins problématique, celles du Portugal et de l'Espagne sont plus délicates. En effet, ces deux pays mettaient en péril le Marché commun sur le plan de l'agriculture avec leurs vins, leurs fruits et légumes, leur pêche…

La réaction du RPR se fait entendre. Il durcit le ton, renforcé en cela par les élections législatives de mars 1978 qui le voit obtenir 154 députés dont 11 apparentés. Ce résultat l'amène à constituer un groupe au Parlement et à prendre une certaine indépendance en vue de *« défendre les valeurs essentielles »*[220] auquel il est attaché.

Dès lors, l'après mars 1978 entame une période d'affrontement, d'exigences affirmées du RPR vis-à-vis du Président, du gouvernement, d'autant que sa participation à la victoire des élections législatives n'a pas trouvé de récompense. Tel est l'état d'esprit qui ressort du congrès extraordinaire du RPR réuni le dimanche 9 avril 1978. Si Yves Guéna déclare qu'il ne faut pas que le RPR se laisse *« voler (sa) victoire »,* Jacques Chirac conclut que *« l'essentiel … est d'affirmer notre unité et notre détermination à défendre nos idées »*[221]. Sur la construction européenne, cela se traduit par la volonté de participer à la « construction d'une Europe des réalités, confédérale et indépendante… »[222].

Ainsi, sur les élargissements, le RPR veut se faire entendre. Déjà, au congrès extraordinaire du dimanche 12 juin 1977, le RPR souhaitait que l'Europe défende son système politique européen, *« un certain type de démocratie »*[223]. Le propos faisait référence au passé récent de ces jeunes démocraties. Il mettait en garde contre le risque de voir le système politique menacé non seulement de l'extérieur, par l'URSS, mais aussi de l'intérieur par les adhésions de l'Espagne et du Portugal. Dès lors, la préservation du

---

[220] La Lettre de la Nation, n°815, du lundi 10 avril 1978, page 1.
[221] Ibid., page 2.
[222] La Lettre de la Nation, n°812, du mercredi 5 avril 1978, page 2.
[223] La Lettre de la Nation, n°630 du lundi 13 juin 1977, page 2.

« *système de société* » devenait la priorité du RPR. Pour y parvenir, il appelait à ce que l'Europe « *s'unisse* ». Mais, si l'union était une nécessité, elle ne devait être réalisée à n'importe quel prix. Ainsi, il s'oppose aux élargissements. Il propose que ces derniers soient retardés, différés, au risque de voir l'Europe devenir un « *l'homme malade* », au lieu de devenir une « *véritable super-puissance* »[224,] qui suppose qu'elle doive « *s'élargir et se concentrer* »[225]. Au fond, le RPR préconise l'approfondissement, pour faire face à la crise économique. Ainsi, alors que ces élargissements devraient être perçus comme un atout. La réticence se confirme avec le temps.

En octobre 1977, aux journées parlementaires du RPR, si Maurice Couve de Murville souligne qu'il est « *politiquement difficile de s'opposer à l'élargissement* », il appelle à ce que soient pris « *toutes précautions … dans le domaine de l'agriculture* »[226]. On se souvient du rôle des gaullistes dans la PAC et les avantages obtenus pour le monde paysan.

En juin 1978, à l'Assemblée Nationale, mandaté par le Conseil politique du RPR, président de la commission des Affaires étrangères et ancien ministre des Affaires Etrangères, Maurice Couve de Murville intervient au nom du groupe RPR, sur la politique étrangère[227]. Son intervention n'est pas anodine. Depuis le milieu des années 1970, le centre du pouvoir n'est plus aux mains des ministres des Affaires Etrangères, c'est l'ère de l'Europe des chefs[228], celle des chefs d'Etat. Il exprime « *les réserves* » et les « *préoccupations* » du RPR. Mais, son propos porte sur les conséquences d'une adhésion, qui risque de modifier la nature de l'Europe. Son propos rappelle les craintes exprimées par Charles de Gaulle en son temps, comme par le RPR de voir une Europe dans une « *quasi impossibilité … de mener les affaires* »[229]. En effet, l'histoire montre que les Institutions prévues pour Six ont montré des difficultés avec le passage à Neuf. L'adhésion de la Grande-Bretagne a laissé de mauvais souvenirs. Mais, sur le fond, c'est bien le problème de ces économies qui posent problème. En effet, ces réticences sont davantage orientées contre le Portugal et l'Espagne. D'ailleurs, les négociations d'adhésion vont se révéler plus longues et plus difficiles, pour ces deux pays. En effet, leur entrée dans le Marché commun pouvait mettre en péril un certain nombre de régions agricoles comme le sud de la France. Tout comme le Parti Communiste, le RPR va dénoncer des élargissements

---

[224] Ibid., page 3.
[225] Ibid., page 3.
[226] La Lettre de la Nation, n°689 du lundi 3 octobre 1977, page 2.
[227] La Lettre de la Nation, n°856 du vendredi 9 juin 1978, page 3.
[228] Bernard Brigouleix, *Voyage en Eurocratie,* Alain Moreau, 1986, 282 pages, voir le chapitre « l'Europe des chefs », pages 163 à 181.
[229] La Lettre de la Nation, n°856 du vendredi 9 juin 1978, page 3.

qui menacent *« les intérêts nationaux de la France »*[230]. Le RPR défend un électorat qui lui est traditionnellement acquis.

Face à ces évolutions, le RPR réaffirme ses spécificités en matière européenne, à la veille des premières élections du Parlement Européen. En novembre 1978, lors d'un congrès extraordinaire, il définit son projet européen en répondant aux questions du moment : comment faire à la fois l'Europe et l'élargir ? Pour le RPR, un choix s'impose.

4 Le congrès de novembre 1978 : l'Europe du RPR en phase avec celle voulue par les Français ?

Face aux nouvelles avancées européennes, que sont l'élection du Parlement Européen, les élargissements et la création du Système Européen Monétaire (SME), le RPR souhaite se positionner et faire approuver une ligne politique. Le comité central du mercredi 11 octobre décide la convocation du congrès extraordinaire. Ce dernier doit définir la *« plate-forme européenne du mouvement »*[231]. Il se tient le 12 novembre 1978.

Pour préparer ce congrès extraordinaire, Jacques Chirac fait envoyer une lettre aux responsables départementaux. Il y définit les priorités qu'il souhaite donner à la construction européenne. Il préconise *« l'achèvement, le renforcement, l'élargissement »*[232]. Au fond, cette ligne correspond aux différentes manifestations exprimées par le RPR depuis 1976. Par *« achèvement »*, il entend amener chaque Etat à prendre ses *« responsabilités en confirmant les engagements qu'il est prêt à tenir »*. Puis, pour remédier au *« blocage par inadaptation des mécanismes prévus au fonctionnement actuel des institutions »*, il préconise le *« renforcement »*. Il dénonce par-là la faiblesse du conseil des ministres et l'influence prise par la Commission. Enfin, il considère les élargissements comme *une « proposition dangereuse »*. Il estime qu'ils vont menacer des pans entiers de l'activité agricole et industrielle et être une source de chômage. Dès lors, il pense que ceux-ci peuvent générer *« un courant anti-européen »*[233], c'est pourquoi, il souhaite qu'ils soient retardés.

---

[230] Françoise de la Serre, « l'Europe communautaire entre le mondialisme et l'entente franco-allemande », dans Samy Cohen et Marie-Claude Smouts, dir., *La politique extérieure de Valéry Giscard d'Estaing,* pages 105-106.
[231] La Lettre de la Nation, n°918 du mercredi 11 octobre 1978, page 1.
[232] La Lettre de la Nation du mercredi 27 septembre 1978, n°908, page 2.
[233] Ibid., page 2.

Des rapports des délégués départementaux, le congrès extraordinaire adopte alors « la position du RPR sur l'Europe »[234] à 97,93%[235] des 1225 mandataires soit 33483 voix contre 709.

Le discours de clôture de Jacques Chirac reprend les grandes lignes de ce projet. L'Europe est présentée comme *« nécessaire »*[236], mais le RPR exprime des réserves sur deux points : l'élargissement et l'élection du Parlement Européen.

Sur l'élargissement, le RPR ne s'y oppose pas. Il émet des réserves sur les capacités de ces pays *« à assumer les disciplines »* de l'Europe. A ce titre, il souhaite que des « transitions soient ménagées » de manière à ce qu'une entrée précipitée ne bouleverse pas *« gravement l'équilibre économique interne de certains pays membres »*, en particulier l'agriculture française. D'autre part, il souligne que l'élargissement va rendre *« inapplicables les procédures institutionnelles du traité de Rome prévu pour Six »*. En effet, ces dernières montrent déjà des difficultés à *« fonctionner pour neuf »*[237].

Quant à l'élection européenne au suffrage universel, il la présente comme *« une diversion tapageuse »*. Il dénonce l'idée que l'on veuille construire une Europe de type confédérale, alors que l'on entreprend de construire des *« institutions de type fédéral »*[238]. Ainsi, il redoute la *« légitimité »* que pourrait acquérir cette assemblée, laquelle pourrait *« s'arroger les droits et prérogatives d'un Parlement »*[239]. Dès lors, le RPR propose, face à la *« constante dégradation des pouvoirs des organes dirigeants »* que la France *« reprenne l'initiative »* en mettant des *« verrous »* aux compétences du parlement européen. C'est pour cette raison que le RPR demande que le gouvernement *« s'affirme et pèse de tout son poids »*, au conseil européen, ce qui serait conforme à leur Europe confédérale.

Ainsi, ce congrès permet au RPR de faire approuver l'Europe qu'il veut défendre. Mais, ce projet est-il en phase avec les aspirations des Français ? Le discours gaulliste de l'indépendance nationale ne semble pas être celui de son électorat lequel semble être pro européen[240]. Ainsi, ce congrès répond

---

[234] La Lettre de la Nation du lundi 13 novembre 1978, n°940, pages 1 à 2 et pages 7 à 8.
[235] La Lettre de la Nation du mardi 14 novembre 1978, n°941, page 2.
[236] La Lettre de la Nation du lundi 13 novembre 1978, n°940, page 2.
[237] La Lettre de la Nation du lundi 13 novembre 1978, n°940, page 2.
[238] La Lettre de la Nation, Ibid., page 7.
[239] La Lettre de la Nation, Ibid., page 8.
[240] SOFRES, Opinion publique : enquêtes et commentaires, publication annuelle, sous la direction d'Olivier Duhamel, Elisabeth Dupoirier et Jérôme Jaffré, Gallimard, 1985, page 232. En effet, en 1979, 77% des sympathisants du RPR se

davantage à la rivalité que le RPR et l'UDF vont se livrer aux élections européennes de juin 1979 et la *« tactique »*[241] définie. En effet, le soir même du congrès, Jean-Bernard Raymond, secrétaire d'Etat aux Affaires Etrangères, donne une fin de non-recevoir aux exigences du RPR. Dès lors, les élections européennes de juin 1979 vont être un test. Mais, pourquoi le RPR en arrive-t-il à cette solution? Par volonté de se rassembler ou par souci de préserver son unité ? L'analyse de la prise de décision, durant ces années 1976 à 1979, semble apporter une réponse.

5 La prise de décision : un choix contraint ou comment sauver l'unité du RPR face au débat sur la construction européenne

5.1 : La prise de décision de 1976 à la veille des élections européennes de juin 1979 : entre diversité et unité, un RPR monolithique face à la construction européenne?

Les années 1976 à 1979 s'inscrivent dans une logique de sauvegarde du gaullisme, comme le montre la création du RPR. Un RPR qui se veut un *« rassemblement »*. Cette unité va se faire contre le Président de la République et contre son Europe. En effet, ce dernier va faire de la construction européenne son cheval de bataille. Or, sa politique axée à la fois sur la tradition gaulliste d'une Europe au contour confédéral se double d'une démarche supranationale. Dès lors, l'UDR puis le RPR se retrouvent divisés, quand à l'attitude à avoir vis-à-vis des ces avancées en matière européenne. Or, sur la construction européenne, l'UDR comme le RPR regroupent un certain nombre de sensibilités qui s'expriment à travers la voix de quelques personnalités, comme Jacques Chirac, Michel Debré, Yves Guéna, Olivier Guichard, Alain Peyrefitte, Maurice Couve de Murville.... Dès lors, comment parvenir à rassembler toutes ces voix ? La place du leader a-t-elle une influence dans la décision finale ? Ou doit-on recourir à un certain nombre de stratagèmes, pour préserver l'unité ? Ainsi, les décisions finales relèvent parfois d'un *« montage »* dont l'objectif est de maintenir l'unité, avant toute chose, en permettant à chacun, de s'y retrouver.

---

déclarent favorables à la construction européenne, ils sont 85% à l'UDF et 71% au parti socialiste.
[241] Dans, la Lettre de la Nation, n°908 du mercredi 27 septembre 1978, dans l'article, « le rassemblement » page 2.

Ainsi, de la création du RPR à l'élection européenne de 1979, le choix a été délicat au point de soulever bien des polémiques au sein du RPR. Contrairement à l'idée reçue, le RPR n'est pas « *monolithique* »[242]. En effet, la décision donne lieu à des discussions, même si, à un moment ou un autre, l'unanimité se dégage.

Ainsi, pour éviter l'éclatement du RPR, les instances ont recours à la non-participation au vote, à des motions d'ajournement ou à la proposition de laisser la liberté de vote au groupe parlementaire. Le débat sur la ratification du projet relatif à l'élection du Parlement européen au suffrage universel direct illustre bien cette situation délicate.

5.2 : La motion d'ajournement de juin 1977

La décision prise au sujet de l'élection du Parlement européen au suffrage universel, reflète les difficultés du RPR à trouver une position cohérente qui fasse l'unanimité. A ce titre, l'analyse des prises de positions du leader, Jacques Chirac, marque l'influence d'un certain nombre de personnalités gaullistes. En effet, au départ, le RPR soutenait le projet. C'était même un souhait. Or, au fur et à mesure, il finit par se rallier à une position opposée à celle du départ. Dès lors, le RPR finit par déposer une motion d'ajournement. Pourquoi a-t-il fait ce choix ? Il semble que le souci de préserver l'unité ait déterminé ce comportement. A la veille du vote à l'Assemblée, ce projet a donné lieu à pas moins de cinq réunions pour aboutir à une décision consensuelle et qui permette d'arriver à l'unanimité.

Cependant, avant d'en arriver à cette situation, un certain nombre de mesures avaient été proposées en vue de voir le RPR voter favorablement le projet. Le Président Valéry Giscard d'Estaing n'avait-il, sur la demande de l'UDR de l'époque, saisi le Conseil constitutionnel ? Ce dernier avait estimé le projet conforme à la Constitution. Dans le même esprit, Couve de Murville, RPR et ancien ministre UDR, avait préparé un amendement (l'article 2) qui spécifiait que « *la France n'accepterait aucune modification des pouvoirs de l'Assemblée Européenne qui ne serait pas spécifiquement approuvée par une révision de la Constitution de la Vème République* ».

Or, ces précautions ne suffisent pas, ce qui amène Jacques Chaban-Delmas, Maurice Couve de Murville à considérer les craintes de Michel Debré comme « *excessives* »[243]. Ainsi, la décision prise de proposer une

---

[242] Jean Charlot, *Le phénomène gaulliste,* Fayard, 1970, page 131.
[243] William R. Schonfeld, *Ethnographie du PS et du RPR : Les éléphants et l'aveugle,* Paris, Economica, 1985, page 143.

motion d'ajournement[244] intervient dans un contexte où des rivalités d'intérêts, au sein du RPR, se sont exprimées sur la question européenne. Si tous sont contre l'intégration, les avis divergent sur le fait que l'Assemblée européenne devient une « *constituante* ».

Dès lors, à la veille du vote, n'ayant pas reçu d'assurances présidentielles, l'inquiétude augmente au RPR. Le 31 mai 1977, à la réunion du groupe parlementaire, seulement 46 députés sont présents. Ce nombre laisse penser que ce texte ne laisse que de « *l'indifférence* »[245] pour un groupe parlementaire de 171 députés. L'après-midi, il y a une centaine d'absents à la réunion du groupe auquel s'était associé le Comité politique. Or, la majorité semblait favorable au texte. Mais, quand le groupe se réunit le 7 juin, une évolution amène le RPR à prendre une ligne plus proche de la position de Michel Debré. Un vote indicatif sur trois hypothèses : la question préalable, la motion d'ajournement et le texte avec l'article 2 donnait comme résultat : 18 voix dont celles de Claude Labbé, Jacques Chirac et Yves Guéna à la question préalable proposée par Michel Debré, 20 s'y opposaient ; Et, 43 étaient favorables à une motion d'ajournement contre 10. C'est dans ce contexte que la décision d'opter pour la motion d'ajournement est prise[246]. Les députés du RPR s'opposent au texte et souhaitent l'ajournement du débat à l'Assemblée Nationale. D'autre part, en cas d'échec de cette procédure, ils décident de s'abstenir.

Jacques Chirac, dans son intervention du 15 avril 1977, intervient suite à la décision présidentielle de recourir à l'article 49-3 pour faire adopter ce projet. Il va exprimer le malaise qui anime le RPR sur ce projet. Il souligne que « *les membres de (son) groupe n'étaient pas unanimes quant à l'objectif à atteindre* »[247] de cette motion d'ajournement. Son intervention marque qu'il s'est rallié au courant conservateur, ceux hostiles à l'intégration. Ainsi, cette motion d'ajournement est la « *contrepartie de l'interdiction d'amender le projet* » et a pour objectif d'essayer d'« *obtenir les garanties nécessaires* »[248]. En effet, Jacques Chirac constate qu'il y a « *une contradiction fondamentale entre la manière dont nos partenaires voient l'évolution de l'Assemblée et ce que nous estimons qu'elle doit être* »[249]. Or, sur l'hypothèse d'une extension des pouvoirs, le RPR est divisé. En effet, certains pensent que cette décision est « *une mauvaise réforme pour*

---

[244] La motion d'ajournement est approuvée lors du congrès extraordinaire du RPR, le 12 juin 1977. Rassemblement actualité, n°11 de juin 1977, pages 14-15.
[245] William R. Schonfeld, Ibid., page 141.
[246] Ibid., page 144.
[247] Jacques Chirac, Intervention à l'Assemblée Nationale, le 15 juin 1977, dans « Discours à l'heure du choix », janvier 1978, pages 215-228.
[248] Ibid., page 226.
[249] Ibid., p. 225.

l'Europe » car elle prive la France d'une *« part essentielle de sa souveraineté ».* Pour d'autres, elle n'est qu'*« une étape ... prévue dans le Traité de Rome »*[250]. Lui-même souligne que *« ce texte n'a jamais eu (son) accord »*[251]. Au fond, par son propos, il tente de répondre au Président, lequel, ces dernières semaines, avait, avec insistance, rappelé que le projet[252] avait été approuvé à l'unanimité en juillet 1976 par le conseil des Ministres. Un oubli de la part de Jacques Chirac ? Il prend alors Raymond Barre, Premier Ministre, à témoin. Il souligne que Premier Ministre, *« en matière européenne, toutes les négociations ont été conduites hors de (sa) présence »*[253]. En se ralliant à cette motion, Jacques Chirac semble en contradiction avec ses prises de positions passées. En fait, de 1974 à 1976, il a soutenu toutes les initiatives élyséennes, reflet de la conception qu'il se fait de l'Europe[254]. En 1974, il déclarait concernant la construction européenne *« le plus tôt, serait le mieux ».* En réalité, sa prise de position montre qu'il se rallie par tactique à une politique antigiscardienne, ayant constaté que *« ses troupes accueillaient plus mal le projet gouvernemental »*[255].

Cette intervention permet à Jacques Chirac, de rappeler que si le RPR s'oppose au texte à « l'unanimité », les gaullistes sont favorables à l'idée de poursuivre la construction européenne, car c'est de *« l'intérêt fondamental de la France de participer ... à la construction d'une Europe Unie »*[256]. Curieusement, il dénonce l'*« ambiguïté dangereuse »* entre une *« Europe indépendante »* et une *« Europe germano-américaine »* [257]. Sa critique principale porte sur l'organisation d'élections européennes au suffrage universel direct. Il souligne que sa *« mise en œuvre devrait s'effectuer dans un contexte totalement différent... ».* Or, à l'époque où la décision a été prise, le monde ne connaissait pas encore la crise économique et l'instabilité monétaire. La situation économique n'était pas *« inquiétante »*[258]. Ainsi,

---

[250] Ibid., p. 215.
[251] Ibid., p. 227. Jacques Chirac, Intervention à l'Assemblée Nationale, 15 juin 1977, dans Rassemblement actualité, n°11, juin 1977, page 9. Dans, Principaux extraits de l'intervention de Jacques Chirac à l'Assemblée Nationale, débat sur l'Europe, 15 juin 1977, page 9. Le Monde du 17 juin 1977, « la fin du débat sur l'élection européenne, malgré l'adjuration de M. Chirac... », page 8.
[252] Le Monde du 17 juin 1977, « Le débat sur l'élection du Parlement européen : M. Barre est autorisé à engager la responsabilité du gouvernement, page 1 ; « la fin du débat sur l'élection du parlement européen : peu glorieux », page 10.
[253] Jacques Chirac, Ibid., janvier 1978, p. 227.
[254] Jacques Chirac, *Lueur d'espoir.*
[255] Catherine Nay, *La double méprise,* pages 261-262. William R. Schonfeld, op. cit., page 146.
[256] Jacques Chirac, Ibid., p. 216.
[257] Jacques Chirac, Ibid., p. 221.
[258] Ibid., p. 220.

l'Europe n'a pas pu mettre en place une « *véritable structure, des législations harmonisées et une protection nettement affirmée* »[259].

Il voit cette réforme comme « *illusoire et dangereuse* »[260] car il craint qu'à la crise économique s'ajoute une crise de défiance vis-à-vis des institutions. Il craint que les électeurs par le choix de ce scrutin sanctionnent l'Europe sur des problématiques de politique intérieure. Il met en cause « *la responsabilité des chefs de gouvernement et d'Etat* », lesquels font preuve « d'absence de volonté », d'une « incapacité à décider »[261]. Ainsi, il s'oppose à l'idée que ce projet introduise « *un mécanisme purement fédéral* »[262]. Au fond, il tente d'« *instrumentaliser* » l'Europe. Pour se faire, il utilise les propos de Willy Brandt, lequel a émis l'idée de voir dans ces élections la possibilité de transformer la nouvelle assemblée en Constituante laquelle pourrait « *s'arroger des pouvoirs non prévus par les Traités* ».

Il rappelle que le RPR ne veut pas n'importe « *quelle Europe ?* »[263]. Ils la veulent « *confédérale et indépendante* »[264], ce qui exclut l'accroissement des pouvoirs du Parlement. Cette intervention place le RPR dans une « *continuité indiscutable* »[265] de la politique gaulliste.

Enfin, Jacques Chirac se fait le défenseur d'un électorat potentiel ou acquis, les paysans et dans une moindre mesure ceux de l'industrie. Pour lui, les « *viticulteurs* », les « *éleveurs* », les « *marins pêcheurs* », ceux de « *la sidérurgie, l'industrie du cuir, la construction navale, une partie de la chimie …* » sont menacés par une « *Europe (qui) régresse* »[266]. Pour lui, la cause réside dans le fait que « *le projet d'union économique et monétaire n'a pas été poursuivi* »[267]. Cette défense des corporatismes s'explique devant la perspective des élargissements à la Grèce, à l'Espagne, au Portugal. Si ce discours manifeste les inquiétudes du RPR, il l'amène, devant les silences du Président, à affirmer davantage leur identité. Ainsi, par cette motion, le RPR préfère la cohésion du groupe, au non du principe de l'héritage gaulliste, celui de la défense de l'indépendance nationale. La décision de Jacques Chirac est paradoxale et montre qu'elle relève d'un choix « *imposé* »[268].

---

[259] Ibid., pp. 223-224.
[260] Ibid., p. 223.
[261] Ibid., p. 223.
[262] Ibid., p. 224.
[263] Ibid., p. 219.
[264] Ibid., p. 219.
[265] René Rémond, Les droites en France, Ibid., p. 338.
[266] Ibid., pp. 222-223.
[267] Ibid., p. 220. Il faut noter que sur le point de l'union économique et monétaire, l'initiative de relance est lancée par Valéry Giscard d'Estaing et voit la naissance en 1979 du Système Monétaire Européen.
[268] William R. Schonfeld, op. cit., page 121.

Cependant ce débat a laissé apparaître une ligne de clivage dont les répercussions sont sensibles par la suite. En effet, elle marque une prise de position consécutive à des rivalités d'intérêt sur l'avenir de l'Europe, l'intégration politique. Michel Debré, par son obstination, fait basculer la balance en sa faveur. Mais, en prenant parti pour ses positions, elle va influencer la politique européenne du RPR et ce jusqu'aux élections européennes de juin 1979. Même si à court terme, elle évite la division du RPR sur l'Europe, elle affaiblit momentanément les pro-européens du RPR comme Jacques Chaban-Delmas et Olivier Guichard[269] et surtout Maurice Couve de Murville[270]. En effet, ce dernier se voit désavoué par ses collègues du RPR. Dès lors, ce résultat illustre un *« paradoxe : la force et la faiblesse simultanée de l'influence du leader »*[271]. En effet, pour sauver l'unité, Jacques Chirac choisit d'amener le RPR sur des positions européennes réservées voire très en retrait par rapport aux positions européennes défendues par le gaullisme. Au fond, dans cette affaire européenne, il semble qu'un capital gaulliste important soit nécessaire pour s'imposer. C'est dans ce sens que Jacques Chirac semble se rallier à un groupe RPR aux accents réservés sur la construction européenne face à l'intégration politique. Ce raidissement trouve aussi sa réalité dans le résultat des législatives de mars 1978. C'est alors le retour, sur l'avant-scène publique, des gaullistes les plus éminents comme Michel Debré, Pierre Messmer, Yves Guéna ... Alors qu'Olivier Guichard et Jacques Chaban-Delmas ne participent pas à cette dénonciation. Ce débat préfigure l'affrontement de juin 1979. Mais, pour l'heure, afin de s'affirmer, Jacques Chirac se doit de s'exprimer indépendamment du RPR.

5.3 : Lueur d'espérance[272] ou la critique du libéralisme

Dans cet essai, Jacques Chirac nous livre ses *« espérances, ses craintes... »* Il évoque ses relations avec la majorité et le chef d'Etat, ses

---

[269] Dès le lendemain de la réunion du 31 juin 1977, Olivier Guichard avait dans « Le Monde » et non « La Lettre de la Nation » signé un article sous le titre « l'assemblée européenne : ni rêve ni angoisse », dans lequel il relativisait en affirmant que cette décision ne portait pas atteinte à la souveraineté. Pages 1 et 6.
[270] William R. Schonfeld, op. cit., Jacques Chirac, le 31 mai avait soulignait que l'article 2 négocié par Maurice Couve de Murville était « un pas important », page 141.
[271] Ibid., page 148.
[272] Jacques Chirac, *Lueur d'espérance : réflexion du soir pour le matin*, La Table Ronde, Paris, 1978, 237 pages.

conceptions économiques et sociales. Le titre rappelle la dernière phrase des mémoires de guerre de Charles de Gaulle. C'est un livre de combat politique qui éclaire ses choix et son comportement. Il dénonce les carences de l'action gouvernementale en matière fiscale, sociale, économique, diplomatique et européenne. Cet ouvrage est un *« pamphlet antilibéral »*[273], dans lequel il dénonce le *« libéralisme conservateur »* incarné par le Président. Il préconise une politique économique qui permette une *«intervention active de l'Etat »*[274]. Par cette politique, il s'oppose à l'action du Président qui semble *« fasciné par l'exemple de l'Allemagne occidentale »*[275] lequel, s'il est suivi, va voir l'abandon de certains secteurs économiques, ce qui serait, pour lui, une atteinte à l'indépendance économique.

Sa critique porte sur l'Europe qui se construit. Il souhaite voir l'Europe aller vers une *« unification »* et mettre en place une *« organisation d'un seul marché, qui serait aux dimensions des plus grands »*[276], de manière à ce qu'elle n'aille pas à *« la déchéance »*[277]. Il souhaite qu'elle se fonde sur *« l'égalité souveraine des Etats »*[278] et qu'elle ne se fasse pas par *« la destruction de la nation »*[279]. Ainsi, sa vision s'inscrit dans une conception européenne gaullienne de nature confédérale qui refuse la supranationalité sur le plan politique. S'il la veut la plus large possible, il s'oppose à un *« élargissement de la communauté à l'Espagne et au Portugal »*[280], car ce sont de jeunes démocraties et économiquement des pays ruraux. Dès lors, il souhaite que *« des mécanismes, permettant d'améliorer leur situation économique »* soient mis en œuvre, avant de les voir intégrés. Au fond, cette attitude s'inscrit dans une défense du monde paysan français, qui serait mis en concurrence par ces pays. Il se fait le porte-parole d'un électorat, qu'il n'oublie pas, depuis l'époque où il a été ministre de l'Agriculture. S'il défend la cause paysanne sur le plan économique en refusant l'élargissement, il émet des réserves aussi sur un élargissement dans le sens politique.

Ainsi, sur l'avenir de l'Europe à Douze, il pense que l'élargissement risque de remettre en cause *« l'efficacité institutionnelle »*[281]. Il dénonce *« un*

---

[273] Franz-Olivier Giesbert, *Jacques Chirac,* page 361.
[274] Ibid., p. 109.
[275] Ibid., p. 109.
[276] Ibid., p. 195.
[277] Ibid., p. 195.
[278] Ibid., p. 188.
[279] Ibid., p. 195.
[280] Ibid., p. 197.
[281] Ibid., p. 205.

système d'assemblées, de parlottes, de commission, et de bureaucratie.. »[282], qui cache le manque de volonté politique, en rendant l'Europe, responsable de tous les maux. Mais comment vouloir l'unification et refuser l'approfondissement européen ? En fait, il dénonce l'émergence d'une *« Europe supranationale, d'une sorte de super-Etat européen, destinée à englober et à absorber les vieilles nations...." »*[283]. Nous voyons dans ce discours, contre la supranationalité, que l'adversaire visé n'est ni plus ni moins le Président de la République, favorable à une Europe fédérale, supranationale. S'il rejette toute forme d'intégration politique, toute idée d'abandon de souveraineté politique par le biais de l'élection du Parlement Européen au suffrage universel, il dénonce aussi toute forme d'abandon de souveraineté militaire.

Ainsi, il émet l'idée que *« la défense nationale (va) bientôt disparaître, car l'unité européenne se (traduit) par un système de défense intégré, sous le bouclier protecteur et puissant des Etats-Unis »*[284]. Or, en acceptant cette idée, la France renoncerait à son statut de *« grande puissance mondiale »*[285], sa place et son siège à l'ONU. Toutes ces raisons, l'amène à rejeter l'idée d'une Europe supranationale.

Pour lui, l'Europe supranationale mettrait en péril l'indépendance des Etats. Il dénonce le fait que *« des efforts systématiques, obstinés, ardents, pour ... pousser (la France) à l'abdication de son indépendance »* sont menés par *« des partis de l'étranger »*[286]. Enfin, il dénonce une *« communauté (qui) tend à n'être qu'une zone de libre-échange... »*[287], aux dépens de la préférence communautaire.

A travers ses réflexions, Jacques Chirac remet implicitement en cause la politique européenne du Président, faisant fi de l'indépendance nationale, et qui souhaite voir une Europe fédérale se mettre en place.

Ainsi, l'Europe est un sujet qui divise le RPR. S'il semble faire l'unanimité contre la supranationalité, par contre l'intégration politique soulève des réticences. Toutefois, en voulant créer un contexte favorable à la recomposition politique autour de nouveaux enjeux, Valéry Giscard d'Estaing échoue.

En effet, ses tentatives renforcent au contraire l'intransigeance du RPR, qui trouve sur l'Europe, non plus une occasion de se diviser mais de se rassembler. Toutefois, ce repli européen du RPR est-il en phase avec l'évolution des Français sur l'Europe et son projet est-il capable de

---

[282] Ibid., p. 195.
[283] Ibid., p. 190.
[284] Ibid., p. 191.
[285] Ibid., p. 191.
[286] Ibid., p. 186.
[287] Ibid., p. 200.

rassembler au-delà du gaullisme et être perçu comme un projet d'avenir ? Les élections européennes de juin 1979 vont être alors un test.

Chapitre 3
De l'appel de Cochin aux élections européennes de juin 1979

De 1976 à 1981, c'est sur la construction européenne que le RPR accentue ses différences avec le Président de la République. En effet, en ayant accepté l'organisation des chefs d'Etat sous la forme de Conseil européen, ce qui renforce l'aspect intergouvernemental, les partenaires de la France, en particulier, les Néerlandais, ont souhaité, en échange, le renforcement des pouvoirs de contrôle de l'Assemblée européenne et son élection au suffrage universel direct (traité de Bruxelles du 22 juillet 1975). Or, jamais Charles de Gaulle comme Georges Pompidou n'ont soutenu et n'ont accepté cette éventualité. C'est ainsi, qu'une « guerre de religion » s'ouvre entre les deux formations, le RPR et l'UDF. Une situation qui amène François Mitterrand à déclarer que *« l'un devra éliminer l'autre »*[288]. En effet, depuis les élections législatives de mars 1978, le RPR durcit le ton. Il reste réservé sur les transferts de souveraineté, perçu comme une atteinte à l'indépendance et à la souveraineté, même si, le Conseil Constitutionnel a posé des conditions. La perspective de l'élection du Parlement européen au suffrage universel est une période propice au retour, en force, des tenants du gaullisme orthodoxe comme Michel Debré, Jacques Chaban-Delmas, Olivier Guichard, Maurice Couve de Murville… Cette phase est favorable à l'expression des diverses sensibilités au RPR sur l'Europe. Si débat interne il y a, l'affrontement est aussi sensible entre les deux formations, le RPR et l'UDF. Un affrontement d'autant plus facilité que le Président décide de recourir au scrutin à la proportionnelle, pour ces élections européennes, en juillet 1978. C'est une opportunité pour défendre ses propres couleurs et éviter une liste d'union de la majorité. Le RPR se lance dans la campagne des élections européennes sous la bannière d'une Europe confédérale, basée sur la coopération et la défense de l'indépendance nationale. Cette campagne commence avec l'appel de Cochin, lancé par Jacques Chirac, en décembre 1978. Mais, si cet appel s'inscrit dans une démarche personnelle, il devient la position du RPR.

1 L'appel de Cochin

Ces élections européennes de juin 1979 sont une occasion, pour le RPR, de mener une campagne de rassemblement, sur des conceptions gaulliennes de l'Europe. Ce *« repli identitaire »* trouve sa meilleure expression dans *« l'appel de Cochin »*. C'est un véritable réquisitoire contre la politique européenne du Président. Il est lancé le 6 décembre 1978, par Jacques

---

[288] Le Figaro du 21 mai 1979, Interview de François Mitterrand, page 3. Son opinion sur les rapports entre le Président Valéry Giscard d'Estaing et Jacques Chirac.

Chirac, de l'hôpital où il est soigné, à la suite d'un accident de voiture. Cet appel s'inscrit dans un discours de distanciation à l'égard du Président. Même si les circonstances peuvent amener à penser que Jacques Chirac n'est pas l'auteur de cet appel ; il ne se trouvait physiquement « *ni en mesure de rédiger un tel texte ... ni de refuser de le signer !* »[289], il n'en demeure pas moins qu'il avait déjà exprimé certaines de ces idées[290], par le passé. Il signe l'aboutissement de l'action menée par Jacques Chirac depuis sa démission de Matignon et dont les positions sont confirmées au congrès du 12 novembre 1978. Il intervient, dans un contexte particulier, celui du Conseil européen de Bruxelles du 5 décembre 1978, qui donne naissance au SME. Mais, ce Conseil est perçu comme un « *bide* »[291] au RPR. En effet, seulement six Etats adhèrent, au SME, sur les neuf. D'autre part, ce Conseil semble tourner le dos à la conception gaulliste de l'Europe. Ainsi, par cet appel, Jacques Chirac laisse penser que l'Europe va vers la supranationalité. Tel est, pour lui, le sens de l'élection au suffrage universel qui ne sera pas seulement un scrutin pour désigner des représentants au Parlement mais une forme de légitimation des débordements de compétences futurs du Parlement Européen.

1.1 : Une dénonciation dans l'esprit gaullien sur la forme et le fond

La rhétorique gaullienne est utilisée dans cette dénonciation. Elle rappelle « *l'enflure gaullienne du temps du RPF* »[292]. Ainsi, la forme du texte reprend le concept de l'appel. En ce sens, il veut faire référence au « *gaullisme de la résistance* ». Mais l'empreinte gaullienne s'exprime aussi dans le contenu. Jacques Chirac regrette que « *l'Europe, que nous attendions et désirions, ..., ne se fera pas* ». Cette Europe européenne où la France conduirait « *son propre destin de grande nation* ». Par cet appel, il constate que l'Europe gaulliste de Charles de Gaulle à Georges Pompidou a échoué car les Neuf ont entériné une autre voie, lors du Conseil européen. Ainsi, Jacques Chirac

---

[289] Entretien avec Alain Juppé du 15 septembre 2004. La responsabilité semble être imputable à ces deux conseillers politiques, Pierre Juillet et Marie-France Garaud.
[290] Dans *Lueur d'espérance*, Jacques Chirac souligne le rôle des « partis de l'étranger » lequel rencontre « un terrain favorable à droite aussi bien qu'à gauche » p. 186.
[291] La Lettre de la Nation du mercredi 7 décembre 1978, page 2. Dans cet article, la réponse du Président de la République est présentée comme « cavalière » car ce dernier n'a pas voulu présenter les garanties du RPR, justifiant l'idée que la « France aurait été affaiblie » et qu'elle se serait mise en position de « demandeur ».
[292] Franz Olivier Giesbert, *Jacques Chirac,* Seuil points, 1995, page 377.

lance une forme de croisade contre cette Europe des Neuf, celle de la supranationalité, de l'asservissement économique et de l'effacement international de la France.

Or, dans les faits, il s'avère que l'Europe qui se construit, voit une augmentation de « *l'intergouvernementalité* » dans les Conseils européens et un contrôle des pouvoirs du Parlement. Ceci apparaît bien contradictoire.

Il dénonce l'Europe du libre-échange qui se met en place et qui veut faire de la France une « *vassale dans un empire de marchands* », ce qui est contraire aussi à son idée de « *travaillisme à la française* ».

Mais, il rejette surtout l'idée de l'élection du parlement européen au suffrage universel qui s'exprime dans l'expression d'« *inféodalisation* », d'« *abaissement* » de la France, dont il refuse qu'elle perde toute indépendance politique. Jacques Chirac laisse supposer que le Président de la République est prêt à aller jusque-là. C'est le sens à donner à l'évocation de la « *voix paisible est rassurante* » du « *parti de l'étranger* ». En effet, derrière ce propos, il dénonce les fédéralistes, favorables au Parlement européen, et les « *atlantistes* », ceux qui laissent l'Europe menacée par les « *intérêts américains* », les « *influences outre-atlantiques* ». Il vise les anciens alliés giscardiens et les centristes.

Il appelle alors à la « *résistance* » avec l'espoir d'obtenir un effet dissuasif devant la poursuite de la construction européenne de nature fédérale et supranationale. Ce message vise à toucher une large frange de la population. C'est pourquoi, il est diffusé par l'Agence France Presse. Il est aussi lu, au même moment, lors du Conseil politique du RPR par Claude Labbé[293]. Ensuite, il est relayé auprès des militants, à qui, l'on demande le soutien. Mais, cet appel provoque la réaction du RPR et des gaullistes.

2 Les réactions

2.1 : Un groupe RPR en crise ?

Cet « *appel de Cochin* » contre toute forme d'Europe supranationale ou fédérale entraîne un véritable « *tollé* »[294] au RPR. Claude Labbé, président du groupe RPR à l'Assemblée nationale, qui a lu la « *lettre du Président du*

---

[293] *Le Monde* du 8 décembre 1978, « *La lettre du président du RPR aux députés* », page 9.
[294] Philippe Madelin, *Jacques Chirac, une biographie,* Le Club, Flammarion, 2002, p. 377.

RPR aux députés »[295]*, se veut rassurant. Il estime qu'il « faut voir cet appel avec un certain recul ». Cette déclaration se place « au-delà de l'actualité », au-delà des « présidentielles de 1981 »*[296]*.*

Le mardi 12 décembre 1978, à l'issue de la réunion hebdomadaire du groupe RPR, Claude Labbé précise sa pensée et veut calmer les esprits. Il déclare qu'il ne faut pas « confondre le niveau de l'action parlementaire » dans lequel les élus RPR exercent leur droit d'amendement et le niveau de la prise de position de Jacques Chirac qui ouvre « *un grand débat devant le pays* » et prend « *un rendez-vous avec le peuple français pour le 10 juin 1979* »[297]. Si ses prises de paroles semblent rassurantes, elles masquent un malaise au RPR. L'appel suscite une certaine émulation qui se solde par des éloignements.

Ainsi, Hélène Missoffe[298], député de Paris et déléguée nationale du RPR, se met en congé du RPR. Lucien Neuwirth, député de la Loire et ancien secrétaire général adjoint du RPR, dénonce « *le climat de dénonciation* » du RPR.

D'autres se mettent en congé comme Alexandre Sanguinetti[299]. Il qualifie le RPR de « *national-poujadisme* » et recommande à Jacques Chirac de se retirer à « *Meymac* »[300]. Quant à Yves Guéna, député de la Dordogne et ancien conseiller politique du RPR, il préfère démissionner par respect de la fonction présidentielle. Ces positionnements des uns et des autres ne semblent pas émouvoir les militants. En effet, ces derniers déclarent ne pas être « *très émus* »[301], par ces attitudes. En effet, leur position militante explique cette réaction où la passion l'emporte souvent sur la raison des faits. Par cet appel, Jacques Chirac réactive ceux et celles qui veulent en découdre avec le président et sa majorité. En effet, face la politique gouvernementale, ils ont « *une attitude oppositionnelle* »[302].

Jacques Chirac perd l'un de ses amis, Edgar Faure, radical. Mais, d'une manière générale, les défections, au sein du groupe parlementaire, restent faibles.

---

[295] Le Monde, Ibid., page 9.
[296] Ibid., page 9.
[297] La Lettre de la Nation, n°962, du 15 décembre 1978, page 3. Le Monde du 14 décembre 1978, « Le RPR n'a pas l'intention d'ouvrir une crise politique », page 12.
[298] Elle est aussi belle sœur du ministre des Affaires Etrangères, proche de l'Elysée.
[299] Il n'est plus député depuis 1973, il avait cédé le poste de secrétaire général de l'UDR à Jacques Chirac en 1974.
[300] Le Monde du 24-25 décembre 1978, m ; Alexandre Sanguinetti : que Chirac se retire à Meymac !, page 7. Meymac est la propriété de Jacques Chirac, en Corrèze.
[301] La Lettre de la Nation, n°962 du vendredi 15 décembre 1978, page 3.
[302] Entretien avec Jacques Legendre du 13 juillet 2000.

Cette cohésion du groupe RPR se manifeste, en particulier, le lundi 11 décembre 1978, lors du vote relatif au financement de la campagne électorale par des fonds communautaires, où deux députés RPR, seulement, votent pour : M. Auguste Cazalet et M. Edgar Faure[303]. Jacques Chaban-Delmas (ancien Premier ministre) et Claude Pringalle (député du nord) ne prennent pas part au vote. Lucien Neuwirth est excusé. Le reste du groupe vote contre, soit 150 députés RPR. Le Parti Socialiste s'abstient, le Parti Communiste vote contre et l'UDF y est favorable.

Face à des voix qui s'élèvent, Jacques Chirac souhaite se justifier. Il le fait le 14 décembre 1978. En effet, dans son propos, une expression a choqué l'opinion, la référence au *« parti de l'étranger »*[304]. Une expression reprise aussi par Yves Guéna, conseiller politique du RPR, lequel ajoute que *« « le parti de l'étranger » était déjà en place en 1940 »*[305]. Par ce propos, il désignait ceux qui étaient *« pour le renoncement »*, *« le parti de la renonciation nationale »*, contre une France, puissance mondiale.

Quant à Jacques Chirac, il dénonçait les *« fédéralistes »* comme les *« atlantistes »*. Autrement dit, c'est une dénonciation de l'instrumentalisation des institutions européennes par les Etats-Unis pour faire entrer la France dans le rang atlantique. Mais, il semble que cette justification ne suffise pas. Jacques Chirac livre une interview[306] à l'Agence France Presse où il explique les raisons de son appel. Enfin, il envoie une lettre ouverte[307], datée du 19 décembre 1978, au Premier Ministre, dans laquelle il souligne que le RPR *« ne prendra pas l'initiative de mettre en cause l'existence du gouvernement »*. Il montre par-là que son appel n'engage que lui et n'est pas dirigé contre le Premier ministre.

Maurice Couve de Murville[308] minimise les propos de Jacques Chirac, même s'il réaffirme qu'au RPR, il y a une hostilité à toute conception supranationale. Il estime que l'élection au suffrage universel est inopportune et que le RPR est réservé sur l'extension des pouvoirs de l'Assemblée européenne.

---

[303] Edgar Faure s'était porté à l'élection à la présidence de l'Assemblée nationale. Il fut battu par un autre député RPR Jacques Chaban-Delmas. En désaccord avec la ligne du Rassemblement pour la République sur l'Europe, il se présente aux élections européennes sur la liste de l'Union pour l'Europe, conduite par Simone Veil et démissionne du groupe RPR de l'Assemblée nationale.
[304] Dépêche AFP, 14/12/1978.
[305] La Lettre de la Nation, n°965 du lundi 18 décembre 1978, page 2.
[306] Cette interview est reprise dans La Lettre de la Nation, n°964, du vendredi 15 décembre 1978, pages I à III, *« Jacques Chirac : les raisons de mon appel aux Français »*.
[307] La Lettre de la Nation, n° 967 du mercredi 20 décembre 1978, page 2.
[308] Interview de Maurice Couve de Murville, dans Le Matin du 11 janvier 1979.

Pour Claude Labbé, l'appel de Jacques Chirac est dans *« une démarche gaulliste »*[309].

Quant à Michel Debré, sur Europe 1, il déclare que *« M. Chirac a eu raison »*[310] et se réjouit de sa *« décision catégorique »*[311].

Bernard Pons[312], député RPR, pense que cet appel est *« bon »*, car, depuis plusieurs mois, le gaullisme, à travers le RPR, était en *« train de perdre son âme »* par son incapacité à dire *« non »* au giscardisme. Le propos trouve des appuis à l'extérieur du RPR.

Il gagne le soutien de l'association *« Union des gaullistes de progrès »* dirigée par Dominique Gallet, l'*« Union des jeunes pour le Progrès »* dirigée par Bernard Fournier, laquelle avait rompu avec l'UDR en 1974 et le *« Mouvement pour le socialisme par la participation »* de Pierre Billotte. Au fond, cet appel réussit à rassurer la frange la plus réservée sur l'Europe, au RPR et à l'extérieur. Cet appel crée *« l'émotion voire l'incompréhension »*[313].

2.2 : Des RPR inquiets

En effet, comment peut-on soutenir la majorité et en même temps dénoncer la politique qu'il mène ? Ainsi, Olivier Guichard[314], député du RPR et ancien Ministre, critique Jacques Chirac. Il considère qu'il remet en cause la motion européenne du RPR du 12 novembre 1978. Jean Charbonnel, maire de Brive, conseiller général et ancien député de Corrèze, préfère s'attaquer à Jacques Chirac en laissant penser que la crise du RPR fait éclater « l'imposture » de ce dernier. Mais, son propos est-il objectif, quant on sait les relations qu'il entretient avec Jacques Chirac ?

Pierre Charpy, rédacteur de la Lettre de la Nation, organe officiel de presse du RPR, dénonce le fait que ce débat soit entretenu à l'intérieur du RPR. A ce titre, il souligne que les détracteurs sont *« déboutés sans qu'il y ait à plaider »*. En effet, il voit essentiellement dans la prise de position d'Alain Peyrefitte, une tentative visant à remettre en question la *« légitimité de Chirac à la tête du RPR »*[315].

---

[309] La Lettre de la Nation, n° 958, du vendredi 8 décembre 1978, page 2.
[310] Le Monde du 9 décembre 1978, page 10.
[311] La Lettre de la Nation, n°946 du vendredi 15 décembre 1978, page 2.
[312] Après les départs de Pierre Juillet et Marie-France Garaud, il devient le 4 octobre 1979 secrétaire général du RPR.
[313] Entretien avec Jacques Legendre du 13 juillet 2000.
[314] Olivier Guichard, interview dans Le Monde du 10 janvier 1979.
[315] La Lettre de la Nation, n°965 du lundi 18 décembre 1978, page 1.

Sur le fond, cet appel remet à jour les divisions du RPR sur la démarche à suivre au regard de la construction européenne et du soutien à la politique présidentielle. En effet, par son contenu, cet appel hypothèque l'idée de voir une liste unique de la majorité se constituer.

Ces contestations visent à déstabiliser Jacques Chirac et à l'amener à changer de direction voire à quitter le RPR. Ainsi, un certain nombre de RPR, de gaullistes essaient de l'alerter. Des lettres visent à le mettre en garde devant les dérives du discours et de la pensée. Elles vont venir de personnalités du gaullisme orthodoxe.

Ainsi, dans une lettre adressée aux parlementaires[316], Alain Peyrefitte, (garde des sceaux) qui n'a pas été rassuré par l'interview donnée par Jacques Chirac à l'Agence France Presse, essaie de trouver des circonstances atténuantes à ses propos *« outranciers »*[317]. Il incite les parlementaires à ne pas s'aligner sur cet appel. Alexandre Sanguinetti dénonce l'entourage de Jacques Chirac, en la personne de Pierre Juillet et de Marie-France Garaud, qui ont, depuis quelques années, pris le dessus sur lui. Des hommes et des femmes qui représentent la frange la plus droitière de l'échiquier politique. Une droite catholique réactionnaire dont le projet s'inscrit dans une droitisation du pays et qui voit la politique comme un *« affrontement exacerbé de clans »*[318]. Frileux devant le modernisme comme le progressisme d'un Chaban-Delmas ou d'un Valéry Giscard d'Estaing, ils sont proches d'un *« nationalisme ombrageux »*[319]. Or, cette lettre d'Alain Peyrefitte ne trouve en réponse que la dénonciation formulée par Yves Guéna. Ce dernier considère qu'il n'a *« pas à donner de leçons »*[320]. Il est rejoint, en ce sens, par André Bord, ancien ministre et ancien secrétaire de l'UDR de 1975 à1976, lequel lui reproche, ironiquement, d'avoir « oublié » que le RPR a eu un débat sur l'Europe, lors d'un congrès. Mais d'insister sur le fait que ce dernier, « invité » « n'a pas jugé utile d'assister »[321]. Claude Labbé regrette les positions prises par Alain Peyrefitte. Il considère qu'il est *« anormal qu'un membre du gouvernement s'adresse aux députés par-dessus le président »* et regrette que ses déclarations aient pris *« un caractère d'attaque personnelle à l'égard de J. Chirac »*[322]. En effet, pour resserrer les rapports entre le mouvement et le groupe parlementaire, à la suite des

---

[316] La lettre d'Alain Peyrefitte est publiée dans Le Monde du 16 décembre 1978, page 9. Curieusement, La Lettre de la Nation ne la publie pas.
[317] Le Monde du 16 décembre 1978, page 9.
[318] Jean-Marie Colombani, *Le Résident de la République,* 1999, page 49.
[319] Ibid., page 50.
[320] Le Monde, Ibid., page 9.
[321] La Lettre de la Nation, n°965 du lundi 18 décembre 1978, page 3.
[322] La Lettre de la Nation, n°967 du mercredi 20 décembre 1978, page 2. Le Monde du 21-22 décembre 1978, page 10.

élections législatives de 1978, les statuts du RPR ont été modifiés. Désormais, tous les parlementaires deviennent *« membres de droit du comité central »*[323]. De même pour éviter toute *« ambiguïté entre responsabilité gouvernementale et responsabilités au sein du RPR »*, tout membre du RPR nommé au gouvernement ne peut plus exercer de fonction au RPR. Ces décisions sont approuvées par le comité central du lundi 20 mars 1978, et par le congrès extraordinaire du 2 avril, à 92.15%.

Quant à Jacques Chirac, il préfère assumer seul l'onde de choc que provoque son appel. Il demande à Alain Peyrefitte de *« quitter le rassemblement »*, considérant ses *« remarques … inacceptables »*. Le mardi 19 décembre 1978[324], les instances du RPR préfèrent l'exclure pour une durée de six mois,

Par cette attitude, Jacques Chirac espère couper court à toute extension de la polémique, de manière à maintenir une pression sur l'unité du RPR. Dans cette situation conflictuelle, le Président et le gouvernement de Raymond Barre préfèrent éviter de s'exprimer, alors que le second personnage de l'Etat et chef de file des onze ministres RPR du gouvernement sont mis en accusation. Raymond Barre trouve simplement cette situation *« dommageable »*.

Pour calmer les esprits, Jacques Chirac veut faire imposer ses positions, par les militants. C'est l'objet de la lettre[325] qu'il envoie aux cadres du RPR. Cette dernière trouve un *« soutien enthousiaste »* des militants et même une *« approbation unanime »*[326] pour la défense d'une Europe confédérale, libre et indépendante.

Mais, la polémique s'installe. Une deuxième lettre[327] de Jacques Chaban-Delmas, d'Olivier Guichard et de Robert Poujade dénonce l'attitude de Jacques Chirac à l'égard d'Alain Peyrefitte. Cette dernière ne change rien. Robert Boulin, ministre du Travail, RPR, tente, alors, de calmer le débat, en souhaitant que *« chacun fasse un pas vers l'autre »*[328].

Mais face à la contestation et fort du soutien des militants, Jacques Chirac décide d'envoyer une lettre aux parlementaires[329]. Il y réexpose l'Europe qu'il souhaite. Une Europe qui ne doit pas *« s'édifier au prix d'un effacement de la France »* et qui ne doit pas se traduire par *« une dépendance politique et*

---

[323] La Lettre de la Nation, n°802, du mercredi 22 mars 1978, page 1.
[324] Le Monde du 21-22 décembre 1978, page 10.
[325] Le Monde du 8 décembre 1978, page 9. La Lettre de la Nation, n°962 du vendredi 15 décembre 1978, page 2.
[326] La Lettre de la Nation, n° 970 du mercredi 3 janvier 1979, page 2.
[327] Le Monde du 23 décembre 1978, des 9/16/19-23 décembre 1978, et du 19 juin 1979. Cette lettre n'est pas reproduite dans La Lettre de la Nation.
[328] Le Monde du 24-25 décembre 1978, « Les difficultés du RPR », page 7.
[329] La Lettre de la Nation, n° 973 du lundi 8 janvier 1979, page 2.

économique de la France». Cette lettre lui permet d'annoncer son intention de mener une liste aux élections européennes de juin 1979. D'autre part, le scrutin est présenté comme une « *sorte de référendum* »[330] où le peuple doit choisir entre deux voies, «*celle du renoncement* » ou « *celle de l'indépendance*»[331].

Le groupe RPR au Parlement, réuni à huis clos, renouvelle, à l'unanimité, sa « *totale confiance à Jacques Chirac, en présence des ministres RPR* »[332]. Le communiqué final laisse apparaître que le groupe parlementaire a insisté sur « *la nécessaire participation d'une France libre à une Europe indépendante* ». Au fond, cette décision confirme la tendance au RPR et confirme le contenu de l'appel, lequel trouvait une « *très large adhésion* »[333]. Ainsi, afin d'éviter la désunion, les contestataires du RPR finissent par se ranger à la décision commune. Ils évitent leur exclusion du parti.

Enfin, le comité central, réuni le samedi 10 février 1979, approuve, à l'unanimité, moins deux abstentions, « *sans réserve l'appel lancé par J. Chirac* » et se félicite de le voir « *prendre la tête de liste* »[334] pour les prochaines élections européennes.

Cette unanimité n'empêche pas l'envoi d'une troisième lettre, en avril 1979. Elle est signée par les ministres RPR du gouvernement, qui, par solidarité, appellent à suspendre l'exclusion d'Alain Peyrefitte.

Au fond, ces lettres soulignent les tensions et le climat qui règne au RPR, à la veille des élections européennes entre les partisans d'une liste d'union de la majorité et les partisans d'une liste indépendante. Ces initiatives appellent Jacques Chirac à infléchir ses positions. Elles permettent à un certain nombre de gaullistes, de RPR, (Alain Peyrefitte, Olivier Guichard, Yves Guéna, Jacques Chaban-Delmas), qui montrent de « *l'irritation* » à l'égard de la « *Rue de Lille* », de « *l'entourage* » et des « *conseillers occultes* » de Jacques Chirac, de recouvrer une influence occultée par les conseillers, Pierre Juillet[335] et Marie France Garaud. En effet, il semble qu'à ce niveau de la campagne, les personnalités du RPR qui soutiennent le Président se retrouvent dans une position de « *mise à l'écart* », par l'appareil.[336]

---

[330] Ibid., page 2.
[331] Ibid., page 2.
[332] La Lettre de la Nation, n° 976 du vendredi 12 janvier 1979, page 4.
[333] La Lettre de la Nation, n°967 du mercredi 20 décembre 1978, page 2.
[334] La Lettre de la Nation, n° 998 du mardi 13 février 1979, page 2.
[335] Franz-Olivier Giesbert, op. cit., pages 111-119. Sur le rôle de ces deux collaborateurs, Jean-Marie Colombani, op. cit., pages 48-51.
[336] En effet, les différentes lettres de ces ministres du RPR ou personnalités du RPR ou extérieures ne sont pas relayées, par la presse militante du RPR, en particulier

C'est dans ce contexte de contestation que la campagne des élections européennes commence.

3 La campagne du RPR

L'appel de Cochin lance la campagne du RPR. Elle débute, à Nancy, en présence de Charles Pasqua et des élus de Lorraine : Pierre Messmer et Christian Poncelet. Ce choix est un symbole. En effet, la Lorraine est une « *province exemplaire pour la France* »[337] notamment dans son attachement à la nation. Ainsi, le mardi 10 avril, le Conseil politique et le bureau parlementaire du RPR adoptent par 36 voix contre 3 abstentions, celles de Jacques Chaban-Delmas, d'Olivier Guichard et de Bernard Marie, la décision d'aller devant le corps électoral sous ses propres couleurs. Ainsi, la déclaration finale est : *«le RPR a pris une position pour une politique européenne qui ne correspond pas à celle de l'autre composante de la majorité»*. Mais, autour de quels hommes, la liste du RPR se construit ?

3.1 : Les candidats de la liste DIFE

La liste s'intitule « *Défense des Intérêts de la France en Europe* »[338]. Elle dispose d'un comité de soutien dont la présidence est assurée par Maurice Schumann[339], figure emblématique du gaullisme mais européen. Elle est menée par un tandem : Chirac-Debré, reflet des intérêts politiques qui dominent le RPR, à cette époque. En effet, les réticences de Michel Debré à la construction européenne ne sont pas nouvelles. En 1957, il avait tenté de faire déclarer contraire à la Constitution la ratification des traités de Rome par le Conseil constitutionnel. En ce sens, il apparaît, par rapport à Charles de Gaulle, en retrait, sur la construction européenne. La Constitution de la Cinquième République, dont il a été l'un des architectes, porte la trace de sa méfiance. L'article 11 indique que le Président peut recourir au référendum pour faire ratifier les traités. De même, l'article 54 permet, avant la

---

« La Lettre de la Nation ». Tout au plus, cette dernière se contente simplement de critiquer leurs propos, en évitant de les citer.
[337] La Lettre de la Nation, n° 1036 du vendredi 6 avril 1979, page 2.
[338] Voir la brochure du programme éditée par le RPR.
[339] Maurice Schumann a été porte-parole de la France libre à la radio de Londres, il a surtout été l'un des fondateurs du MRP, ancien Ministre des Affaires Etrangères sous Pompidou.

ratification d'un traité, d'en faire examiner sa compatibilité avec la Constitution par le Conseil Constitutionnel[340] saisi, alors, par le Président de la République ou les Présidents des assemblées ou le Premier ministre.

Ainsi, la présence de Michel Debré s'explique avant tout par ses compétences juridiques plus qu'économiques ou financières. Il représente, aussi, pour les personnes réticentes à des transferts de souveraineté, garant des Institutions.

Cette liste comporte un certain nombre de personnalités politiques comme les trois anciens Premiers ministres: Jacques Chirac, Michel Debré et Pierre Messmer. On y trouve aussi d'anciens ministres essentiellement de Charles de Gaulle: Maurice Druon, Christian Poncelet, Jean-Noël de Lipkowski, Vincent Ansquer, André Fanton… Mais aussi, la présence d'un homme qui, depuis 1958, est le reflet des positions gaullistes, à l'Assemblée des Communautés européennes et président du groupe des démocrates européens de progrès, Christian de la Malène. L'appareil du RPR n'est pas oublié. Claude Labbé, président de groupe parlementaire et conseiller politique ou Jean Falala, président du groupe RPR à l'Assemblée sont présents…

On y trouve aussi les nouvelles recrues du RPR : Michel Noir, député du Rhône ou Jacques Toubon, secrétaire général de la liste DIFE.

Enfin, la liste est composée de représentants de corporation et de la société civile[341] : Hubert Buchou, vice-président de la FNSEA, Gustave Deleau pour les chefs d'entreprises, ancien délégué général des PME, comme d'anciens résistants. Cette présence renforce une liste aux accents gaulliens[342].

La composition de la liste ne fait pas apparaître les gaullistes pro-européens : Alain Peyrefitte, Jacques Chaban-Delmas, Olivier Guichard ou Edgar Faure. Leur absence s'explique aisément de par leur sensibilité plus proche des positions giscardiennes. Dès lors, sur quel programme se rassemblent-ils et que proposent-ils ?

---

[340] Depuis 1992, soixante parlementaires seulement peuvent saisir le Conseil Constitutionnel.
[341] La Lettre de la Nation, n°1067 du mercredi 30 mai 1979, pages 2-3. Ils sont vingt-cinq candidats de la liste DIFE à appartenir à cette catégorie.
[342] Cette liste trouve le soutien d'autres personnalités du gaullisme. Le Monde du 10-11 juin 1979, p.1). Le Monde du 1er juin 1979. La Lettre de la Nation, n° 1066 du mardi 29 mai 1979.

3.2 : Le programme de la liste DIFE

Le programme de la liste DIFE[343] s'inscrit dans une défense sans concession de la France en Europe. L'intitulé est clair : la défense des intérêts de la France en Europe. Autrement dit, *« faire l'Europe, sans défaire la France »*[344] selon Michel Debré. C'est la défense de l'Europe gaulliste contre celle qui se construit et qui est *« à l'opposé de l'Europe du Général de Gaulle »*. Ce programme n'accepte pas que, sur le plan politique, un *« esprit supranational »* se mette en place. C'est pourquoi, il émet un *« projet de pacte européen »* qui verrait le maintien de l'indépendance et de l'unité de la France et qui établirait des *« bases raisonnables d'une « Union européenne des Etats » »*[345]. Si, Michel Debré exprime un gaullisme en retrait sur la construction européenne, il n'en demeure pas moins que Jacques Chirac, préfère s'associer à cet homme, dont l'image reste présente auprès des militants. La crainte d'une division du RPR a aussi entraîné ce choix.

Le programme appelle à la constitution d'une Europe *« indépendante »* dans laquelle la France serait *« libre de conduire son destin »*. Il est rappelé que *« sans France forte, il n'y aura jamais d'Europe »*[346].

Le RPR s'oppose donc à l'idée de voir l'Assemblée *« se substituer »*[347] au Conseil des Chefs d'Etat et de gouvernement ; autrement dit, il reste attaché à l'aspect confédéral de l'Europe. Il rejette l'*« extension des administrations supranationales »*, comme la Commission et s'oppose à *« l'Eurocratie »*, tout ceci, au nom d'une *« véritable Europe indépendante »*[348]. Mais si l'idée d'indépendance politique leur est chère, ils dénoncent aussi l'idée d'une perte d'indépendance économique, alors que Charles de Gaulle l'a acceptée.

Le RPR essaie de jouer sur les peurs, la crise économique. Ainsi, il présente le marché commun comme une *« passoire »*. Il dénonce par-là l'idée d'une « zone de libre-échange »[349] qui peut se renforcer. Il préfère que ce marché commun soit organisé et protégé par un tarif douanier. Il semble que ce moyen pourrait éviter l' *« euro chômage »*[350].

---

[343] Programme de la liste : « Défense des Intérêts de la France en Europe ».
[344] La Lettre de Michel Debré, 30 janvier 1979, page 11.
[345] Ibid., page 12.
[346] Programme RPR, p. 18.
[347] Ibid.; p. 5.
[348] Ibid., p. 6.
[349] Ibid., p. 10.
[350] Ibid., p. 12.

Ainsi, le programme de la liste DIFE doute de « *l'intégration économique* »[351]. Son inquiétude vient du fait qu'elle menacerait « *des secteurs entiers* »[352] de l'économie française. En effet, la crainte vient de la politique engagée de l'élargissement aux pays méditerranéens, lesquels pourraient menacer l'agriculture française. Or, les agriculteurs trouvent la défense de leurs intérêts auprès des gaullistes. C'est la « *dimension clientéliste* »[353] du monde paysan, entretenu par le RPR. En effet, Jacques Chirac veut mettre en défaut le « *projet modernisateur* »[354] du président, qui vise à réorienter l'économie vers les échanges internationaux. Il s'appuie alors sur François Guillaume, le nouveau dirigeant de la FNSEA, lequel s'oppose au giscardisme.

Or, depuis le 1er janvier 1979, le Système Monétaire Européen, initié par le Président et le chancelier allemand Helmut Schmidt, est entré en vigueur. Il appelle à une intégration plus poussée sur le plan économique et en particulier vise à harmoniser la politique économique. Jacques Chirac et le RPR dénoncent l'idée d'un Franc attaché au Mark, ce qui serait une entrave à l'indépendance économique et monétaire. En effet, dans cette France des années soixante-dix, les Français restent attachés symboliquement au franc, lequel est en difficulté, par une tendance inflationniste, l'augmentation des dépenses publiques. Pour rétablir la croissance, l'emploi, la solution proposée est une politique de stabilité copiée du modèle allemand. Ainsi, le choix de rattacher le franc au Mark trouve sa raison d'être dans le fait qu'à Bruxelles, c'est la politique économique allemande qui s'impose.

Ce programme est donc clair, le RPR dénonce l'Europe qui se construit aussi bien économiquement que politiquement. Le programme appelle à un retour à une Europe confédérale, indépendante des Etats-Unis. La démarche chiraquienne se veut donc un coup d'arrêt à l'Europe. Mais, la campagne va au fur et à mesure où l'échéance se rapproche, passer d'un discours sur l'Europe à l'utilisation d'autres thèmes.

3.3 : Un faux procès : de l'organisation de l'Europe aux problèmes de politique intérieure

L'un des enjeux des élections porte sur la nature de l'organisation de l'Europe. Le mode de désignation des députés retient l'attention du RPR et l'incite à une action de dénonciation sur les changements institutionnels que

---

[351] Ibid., p. 16.
[352] Ibid., p. 16.
[353] Jean-Louis Marie, *Agriculteurs et politique,* page 88.
[354] Ibid., page 90.

pourrait engendrer, à terme, la légitimité acquise par le Parlement de Strasbourg. Le RPR va « *instrumentaliser* » l'idée selon laquelle l'extension des pouvoirs et la supranationalité seraient des dangers pour l'indépendance de la France, des parlements. Or, le scrutin du 10 juin a pour but d'élire le Parlement européen et non d'« *accroître les pouvoirs, ni d'élargir les compétences, ni de modifier la procédure de cette Assemblée, ni, bien entendu, de réviser le Traité de Rome* »[355]. Maurice Duverger présente cette première «élection populaire» comme « une campagne morne, l'une des plus ennuyeuses, des plus médiocres, des plus confuses de ces vingt dernières années » et dénonce un débat engagé sur « *l'Europe des patries et l'Europe supranationale* »[356]. Cependant, ses propos expriment les craintes du RPR, sur la supranationalité, le « *refus du libéralisme intégral ...* », le refus des « *transferts de souveraineté qui tendent à supprimer les obstacles au développement du capitalisme sauvage...* »[357].

En effet, dans cette campagne électorale, le RPR semble aller à contre-courant d'une opinion publique favorable à la construction européenne, dont elle a perçu, sur le plan économique, les avantages.

Dès lors, cette campagne va s'orienter vers une dénonciation de la politique intérieure au lieu de devenir une élection *«transnationale»*[358]. Des thématiques de portée nationale comme les problèmes économiques et sociaux vont être utilisés. La campagne devient l'occasion de formuler des attaques contre le Président de la République et son gouvernement et de faire un procès d'intention. L'économie devient un thème mobilisateur. Jacques Chirac, aux journées parlementaires du RPR à la Guadeloupe, mène une diatribe contre le président, appuyé par le discours de Jean Falala, député de la Marne et vice-président délégué du groupe RPR à l'Assemblée. A l'Assemblée nationale, il s'en prend au gouvernement et provoque, du 14 au 16 mars, une session extraordinaire du parlement en vue de mettre en cause la politique économique et sociale. Mais, le résultat s'avère un fiasco.

Le 20 avril 1979, à Paris, s'exprimant au nom du RPR, Jacques Chirac considère que « *la France est menacée* »[359], qu'elle frôle « *un million huit cent mille chômeurs* ». Il dénonce l'idée que la crise est « *passagère* » et « *sectorielle* ». Il dénonce l'idée que la politique gouvernementale n'est

---

[355] Le Monde du 7 juin 1979, article de Jacques Fauvet : « quelle Europe ? », pages 1 et 8.
[356] Le Monde du 6 juin 1979, « un petit coin d'espérance », p. 2.
[357] Ibid., p. 2.
[358] Alain Lancelot, « Europe numéro zéro, les élections européennes des 7 et 10 juin 1979 », dans Projet, n°138, 1979, page 1002.
[359] Jacques Chirac, discours prononcé, le 20 avril 1979, à l'Assemblée Nationale, à Paris, p. 2.

qu'une « *politique de saupoudrage* »[360]. Mais, ce discours veut voir une « *Europe européenne* » et « *indépendante* » « *s'imposer* »[361] contre les tentations des autres partenaires européens qui veulent s'en remettre aux Etats-Unis. Ainsi, il dénonce les « *atlantistes* » et les « *partisans de la supranationalité* ». Mais, ce discours est davantage dirigé contre le gouvernement que contre l'''Europe.

Face à la crise économique mondiale qui secoue les pays industrialisés, le thème de l'économie est donc devenu un élément incontournable dans une élection et devient, par-là même « *un élément de marquage gaulliste* »[362]. Dès lors quoi de plus utile que de s'allier à un ancien ministre des Finances du général de Gaulle. Ce dernier marque la campagne par ses prises de position hostiles à la politique économique du gouvernement. Il est épaulé par Jean Falala[363], lequel pense que la politique économique et celle de l'emploi menées par Raymond Barre, ont « *globalement échoué* ».

Quant à Philippe Séguin, député des Vosges, il s'interroge, dans la lettre de la Nation : « *A quoi sert un parlement, la majorité, le RPR, dès lors que la politique économique paraît immuable ?* »[364].

Quant au groupe parlementaire, il n'est pas en reste. En janvier 1979, il organise une journée d'étude sur les problèmes économiques, pensant pouvoir influer sur la politique gouvernementale.

Simone Veil, tête de liste UDF, relance alors le débat. Le 7 mai, dans une conférence de presse, elle se déclare favorable à l'élargissement de la CEE aux trois pays méditerranéens, afin « *d'arrimer ces jeunes démocraties à l'Europe et prévenir le retour de la dictature* »[365]. Or, elle souligne que cet élargissement est conditionné à l'obtention de garanties visant à sauvegarder les intérêts des agriculteurs et pêcheurs français. Par-là, l'UDF modère ses tendances à la supranationalité. A la différence du RPR qui rejette cet élargissement car il mettrait en danger l'agriculture française. En utilisant cet argument, elle déplace le débat sur le plan politique. De ce fait, l'élection du 10 juin 1979 va offrir l'occasion de mesurer l'influence du RPR et de l'UDF dans la défense des agriculteurs. Si, Jacques Chirac a perçu le danger, il ne

---

[360] Jacques Chirac, discours prononcé, Ibid., p. 3.
[361] Ibid., p. 4.
[362] Annie Collovald, *Jacques Chirac et le gaullisme,* Belin, 1999, page 252.
[363] Jean Falala est alors député de la Marne.
[364] Philippe Séguin, dans la Lettre de la Nation du 2 mars 1979. Il est député des Vosges.
[365] Le Figaro du 8 mai 1979, « S. Veil : élargissement mais sous conditions », page 6.

peut contre-attaquer. En effet, il lui est impossible d'obtenir un débat[366] avec Simone Veil.

Michel Debré s'en prend alors directement, à elle, en la mettant « *en garde … contre la déformation historique* »[367]. En effet, il lui reproche de voir dans l'application du Traité de Rome, la volonté de poursuivre la construction européenne, alors que, dans l'esprit, « *seules les dispositions commerciales... méritaient d'être appliquées*»[368], comme l'ont fait Charles de Gaulle et Georges Pompidou. Il refuse d'aller plus loin dans cette construction européenne, car l'indépendance de la France est menacée. La crainte s'exprime dans le fait que ces délégations de pouvoir amèneraient tôt ou tard à une révision de la Constitution, autre pilier du gaullisme. Mais, à mesure que l'échéance approche, la critique se fait, de plus en plus criante. Ainsi, au parlement, le printemps 1979 voit sur divers sujets une opposition farouche des chiraquiens et leur refus de voter le budget. En effet, le RPR proposait une réduction de deux milliards de francs. Mais, accepter cette proposition était reconnaître qu'une autre politique était possible.

La crise s'accentue encore, entre les deux formations, lors d'une des « *grandes messes* » du mouvement. Ainsi, à Bagatelle, à Paris, devant cinquante mille personnes, Jacques Chirac déclare « *ce qui nous sépare de l'UDF sur l'Europe est incomparablement plus profond que ce qui nous unit* »[369]. Le message est clair. Clair, vis-à-vis des alliés, mais surtout à l'encontre des élus gaullistes, notamment, les ministres, comme les barons, encore animés par la « *tiédeur, la réticence ou le scepticisme* »[370]. C'est pourquoi, il dénonce la liste UDF comme ayant comme seul objectif « *de capter une partie de l'électorat gaulliste* » séduite par l'idée que « *la politique européenne du gouvernement …se situe dans la ligne de celles que, pendant plus de quinze ans, ont conduit le général Charles de Gaulle et Georges Pompidou* »[371]. Il attaque Jean Lecanuet, candidat sur la liste UDF, ancien opposant à Charles de Gaulle. En 1965, il avait été un fervent partisan d'une Europe intégrée, supranationale, favorable à des transferts de souveraineté et se trouve aussi un partisan de l'influence américaine. Or,

---

[366] La Lettre de la Nation, n°1054 du jeudi 10 mai 1979, Chirac propose un « face à face » à S. Veil, page 4.
[367] Le Monde du 1er juin 1979, « A Strasbourg : M. Debré met en garde Mme Veil contre la déformation historique », André Passeron, p. 10.
[368] Le Monde du 1er juin 1979.
[369] Discours de Jacques Chirac, à Bagatelle, Le monde du 5 juin 1979, p. 7. Cette réunion des gaullistes clôture le samedi 2 juin, les 25 réunions tenues par Jacques Chirac en province pour ces élections européennes.
[370] Le Monde du 5 juin 1979, p. 7.
[371] Ibid., p. 7.

dans cette campagne, l'UDF se garde bien de faire l'évocation de l'Europe supranationale.

Jacques Chirac est rejoint par d'autres personnalités. Maurice Schumann, Président du comité national de soutien à la liste DIFE s'en prend alors aux hommes qui, par le passé, ont amené Charles de Gaulle à démissionner. Ainsi, dit-il « *si nous ne savons pas ce que le général Charles de Gaulle ferait..., en revanche, nous savons fort bien qui le combattait hier...* »[372].

La seule liste qui se réclame de l'Europe intégrée, supranationale est celle de Jean-Jacques Servan-Schreiber. En effet, la politique européenne de Valéry Giscard d'Estaing a évolué depuis décembre 1974. Elle ne comporte plus seulement des éléments d'intégration. La réalité a vu le Conseil européen se renforçait. Il statue à l'unanimité, même s'il peut encore le faire à la majorité. Ainsi, pour le SME, les décisions prises ne s'appliquent qu'aux Etats qui les ont acceptées. Quant au Conseil Européen, son fonctionnement vaut, seulement pour les Etats qui en sont d'accord. C'est sans doute pourquoi, lors de cette campagne, le Président n'évoque pas l'intégration. Au contraire, il se met dans les pas de Charles de Gaulle et de Georges Pompidou, dont il tente de récupérer l'héritage. Or, en agissant ainsi, il prive le RPR d'une partie de l'électorat, fidèle à une Europe gaulliste, ce qui explique cette radicalisation du propos. De fait, l'alternative proposée par le RPR se trouve réduite, comme vont le montrer les résultats.

La dénonciation chiraquienne est relayée par la presse du mouvement gaulliste. « La Lettre de la Nation » dénonce l'attitude de l'UDF, appelée pour l'occasion « *M. Chose UDF* » et « *la tactique de M. Chose* »[373]. L'auteur rappelle qu'en 1977, le RPR avait proposé « *un pacte majoritaire, un manifeste commun de la majorité* ». Ce dernier avait reçu l'acceptation de l'ensemble de la majorité, hormis le parti radical. Mais aussi que « *le RPR a été oublié dans le succès des législatives de 1978* ». Il y voit le fait que l'UDF préparait « *l'élection Présidentielle de 1981* », et que, de toute évidence, le choix de l'élection européenne de juin 1979 a aussi été dicté par ce souci et dans le but de « *prendre des voix au RPR* »[374]. Cet article destiné aux militants souligne bien la rivalité qui s'engage entre les deux formations politiques de la majorité.

En grossissant le trait de la critique, Jacques Chirac et le RPR cherchent à se frayer une place entre une gauche et l'UDF dans le but de survivre, à l'image du Parti Communiste au sein de la gauche. De ce fait, l'exaltation des passions est une arme efficace pour se mobiliser et, finalement, pour atténuer les divisions internes. Si la critique a été forte, cette campagne de

---

[372] Le Monde du 5 juin 1979, p. 7.
[373] La Lettre de la Nation, article de Pierre Charpy, 15 juin 1979.
[374] La Lettre de la Nation, Ibid., 15 juin 1979.

dénonciation a entraîné le trouble dans les esprits d'un certain nombre de gaullistes. Au bilan, ces élections ne sont pas à la hauteur des enjeux attendus. Il semble que cette campagne a surtout permis au RPR de se retrouver sur une démarche : un discours agressif, mais rassembleur de ses troupes.

Les résultats des élections soulignent que le RPR va être sanctionné par ce comportement et vont montrer que, sur l'Europe, les Français ont préféré la voie tracée par le Président.

4 Les résultats

Même si des préoccupations idéologiques ont pesé dans cette campagne, à deux années de la présidentielle, cette élection, au scrutin proportionnel, a été une *« épreuve de vérité »*[375], pour l'ensemble des forces politiques. L'électorat a sanctionné le procès d'intention fait au gouvernement et au Président. Le message antigiscardien a pesé sur le score. Déjà, l'appel de Cochin avait eu des répercussions dans l'opinion. Alors que la côte de popularité du RPR[376] était de l'ordre de 39% de bonne opinion, en décembre 1978, l'enquête de janvier 1979 marquait une chute de six points, pour se stabiliser en juin et juillet 1979, autour de 30%. Dans le même temps, sa côte de mauvaise opinion augmentait de 45%, en décembre 1978, à 54%, en juillet 1979. Comme le souligne André Chambraud[377], il a été victime de ses contradictions. En effet, alors qu'il « s'apprête à combattre violemment les partisans du président de la République dans la campagne pour les élections européennes, il continuait à professer son loyalisme à l'égard du chef de l'Etat ». Le score n'est pas à la hauteur des attentes du RPR. Avec 16.09%[378], le RPR se trouve en quatrième position, derrière la liste UDF, soutenue par le Président, qui réalise 27.39%. C'est un succès[379] pour ce dernier. Quant au Parti Socialiste, il recueille 23.73% et le Parti Communiste, 20.61%. Or, aux élections législatives de 1978, le RPR avait réalisé 22.52%. Son score est sensiblement équivalent à celui de Jacques

---

[375] Henri Amouroux, *Monsieur Barre,* p. 439.
[376] Sondages de popularité des partis politiques de 1978 à 2000, le Figaro magazine : courbes et tableaux, TNS Sofres, site internet : tns-sofres.com.
[377] Le Point du 15 janvier 1979. André Chambraud est journaliste.
[378] Le pourcentage ne concerne que la France métropolitaine.
[379] Curieusement, François Goguel estime que cette campagne a vu un large succès des thèses gaullistes sur l'Europe. François Goguel, « Sur les élections du 10 juin 1979 », dans Chroniques électorales, tome III, La Vème République après de Gaulle, 1983, pages 96-97.

Chaban-Delmas, en 1974. Ainsi, la tendance « *nationaliste* » du RPR n'élargit pas plus la base électorale que la tendance « *progressiste* » de Jacques Chaban-Delmas, en 1974. Comment le vote de la liste Chirac s'est-il exprimé ?

4.1 : La géographie électorale du RPR

La carte des pourcentages exprime la structure de l'électorat du RPR (carte n°1, page 112). L'essentiel de l'électorat s'exprime dans les zones rurales. En effet, l'analyse postélectorale montre que 29%[380] des agriculteurs se sont reportés sur la liste DIFE. Cet électorat paysan s'est aussi reporté sur la liste UDF (37% des votes paysans et 29% pour la catégorie des artisans). Cet avantage du vote paysan, pour la liste UDF, montre que ces derniers se sont mieux sentis représentés par l'UDF, favorables à l'Europe en construction. Mais, Jacques Chirac bénéficie aussi d'un vote paysan qui souligne une spécificité, la « *bonne image de marque* »[381] dont il jouit. En effet, son passage comme Ministre de l'Agriculture en est sans doute la raison. Dans son fief électoral de Corrèze, il obtient entre 36-39%. Ses zones d'influence s'exercent dans le Cantal, avec 30-33% ; la Creuse avec 24-27%. Enfin, son rayonnement politique s'exerce dans d'autres fiefs, comme à Paris, où devenu maire depuis 1977, il totalise entre 27-30%. La Corse lui donne aussi ses meilleurs scores avec 33-36%, pour la Haute-Corse et 30-33% pour la Basse-Corse. Les zones de faiblesse du RPR se localisent dans le sud-est de la France et la France méditerranéenne, où il dépasse rarement 15%.

Ce vote chiraquien-debrésien ne recoupe pas celui du gaullisme, comme le montre la zone de faiblesse qui existe dans le Nord de la France (moins de 15%) et la Lorraine (entre 15-18%). Par rapport aux élections législatives, la comparaison semble délicate. En effet, en 1978, sur 474 circonscriptions, 76 n'avaient pas de candidat du RPR. La seule comparaison possible demeure celle entre les votes de Chirac-Veil. A ce titre, les résultats montrent que la majorité de 1979 avec 44.86% est en recul par rapport à 1978 où elle avait totalisé 46.23%. Mais, le RPR qui avait devancé l'UDF de 1.15 points, en 1978, est, cette fois-ci, distancé de 11.30 points. Le rééquilibrage voulu par le Président semble être profitable. Ce nouveau rapport de force va imposer une remise en question de la stratégie du RPR. Si en France, l'Europe des

---

[380] Sondages tns-Sofres, les élections européennes de 1979. Site : http://www.tns-sofres.com/etudes/dossiers/europeennes2004/histo_tns_1979.htm.
[381] Jean-Louis Marie, dans *Agriculteurs et politique*, « le vote chiraquien, pages 144-145.

Etats n'attire que le RPR, le parti communiste et le CERES, en Europe, la situation est semblable car elle ne rassemble que le Fianna Fail irlandais, les conservateurs britanniques et quelques danois. Ainsi, les conséquences de ces élections ne se font pas attendre. Elles appellent à des redéfinitions idéologiques et des changements, si le RPR veut revenir au pouvoir.

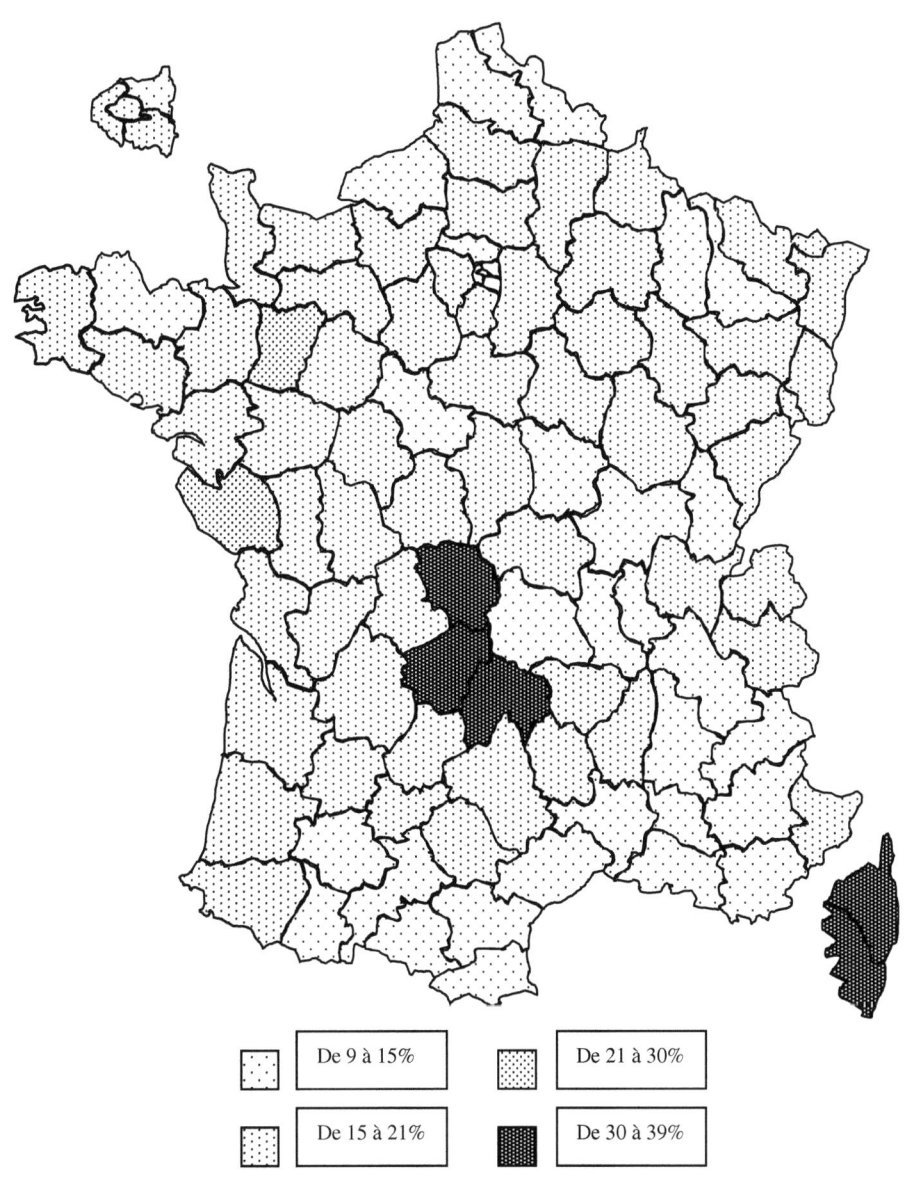

Carte n°1: carte des suffrages exprimés par la liste DIFE aux élections européennes de juin 1979.

4.2 : Stratégie, leadership, gaullisme et comportement contestés ?

En radicalisant ses positions sur l'Europe, Jacques Chirac entend neutraliser les autres tendances du gaullisme, « *en les surclassant dans le discours «gaullien»* »[382]. L'appel de Cochin va dans ce sens. Son engagement personnel dans la campagne[383], en tête de liste, marque sa volonté de donner des « *gages de vertu gaullienne* [384]». Mais en s'appuyant sur la frange la plus orthodoxe du gaullisme, il s'écarte des gaullistes « européens » proches du Président Valéry Giscard d'Estaing. Ainsi, toute la campagne se fait sur des rappels à l'ordre constants. Le conseil politique et le bureau du groupe parlementaire, réuni le 12 juin 1979, analysent le résultat.

C'est l'occasion pour critiquer les derniers mois et le comportement de Jacques Chirac et d'envisager l'avenir. Les adversaires de Jacques Chirac voient l'occasion de lui demander des explications sur l'exclusion des ministres de la direction du parti, l'appel de Cochin… Cette contestation montre l'hétérogénéité du RPR entre les chiraquiens, les giscardiens et les gaullistes. Si, Yves Guéna réitère son souhait de « *reforger le mouvement gaulliste* »[385] et appelle à « se rassembler » et à « tracer une ligne politique claire »[386], Jacques Chaban-Delmas appelle à mener « une expérience de non-agressivité à l'égard du gouvernement »[387]. Si la stratégie appelle à une révision, la contestation appelle-t-elle, pour autant, à une remise en cause du leadership chiraquien ? En effet, la tentative d'Olivier Guichard, en avril 1979, de créer une tendance contre Jacques Chirac, lors d'un séminaire[388], est un échec. Ces constantes luttes de pouvoir manifestent les interprétations divergentes au sein du RPR quant à son soutien au gouvernement et à la défense de ses propres intérêts.

---

[382] Annie Collovald, Ibid., p. 238.
[383] Jacques Chirac effectuera 25 réunions en province lors de cette campagne avant de terminer à Paris.
[384] Annie Collovald, Ibid., page 252.
[385] Le Monde du 12 juin 1979, p. 4.
[386] Ibid., p. 4.
[387] Le Monde du 14 juin 1979, p. 11.
[388] Le Monde du 11 avril, du 5 mai et du 15 juin 1979. Dans La Lettre de la Nation, n° 1049 du jeudi 3 mai 1979, page 4, il est dit que cet organe de presse du RPR n'a pas reçue la « missive » d'Olivier Guichard. L'interrogation est seulement levée sur les intentions d'Olivier Guichard, lequel n'a jamais cherché à susciter de positions différentes et a toujours soutenu la ligne du RPR ; Il est indiqué aussi qu'il a voté la motion finale du congrès extraordinaire du 12 novembre 1978.

Le leadership de Jacques Chirac est confirmé par une motion de confiance adoptée à *« l'unanimité »*[389]. Il apparaît même comme le *« continuateur de la politique du mouvement gaulliste »*[390], un héritier digne de ce nom. Michel Cointat, député RPR d'Ille-et-Vilaine, souligne que *«personne ne remet en cause son leadership »*[391]. Mieux, il est présenté comme *« une éventuelle candidature gaulliste aux prochaines élections présidentielles face à M. Giscard d'Estaing »*. Le groupe parlementaire se contente de lui adresser des reproches sur *« la forme de ses interventions, ses initiatives tactiques, le ton de ses critiques, ses décisions... »*[392]. Ainsi, une tendance majoritaire se dégage pour souhaiter qu'il y ait *« ni (d'une) rupture dans la majorité ni (d'une) séparation avec M. Chirac »*, même si une minorité est prête *« à user de sa force politique pour faire aboutir ses choix, en provoquant au besoin une crise dans la majorité »*, et si, une tendance autour d'Alain Peyrefitte envisage le *« départ »*[393] de Jacques Chirac. Le RPR se retrouve autour de ces trois tendances. Finalement, la contestation n'aboutit pas. Yves Guéna, démissionnaire, échoue, dans sa tentative soutenue par quelques parlementaires de succéder à Jacques Chirac. Il a manqué la *« pression suffisamment forte d'un grand nombre de députés »*[394]. La lettre des neufs anciens secrétaires généraux[395] du RPR va dans le même sens, quand ils lui reprochent de *« compromettre le crédit du RPR »* avant d'ajouter qu'il lui faut arrêter de *« pourfendre quotidiennement le gouvernement et le Président de la République »*. Ils l'appellent à modifier son *« comportement »*. De ce fait, c'est davantage autour de la définition du gaullisme que la contestation porte.

Jean Pierre Mourot, secrétaire d'Etat auprès d'Alain Peyrefitte, souligne qu'au sein du RPR, *« il y le gaullisme, le chiraquisme »* et que *« le chiraquisme ce n'est pas le gaullisme »*[396]. Roland Nungesser, député et responsable de l'association *« Carrefour du gaullisme »* et six députés

---

[389] Le Monde du 14 juin 1979, p. 11, article d'André Passeron, les remous au sein du RPR, M. Chirac modifiera le moment venu son ton, son comportement et ses méthodes.
[390] Le Monde du 13 juin 1979.
[391] Le Monde du 14 juin 1979, p. 11.
[392] Ibid., p. 11.
[393] Le Monde du 13 juin 1979, malgré un certain trouble chez les gaullistes, M. Chirac n'est pas contesté au sein du conseil politique du RPR.
[394] Le Monde, Ibid..
[395] L'intégralité du texte est citée dans le Monde du 15 juin 1979, p. 10. Parmi les signataires : Albin Chalandon, J. Richard, R. Dusseaulx, L. Terrenoire, Jacques Baumel, R. Poujade, A. Peyrefitte, A. Sanguinetti et Yves Guéna. Nous pouvons noter l'absence de MM René Tomasini et André Bord, proches de Jacques Chirac tout comme celle de MM Jérôme Monod et Alain Devaquet.
[396] Le Monde du 13 juin 1979.

gaullistes[397] déduisent que « *le RPR ne s'identifie plus aux yeux des français au gaullisme* »[398]. *En* effet, le RPR n'a pas réussi à gagner en voix et rassembler au-delà d'un « *noyau « dur », qui demeure certainement difficile à entamer* »[399]. Ces contestations invitent Jacques Chirac à réagir.

4.3 : Les réponses de Jacques Chirac à la contestation

Jacques Chirac décide d'assumer l'entière responsabilité des résultats. Il souligne qu'il ne reniera pas « les positions qu'il a prises depuis plusieurs mois » et qu'il tirera « *seul les conclusions éventuelles de cette réunion* »[400]. Cependant, dans ce climat délétère, les conseillers politiques, déjà contestés durant la campagne sont désignés comme bouc émissaires. Ainsi, Pierre Juillet quitte ses fonctions, juste avant les résultats, et Marie-France Garaud, un peu plus tard. Ils sont suivis par Charles Pasqua, chargé de l'organisation, qui se retrouve « *implicitement désavoué* »[401]. En effet, ce dernier semble avoir soutenu le tandem Juillet-Garaud[402].

Le 20 juin 1979, lors du comité central du RPR, Jacques Chirac, pour calmer le vent de la contestation, propose la « *définition nouvelle de la stratégie du RPR* » et envisage « *d'éventuelles réformes du mouvement* »[403], prévues pour septembre, lors d'un « *comité central extraordinaire* ». Le temps aura calmé les esprits. De ce fait, il annule les élections du conseil politique prévues le 20 juin. Sa priorité réside dans la restauration de la situation du RPR et la reprise en main du groupe parlementaire. Il semble prendre en considération les conseils formulés par les personnalités du gaullisme depuis plusieurs mois, même s'il souligne que la stratégie ne « *serait se réduire à un alignement pur et simple sur celle de la majorité* »[404]. Mais, quelle stratégie pour Jacques Chirac et le RPR ? Celle du pire ou celle de la trêve ? L'UDF préfère proposer la « *paix des*

---

[397] Il s'agit d'Olivier Guichard, Yves Guéna, Ribes, Jacques Baumel, Sourdille et Michel Cointat.
[398] Le Monde, Ibid..
[399] François Goguel, Chroniques électorales, tome 3, La cinquième république après de Gaulle, 1983, page 101.
[400] Le Monde du 14 juin 1979, p. 11.
[401] Le Monde du 28 juin 1979, p. 11.
[402] Pierre Messmer, Après tant de batailles… : Mémoires, Paris, Albin Michel, 1992, page 391.
[403] Le Monde du 21 juin 1979, p. 11, « au comité central, M. Chirac veut apaiser les députés et les militants du RPR ».
[404] Le Monde du 22 juin 1979, p. 10.

braves »[405]. Une position qui s'explique à deux années de la prochaine présidentielle.

Quant à sa position de leadership, même si elle a été réaffirmée, il doit annoncer son intention de rester à la tête du RPR. Comme il le dit : *« je ne partirai pas et j'assumerai pleinement mes responsabilités de Président du RPR »*[406]. Ainsi, il est désigné comme candidat officiel du RPR, lors du congrès extraordinaire du RPR, le 5 février 1981. Il est investi par 95.4% des votes contre 2.9% à Michel Debré.

4.4 : Un RPR rassemblé mais …

Au bilan, le RPR tire les leçons de son échec qui a été à la hauteur des erreurs tactiques de son leader, engagé dans de *« l'anti-Europe »* et de *« l'antigiscardisme »*. Mais, comme le souligne Jacques Legendre, *« à cette époque, le RPR avait plus à faire en son sein, qu'à se préoccuper des enjeux européens »*[407]. En effet, il était question de sa survie. Ainsi, cette stratégie de l'affrontement marqué par un positionnement très identitaire, un virage droitier qualifié de « nationaliste », permet, au RPR, de faire taire les divisions. En ce sens, Jacques Chirac a montré sa capacité à mobiliser un *« capital gaulliste »*[408]. D'autres moyens seront utilisés comme la dénonciation de la politique gouvernementale comme la dénonciation de la « socialisation rampante »… Tel est aussi la vision que Claude Labbé, Président du groupe RPR à l'Assemblée Nationale et Conseiller Politique, quand il voyait dans cette campagne et cette liste *« DIFE »*, une *« bataille »* qui devait *« être la chance de regrouper tous les gaullistes épars au sein d'autres mouvements politiques ou en dehors des mouvements politiques »*[409]. Or le résultat laisse penser qu'en s'appuyant sur la frange la plus conservatrice, le RPR ne semble pas en mesure de porter un idéal politique suffisamment fort et large pour pouvoir revenir au pouvoir. La campagne a permis aux deux formations politiques, l'UDF et le RPR, de mesurer leur force politique. Si le RPR n'a pas réussi à imposer ses vues sur la construction européenne, dans les débats ministériels et parlementaires, les

---

[405] Le Figaro du 13 juin 1979, « L'UDF propose au RPR, la paix des braves », par Daniel Seguin, page 5.
[406] Le Monde du 22 juin 1979, « au comité central du RPR, M. Chirac : « je ne partirai pas », page 10.
[407] Entretien avec Jacques Legendre du 13 juillet 2000.
[408] Annie Collovald, op. cit., page 236.
[409] Claude Labbé, discours aux Assises du RPR, Porte Champerret, Paris, 31 mars 1979.

urnes ne lui donnent pas non plus raison. En plaçant la liste du Président largement en tête, elles ont souligné que la stratégie d'affrontement du RPR ne fait pas recette. Ces élections européennes marquent une certaine marginalisation du RPR par rapport à l'UDF. Le RPR n'est plus qu'une force d'appoint de la majorité. Le chef d'Etat apparaît comme le leader incontesté des droites. Face à cette situation, le RPR doit réagir, il doit adopter une nouvelle stratégie, soit s'accorder avec l'UDF, les giscardiens, soit mener la politique de guérilla pouvant amener à l'échec de la droite à la présidentielle de 1981. Il semblerait que la seconde tactique soit retenue, comme le montre le refus de voter le budget en 1979 ou le rejet du projet de loi sur la Sécurité Sociale en décembre 1979…

A gauche, la situation est semblable. En effet, le parti socialiste ne réussit pas spécifiquement un rééquilibrage politique, en sa faveur, aux dépens du parti communiste.

Ainsi, avec cet échec, l'heure est aux recompositions politiques et à la rénovation des idées.

DEUXIEME PARTIE : DE LA CONVERSION EUROPEENNE : OUI A L'ECONOMIQUE, DES RESERVES SUR LE POLITIQUE

L'arrivée de François Mitterrand, à la présidence de la République, le 10 mai 1981, marque une rupture, dans l'histoire de la Cinquième République. C'est la première fois, depuis 1958, que la gauche, associant les socialistes et les communistes, arrive au pouvoir. Ce résultat trouve une explication dans la rivalité que se sont livrés les deux candidats du RPR et de l'UDF, Jacques Chirac et Valéry Giscard d'Estaing. En effet, la division des droites comme les perspectives de solution proposées pour sortir de la crise économique, expliquent la défaite du président sortant. Dès le 11 mai 1981, Jacques Chirac prend les devants. Il veut apparaître comme l'homme du rassemblement de la droite pour faire barrage à la gauche, lors des législatives de juin 1981. Il propose la présentation de candidatures uniques de la majorité parlementaire sortante, sous le sigle de l'Union de la Nouvelle Majorité (UNM). Cette solution va éviter, au RPR, de se battre sur deux fronts : la gauche et l'UDF. Or, Valéry Giscard d'Estaing riposte. Il appelle au *« rassemblement démocratique au centre »*. Mais, son autorité sur l'UDF semble atténuée, par sa défaite. De ce fait, les négociations engagées, dès le 14 mai, entre Jacques Chirac et Jean Lecanuet entraînent la signature d'un *« pacte »*, pour ces élections. La négociation permet à l'UNM de proposer 385 candidatures uniques contre 88 *« primaires »*. Mais, cette unité est-elle crédible ? Pour François Goguel, elle apparaît davantage comme *« une sorte de société de secours mutuels des députés sortants »*[410].

Au bilan, le RPR conserve 88 députés et l'UDF, 63. Le Parti socialiste en obtient 285.

L'affaiblissement du président battu est confirmé pour plusieurs mois. Les membres de son comité de soutien comme 18 des membres de son gouvernement sur 26[411] sont battus. La période, qui commence, permet au RPR d'acquérir une *« stature de parti d'opposition »* et, à Jacques Chirac, celle de *« chef de l'opposition »* et d'*« opposant institutionnel »*[412]. Sa stratégie d'opposition à la gauche préparée, depuis 1976, trouve un certain crédit. La période s'inscrit dans une politisation intense des débats politiques entre la gauche et la droite. Elle confirme la réorientation idéologique voulue par la direction du RPR et amène de nouveaux militants. Un déplacement des thèmes idéologiques se fait autour du libéralisme et de l'antisocialisme. En effet, les élections européennes de juin 1979 ont souligné la limite de la pensée gaulliste dans une démarche nationale. Si, le gaullisme a fait de la nation, de la grandeur de la France une mission exclusive, le déplacement des enjeux économiques (la globalisation) et politiques impose une autre

---

[410] François Goguel, *Chroniques électorales, tome 3, La cinquième république après de Gaulle,* page 178.
[411] Année politique, économique et sociale en France, 1981, page 64.
[412] Philippe Madelin, *Jacques Chirac, une biographie,* Le Grand livre du mois, Paris, 2002, page 413.

lecture thématique. Confronté au pouvoir de la gauche, qui engage une vague de nationalisations, une accentuation du rôle de l'Etat, le RPR prend le contre-pied de ces idées sur le rôle de l'Etat et appelle au libéralisme et à un Etat plus efficace. C'est le *« tournant néolibéral »* du RPR. Un tournant qui trouve une explication dans le contexte économique mondial, sous l'emprise du libéralisme reaganien et thatchérien. D'autre part, la reconquête du pouvoir est au centre de toutes les préoccupations. Elle suppose la définition d'une nouvelle stratégie politique. Au tandem Juillet-Garaud succède d'autres conseillers : Edouard Balladur et Alain Juppé, en particulier. Ces deux hommes vont avoir un rôle important dans la réorientation du projet politique du RPR.

Face à la gauche, le danger est bien trop grand, pour ouvrir des débats qui divisent l'ensemble de la nouvelle opposition politique. Le *« libéralisme »* devient la nouvelle vertu, au RPR. La construction européenne, objet de divisions, devient aussi un outil au service de la reconquête. En imposant l'union électorale avec l'UDF, en choisissant l'approche libérale sur le plan économique et européen, le RPR souhaite ramener la France, qui a choisi la voie du socialisme, dans le giron du libéralisme économique, dominant en Europe. Toutefois, cette nouvelle stratégie amène-t-elle à penser que le RPR devient européen, d'autant qu'en ce début des années quatre-vingts, la construction européenne est en crise, en panne ?

En effet, la campagne présidentielle de Jacques Chirac l'amène à réaffirmer sa volonté de voir une Europe des Etats se concrétiser aux dépens d'une Europe supranationale. Or, Valéry Giscard d'Estaing avait beaucoup œuvré en faveur de l'unité européenne que soulignent les conseils européens, l'élection du Parlement au suffrage universel, le SME et ce même s'il restait attaché à la souveraineté des Etats, à l'idée d'une *« confédération européenne »*, laquelle l'avait amené à repousser les délégations de souveraineté à la Commission et être réservé sur les élargissements. Jacques Chirac propose la *« renégociation du traité de Rome »*[413], de manière à supprimer tous les pouvoirs d'ordre supranational, comme ceux de la Cour de Justice ou de l'Assemblée européenne. Quant à la Commission, il souhaite la ramener à son rôle d'exécution et d'avis.

Ainsi, la construction européenne, après 1981, est *« instrumentalisée »* pour faire évoluer le RPR. Comme le dit Alain Juppé, *« l'Europe a servi à montrer que l'on ne pouvait faire vivre une économie moderne autrement que dans le cadre d'une économie de concurrence, de libre entreprise et de marché »*[414].

---

[413] La Lettre de la Nation, n°1466 du vendredi 3 avril 1981, page 4.
[414] Entretien avec Alain Juppé du 15 septembre 2004.

La dénonciation de la gauche devient une *« arme politique »* d'autant plus efficace que la situation économique, sociale et politique est difficile, pour le pouvoir. Sur le plan intérieur, le RPR développe une culture d'opposition systématique à la gauche. De la recherche de l'appui des populations, comme les agriculteurs ou les partisans de l'Ecole libre (1984), à la captation des déçus du socialisme, la volonté du RPR est de proposer une véritable politique d'alternance qui va prendre le contre-pied de la politique socialiste.

Jusqu'à l'alternance, en 1986, l'objectif est de réussir l'union, pour gagner, avec l'UDF. Cependant, la victoire annoncée est atténuée par le changement de scrutin, la proportionnelle, tout comme par l'irruption du vote Front National. Entre-temps, François Mitterrand sacrifie le socialisme pour l'Europe. En effet, l'année 1983 souligne la conversion au marché de la gauche de gouvernement, qui abandonne les recettes socialistes, *« aux antipodes (des conceptions) de ses partenaires européens »*[415] et décide de mener une *« politique de rigueur »* en maintenant le franc, dans le SME. En effet, face à la crise économique mondiale, les Etats-Unis de Ronald Reagan et l'Angleterre de Margaret Thatcher s'opposent à toute politique de relance. Dès 1982, les circonstances, avec l'affaiblissement de l'économie française, amènent Pierre Mauroy, Premier ministre, à s'orienter vers une politique de rigueur, comme le lui proposait son ministre des Finances, Jacques Delors (ancien collaborateur de Jacques Chaban-Delmas). Ce positionnement découle alors du choix de l'économie ouverte et de la construction européenne. D'autant que sur ce dernier aspect, la place de la France est importante depuis longtemps.

Au Conseil européen de Bruxelles des 21 et 22 mars 1983, la France promet de réduire son déficit, pour stabiliser le franc. En effet, au pouvoir, depuis 1981, l'Europe était *« réduite aux acquêts chez les socialistes »*[416]. L'année 1984 marque donc le tournant de la politique de François Mitterrand, en la matière. En échec sur la politique intérieure, il se tourne vers l'Europe. Le premier semestre de 1984 le voit exercer la présidence du Conseil européen, la seule du septennat. Or, quand il y accède, *« la CEE est en panne »*[417]. Au Conseil européen d'Athènes de décembre 1983, les Dix s'étaient quittés sans se mettre d'accord sur le communiqué final. L'échec était complet sur la contribution des britanniques au budget et sur l'élargissement, aux pays du Sud, lesquels voient leur demande d'adhésion reportée à un Conseil ultérieur.

---

[415] Jean-Marie Colombani et Hugues Portelli, *Le Double septennat de François Mitterrand. Dernier inventaire,* Paris, Grasset, page 235.
[416] Gérard Bossuat, *Faire l'Europe sans défaire la France,* page 162.
[417] Pierre Favier et Michel Martin-Roland, *La Décennie Mitterrand, tome I, Les Ruptures (1981-1984),* Paris, Seuil, page 243.

Le conseil européen de Fontainebleau est un succès, dans le sens où « *l'obstacle financier* »[418] qui oppose, depuis 1981, la Grande Bretagne aux autres partenaires, est levé. Une nouvelle ère commence, celle de la « *relance de l'Europe* »[419]. Ce Conseil permet d'approfondir l'union politique, grâce à la création d'un comité visant à réfléchir aux questions institutionnelles. Le comité Dooge prévoit la création d'une « *entité politique véritable c'est-à-dire une Union européenne* »[420]. En effet, François Mitterrand avait constaté l'existence d'« *intérêts hétérogènes, (de) traditions contraires....* »[421]. Il pense que la solution est dans le renforcement des institutions européennes.

Sur le plan politique, le renforcement des pouvoirs de la Commission de Bruxelles est prévu comme celui du parlement européen mais aussi la mise en place d'un mécanisme de vote à la majorité, au lieu du vote à l'unanimité. Sur le plan des élargissements, tout comme son prédécesseur, François Mitterrand freine le processus d'adhésion. Mais, aidé par la victoire aux élections du 28 octobre 1982, du socialiste Felipe Gonzalez, en Espagne, François Mitterrand décide de relancer la procédure.

Le Conseil de Fontainebleau voit les Douze accepter l'élargissement. Sur le plan économique, il prévoit la création d'un marché intérieur. Sur le fond, ce sommet de Fontainebleau règle essentiellement le contentieux agro-budgétaire entre les Dix, grâce à la nouvelle bonne entente franco-allemande. Le problème financier est débloqué et la Grande-Bretagne trouve une solution provisoire sur sa contribution budgétaire. Enfin, sur le plan institutionnel, un comité est chargé d'étudier une éventuelle réforme.
Mais, au Conseil de Dublin des 3 et 4 décembre 1984, la Grande-Bretagne, le Danemark et la Grèce émettent des réserves sur la réforme institutionnelle et la volonté d'organiser une CIG (Conférence Intergouvernementale), sur les institutions. Remis, le 29 mars 1985, le rapport Dooge appelle les Etats à franchir un seuil historique en les amenant à accepter des abandons de souveraineté. Si la Grande Bretagne, le Danemark et la Grèce restent réservés, l'Italie, l'Allemagne et la France y sont favorables. Le Conseil de Milan marque le désaccord sur l'avenir institutionnel et aggrave la fracture au sein de la Communauté. En effet, la décision de convoquer une CIG sur les institutions s'obtient à la majorité et non plus à l'unanimité. Sur ce plan, la logique intégrationniste l'emporte, en ayant recours au vote[422]. La

---

[418] Hubert Védrine, *Les mondes de François Mitterrand (à l'Elysée de 1981- 1995)*, Paris, Fayard, 1996, page 274.
[419] Ibid.,page 275.
[420] Pierre Favier et Michel Martin-Roland, op.cit., page 260.
[421] Ibid., page 259.
[422] Sept pays se prononcent pour le vote et la convocation d'une CIG : France, RFA, Italie, Bénélux, Irlande. Le Danemark et la Grande-Bretagne et la Grèce votent

procédure est alors inédite au sein du Conseil européen, car, ce dernier était habitué au consensus, au vote à l'unanimité. Il faut le Conseil de Luxembourg des 2 et 3 décembre 1985, pour que soit proposée la décision d'ajouter un acte unique qui remplacerait le traité de Rome. Ce traité marque davantage un succès de l'Europe économique que celui de l'Europe politique. François Mitterrand n'y voit qu'un « *compromis de progrès* »[423].

Face à ces évolutions, le RPR doit se positionner. Or de 1981 à 1986, le RPR se trouve dans l'opposition. Quels effets peuvent avoir ses prises de position ? Quelle place peut occuper son Europe ? C'est une période, au cours de laquelle, il ne peut que réaffirmer ses exigences, sur le plan des élargissements, des institutions européennes, de la défense. D'autre part, sur la politique internationale, malgré sa position d'opposant, il existe une certaine convergence de vues avec François Mitterrand. La décision de construire un septième sous-marin nucléaire en est la preuve. La critique s'atténue.

Sur le plan européen, l'évolution du RPR est pressentie par les prises de position de Jacques Chirac[424], lesquelles sont suivies par les instances du RPR, lesquelles s'alignent. Ces évolutions sur l'Europe amènent à la définition d'une nouvelle stratégie pour l'Europe, approuvée en juin 1983, lors d'un congrès extraordinaire. Les évolutions se retrouvent à travers les projets proposés aux militants et aux électeurs. Le programme de 1985, « *Le Renouveau* » les souligne essentiellement dans le domaine économique, en réclamant l'approfondissement dans le domaine douanier, la convergence des politiques économiques et le renforcement du Système Monétaire Européen. Mais, sur le plan politique, le RPR reste vigilant devant une Europe fédérale qui se construit. Il s'oppose toujours aux élargissements.

Si, les périodes d'opposition sont favorables à l'exaltation des positions partisanes, la réalité du pouvoir semble les atténuer. Ainsi, la période 1981 à 1986 et celle de la cohabitation entre 1986 et 1988 ne peuvent être analysée sur le même plan.

---

contre le recours à cette procédure de vote. Or, Bettino Craxi, Premier ministre italien, a recours à cette solution car les européens sont divisés. Le consensus ne sera pas obtenu. En effet, l'Irlande était opposée à ce que les questions de défense deviennent une compétence européenne. Quant au Danemark et à la Grande-Bretagne, ils étaient opposés à un renforcement institutionnel.

[423] Pierre Favier et Michel Martin-Roland, *La Décennie Mitterrand, tome II, Les épreuves (1984-1988),* Paris, Seuil, 1991, page 269.

[424] En effet, Jacques Chirac comme le RPR vont s'aligner les partis du conservatisme libéral, en Europe. Cela les amène à abandonner des aspects essentiels du gaullisme sur la politique internationale. Ils se montrent favorables à une défense européenne commune, qui serait liée à l'OTAN, lors de la rencontre avec Ronald Reagan, en janvier 1983.

En effet, si la possible nomination de Jacques Chirac, en qualité de Premier Ministre, est perçue comme un bon strapontin, pour aborder la présidentielle de 1988, elle amène le RPR à atténuer ses réserves et ses propositions européennes, à l'aube de l'alternance de 1986. Une atténuation qui trouve aussi des origines dans son rapprochement avec l'UDF. En effet, Jacques Chirac et le RPR recentrent leurs positions au regard de la stratégie présidentielle[425]. La cohabitation adopte une tactique, celle d'éviter tout conflit. Jacques Chirac, chef du gouvernement, ne revient pas sur la politique européenne, menée par François Mitterrand et Helmut Kohl, depuis 1983. Il fait ratifier l'Acte Unique, en 1987. Ceci marque le ralliement du RPR, sur le plan économique, à l'Europe. Mais, ce ralliement est-il sincère ? Relève-t-il d'un opportunisme politique ou d'un pragmatisme politique ? Toujours est-il qu'en 1992, lors du référendum sur le traité de Maastricht, qui suppose des transferts de souveraineté, ce ralliement est remis en question. Dès lors, jusqu'où le RPR est-il prêt à aller, sur l'Europe ? Si, jusque-là, il a réussi à imposer une stratégie, à contenir son unité en cultivant le consensus sur les questions européennes, ce référendum risque de le faire éclater. Dès lors, comment le RPR en est-il arrivé à une telle situation ?

Ceci amène à voir comment le RPR s'est appuyé sur le rejet de la gauche et à utiliser le discours libéral contre cette dernière, tout comme, il a utilisé l'Europe libérale pour contrer le socialisme en France. Ainsi, l'Europe est devenue une arme du débat politique contre la gauche, mais aussi, au sein du RPR. Un moyen pour faire évoluer, devant la réalité, un certain nombre de principes (chapitre 1). Cette évolution du discours et de la doctrine se concrétisent, dans les faits, lors de la première cohabitation, entre 1986 et 1988. Jacques Chirac amène *« finalement à ratifier par sa majorité »*[426] l'Acte unique. Ne souhaitant pas engager un conflit avec le Président, par respect des Institutions, cette contrainte permet de maintenir l'unité et amène, par conséquent, à une acceptation, de fait, de ces évolutions (chapitre 2).

Mais, en 1988, Jacques Chirac échoue à la présidentielle. C'est l'heure des remises en question de la stratégie suivie, par le RPR. Les divergences réapparaissent, de 1988 à 1991. Les évènements à l'Est amènent le RPR, mais aussi les autres partis politiques, à rechercher de nouveaux positionnements, entre l'approfondissement et l'élargissement. Ainsi, d'assises en conseils nationaux et en programme, le RPR trouve difficilement une position claire que souligne le consensus trouvé sur l'Europe (chapitre 3). Mais, ce consensus est remis en cause, en 1992, lors

---

[425] Thomas Ferenczi, *Stratégies présidentielles*, dans Encyclopaedia Universalis, Universalia, 1987, page 258.
[426] Hubert Védrine, op. cit., page 412.

de la campagne du référendum sur le traité de Maastricht, quand l'opinion prend conscience de la mesure des partages de souveraineté acceptés. Ce référendum met au grand jour les divisions du RPR sur l'Europe, *« entre nation et Maastricht* [427] *»* (chapitre 4).

---

[427] Pierre Maillard, titre de l'ouvrage.

Chapitre 1 :
De la lutte contre la gauche 1981-1986 à une nouvelle culture d'opposition ?

Le virage stratégique du RPR trouve, en partie, son origine dans l'échec de la tentative antigiscardienne et anti-européenne qui a atteint son paroxysme, lors de la campagne des européennes de juin 1979. Ces élections ont montré que la stratégie du repli sur un *« gaullisme intransigeant »,* même s'il a permis de se rassembler, ne semble pas en mesure de dépasser un seuil électoral suffisant pour revenir au pouvoir. Arrivé en quatrième position, la tactique du RPR a simplement permis de se démarquer du Président et de l'UDF et a montré que le message du RPR sur l'Europe n'était pas en phase avec les attentes des Français. D'autre part, cette stratégie d'affaiblissement du *« giscardisme »* se solde par la victoire du candidat socialiste à la présidentielle de 1981. Dès lors, le RPR apparaît comme le mieux placé pour battre la Gauche. Pour ce faire, il adapte son discours idéologique et évolue sur un certain nombre de points. Sur le domaine économique, l'assaut contre la Gauche trouve une réponse argumentée dans les bienfaits du libéralisme et l'antisocialisme.

Quant à l'Europe, c'est la stratégie de l'union de l'opposition qui amène à poser un regard différent. Dans, cette évolution, une place de choix doit être faite au président du RPR, Jacques Chirac. En effet, ses prises de position finissent par avoir un impact sur le RPR, lequel semble s'aligner[428]. Or, le positionnement de Jacques Chirac est-il le résultat d'un *« opportunisme »*[429], d'un pragmatisme, d'une « réelle conviction »[430] ou le fait d'un *« homme sous influence »*[431] ?

De 1981 à 1986, le RPR se rapproche tactiquement de l'UDF et accepte une *« hégémonie idéologique »*[432]. Cette dernière se manifeste dans le rééquilibrage des investitures, et, en 1984, par la primauté donnée, à l'UDF, lors de la campagne européenne. C'est une position rendue possible car les enjeux ont changé. Cette période est salutaire pour cette opposition RPR-UDF. Elle lui permet *« de se rassembler et de mettre en sommeil ses divisions »*[433]. Elle est le résultat d'une nouvelle culture.

---

[428] Entretien avec Christian de la Malène du 27 novembre 2001.
[429] Ibid..
[430] Entretien avec Alain Juppé du 15 septembre 2004.
[431] Jean-Marie Colombani, *Le résident de l'Elysée.*
[432] Jacques Frémontier, *Les jeunes élus du RPR : des héritiers ou des parricides ?,* dans Pouvoirs, n°28, page 74.
[433] Pouvoirs, n°28, page 35.

1 Une nouvelle culture

1.1 : Les leçons de mai et de juin 1981

Les élections du printemps 1981 entraînent une rupture dans la vie politique française. En effet, l'élection de François Mitterrand, candidat socialiste, amène, pour la première fois, depuis 1958, la gauche au pouvoir.
Au premier tour, 10 candidats s'affrontaient. A gauche, cette élection marque la chute du Parti Communiste, où son candidat, Georges Marchais ne réalise que 15.48% des suffrages exprimés. François Mitterrand réalise le score de 26.08%.
A droite, le duel oppose le président sortant à Jacques Chirac, son ancien premier ministre. Ce duel tourne à l'avantage de Valéry Giscard d'Estaing. Il obtient 27.82% contre 18.02% à Jacques Chirac. Le faible score du candidat du RPR contraste avec sa campagne dynamique. Mais, il a été handicapé par deux autres candidats se réclamant du gaullisme et du pompidolisme, Michel Debré et Marie-France Garaud, qui obtiennent respectivement 1.64% et 1.33% (carte n°3, page 132). Au bilan, cette élection marque le leadership de Jacques Chirac sur la mouvance gaulliste, qu'incarne le RPR.
La géographie électorale du vote Chirac (carte n°2, page 131) montre un ancrage du candidat, dans son fief du Limousin. Il réalise son meilleur score en Corrèze, où il est député, avec 41.83%. Son influence s'exerce aussi autour de ce fief, sur la Dordogne, le Cantal, le Lot, la Creuse, mais aussi l'Aveyron et la Haute-Vienne. D'autre part, sa qualité de maire de Paris, lui permet de marquer un ancrage en région parisienne avec Paris, l'Essonne, et les Yvelines. Une autre zone d'influence semble émerger dans la France de l'ouest avec la Manche, l'Orme, l'Ille-et-Vilaine, le Maine, la Loire et la Vendée. Enfin, de manière plus éparse, son implantation est sensible en Haute-Savoie et dans les Alpes-Maritimes et la Corse.
Au second tour, l'affrontement a lieu entre le président sortant et François Mitterrand[434]. La carte du rapport de force entre la gauche et la droite montre que la gauche a réussi à étendre son influence par rapport à l'élection de 1974. Ainsi, si à l'issue du premier tour, la gauche totalisait 47.24%, elle en totalise 52.22% au second tour, alors que la droite passe de 48.82% à 47.77%[435] (carte n°4, page 133).

---

[434] Pierre Bréchon, Les élections présidentielles en France, quarante ans d'histoire politique, 2007, pages 35-40.
[435] François Goguel, Chroniques électorales, La cinquième république, après de Gaulle, FNSP, 1983, pages 164-174.

En effet, elle progresse dans six départements : Charente, Charente Maritime, la Gironde, les Landes, le Tarn et Garonne et l'Essonne. Le Loir et Cher, l'Indre et Loire, l'Yonne retourne dans son giron.

La droite voit un rétrécissement de son vote. Elle se replie sur la France de l'Ouest, la France de l'Est, le cœur du Massif central, l'Ouest des Pyrénées et le sud des Alpes, et, ce, même si elle progresse dans l'Ain, le Loiret, la Marne, la Haute-Savoie et le Var. Au bilan, avec cet échec, Jacques Chirac et le RPR se doivent de réorienter leur stratégie. Tel semble être le sens donné pour les élections législatives de juin 1981.

C'est donc unis, sous la bannière de l'UNM (Union pour la Nouvelle Majorité), que le RPR et l'UDF partent au combat (carte n°5, page 134). Dans la foulée de l'élection présidentielle, c'est une vague rose qui s'installe à l'Assemblée Nationale (carte n°6, page 135). Ces résultats appellent à des remises en question, au sein du RPR et de l'UDF. Cependant, certaines avaient commencé, dès les élections européennes de 1979.

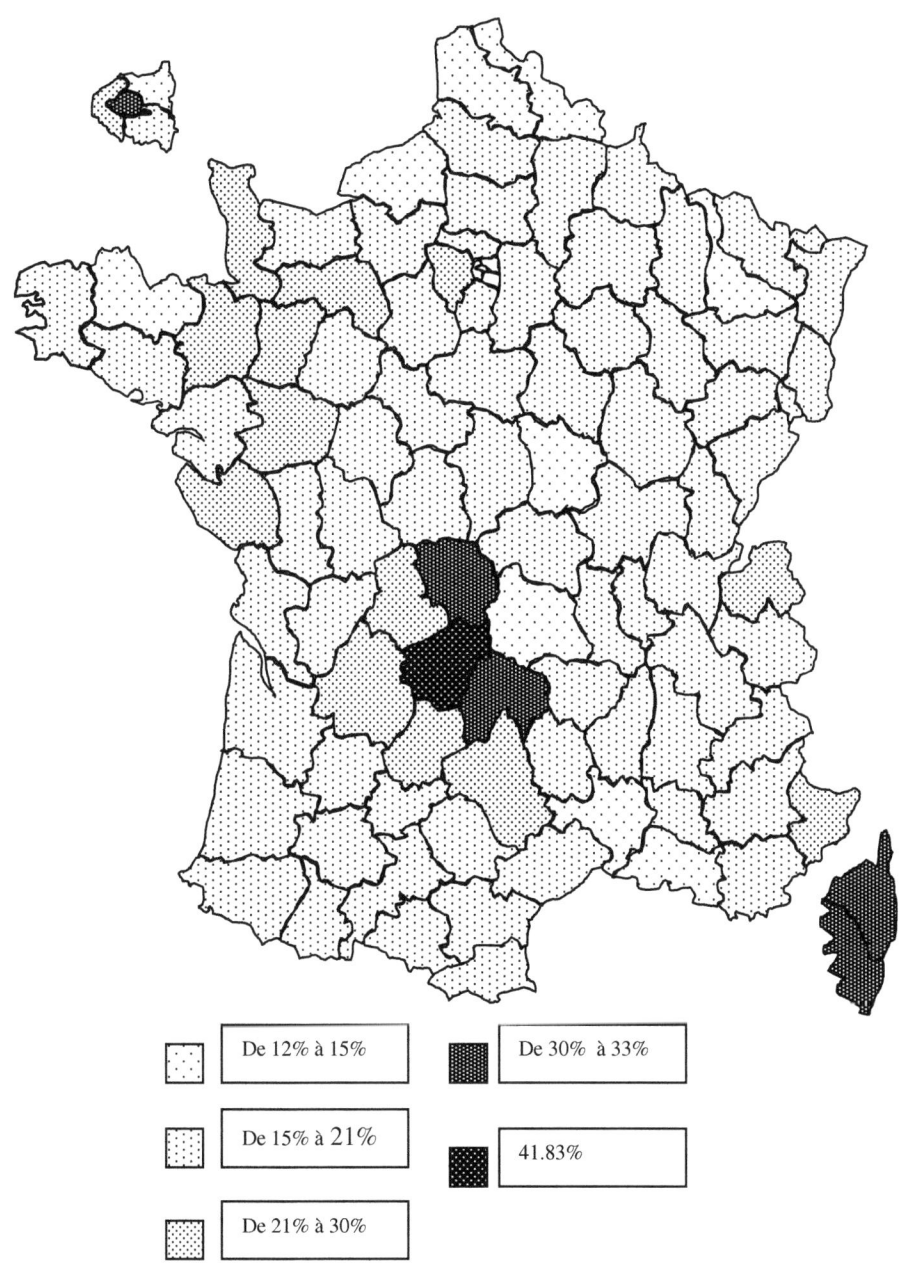

Carte n°2 : carte des suffrages exprimés, obtenus par Jacques Chirac (RPR), au premier tour de l'élection présidentielle du 26 avril 1981.

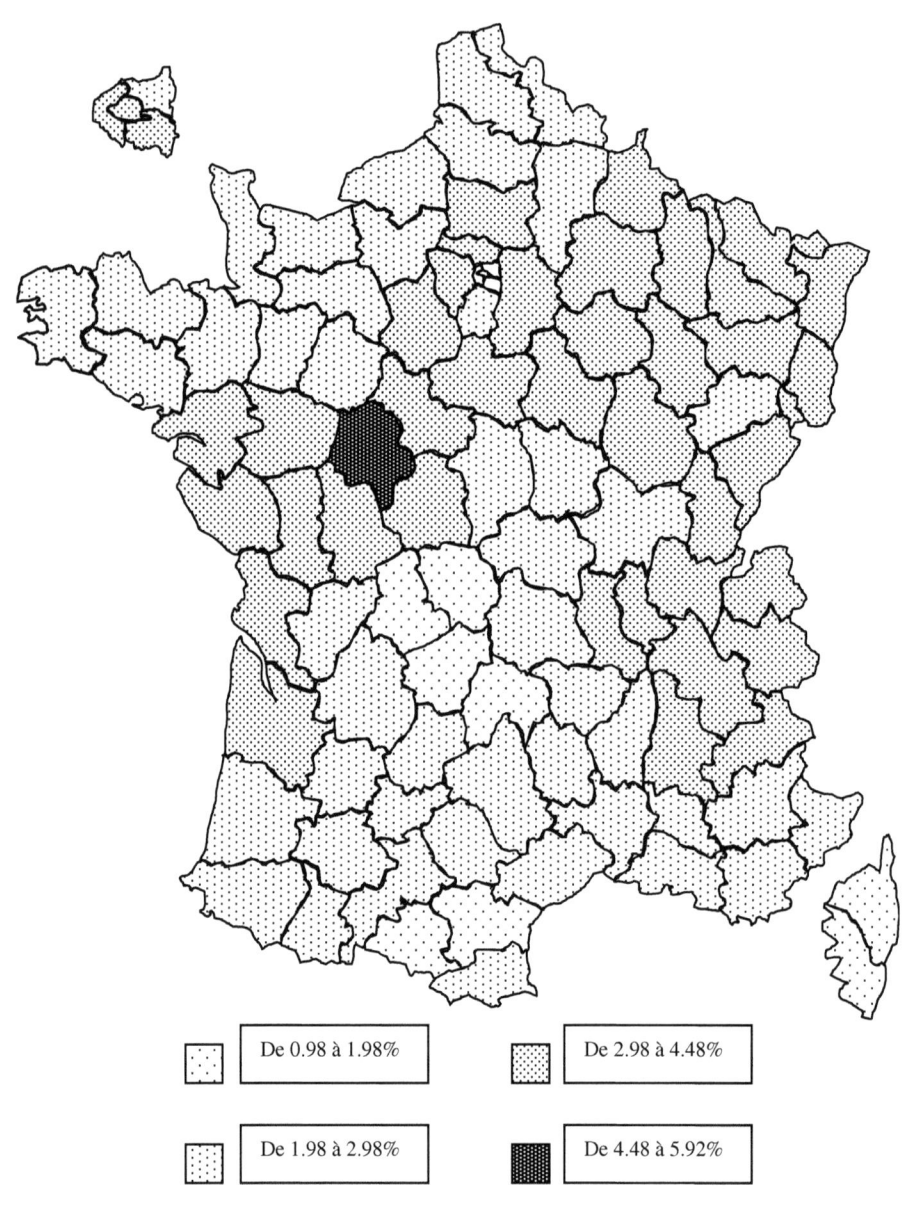

Carte n°3 : carte des suffrages exprimés, obtenus par Michel Debré et Marie-France Garaud, lors du premier tour de l'élection présidentielle du 26 avril 1981.

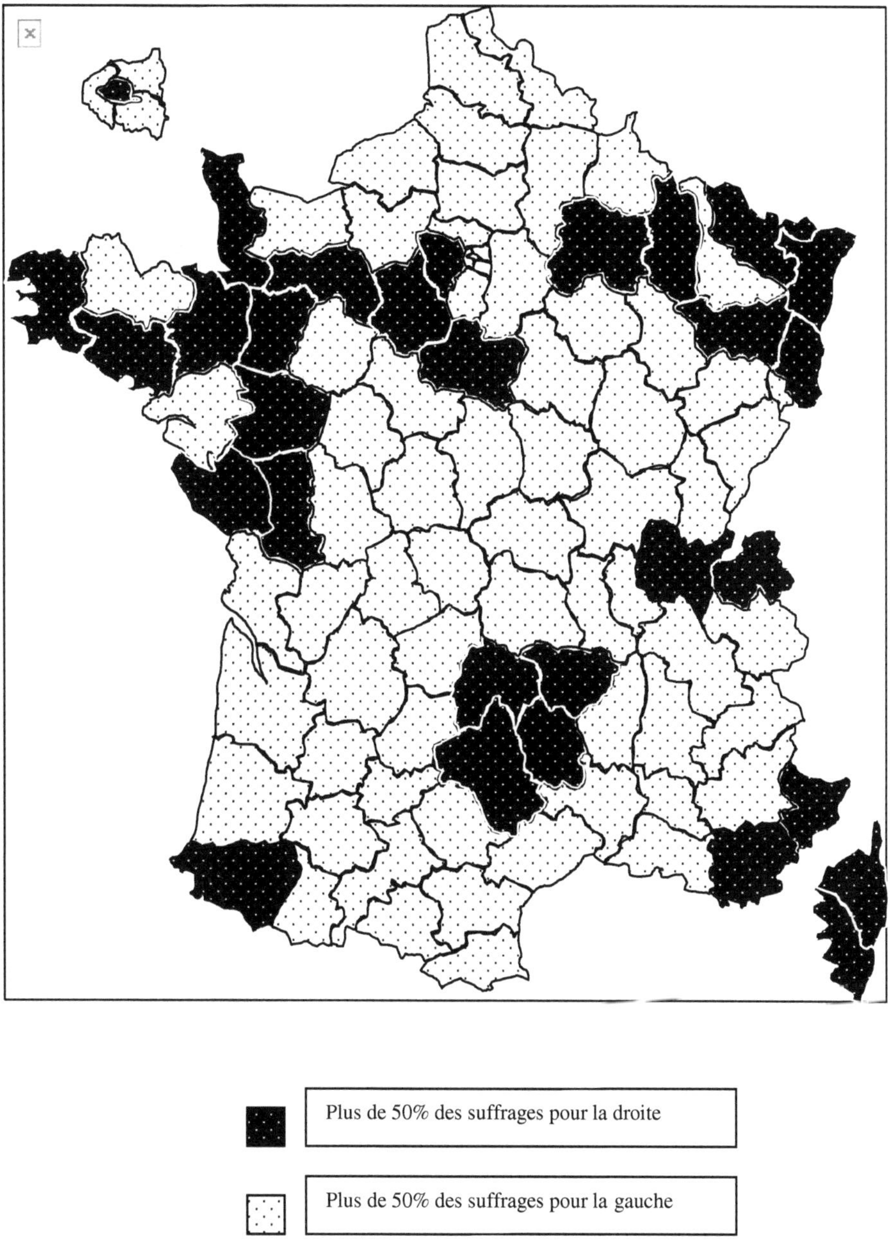

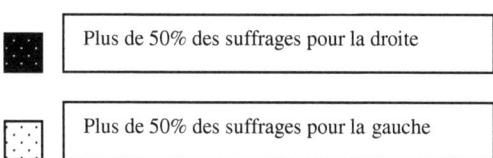

- Plus de 50% des suffrages pour la droite
- Plus de 50% des suffrages pour la gauche

Carte n°4 : Rapport de force entre la gauche et la droite au deuxième tour de l'élection présidentielle de mai 1981.

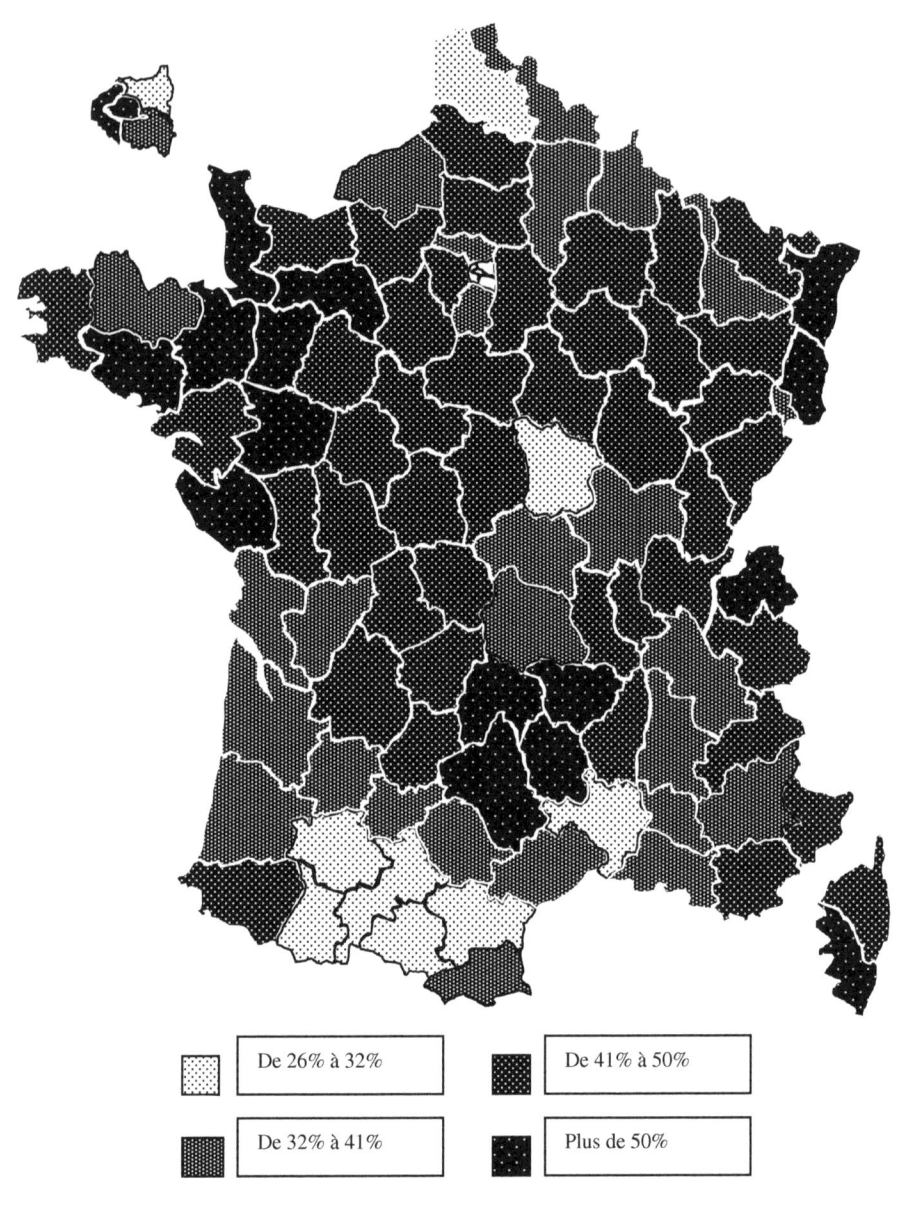

Carte n°5 : carte des suffrages exprimés, obtenus par la liste UNM (RPR, UDF et divers droites), au premier tour des élections législatives de juin 1981.

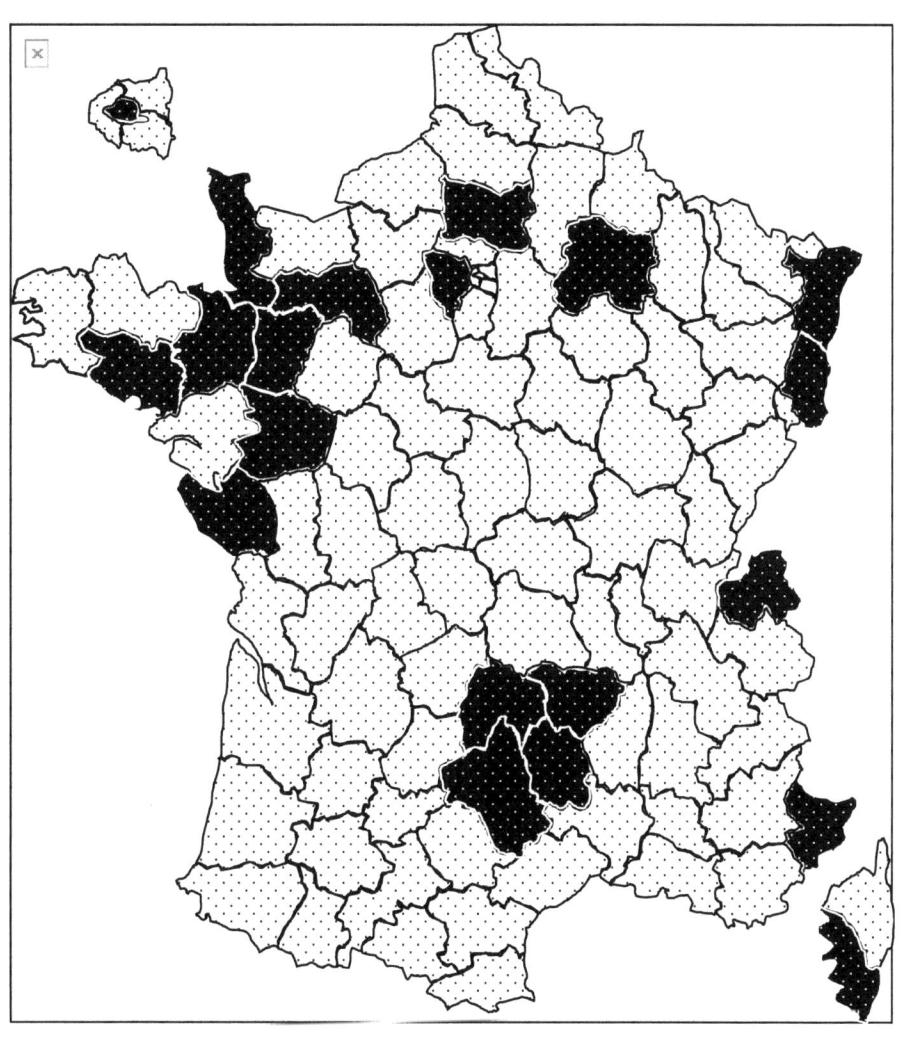

Plus de 50% des suffrages obtenus par la droite

Plus de 50% des suffrages obtenus par la gauche

Carte n°6 : Rapport de force entre la gauche et la droite, au deuxième tour des élections législatives de juin 1981.

1.2 : D'une génération de conseillers à d'autres

Le tandem Juillet-Garaud a vécu avec l'échec des Européennes de 1979. Une rupture s'impose au RPR en vue de la reconquête du pouvoir. A l'intransigeance envers l'UDF et contre la construction européenne, succède une nouvelle tactique développée par de nouveaux conseillers qui réorientent le projet politique du RPR. Deux hommes jouent un rôle non négligeable autour de Jacques Chirac et du RPR, Edouard Balladur et Alain Juppé. Le premier a déjà une expérience du pouvoir. Enarque, il est entré au cabinet de Georges Pompidou, en 1964. Elu Président, ce dernier le nomme secrétaire général de l'Elysée. En 1974, suite à l'élection de Valéry Giscard d'Estaing, il retourne au conseil d'Etat, avant d'épouser une carrière dans le privé. Il profite de la politique libérale menée par Ronald Reagan et Margaret Thatcher pour donner une nouvelle orientation au projet politique du RPR et devenir le *« Raymond Barre, new look »*[436].

Quant à Alain Juppé, agrégé de Lettres, énarque, il est le collaborateur de Jacques Chirac, depuis 1976. Puis, il devient adjoint à la direction des finances et aux affaires économiques de la mairie de Paris ; avant d'en devenir, de 1980 à 1981, le directeur. Ces deux hommes vont jouer un rôle important dans l'évolution idéologique du RPR. En effet, Alain Juppé revendique une certaine paternité dans l'évolution sur le libéralisme[437]. Sur cette période, ces deux hommes vont alors occuper des fonctions d'influence. Edouard Balladur va devenir non seulement l'architecte de la cohabitation, mais aussi ministre d'Etat et ministre de l'Economie, des Finances et de la Privatisation, de 1986 à 1988.

Alain Juppé est élu au conseil national du RPR, dès 1979 ; puis, il devient secrétaire national du RPR chargé du redressement économique et social, de 1984 à 1986. Entre-temps, il est directeur adjoint de la campagne présidentielle de Jacques Chirac en 1981. Enfin, de 1986 à 1988, il entre au gouvernement, en qualité de ministre délégué au Budget. Il sera le porte-parole de Jacques Chirac, lors de l'élection présidentielle de 1988.

Dans cette stratégie de reconquête, ces deux hommes, entre autres, vont faciliter un rapprochement avec l'UDF. Un rapprochement qui ne peut se concevoir sans une évolution des conceptions européennes du RPR, comme celle de l'UDF. Comme le souligne Christian de la Malène, il a fallu « *gommer la gêne d'une certaine Europe* »[438], de manière à « ne pas réveiller de vieilles querelles en vue de faciliter la reconquête ».

---

[436] Jean-Marie Colomban, op. Cit., pp.59-60.
[437] Entretien avec Alain Juppé du 15 septembre 2004.
[438] Entretien avec Christian de la Malène du 27 novembre 2001.

Signe de ce rapprochement, la liste d'union aux Européennes de 1984 et 1989, qui voient la formation du tandem Veil-Pons, en 1984 et de Valéry Giscard d'Estaing-Juppé, en 1989. « *Fidèle parmi les fidèles* », selon Jacques Chirac, Alain Juppé affirme qu'il a été envoyé à la bataille aux côtés de VGE car il était l'un des artisans de cette stratégie.

Ainsi, la redéfinition du projet politique du RPR passe par une évolution des thèses économiques par le biais du libéralisme et de l'Europe.

1.3 : Un recentrage idéologique et générationnel : le libéralisme, l'Europe, le glissement à droite

Le RPR va cultiver une culture basée sur un discours essentiellement libéral, élaboré, en particulier, dans les clubs de réflexion, créés par le RPR : le club de l'Horloge, en 1978, et le Club 89, à la suite de l'échec de la droite, en 1981, sur l'initiative de Michel Aurillac, Nicole Catala et Alain Juppé[439]. Ces laboratoires d'idées sont à l'origine de certaines évolutions de la doctrine du RPR.

L'évolution thématique du RPR est sensible à l'analyse de ses programmes. Dans celui de 1984, il fait une place de choix à la liberté et à l'Europe, laquelle apparaît comme une garantie de la liberté. Le texte commence par le mot « *libres* ». A « *une certaine idée de la France* » se substitue « *une certaine idée de la liberté* »[440]. A Paris, Jacques Chirac, lors d'un colloque[441], marque son alignement sur les thèses libérales tant dans le domaine des libertés de l'homme que dans celui de l'économique, du politique... Il évoque l'image d'une « *Europe libre dans un monde libre* »[442]. Cet attachement au libéralisme est perçu comme un moyen de défendre une certaine forme d'indépendance. Il est favorable à une Europe de la « *liberté des échanges* », de la « *liberté de circulation* », de la « *liberté du droit...* », de la « *liberté enfin des mouvements de capitaux* »[443]. Le libéralisme, sous toutes ses formes, devient un nouveau leitmotiv, une solution à la crise, et, une arme contre le socialisme.

Il met en garde contre les périls que sont « *le désordre qui règne dans les relations monétaires, ... le taux très élevé des intérêts aux Etats-Unis, les*

---

[439] Voir Michel Winock et Jacques Julliard, *Dictionnaire des Intellectuels,* Seuil, 2002, 1530 pages.
[440] Jean Baudouin, « Gaullisme » et « chiraquisme », dans Pouvoirs, n°28, page 56.
[441] Jacques Chirac, discours de clôture au Centre Européen des Relations Internationales, « *une Europe libre dans un monde libre* », 5 juin 1984. 30 pages.
[442] Ibid., page 1.
[443] Ibid., page 9.

inégalités ... en matière commerciale »[444]. C'est pourquoi, face à la situation conjoncturelle, il n'hésite pas à souligner les efforts de l'Europe, lesquels visent à créer, un jour, *« un véritable marché unique »*[445]. Jacques Chirac insiste sur l'exigence de *« la liberté d'entreprendre et de la liberté d'innover »*[446]. Ce discours s'inscrit dans un contexte de politique intérieure particulier. Fervent opposant à la majorité socialo-communiste, le libéralisme devient une arme contre la gauche, qui prône une politique de nationalisations et le développement d'un vaste secteur public. Ainsi, il la dénonce, elle qui *« depuis trois ans ... (a) ... pris une autre direction »*[447] et dont les dévaluations du franc font craindre l'idée que la France pourrait quitter le SME. Au libéralisme s'ajoute l'Europe, comme condition pour surmonter la crise.

1.4 : Les prémices du développement international du RPR (1977-1983)

Dans sa stratégie de conquête du pouvoir, le RPR va s'orienter vers une politique d'ouverture vers les autres pays, de manière à acquérir des lettres de noblesse et de se donner la stature d'un parti de gouvernement, un moyen de gagner en crédibilité. Il tisse et se crée des réseaux au niveau mondial comme européen. La conquête de la mairie de Paris, en 1977, en sont les premières prémices. Elle s'inscrit dans l'optique de faire acquérir à Jacques Chirac, challenger de Valéry Giscard d'Estaing, une posture d'homme d'Etat. Cette Capitale à vocation internationale va devenir pour lui un outil stratégique, un tremplin pour une stratégie présidentielle. Par l'international, le RPR cherche une *« ressource permanente en terme d'images »*[448]. Jacques Chirac trouve là une opportunité de s'afficher en compagnie des plus grands[449] comme le lui procure les avantages protocolaires liés à sa fonction de maire de la Capitale, à chaque visite officielle.

Quant au RPR, le véritable tournant date de 1978, quand, il figure parmi les membres fondateurs de l'Union démocratique européenne (UDE) ; puis, en 1983, au niveau international, dans la création de l'Union démocratique internationale (UDI). L'objectif de l'UDE est de *« tisser des liens avec les*

---

[444] Ibid., page 6.
[445] Ibid., page 9.
[446] Ibid., page 10.
[447] Ibid., page 11.
[448] AFRI 2001, Annuaire Français des Relations Internationales, article d'Isabelle Le Breton-Falézan, Dimensions internationales des campagnes présidentielles sous la Vème République, page 323.
[449] Brochure du RPR, n°2 : *« Jacques Chirac, Maintenant »*, 1981.

partis modérés ou conservateurs au pouvoir en Europe d'abord, en Occident ensuite »[450], comme le parti conservateur britannique. Cette initiative de l'UDE vise à prévaloir la *« justesse de l'idée européenne »*[451]. Ainsi, dans leur déclaration de principes, ses membres rappellent *« leur attachement commun au libéralisme économique, politique et social ainsi que leur appartenance sans faille à l'Alliance Atlantique »*[452]. L'appartenance du RPR à l'UDE peut surprendre au regard de ses principes, mais, c'est au sein de cette association, qu'il a pu faire partager son originalité en y développant ses thèses sur la participation ou la planification. C'est au contact de ce groupe qu'il a puisé les idées de sa nouvelle *« culture politique »*, teintée de libéralisme économique et de pragmatisme politique. Par cette appartenance, il parvient à se mettre dans la démarche d'un parti, plus favorable à l'Europe et se trouve alors, sur le plan européen, sur des positions proches de l'UDF. Ainsi, il neutralise l'UDF qui ne peut plus l'accuser d'anti-européanisme, puisqu'elle n'est qu'observatrice à l'UDE et à l'UDI. Cette évolution des idées se marque par une évolution des effectifs du RPR.

1.5 : L'arrivée de nouvelles recrues

Le virage libéral est alors l'une des motivations d'adhésion de nouvelles générations, à côté de thématiques héritées de la démocratie chrétienne[453], comme la famille, la responsabilité, la personne… Cette évolution libérale trouve des racines, dans le succès économique rencontré par les politiques néolibérales, menées par Ronald Reagan et Margaret Thatcher. La *« matrice américaine »* devient la *« source majeure de renouvellement idéologique »*[454] des jeunes élus du RPR, facilité en cela par l'arrivée de la gauche, laquelle *« est perçue comme un danger pour la France »*. L'engagement principal demeure le *« rejet de la gauche »*. 21.5%[455] des délégués reconnaissent que la défaite de 1981 a été un facteur déterminant de leur engagement, au RPR. La proportion représente 34%[456] chez les militants ayant rejoint le RPR, entre 1981 et 1984. En 1986, 60% adhérent avec la *« volonté de battre la*

---

[450] Hugues Portelli, *L'activité internationale du RPR,* dans Pouvoirs, n°28, page 160.
[451] Ibid., page 161.
[452] Ibid., page 161.
[453] On y retrouve alors des hommes comme Barnier, Bourg-Broc, Martin-Lalande.
[454] Jacques Frémontier, *les jeunes élus du RPR : des héritiers ou des parricides ?,* page 73.
[455] Pierre Bréchon, plongée libre, page 23.
[456] Patrick Lecomte, *Comment viennent-ils à la politique ? L'engagement des nouvelles recrues du RPR,* page 675.

gauche »[457]. Le RPR s'appuie alors sur une base idéologique qui s'articule sur le « *rejet de l'Etat, le recul du thème de la solidarité et les distances à l'égard du libéralisme culturel* »[458]. Il effectue une mutation idéologique, qui l'amène à se transformer en un parti libéral et européen. En effet, le RPR se rallie à l'Europe quand celle-ci se veut « libérale ». C'est le sens à donner à son acceptation de l'acte unique en 1987.

Sur l'Europe, l'évolution est perceptible chez les cadres du RPR, qui, en 1984, sont à 22%[459] tout à fait d'accord pour accélérer le processus d'intégration européenne, soit une augmentation de 13 points par rapport à 1978, et ce, même si encore 24.5% se déclarent toujours contre. Si, les cadres et la nouvelle génération d'élus[460] optent pour cette stratégie libérale, ils sont rejoins par des groupes de pression : le monde de l'entreprise[461], déjà gagné au libéralisme, et les agriculteurs qui ont trouvé, dans l'Europe, une « *manne* »[462] et souhaitent le maintien de l' « *acquis communautaire* ». En effet, si les années soixante-dix ont permis cette « *opulence* », le « *retournement de politique depuis 1981-1984* » qui vise à restaurer « *la compétitivité des produits agroalimentaires français sur le marché européen* »[463], a modifié les données et accru les difficultés du monde paysan.

L'analyse de la composition sociologique des adhérents du RPR est un élément explicatif dans l'évolution des idées. En 1984, la sociologie des nouvelles recrues marque une chute de la composante ouvrière caractéristique des mouvements gaullistes passés. Ils ne représentent plus

---

[457] Sondage réalisé par l'Institut Louis-Harris, sur un échantillon national de 1000 adhérents RPR entre les 17 et 29 octobre 1986

[458] Pierre Bréchon, Jacques Derville et Patrick Lecomte, *Les cadres du RPR*, Paris, Economica, page 155.

[459] Ibid., page 161.

[460] Jacques Frémontier, *Les jeunes élus du RPR : des héritiers ou des parricides ?*, pages 67-74.

[461] François Denord, *La conversion au marché, droites et libéralisme «économique de la France des années 80 : l'exemple du RPR, 1979-1984*, DEA, IEP Paris, 1999, 253 pages.

[462] Coulomb Pierre, *Agriculteurs et la politique,* page 19. En effet, la PAC a permis à la France de « se moderniser et d'organiser » l'agriculture en « véritables entreprises insérée dans le marché ». De ce fait, le monde agricole s'est rapidement « convertit » au libéralisme économique et donc ne peut qu'être favorable à la politique européenne défendue par le RPR et l'UDF. Ainsi, depuis le milieu des années soixante-dix, la PAC a permis par la politique inspirée de la « thèse industrialiste » de « vendre sur le marché européen entre la moitié et les deux tirs de ses exportations… ». (page 40)

[463] Ibid, page 41. L'Europe est confrontée à deux contraintes que sont la rigueur budgétaire et la baisse de la demande mondiale.

que 10%[464]. Cette chute d'effectifs s'explique aussi par l'attrait qu'a exercé la gauche, et ce avant les déceptions de l'après-1981. Par contre, il y a une surreprésentation de catégories non-salariées. Les professions libérales, avec 9.5%, et, les commerçants et les artisans, avec 8%, mais aussi, les industriels, qui représentent 22% des adhérents. Quant aux agriculteurs, ils doublent de 1977 à 1979, avec 11.1%. Cette variation s'explique par l'intérêt que portent le RPR, et, en particulier, Jacques Chirac à ce groupe de pression. Il a été ministre de l'Agriculture en juillet 1972, dans le gouvernement de Pierre Messmer. Il est l'un des inspirateurs de la politique d'aide à l'agriculture de montagne et a lancé, en 1973, une indemnité spéciale de montagne. Ainsi, un électorat agricole lui a toujours été favorable.

Au bilan, il faut constater le *« caractère élitiste du recrutement RPR »* notamment auprès des nouveaux adhérents par une *« surreprésentation des cadres supérieurs et des professions libérales »*[465]. Les enquêtes réalisées en 1988 et 1994[466] confirment l'évolution générale dans le ralliement autour de certaines idées et le glissement idéologique.

Mais, pour d'autres raisons les ont amenés à rejoindre le RPR, comme le *« crédit de confiance »*[467] accordé à ce dernier ou celui d'une personnalité. Ainsi, en 1986, 62% des adhérents ont rejoint le RPR, pour Jacques Chirac. Ces chiffres sont corroborés par une étude sur Grenoble où les nouvelles recrues forment les *« viviers chiraquiens »*[468]. Ainsi, de 1976 à 1986, le RPR fait peau neuve avec 47% de nouveaux adhérents[469]. L'afflux de ces nouvelles adhésions est un signe possible de recentrage idéologique, dont l'axe bascule, à droite.

En effet, les adhérents du RPR se déclarent *« à droite, sans complexe »*[470]. En 1984, 59%[471] des adhérents du RPR se placent au centre droit ou à droite, de l'échiquier politique. D'une manière générale, la génération de l'UDR s'auto classe à 55% au centre droit et à 37% au centre

---

[464] Selon le sondage réalisé par l'Institut Louis-Harris, sur un échantillon national de 1000 adhérents RPR entre les 17 et 29 octobre 1986, cité dans Patrick Lecomte, *Comment viennent-ils à la politique ? L'engagement des nouvelles recrues du RPR*, page 676.

[465] Pierre Bréchon, Jacques Derville et Patrick Lecomte, op. cit., page 33.

[466] Patrick Lecomte, Ibid.et Jardin Xavier, *Le militantisme au RPR dans quatre circonscriptions parisiennes*, mémoire de DEA, 1994,

[467] Ibid., page 690. Selon, une enquête réalisée en 1988 à partir de 27 entretiens de nouveaux adhérents au RPR dans la section cantonale de Grenoble-5.

468 Patrick Lecomte, Ibid., page 684.

[469] Pierre Bréchon, Jacques Derville et Patrick Lecomte, op. cit., préface V.

[470] Patrick Lecomte, Ibid., page 683.

[471] Pierre Bréchon, Jacques Derville et Patrick Lecomte, Ibid., page 134.

gauche alors que le RPR se classe à 55.5% au centre gauche et à 38.5% au centre droit. La génération du RPR, elle, se positionne à 65% au centre droit alors que le RPR se situe à 58% au centre droit et ne se situe plus qu'à 36% au centre gauche. Enfin, la génération du RPR d'après 1981 se positionne à 63% au centre droit et le RPR à 67% au centre droit et seulement à 27%[472] au centre gauche. Ainsi, plus l'adhésion est récente, plus les délégués sont « *radicaux dans leur revendication d'appartenance à la droite ou au centre droit* »[473]. Ce ralliement à droite souligne le ralliement aux thèses néolibérales, qui appelle à un « *rejet de l'état* »[474], le « *moins d'Etat* » grâce à une politique de privatisations, d'individualisation des risques sociaux…, ce qui semble être *une « trahison de l'idéologie gaulliste »*[475]. Mais, la question ne se pose pas, car « *le gaullisme a toujours recherché les meilleures solutions … »*[476], pour la société.

Ainsi, les années qui suivent l'arrivée de la gauche au pouvoir et les difficultés qu'elle rencontre politiquement et économiquement sont des opportunités, pour le RPR, d'entamer sa « *spectaculaire conversion thématique* »[477]. Ces évolutions lui permettent de découvrir des points de convergence avec son « *adversaire* » d'hier, l'UDF et les Centristes. Une évolution qui est accentuée par un climat politique favorable.

---

[472] Ibid., page 140.
[473] Pierre Bréchon, Jacques Derville et Patrick Lecomte, Ibid., page 26
[474] Ibid., page 157. 84.5% estime que le marché doit être le régulateur principal.
[475] Jean Baudouin, Gaullisme et chiraquisme : réflexions autour d'un adultère, dans Pouvoirs, n°28, pages 53-66.
[476] William R. Schonfeld, *Le rpr et l'udf à l'épreuve de l'opposition*, rfsc 36 (1), février 1986, page 20.
[477] Pierre Bréchon, Jacques Derville et Patrick Lecomte, Ibid., page 28

2 Un nouveau contexte, le tournant tactique de 1983.

2.1 : Le tournant tactique de 1983

L'année 1983 marque une évolution dans la politique intérieure et extérieure de François Mitterrand. C'est « *l'état de disgrâce* »[478] pour le président François Mitterrand. L'échec aux municipales de mars 1983, où, la gauche perd 31 villes de plus de 30000 habitants, et où, la droite recueille 53%[479]. Dans la réalité, ceci se traduit par un changement de gouvernement, le troisième, depuis 1981. Jacques Delors, qui n'a cessé de mettre en garde contre la politique menée devient Ministre de l'Economie, des Finances et du Budget. Laurent Fabius, favorable aux « *conceptions libérales* »[480], est nommé Premier Ministre. En janvier 1983, François Mitterrand fait un choix fondamental, celui de l'Europe et des réalités. Cette prise de position est saluée à travers le monde et manifeste le réalisme politique du Président. Ce dernier souligne qu'« *au pouvoir, les choses ne peuvent être considérées comme dans l'opposition* »[481].

Sur le plan européen, sa politique était perçue d'un œil méfiant par les partenaires européens de la France, qui le qualifiaient d'« *intrus du club communautaire* »[482]. Un club qui va de l'ultra conservatisme au libéralisme social. Le 29 juin 1981, son premier discours, à Luxembourg, pose bien les divergences de vue quant au devenir de l'Europe. Il s'oppose à l'Europe « *du capital et des marchands* ». Ce discours effraye les partisans de la rigueur et de la libre entreprise. Il marque l'affrontement entre la France et la Grande Bretagne, ce qui amène François Mitterrand à se rapprocher de l'Allemagne Fédérale. Ainsi, entre 1981 et 1983, deux conceptions de la construction européenne s'opposent.

---

[478] Jean Charlot, *L'année politique,* dans Encyclopaedia Universalis, Universalia, année 1984, page 250.
[479] Jérôme Jaffré, *L'inversion du rapport gauche-droite, Les élections municipales de mars 1983,* Le Monde, Dossiers et Documents pages 120-121.
[480] Jean Charlot, *L'année politique,* dans Encyclopaedia Universalis, Universalia, année 1984, pages 244-245.
[481] Alfred Grosser, *Affaires extérieures. La politique de la France (1944-1984),* Paris, Flammarion, page 261.
[482] Pierre Favier, Michel Martin-Roland, *La décennie Mitterrand, Les ruptures (1981-1984), tome 1,* 1995, pages 435-436.

A l'exigence de la Grande Bretagne, de voir réformée la PAC et d'exiger une *« ristourne »,* répond un report de la politique d'élargissement vers les pays du Sud. En juin 1983, le Conseil européen de Stuttgart exprime ces rivalités. La PAC est bloquée sur son financement et l'Europe, dans son élargissement.

En effet, à une année du scrutin européen, les Européens, sous la houlette de la France, préfèrent différer le débat. En France, cet élargissement à l'Espagne divise trop les Français, notamment le monde paysan qui voit d'un mauvais œil la concurrence future de producteurs de fruits et légumes, tout comme les partis politiques, des communistes au RPR.

Sur le plan extérieur, l'année 1983 est marquée par un contexte international dominé par le durcissement des relations entre l'Est et l'Ouest, entre les Etats-Unis et l'URSS. En effet, dès 1979, le continent européen voit le déploiement des missiles nucléaires sol sol SS20. 1983 apparaît comme une année cruciale pour la paix.

Or, si depuis 1981, François Mitterrand s'inscrit dans la continuité de ses prédécesseurs français en se basant sur une position gaullienne de *« l'indépendance nationale, grâce à la force de dissuasion nucléaire, l'appartenance à l'alliance atlantique et à l'engagement dans la construction européenne »*[483] devant la menace soviétique, ce nouveau contexte l'amène à s'aligner sur la politique de défense américaine.

Ainsi, le 20 janvier 1983, jour du 20ème anniversaire du Traité franco-allemand (Traité de l'Elysée), François Mitterrand annonce que *« si la France penche du côté américain, c'est parce que le risque aujourd'hui vient de Moscou »*[484]. Il appelle les Allemands à accepter l'implantation des fusées américaines Pershing. Ce choix est un soutien politique important au nouveau Chancelier allemand, Helmut Kohl, lequel s'oppose, au mouvement pacifiste et au SPD. Dans le même temps, François Mitterrand s'oppose à une partie de la gauche socialiste française. Il veut aussi voir se créer la FAR (Force d'Action Rapide), une création perçue comme un geste politico-militaire à l'égard de l'Allemagne.

Or, sur le fond, le traité de l'Elysée appelait à un rapprochement des doctrines militaires en vue d'aboutir à des conceptions communes. Ainsi, la position mitterrandienne ne semble pas éloignée de la tradition française. Mais, cette politique est dénoncée, par le RPR, lequel y voit une dérive de la politique présidentielle, en matière de défense, en soulignant la nécessité d'une politique d'indépendance entre les Etats-Unis et l'URSS, et ce, même si François Mitterrand affirme que la France gardera l'indépendance de sa force nucléaire.

---

[483] Ibid., page 272.
[484] Ibid., page 320.

C'est pourquoi, en mai 1983, lors du vote de la loi de programmation militaire pour les années 1984 à 1988, Yvon Bourges, ancien Ministre de la Défense gaulliste, considère ce projet de « *médiocre* ». A l'inverse, François Fillon[485], jeune député RPR, depuis 1981, chiraquien[486] et chargé des affaires de Défense, considère que « *le principe de dissuasion nucléaire globale* » est réaffirmé. Il en déduit que la continuité est assurée. D'autre part, cette loi contient le projet de création de la FAR, embryon d'une défense commune. François Mitterrand utilise alors le général Poirier, père fondateur de la dissuasion nucléaire et gaulliste, pour la défendre. L'utilisation de personnalités, en particulier, gaullistes, vise à neutraliser les contestations du RPR, tout en voulant montrer qu'il existe une certaine continuité dans la politique de défense. Si François Mitterrand n'obtient pas sur le plan intérieur une approbation forte de sa politique de défense, il la trouve auprès de son allié allemand. Ce changement géostratégique amène le RPR à adapter ses options en matière de Défense.

En effet, comme le souligne Jacques Toubon : « *Nous avions l'impression que sur les affaires européennes, le Président Mitterrand était plus proche de Helmut Kohl* »[487]. Or, cette situation est paradoxale car, depuis le milieu des années 1970, le RPR et la CDU de Helmut Kohl sont partenaires, dans les organisations politiques des partis conservateurs européens, et, sur le plan intérieur, le RPR est le principal partenaire de la CDU. Ces contacts vont permettre au RPR, de faire évoluer le discours de sa doctrine, sur au moins trois idées que sont la place de la France au niveau économique, financier, monétaire et social, sa vision de la défense dans le nouveau contexte mondial et le devenir de la construction européenne. C'est au cours de cette année 1983 qu'un certain nombre de prises de position de Jacques Chirac marquent une évolution, voire des ruptures dans l'héritage et vont amener le RPR, à le rejoindre, dans une certaine mesure. Au cours de quatre moments, il va exprimer « *ses espoirs* », « *ses craintes* », sa vision de l'avenir international et européen.

---

[485] Sa position est d'autant plus appuyée qu'il a préparé un doctorat sur « La politique de défense de Giscard », dans lequel il montrait que Valéry Giscard d'Estaing déviait de la politique gaullienne.
[486] Thierry Desjardins, *Les Chiraquiens,* La Table Ronde, 1986, pages 231-241.
[487] Entretien avec Jacques Toubon du 21 novembre 2001. A cette époque, Jacques Toubon, chiraquien, qualifié de « *numéro deux* » de Jacques Chirac, est député du XVème arrondissement de Paris depuis 1981. Il devient, en novembre 1984, secrétaire général du RPR. Thierry Desjardins, *Les Chiraquiens,* pages 21-45.

2.2 : Jacques Chirac au Georgetown : une nouvelle perspective de la défense.

C'est lors d'une conférence à l'Institut de Georgetown[488] que Jacques Chirac appelle à une « *re-visitation* » de la politique de défense de la France. En effet, l'implantation des fusées américaines remet en question la vision gaulliste de la défense et de l'indépendance entre les deux blocs. Cette situation amène le RPR à s'adapter face à cette évolution géostratégique. C'est pourquoi Jacques Chirac s'exprime. Pour justifier une évolution, il recourt à la définition du gaullisme, en soulignant que ce dernier est « *une pensée pragmatique, non doctrinale* » et qui « *a changé quand le monde a changé* »[489]. Ainsi, s'il partage la pensée gaulliste, cela ne l'empêche pas de réaffirmer son attachement à l'Alliance Atlantique. Dès lors, face aux nouvelles menaces, le déploiement des armes de destruction soviétiques, le plaidoyer de Jacques Chirac vise à un renforcement des liens militaires entre la France, les Etats-Unis et l'Europe[490], car, face aux menaces, il y a une « *crise de confiance* »[491]. Il dénonce la « *dangereuse vague pacifiste* ». Dès lors, il souhaite une « *plus grande solidarité* » et appelle au maintien d'une « *alliance entre nous de part et d'autre de l'Atlantique* »[492]. Face aux dangers et difficultés, il appelle alors à une amélioration de « *l'indispensable « couplage » entre le système stratégique des Etats-Unis et la défense de l'Europe* »[493]. En effet, pour lui, il n'y aurait « *plus de monde libre* », « *sans une Europe décidée à se défendre et à se doter de tous les moyens pour le faire* »[494]. Par ce discours, il souhaite voir levé le doute sur la définition de la « *théorie de la riposte graduée* »[495], en soulignant aussi que l'Europe n'a pas toujours eu la « *volonté politique et économique* »[496] pour s'organiser et se défendre.

Mais qu'en pense l'appareil du RPR ? Le congrès extraordinaire du 25 janvier 1983 n'y répond que de manière abusive. En effet, Jean-Pierre Delalande, député du Val d'Oise, n'évoque que l'idée d'une « *nouvelle politique de défense* »[497]. Pour l'heure, le propos de Jacques Chirac se

---

[488] Jacques Chirac, *Oui à l'Europe, Discours à l'Institut de Georgetown de Washington, le 11 janvier 1983*, pages 141-154.
[489] Le Monde, 15 janvier 1983, article de Jacques Chirac.
[490] Le Monde, Ibid..
[491] Ibid., page 145.
[492] Ibid., page 147.
[493] Ibid., page 148.
[494] Ibid., page 154.
[495] Ibid., page 153.
[496] Ibid., page 146.
[497] La Lettre de la Nation, n°1845 du mardi 25 janvier 1983, page 2.

confirme en juin 1983, quand François Mitterrand décide d'accueillir le conseil de l'OTAN, à Paris. S'il rompt avec la position adoptée par les gaullistes, depuis 1966, Jacques Chirac se contente simplement de critiquer la décision, sur la forme, et non, sur le fond. Il reproche à François Mitterrand « *d'avoir répondu trop vite et sans examen préalable* »[498].

2.3 : Le rapport du comité central du 12 juin 1983[499] : un virage doctrinal sur l'Europe ?

Ce Comité central est essentiellement consacré à l'Europe et intervient à une année du scrutin européen de 1984. Entre-temps, le congrès du 25 janvier 1983 avait débattu du projet du RPR où il proposait « *la révolution de la responsabilité* ». Or, sur les quinze points évoqués, l'Europe n'arrivait qu'en quatorzième position[500]. Il est vrai qu'en appelant à « *la révolution de la responsabilité* »[501], ce projet visait essentiellement à une relance et la relève de la France. Ce projet avait été adopté à 98.59% des votants (3391 pouvoirs).

En fait, ce Comité central intervient dans le cadre de la stratégie de reconquête du pouvoir qui appelle une union de l'opposition. En souhaitant prendre l'initiative en matière européenne, le RPR souhaite prendre de vitesse les autres formations politiques et montrer, à l'UDF, sa volonté de jouer la carte de l'Union. Ce Comité tente de répondre à la crise de confiance, en Europe. En effet, l'Europe est soumise à une crise de l'énergie, une crise de son Marché Commun, puisque les Dix n'ont pas réussi à définir de politique énergétique, de politique économique…, ce qui fait craindre à un risque de protectionnisme commercial…

Ce Comité se veut alors une « *valeur d'avertissement solennel* » lancée au pouvoir, car ce dernier n'a pas renoncé à sa « *tentation de la rupture avec l'Europe* ».

Ainsi, le RPR dénonce le « *protectionnisme* », « *l'isolationnisme* », la « *sortie du SME* »[502] voulue par François Mitterrand. Face à cette éventualité, le RPR affirme sa volonté de voir « l'édification d'une Europe plus unie et plus sûre », seule à ses yeux, capable de faire face à

---

[498] Pierre Favier, Michel Martin-Roland, op. cit., page 232.
[499] Jacques Chirac, Rapport sur l'état de l'Europe et les mesures d'une indispensable relance de la construction européenne, Comité Central du 12 juin 1983, Rassemblement Pour la République, 22 pages.
[500] La Lettre de la Nation, n°1843 du vendredi 21 janvier 1983, page 2.
[501] La Lettre de la Nation, n° 1838 du vendredi 4 janvier 1983, pages 1 et 2.
[502] La Lettre de la Nation, n°1935 du lundi 13 juin 1983, page 1.

l' « *instabilité monétaire* », à « *l'âpreté de la compétition commerciale et technologique* », à « *l'énorme puissance militaire accumulée par l'Union soviétique* »[503].

Mais, ce comité veut aussi tempérer la fougue militante. Ainsi, il s'oppose aux « *vigoureuses exhortations* » dont le but politicien n'est que de « *se dresser contre un pouvoir dont le soutien populaire s'effrite de jour en jour* »[504].

Ce Comité commence par le rapport de Jacques Chirac sur « *l'état de l'Europe et les mesures pour une « indispensable » relance de la construction européenne* ». Il sera suivi d'un débat ; puis, Jacques Kosciusko-Morizet[505], conseiller national du RPR pour les affaires européennes, ancien ambassadeur de France aux Etats-Unis de 1972 à 1977, présente le « projet européen » du RPR, dont une motion valide la « *nouvelle stratégie* »[506], à l'unanimité.

En fait, ce Congrès va entériner la nouvelle politique européenne développée par Jacques Chirac et initiée, lors du Congrès de l'UDE, en juillet 1982. Ainsi, Jacques Chirac veut « *relancer lui-même l'idée européenne* »[507]. En effet, l'histoire a montré que l'assemblée de Strasbourg n'a pas été un « *monstre de supranationalité tant redouté* » et qu'elle n'a pas « *entamé la souveraineté des nations* »[508], comme il l'énonçait en 1979. Ce qui l'amène à faire l'éloge de l'Europe.

2.3.1 : De l'éloge des politiques européennes aux réserves

Dans son discours, Jacques Chirac se montre favorable à la « *sauvegarde de l'acquis communautaire* »[509]. Il considère que le SME est le « *dernier grand chapitre de l'acquis communautaire* »[510]. Il vante l'« *union douanière* » qui a permis, à la France, de redevenir une « *grande nation*

---

[503] Ibid., page 2.
[504] Jacques Chirac, *Rapport sur l'état de l'Europe et les mesures d'une indispensable relance de la construction européenne,* Comité Central du 12 juin 1983, page 1.
[505] Les archives de Jacques Kosciusko-Morizet sont consultables aux Archives Nationales, sous la référence 582AP44 et 582AP/45.
[506] Le Monde, *La nouvelle stratégie de M. Jacques Chirac,* 11 juin 1983, pages 1 et 10.
[507] Ibid., pages 1 et 10.
[508] Ibid., pages 1 et 10.
[509] La Lettre de la Nation, n°1935 du lundi 13 juin 1983, pages 2 et 3.
[510] Jacques Chirac, *Rapport sur l'état de l'Europe et les mesures d'une indispensable relance de la construction européenne,* Comité Central du 12 juin 1983, page 13.

industrielle et commerciale »[511] grâce à « *l'effet salutaire du libre-échange intracommunautaire »*[512]. Contesté jadis, il voit, en lui, aujourd'hui, un bienfait pour l'Europe et la France. En effet, sans lui, la France, suite à ses dévaluations de 1981 à 1983, aurait du mener une politique de « *protectionnisme »*[513]. Il souhaite alors un approfondissement de l'union douanière. En effet, il pense que c'est en se pliant aux « *disciplines salutaires dans la conduite des politiques économiques et financières »*[514], aux « *mécanismes communautaires »*[515] qu'elle impose, que la France va réussir son entrée dans le « *marché unique »*[516] de 1993. Cela suppose qu'elle fera le choix d'une politique libérale, en matière économique. Dans un esprit libéral, il dénonce le système des montants compensatoires qui mettent la PAC dans un « *état de délabrement »*[517], et où le « *jeu de la concurrence »*[518] n'est pas respecté. Au fond, il dénonce un système qui vise à une unité des prix, en Europe. Or, la France, qui a connu des dévaluations, voit son agriculture pénalisée. Il exprime, par-là, son soutien, au monde paysan souhaitant le retour à la « *préférence communautaire »*[519]. C'est pourquoi, il est aussi réservé sur les élargissements et se montre d'abord favorable à l'approfondissement. D'autre part, il dénonce l'aspect bureaucratique de l'Europe qui entraîne le recours aux « *normes »*[520]. Sur ce point, il reste dans une certaine continuité des idées du RPR.

Jacques Chirac se montre ainsi favorable aux thèses libérales, dans le domaine économique. Sans doute, faut-il y voir un moyen pour noyer la France socialiste dans une Europe libérale. Mais, s'il semble attaché au libéralisme économique, il l'est beaucoup moins sur le plan politique.

2.3.2 : Des réserves sur le politique

Les réserves au niveau politique trouvent une explication dans le fait que certaines personnalités du RPR, comme Michel Debré et une majorité du

---

[511] Ibid., page 9.
[512] Ibid., page 13.
[513] Ibid., page 4.
[514] Ibid., page 1.
[515] Ibid., page 5.
[516] Ibid., page 10.
[517] Ibid., page 11.
[518] Ibid., page 11.
[519] Ibid., page 12.
[520] Ibid., page 10.

RPR reste hostile à des transferts de souveraineté[521]. Or, la poursuite de la construction européenne impose tôt ou tard l'abandon des souverainetés. C'est pour cette raison qu'il fait référence à Charles de Gaulle et aux gaullistes constatant qu'ils n'ont jamais été hostiles aux « abandons de souveraineté » quand ils y ont trouvé leur *« juste contrepartie »*[522]. Toutefois, par mesure de prudence à l'égard des différentes sensibilités au RPR, il se montre peu favorable à des *« novations importantes dans le fonctionnement des institutions européennes »*[523], de manière à ne pas susciter de craintes. S'il vante les mérites de l'Europe communautaire, de l'acquis communautaire, s'il émet des réserves sur les aspects politiques, il souhaite aller plus loin.

2.3.3 : L'Europe, des actions à entreprendre[524]

Ainsi, pour *« consolider »*, *« sauvegarder »* et *« perfectionner »* l'acquis communautaire à travers l'union douanière, la PAC, le SME, Jacques Chirac souhaite voir une harmonisation des politiques économiques de manière à éviter la *« dislocation des communautés »*[525]. En appelant ce vœu, il souhaite amener la France à changer de voie économique.

Il souhaite une relance de l'Europe des *« industries de pointe »* comme celle de l'énergie, et aspire à ce que l'Europe devienne *« une puissance économique et commerciale à la mesure de ses responsabilités »*[526] ; et qu'elle puisse *« affronter avec succès les défis économiques et technologiques »*[527]. D'autre part, il souhaite qu'elle harmonise *« les actions diplomatiques »* afin de mener une réflexion sur les *« problèmes de sécurité »*[528]. Cette position est importante car elle marque une évolution doctrinale du RPR. Elle manifeste une différence de conception avec le fondateur. Une collaboration est envisagée au niveau de la défense dans le cadre de l'Alliance Atlantique. Toutefois, pour ménager les susceptibilités du RPR, il nuance son propos en soulignant la *« position particulière de la*

---

[521] Colette Ysmal, dans Pouvoirs, n°28, page 87. Selon l'Enquête, 9% des militants, en 1979, sont d'accord pour « accélérer le processus d'intégration européenne ».
[522] Jacques Chirac, Ibid., page 6.
[523] Ibid., page 14.
[524] Jacques Chirac, Ibid., page 9.
[525] La Lettre de la Nation, n°1935 du Lundi 13 juin 1983, page 4.
[526] Ibid., page 6.
[527] Ibid., page 5.
[528] Jacques Chirac, Ibid., page 16.

France », laquelle ne peut « *être remise en cause »*[529], rappelant par-là l'idée d'indépendance.

Mais, si le comité central entérine les décisions, est-ce le souhait des militants ? La réponse est donnée par Jacques Toubon, lequel souligne que « *sur les aspects doctrinaux, programmatiques, les militants n'ont jamais été interrogés là-dessus. Ces questions ont toujours été traitées par des spécialistes du mouvement ou par ceux qui avaient ou ont eu des responsabilités gouvernementales »*[530]. Autrement dit, sur ces questions, il semble que les décisions ont été prises et « *imposées* » aux militants et aux cadres.

Toutefois, cette nouvelle approche, dans le domaine de la défense, est confirmée, devant la Konrad Stiftung, à Bonn, le 17 octobre 1983. Ce discours de Jacques Chirac préfigure les évolutions à venir du RPR sur ces points.

2.4 : Le discours devant la Konrad Stiftung à Bonn, en octobre 83[531]

Ce discours confirme l'évolution de sa pensée en matière de défense. Il reconnaît la nécessité de « *renforcer le potentiel défensif de l'Occident en Europe »*[532] et demande une « *réflexion approfondie sur les conditions à long terme de notre défense commune »*[533]. Or, la perspective d'une défense européenne a échoué, en 1954, en grande partie, à cause de l'opposition gaulliste. Sa position est donc un élément de rupture avec la philosophie gaulliste. Ce discours est la confirmation de la mutation idéologique, au moins de certains dirigeants du RPR et marque la confirmation de la nouvelle doctrine, entérinée, depuis juin 1983. Si dans ce discours, il appelle à une « *relance* » économique, il insiste surtout sur la défense, laquelle doit répondre aux nouveaux défis et aux nouvelles menaces. Par ce discours, il tente de répondre à la crise des euromissiles qui ont secoué l'Europe. Il dénonce les « *ambitions dominatrices des Soviets »*[534]. Il pense que l'Europe de l'Ouest n'est pas suffisamment protégée, par les Etats-Unis, ce qui lui permet de mieux justifier une défense européenne « *indépendante* », même si la conjoncture l'amène à penser que l'Alliance Atlantique est « *la garantie*

---

[529] Ibid., page 17.
[530] Entretien avec Jacques Toubon du 21 novembre 2001.
[531] Jacques Chirac, dans « *Oui à l'Europe* », *Discours à Bonn, à la Fondation Konrad Adenauer, le lundi 17 octobre 1983,* Albatros, 1984, pages 127-140.
[532] Ibid., page 134.
[533] Ibid., page 136.
[534] Ibid., page 136.

suprême de (la) sécurité »[535]. Son inquiétude est née des intentions réelles qu'il attribue aux Etats-Unis, dans leur intention de défendre l'Europe. Il met en doute leur stratégie de *« riposte graduée »*. Dans ce discours, il propose une relance du couple franco-allemand, en vue de voir, un jour, réunies, les conditions suffisantes, pour une défense commune et *« la fabrication en commun d'armements modernes »*[536]. C'est pourquoi, il souhaite que, sur le plan diplomatique, l'Europe soit capable de se *« doter de moyens d'intervenir... avec toute l'efficacité nécessaire quand (ses) intérêts vitaux ou la sécurité de (ses) ressortissants sont en péril »*[537]. Cette conception semble en tout cas en accord avec l'idée du corps militaire européen envisagé par François Mitterrand.

Ce discours confirme le tournant idéologique que veut faire prendre Jacques Chirac au RPR. Si ces évolutions sont exposées dans des cadres privés ou au sein des instances de pouvoir du RPR, elles amènent Jacques Chirac à les exprimer, à la veille des Européennes de juin 1984, dans un entretien.

2.5 : Le *« Oui, à l'Europe »*[538] de Jacques Chirac.

C'est, dans un ouvrage que Jacques Chirac exprime ce qu'il entend par l'Europe, à la veille du scrutin de 1984. Son engagement pour un *« oui à l'Europe »* rompt avec l'image du RPR, de 1979. Mais, dans l'opposition, peut-il faire autrement. Il montre que l'Europe est, au cœur de la politique nationale qu'elle est devenue une *« zone prioritaire de l'action diplomatique française »*[539]. Mais, en s'exprimant sur l'Europe, il se place en opposant au président de la République. En effet, ce dernier souhaite accélérer le processus européen, dans un sens supranational et par des élargissements, comme vont le montrer les Conseils européens de Fontainebleau de juin 1984 et de Milan, en juin 1985. En effet, face aux défaites électorales des socialistes, François Mitterrand s'est réfugié dans un *« pré carré »*[540] à partir duquel il souhaite faire de l'Europe sa *« grande affaire »*[541].

---

[535] Ibid., page 134.
[536] Ibid., page 136.
[537] Ibid., page 138.
[538] Jacques Chirac, *Oui à l'Europe,* Albatros, 1984, Paris, 155 pages.
[539] Alain Duhamel, *De Gaulle, Mitterrand, la marque et la trace,* Flammarion, 1991, page 91.
[540] Le Monde, article de Jacques Amalric, *« Le pré carré du président »*, 1er février 1986.
[541] Alain Duhamel, op. cit., page 92.

Dans cet entretien, Jacques Chirac ne remet pas l'Europe en cause de manière aussi tranchée qu'en 1979. Il a évolué, il nuance son propos. Il considère que « *la construction européenne (qui) est ... en panne* » et non « *en crise* » [542]. Réservé sur le projet d'une Europe fédérale, il dénonce le plan d'Altiero Spinelli considéré comme « *utopique* »[543]. Or, le comité Dooge va s'inspirer de ce projet[544], pour approfondir l'union politique. Cette idée, il la confirme en regard de la crise économique qui a révélé l'inefficacité des commissions et du parlement européen. Pour lui, la voie fédérale ne résout pas les problèmes. A l'inverse, il pense que la solution réside dans le renforcement du conseil européen. Il doit être « *l'instrument suprême de la relance* » au lieu d'être « *un lieu de querelles...* »[545], un lieu de la « *volonté politique* » [546]. Au fond, il souhaite que le système aille vers un système « *confédéral* »[547].

D'autre part, pour sortir de la crise, il pense que l'Europe doit se renforcer, au lieu de s'élargir. Il préconise « *l'approfondissement communautaire* ». Ainsi, est-il réservé sur la politique de « l'élargissement ». Il considère que les « *démocraties ibériques* »[548] pourraient être une menace pour « *la préservation et le développement de la solidarité communautaire* »[549], en particulier, sur la PAC, qui profite aux paysans français. De même, il est réservé sur les mécanismes institutionnels. Prévus pour « les Six », ils pourraient se retrouver « *grippés* » par la « *multiplication des acteurs* », et rendre les prises de décision à l'unanimité délicate.

En soi, sa réponse ne démontre pas une hostilité à la poursuite de la construction européenne. Elle s'inscrit dans une démarche raisonnée et une analyse pragmatique de la situation. C'est en ce sens qu'il propose une Europe à « *géométrie variable* »[550] de manière à répondre aux futurs Etats qui l'intégrerait. Il ne souhaite pas que ceux-ci soient une entrave pour les pays déjà engagés dans le processus européen des années cinquante. Dès lors, il souhaite aller plus loin sans la « *participation de tous* »[551].

---

[542] Jacques Chirac, *Oui à l'Europe,* Albatros, 1984, Paris, page 11.
[543] *Interview de Jacques Chirac sur Europe 1,* le 27 mai 1984, la Documentation française, Collection des discours publics.
[544] Altiero Spinelli échoue, en juillet 1984, à la présidence du Parlement européen et son projet va rester lettre morte.
[545] Jacques Chirac, *Oui à l'Europe,* Ibid., page 11.
[546] Ibid., page 20.
[547] Ibid., page 25.
[548] Ibid., page 14.
[549] Ibid., page 12.
[550] La Lettre de la Nation, n°2143 du mercredi 6 juin 1984, page 3.
[551] Jacques Chirac, Ibid., Paris, page 21.

S'il émet des réserves, envers les institutions et le fonctionnement de l'Europe, il est plus enclin, sur le plan économique. En effet, la voie libérale empruntée par l'Europe, depuis le traité de Rome, lui semble la voie à suivre, pour faire face à la globalisation comme aux problèmes de sécurité. Il appelle à l'« *adaptation des structures économiques au libéralisme* » en dénonçant les « excès de l'intervention bureaucratique », et, dénonce le socialisme, source *du « handicap de compétitivité »*[552] des entreprises.

Cet essai souligne une clarification de la pensée européenne de Jacques Chirac. Sur le plan politique, il reste attaché à une conception confédérale, comme beaucoup au RPR. Mais, il y a une certaine contradiction entre sa volonté de voir une Europe attachée à « *l'arrangement de Luxembourg* »[553], qui serait une garantie permettant « *aux Etats de refuser le passage au vote à la majorité dès lors que son intérêt supérieur lui paraît en jeu* »[554] et les élargissements, tout comme sa volonté de voir l'Europe aller plus loin, d'où l'idée d'Europe à « *géométrie variable* », laquelle permettrait une plus grande intégration européenne, pour certains Etats.

Ce ralliement à l'Europe s'explique parce que la voie fédéraliste a échoué, du fait que la crise ait renforcé le rôle du conseil européen. C'est pourquoi, il souhaite le « *statut quo* »[555] à ce niveau, afin d'éviter de « *ressusciter d'insolubles conflits théologiques entre partisans et adversaires de l'intégration* »[556]. Ainsi, il souhaite en rester au traité de Rome, lequel a mis en place une « *sorte de pouvoir bicéphale constitué par la Commission et par le Conseil des Ministres* »[557]. Il souligne que l'existence de l'« *équilibre (est) plutôt satisfaisant* » entre les deux entités fédérale et confédérale. Enfin, cette évolution s'inscrit aussi dans la stratégie d'union de l'opposition.

---

[552] Ibid., page 20.
[553] Le conseil européen de Stuttgart « officialise » le principe non écrit du compromis de Luxembourg, en juin 1983.
[554] Jacques Chirac, Ibid., page 36.
[555] Ibid., page 29.
[556] Ibid., page 29.
[557] Ibid., page 31.

3 la stratégie de l'union

3.1 : Le rapprochement avec l'UDF sur un discours européen

Dès 1983, dans sa stratégie de rapprochement avec l'UDF, le RPR fait une place plus favorable à la construction européenne telle qu'elle se fait. Au Conseil politique du 16 novembre 1982, Jacques Chirac souhaite *« consolider et perfectionner l'acquis communautaire, c'est-à-dire l'union douanière, la politique agricole commune, le système monétaire européen »*, développer une *« plus étroite concertation des politiques étrangères, une démarche commune en matière de sécurité »*, mais aussi *« un renforcement des actions économiques conjointes, notamment en faveur des industries et des technologies avancées »*[558].

Toutefois, ce rapport souligne les réserves récurrentes du RPR, en particulier, face aux élargissements à l'Europe méditerranéenne, souhaitée par François Mitterrand. L'adhésion de l'Espagne avait été retardée par la conjoncture, et ce, malgré le soutien de Valéry Giscard d'Estaing. Il avait fallu attendre 1982 et la large victoire du PDOE de Felipe Gonzalez, pour voir relancer l'adhésion de l'Espagne.

En effet, en ce début des années quatre-vingts, marqué par le reaganisme et le thatchérisme, cette victoire d'un socialisme moderne, démocrate et européen, pouvait atténuer l'effet du libéralisme. D'autre part, Felipe Gonzalez avait été influencé par Paul-Henri Spaak, quand il étudiait à Louvain. Il incarne alors l'image d'une gauche moderne face à une droite encore marquée par le franquisme et un Parti communiste qui ne se remet pas de la guerre civile. Enfin, le PSOE était très proche du PS français. Ainsi, l'entrée de l'Espagne pouvait renforcer la gauche européenne au Parlement européen.

Jacques Chirac redoute alors une *« Europe méditerranéenne, catholique, … (est) … de surcroît plutôt socialiste »*[559]. Elle pouvait être un partenaire politique de choix pour le Président français. Ainsi, il voit une menace économique pour l'agriculture française devant de ces pays du sud. Ainsi, comme tout parti réservé sur la construction européenne, le RPR émet l'idée que ce sont les produits français qui vont être une menace[560] et non l'inverse.

---

[558] Jacques Chirac, discours de clôture au Centre Européen des Relations Internationales, *« une Europe libre dans un monde libre »*, 5 juin 1984, page 21.
[559] Jacques Chirac, *Oui à l'Europe,* Ibid., page 14.
[560] En effet, les années quatre-vingts montre une « Europe en excédent » (Jean-Louis Marie, page 98), ce qui suppose une réforme. Une réforme qui vise à amener

Ce discours manifeste un attachement à l'« *acquis communautaire* » et montre une tentative d'évolution du discours sur un certain nombre de principes, comme l'idée de voir émerger « *une défense européenne* ». C'est un tournant idéologique car Charles de Gaulle prônait la primauté de la « *défense nationale* » comme garantie de l'indépendance nationale. Ces évolutions sont entérinées, lors du Comité central du 12 juin 1983[561].

Ce repositionnement stratégique du RPR est le fruit d'une stratégie politique : la reconquête du pouvoir ; laquelle suppose un rapprochement avec l'UDF et un appui dans l'opinion. En effet, il semble aussi être en phase avec les attentes des militants[562]. Dans un sondage, réalisé en juin 1983, 43% des sondés souhaitent voir la constitution d'une liste unique de l'opposition contre 34 %. Ils sont plus nombreux au RPR, 66% alors qu'à l'UDF, ils ne sont que 52%, à manifester leur souci de l'unité.

D'autre part, ce sondage montre que les intentions de vote donnent 50% à une liste d'union de l'opposition. Tout ceci ne peut qu'inciter la direction du RPR à poursuivre dans cette stratégie de l'union. En effet, la présentation de listes séparées donnerait 29% au RPR et 22% à l'UDF. Enfin, ce sondage confirme le renversement d'intention de vote en faveur du RPR[563], consécutif à sa tactique « offensive », menée contre la gauche. Ce repositionnement stratégique et idéologique donne lieu à un certain nombre d'interprétations. Pour certains, il est le résultat d'une « *politique pragmatique* » menée par Jacques Chirac et le RPR. Pour d'autres, le RPR s'inscrit dans un « *abandon de l'héritage gaulliste* »[564] sur la construction européenne. Quoiqu'il en soit, il n'est pas récent. Il trouve aussi une explication, dans le fait que, s'il n'évolue pas, le RPR est condamné à devenir un parti en marge du pouvoir et à disparaître, ce qui est contradictoire avec l'objectif de sa création, en 1976.

---

les prix européens sur les prix mondiaux, soit de proposer une baisse des prix, le gel des terres et celui des aides, ce qui ne peut d'entraîner le mécontentement.
[561] Voir pages 156-158 du chapitre.
[562] Colette Ysmal, L'univers politique des militants RPR, dans Pouvoirs, n°28, pages 77-90.
[563] Le Monde du 11 juin 1983, « *Etude de la SOFRES, entre le 6 mai et le 11 mai, demandée par le Groupe des Démocrates européen de Progrès* », page 10.
[564] Jean Baudouin, « *Gaullisme* » et « *chiraquisme* », dans Pouvoirs, n°28.

3.2 : La stratégie de l'union pour les élections européennes de 1984

3.2.1 : Pour une liste unique UDF-RPR

Ce sont les circonstances qui amènent Jacques Chirac à souhaiter une liste unique de l'opposition, pour les élections européennes de juin 1984. En effet, cette élection doit être une étape dans la stratégie de reconquête du pouvoir. Ainsi, dès juin 1983, l'union est évoquée. Ce choix est entériné, lors du Congrès extraordinaire[565] du RPR, en mars 1984. Il illustre *« la marque du changement de stratégie »*[566] du RPR, sur l'Europe mais aussi dans ses relations avec l'UDF. En effet, Jacques Chirac tente de rassurer sur sa vision de l'Europe en modérant son discours. L'appel de Cochin est bien loin. D'autre part, cette évolution se manifeste dans le choix de voir mené la liste commune par une *« européiste »*, Simone Veil[567]. Cependant, le ralliement et l'acceptation de l'UDF ne sont pas chose facile. Dès lors, un certain nombre de personnalités du RPR doivent s'engager comme Jacques Chaban-Delmas et Olivier Guichard. Ainsi, en avril 1983, Jacques Chaban-Delmas indique qu'il souhaite *« prendre part à la campagne »*, car il fait partie des *« européens convaincus »*, ceux qui veulent *« faire l'Europe sans défaire la France »*[568]. Il est appuyé dans cette démarche par le *« Mouvement pour l'indépendance de l'Europe »*[569], lequel constate que, depuis 1981, l' *« Europe des réalités »* a décliné, que la France s'est *« écartée de la voie de la raison et du redressement suivi par ses partenaires »*. Cette déclaration s'inscrit dans le droit chemin du projet du RPR, sur l'idée que, le redressement passe, d'abord, par le redressement français. Il appelle à la nécessité de voir se développer une *« Europe d'hommes libres et responsables »*[570].

Or, l'UDF se montre toujours réservée sur les intentions du RPR. Elle préfère présenter sa propre liste en arguant qu'elle exprimerait mieux *« sa vocation européenne »*[571]. Toutefois, malgré ce refus, sur le plan intérieur,

---

[565] Le Monde du 3 mars 1984.
[566] Entretien avec Alain Juppé du 15 septembre 2004.
[567] Le Monde, des 14 juin et 6 décembre 1983.
[568] Son appel est relayé par La Lettre de la Nation, n° 1907 du vendredi 29 avril 1983, page 3, alors que sa déclaration a été faite dans Le Quotidien de Paris.
[569] Il est présidé par André Fanton, son directeur est composé de Pierre Messmer, d'Olivier Guichard, de Michel Cointat (député d'Ille et Vilaine) et de Maurice Schumann.
[570] La Lettre de la Nation, n° 1965 du mercredi 27 juillet 1983, page 2.
[571] La Lettre de la Nation, n°1949 du vendredi 1er juillet 1983, page 1.

elle accepte une « *plate-forme* » commune de gouvernement. Claude Labbé, après Bernard Pons, au parlement, regrette que l'UDF décline une « *liste unique aux élections européennes* »[572].

Jacques Chirac réitère alors son appel, au Comité central du 3 décembre 1983. Il souligne que « *les Français souhaitent une liste commune* »[573] et que les grandes lignes, définies par le RPR, en juin 1983, sont aussi celle de l'UDF. Cette « *instrumentalisation* » de l'enjeu européen, à des fins de politique intérieure, n'attire pas l'unanimité, au RPR. Ainsi, Christian de la Malène, président du groupe DE, au parlement européen, souhaite que la campagne se fasse sur « *des thèmes de l'Europe* »[574], où, trois acquis sont « *à préserver* » : la PAC, le SME, la Politique commerciale commune. En janvier 1984, il réitère ce sentiment en manifestant son refus de voir l'Europe être victime des « *problèmes de tactique électorale* ». En effet, le RPR en a fait un enjeu de politique intérieure[575], un « *enjeu capital* » pour en terminer avec le socialisme. Claude Labbé, aux journées parlementaires du RPR, en octobre 1983, soulignait qu' « *avant de faire l'Europe* », il faut « *refaire la France* »[576]. De même, Alain Juppé souligne que « *l'enjeu européen est aussi important que l'enjeu national* »[577].

Finalement, la liste unique aboutie car « *petit à petit la vision européenne du RPR et des centristes face à la réalité se rapproche* ». En effet, au milieu des années quatre-vingts, la vision d'un fédéralisme européen sur le modèle allemand ou américain semble avoir vécu. « *Les centristes semblent avoir abandonné leur rêve et les gaullistes du RPR semblent faire un grand pas en avant dans le sens de l'intégration européenne* »[578]. Bernard Pons appuie cette vision en soulignant, qu'en 1979, si le « *RPR avait des craintes* » sur ce que seraient les pouvoirs du parlement et son rôle, les faits ne se sont pas confirmés dans la réalité. D'autre part, il constate que « *l'UDF a été obligée de constater que l'Europe n'était pas à même de résoudre toutes les difficultés* »[579]. Finalement, l'UDF décide de faire une liste unique. Cette

---

[572] La Lettre de la Nation, n°1952 du mercredi 6 juillet 1983, page 3.
[573] La Lettre de la Nation, n°, du lundi 5 décembre 1983, page 1.
[574] Ibid., page 2.
[575] SOFRES, Opinion publique, 1985. L'Europe, selon cette enquête, 85% des français adhèrent au principe de la construction européenne, page 231. Quant aux sympathisants du RPR, s'ils se rallient pour les mêmes raisons (la paix pour 58%), ils sont 64% favorables à une défense européenne incluant la force nucléaire française, pages 235-236. En novembre 1983, ils étaient 56%. (Le Figaro du 18-23 novembre 1983, cité dans Sofres, Opinion publique, 1985, page 308.)
[576] La Lettre de la Nation, n°1988, du lundi 3 octobre 1983, page 4.
[577] La Lettre de la Nation, n°2102 du mardi 27 mars 1984, page 1.
[578] Entretien avec Alain Juppé du 15 septembre 2004.
[579] La Lettre de la Nation, n°2086 du lundi 5 mars 1984, page 6.

décision entraîne la démission de François Léotard du bureau politique de l'UDF.

3.2.2 : Un programme

Le programme de la liste RPR-UDF exprime une « *volonté nationale* », celle de voir se profiler une « *Europe socialiste* » au profit d'une « *Europe des Libertés* »[580]. Mais, ce projet exprime aussi les constantes du RPR, comme son souci de « *sauver l'acquis communautaire* » alors que l'adhésion à une intégration plus forte est exprimée de manière feutrée. Il est simplement évoqué l'idée d' « *aller plus loin sur la voie de l'Europe unie* ». De même, il se montre simplement favorable à une « *monnaie européenne* »[581], sans préciser s'il s'agit d'une monnaie unique ou commune. A l'inverse, ce programme pose bien une condition : celle de voir « *l'Europe … accéder à la puissance industrielle, agricole et commerciale* », comme celle d'organiser « *une défense de haut niveau* », moyen de préserver la puissance. Enfin, ce programme laisse apparaître les craintes du RPR sur les élargissements. Sur ces derniers, le Comité central de décembre 1983 avait adopté à l'unanimité une motion, contre l'élargissement, réclamant un « *référendum* »[582] et ne proposant alors à l'Espagne et au Portugal qu'une « *formule d'association politique et de coopération économique* ». De même, il souhaite maintenir le Compromis de Luxembourg, garant d'un rôle des chefs d'Etats. Enfin, il réclame la suppression des montants compensatoires qui handicapent l'agriculture française et en particulier les viticulteurs méridionaux.

De ce fait, durant la campagne, Jacques Chirac déclare que l'élargissement de la CEE est « *prématuré, dangereux et inopportun* »[583]. Il essaie de riposter à la volonté de François Mitterrand de le relancer, mais il répond aussi à un lobby agricole. En effet, les représentants du monde paysan, sur la liste, illustre l'importance faite à ce dernier. La puissance du lobby agricole semble avoir été favorable à la liste RPR[584].

---

[580] Tract de la « liste de l'Union de l'Opposition pour l'Europe et la défense des libertés », présentée par le RPR et l'UDF.
[581] Ibid..
[582] La Lettre de la Nation, n°2030 du lundi 5 décembre 1983, page 8.
[583] La Lettre de la Nation, n°2143 du mercredi 6 juin 1984, page 3. Il s'agit d'un discours de campagne prononcé par Jacques Chirac à Perpignan. Le Monde du mercredi 4 juin 1984, « A Béziers, M. Chirac contre l'élargissement », page 8.
[584] On peut penser à l'action de François Guillaume, RPR, qui est alors le président de la FNSEA de 1979 à 1986, avant de devenir ministre de l'Agriculture à ce

Ainsi, ce projet exprime le consensus trouvé entre le RPR et l'UDF, comme en témoigne l'ambiguïté des termes utilisés, sur la monnaie.
Ce projet souligne le ralliement à la construction européenne du RPR sur certains aspects. Mais, le ralliement et le souhait d'une liste unique entraîne de donner la primauté, à l'UDF, composante pro-européenne, par nature.
La liste d'union comporte 35 représentants du RPR. Ils ont été désignés, pour 33[585] d'entre eux, par les mandataires du RPR, sur une liste de 112 candidatures retenues sur trois mille, par le comité de sélection composé de Bernard Pons, Claude Labbé, Charles Pasqua, Christian de la Malène et Jacques Charton. Les 33[586] respectent alors la répartition géographique, socioprofessionnelle et féminine de la diversité du RPR, selon ce comité[587]. En fait, il se trouve une forte proportion de parisiens et de candidats du monde paysan.

3.3 : Les résultats des élections européennes de juin 1984

Les résultats donnent un avantage électoral, à la liste UDF-RPR qui se voit créditée de 43% (carte n°7, page 166). Le seuil psychologique des 50% n'est pas atteint, mais la liste obtient 41 sièges[588] sur 81. La présence d'une

---

moment-là. (Jean-Louis Marie, page 91). Face aux mécontentements nés de la réforme de la PAC, le RPR comme Jacques Chirac s'emparent de ces derniers. Selon Jean-Louis Marie, Jacques Chirac essaie alors d'user de sa « bonne image de marque » relative à son passage au ministère de l'agriculture pour canaliser ce mécontentement. Sur le plan des résultats, les agriculteurs votent à 66% pour la liste menée par Simone Veil, contre 12% au PS et 8% au PC et le FN.
[585] Bernard Pons et Christian de la Malène sont désignés d'office.
[586] Les candidats RPR : Bernard Pons (Secrétaire général du RPR, député, ancien secrétaire d'Etat à l'agriculture), Christian de la Malène (Sénateur, adjoint au Maire de Paris, Président du groupe des Démocrates Européens de Progrès à l'Assemblée des Communautés Européennes), Alain Juppé, Nicole Chouraqui, Alain Carrignon, André Fanton, Jean-Pierre Roux, Gaston Flosse, Jean-François Mancel, Anne-Marie Dupuy, Jacques Vernier, Jean-Claude Pasty, Magdeleine Anglade, Guy Guermeur, Jacqueline Thome Patenôtre, François Musso, Alain Marleix, Pierre Lataillade, Paulin Bruné, Jean-Pierre Cassabel, Raymond Tourrain, Christiane Papon, Dominique Perben, Jean-Paul Hugot, Patrick Devedjian, Désiré Debavelaere, Jean Ueberschlag, Marie-Antoinette Isnard, Jacques Sourdille, Francis Hardy.
[587] La Lettre de la Nation, n°2086 du lundi 5 mars 1984, page 4.
[588] Liste Union de l'opposition pour l'Europe et la défense des libertés, liste présentée par l'U.D.F. et le R.P.R. conduite par Simone Veil (41 élus) : 1 Simone Veil, 2 Bernard Pons, 3 Jean Lecanuet, 4 Christian de La Malène, 5 Michel Poniatowski, 6 Alain Juppé, 7 Pierre Pflimlin, 8 Philippe Malaud, 9 André Rossi, 10

liste du Front national la prive de la majorité, en pourcentage de voix. Cette défection est la conséquence de la dérive idéologique du RPR et de son rapprochement, avec l'UDF. En effet, les sondages[589] laissaient apparaître qu'une partie des sympathisants du RPR partageaient les orientations du Front National. 37% d'entre eux avaient de la sympathie pour Jean-Marie Lepen et 33% étaient prêts à voter pour le Front national. 45% partageaient ses positions sur l'immigration et 47% sur la sécurité. Enfin, 49% étaient favorables à un accord électoral. Ainsi, Claude Labbé, Président du groupe RPR à l'Assemblée Nationale, de 1973 à 1986, ne cachait pas ses accointances avec ce parti et ses thèses nationales. Le score du FN trouve une explication dans la radicalisation d'une partie de l'électorat de droite, exténué, par trois années de gouvernement de gauche et qui ne se satisfaisait pas de la liste commune menée par Simone Veil[590]. D'autre part, la *« conversion européenne »* du RPR a été habilement exploitée par le Front National. Ce dernier, pour capter cet électorat, n'avait pas hésité à appeler sa liste *« Front d'opposition nationale pour l'Europe des patries »*[591]. Le rapprochement avec l'UDF entraîne le départ de certains cadres du RPR vers le Front National, comme Bruno Mégret, Bruno Chauvière ou François Bachelot. A ces raisons, l'impact du changement de gouvernement et l'arrivée d'un jeune Premier Ministre, Laurent Fabius, favorable aux thèses plus libérales et le départ des communistes ont-elles aussi joué un rôle. Des changements qui ne sont pas sans conséquence sur le résultat des législatives de mars 1986. Ainsi, les élections européennes de 1984 apparaissent comme un *« substitut fonctionnel à l'élection législative »* à venir. Elles montrent qu'elles restent des élections secondaires. Sur le fond, ce sont les problèmes

---

Nicole Chouraqui, 11 Georges Donnez, 12 Alain Carignon, 13 Jean-François Deniau, 14 André Fanton, 15 Dominique Baudis, 16 Jean-Pierre Roux, 17 Roger Chinaud, 18 Alfred Coste-Floret, 19. Nicole Fontaine, 20 Gaston Flosse, 21 Yves Galland, 22 Jean-François Mancel, 23 Robert Hersant, 24 Anne-Marie Dupuy, 25 Claude Wolff, 26 Jean Mouchel, 27 Pierre Bernard-Reymond, 28 Jacques Vernier, 29 Christiane Scrivener, 30 Denis Baudouin, 31 Jean-Thomas Nordmann, 32 Jean-Claude Pasty, 33 Gérard Longuet, 34 Magdeleine Anglade, 35 Jacques Mallet, 36 Guy Guermeur, 37 Michel Debatisse, 38 Jacqueline Thome-Patenotre, 39 Simone Martin, 40 François Musso, 41 Jean-Pierre Abelin.

[589] SOFRES, Opinion publique, Enquêtes et commentaires, 1984, La remontée de l'opposition, pages 81-82. SOFRES, Opinion publique, Enquêtes et commentaires, 1985, L'extrême droite, pages 177-185. Jean Charlot, L'émergence du FN, RFSP, 36, (1), février 86, pages 39-45 ; Le Monde, 6 juin 1984.

[590] Dans, SOFRES, Opinion publique, 1985, Les élections européennes : les enquêtes pré-électorales Figaro/Sofres, si 82% des UDF se satisfont de la tête de liste, ils ne sont que 76% au RPR, dont une minorité (16%) l'est par réticences vis-à-vis de Simone Veil, qui a porté la loi sur l'avortement, page 107.

[591] Les années Giscard, intervention de Gilles Richard, note en bas de la page 33.

intérieurs qui ont déterminé le résultat. En effet, un sondage[592] montre que les Français ont tenu compte avant tout des problèmes en France pour 50% contre 34% à des problèmes européens. Cette élection montre qu'elle a surtout permis à 53% des sondés de *« manifester leur mécontentement à l'égard du gouvernement »*. Au bilan, au parlement européen, grâce à la liste d'union, le RPR passe de 15 élus (en 1979) à 20 élus, au sein du groupe du Rassemblement des démocrates européens, qui regroupe le Scottish National Party , le Fianna-Fail irlandais.

---

[592] Dans Monica Charlot (sous la direction), *Les élections européennes de juin 1984*, Publication de la Sorbonne, 1986, page 80.

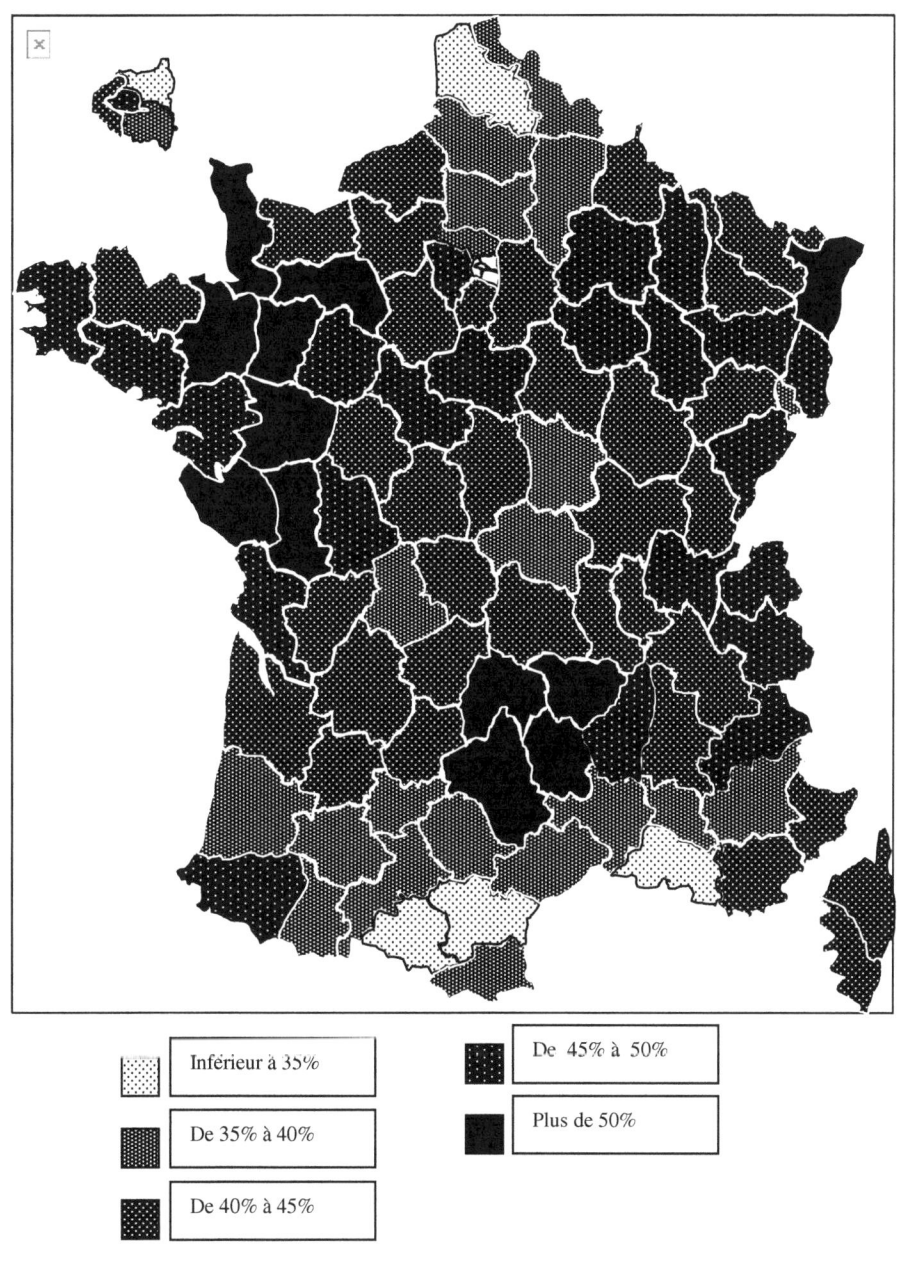

Carte n°7 : carte des suffrages exprimés, obtenus par la liste RPR-UDF aux élections européennes de juin 1984.

Chapitre 2 :
De la cohabitation (1986-1988) à la confirmation d'un changement de cap européen …

1 Jacques Chirac et la réalité du pouvoir : deux années pour réussir.

En 1986, Jacques Chirac devient, pour la seconde fois, Premier Ministre, avec un gouvernement RPR-UDF. Après l'échec de 1981, ces élections législatives marquent une première étape, dans la reconquête du pouvoir suprême et confirment les scrutins récents des élections municipales de 1983 et des élections européennes de 1984. Cette expérience de la cohabitation est donc stratégiquement importante, à deux années, des prochaines échéances présidentielles. Tout l'enjeu consiste à confirmer la victoire, en 1998. C'est, dans cet esprit, qu'est pensée la stratégie de la cohabitation définie par Edouard Balladur[593], qui se veut sans conflit majeur, avec l'exécutif présidentiel. Or, cette cohabitation est marquée par un rendez-vous européen, la ratification de l'Acte unique, en novembre 1986. Comment le RPR, au pouvoir, intègre-t-il cette nouvelle donne ?

1.1 : La cohabitation ou la réalité du pouvoir

La victoire de l'union RPR-UDF aux législatives de mars 1986 laisse penser que la *« stratégie gaulliste »*[594] a été récompensée. La cohabitation inaugure une situation inédite, sous la Cinquième République. En effet, la tradition politique a toujours recherché la concordance des pouvoirs. Ainsi, en envisageant la cohabitation, le RPR abandonne un aspect de l'héritage dont il se réclame, sur le plan institutionnel. Une position qui s'oppose à la stratégie anti-cohabitationniste de Raymond Barre, lequel semble alors le plus proche de l'esprit institutionnel gaulliste[595]. Toutefois, cette position du RPR est en phase avec les sondages[596]. Ces derniers envisagent même l'idée de provoquer une crise institutionnelle et le départ éventuel de François Mitterrand.

---

[593] Le Monde du 20 septembre 1983, article d'Edouard Balladur.
[594] Thomas Frenzi, *Stratégies présidentielles,* dans Encyclopaedia Universalis, Universalia, 1987, page 258.
[595] Sur ce point, un homme comme Christian de la Malène s'est montré aussi défavorable à ce scénario. Entretien avec Christian de la Malène du 27 novembre 2001.
[596] SOFRES, *Opinion publique, 1986, Les surprises de la droite,* par Jérôme Jaffré. Dans cet article, l'auteur nous dit que 60% des UDF contre 25% et 60% des RPR contre 29% souhaitaient le départ de François Mitterrand.

Mais, la victoire assurée, c'est la stratégie de la cohabitation qui est confirmée. François Mitterrand fait appel au chef du parti qui est arrivé en tête, Jacques Chirac. Durant ces deux années, il devient le leader de la droite, le plus populaire, avec 56% de bonnes opinions, dès le mois d'octobre 1986[597].

Mais, la majorité parlementaire est limitée et tout doit être fait pour éviter l'éclatement de celle-ci[598]. Une véritable dyarchie du pouvoir se met en place entre un Président socialiste et un Premier ministre de droite. Les premiers mois sont une occasion de marquer chacun son territoire. Ainsi, en juillet 1986, François Mitterrand refuse de signer les ordonnances du gouvernement. En effet, Jacques Chirac, à la différence de son premier gouvernement de 1974 à 1976, décide d'utiliser la Constitution à son avantage en recourant à l'article 20 qui lui permet de déterminer et de mener la politique de la Nation. Ce recours s'explique, par le fait, que le gouvernement dispose de peu de temps, avant la prochaine échéance politique. La procédure des ordonnances ayant échoué, Jacques Chirac et le gouvernement doivent recourir à l'article 49-3 de la Constitution et à la procédure du *« vote bloqué ».* Le gouvernement a donc deux années pour *« réussir »,* en particulier, dans deux domaines : l'économie et la sécurité.

1.2 : Réussir économiquement : le programme libéral en pratique

Le gouvernement doit au plus vite appliquer son programme économique libéral, lequel reprend une partie du programme du RPR *« Pacte pour la France »*[599] et s'appuie sur la *« plate-forme commune du gouvernement »,* établie autour de *« 20 engagements »*[600]*,* signée entre le RPR et l'UDF. En quelques mois, d'importantes réformes sont entreprises comme la suppression de l'autorisation administrative de licenciement (instaurée, par Jacques Chirac, en 1975), la libération des prix, la baisse des impôts directs ou la suppression de l'impôt sur la grande fortune... Mais, c'est surtout sur le programme des privatisations[601] que le gouvernement mène sa politique

---

[597] SOFRES-Le Figaro Magazine. Philippe Habert, *Jacques Chirac à l'épreuve du pouvoir,* Pouvoirs, n°41, 1987, pages 187-188.
[598] La majorité RPR-UDF recueille 286 sièges. 155 sièges pour le RPR et ses apparentés et 131 pour l'UDF. Or, la majorité absolue est de 289 sièges. Ainsi, elle sera atteinte grâce à l'appui des « divers droites ». Sources : www.interieur.gouv.fr
[599] La Lettre de la Nation, n°2354 du lundi 3 juin 1985, page 3.
[600] La Lettre de la Nation, n°2483 du vendredi 17 janvier 1986, pages 2 et 3.
[601] Edouard Balladur, *« Je crois en l'homme plus qu'en l'Etat »,* Flammarion, Paris, 1992, 290 pages.

libérale. Les privatisations signent le recul de l'Etat et manifeste le développement d'un capitalisme populaire.

Mais, ce programme doit satisfaire un électorat, séduit par le Front National. Dès lors, il développe toute une politique sécuritaire, sous l'égide de Charles Pasqua, Ministre de l'Intérieur. Cette dernière voit le rétablissement des vérifications d'identité et le contrôle de l'immigration…

Après deux années, le bilan gouvernemental est mitigé. Si, la manne financière des privatisations permet un début de réduction des dépenses publiques, le PNB passe de 3.2% en 1985 à 2.1% en 1989. La reprise de la croissance mondiale permet de créer, pour la première fois, depuis 1982, des emplois, grâce à la croissance qui passe de 2.2% en 1986 à 3.6%, en 1988. Le chômage n'augmente que 70000. Mais, les résultats de cette politique sont entachés par la vague d'attentats en septembre 1986, l'échec de la loi Devaquet et la vague de grèves qui secoue la France, dès la fin de décembre 1986. Enfin, le « *krach* » boursier d'octobre 1987 impose une pause dans la « *révolution libérale* » du gouvernement RPR-UDF… Entre-temps, ces deux années voient la relance de la construction européenne, entamée par l'ancien gouvernement, lequel a préparé l'Acte unique européen. Dès lors, comment la majorité et en particulier le RPR, se positionnent-ils, face à ce nouveau traité ?

2 La ratification de l'Acte Unique

2.1 : La défense du « *pré carré* » présidentiel

Sur les affaires européennes, François Mitterrand manifeste la prééminence que lui confère la Constitution. Rapidement, il met fin aux querelles protocolaires du début de la cohabitation et impose l'idée que, sur le plan international, « *la France parle d'une seule voix* »[602]. Ainsi, après le conseil de La Haye de juin 1986, et celui de Londres de décembre 1986, une certaine complicité naît entre le Président et le Premier Ministre. Un « *modus vivendi* » [603] règne comme le montrent les différentes apparitions et participations de Jacques Chirac, aux sommets de Copenhague, en 1987 ou de Bruxelles, en 1988. Ainsi, « *avec la cohabitation, la politique étrangère est devenue un domaine partagé dans lequel ils sont en accord sur la plupart*

---

[602] Pierre Favier et Michel Roland-Martin, *La décennie Mitterrand, Les épreuves (1984-1988), tome 2,* 1995, page 655.
[603] Ibid., page 666.

des dossiers et orientations »[604]. Un partage confirmé par Jacques Chirac quand il déclare que *« sur les questions communautaires, c'est moi qui parle et qui décide »*. Toutefois ce propos n'est réel que dans l'expression publique car, dans l'élaboration des projets, il n'exerce que peu d'influence. François Mitterrand fixe les grandes lignes de la politique européenne, Jacques Chirac règle les questions techniques et doit donc s'aligner sur les positions présidentielles. C'est un climat de non-agression qui règne, même si les deux hommes ne partagent pas la même vision de l'Europe. François Mitterrand la dessine de manière plus politique et historique, alors que Jacques Chirac en a une vision plus économique, plus concrète, motivée par les réalités quotidiennes et la perspective du grand marché de 1993. C'est, dans ce climat, qu'intervient la ratification de l'Acte Unique.

2.2 : L'acte en lui-même

Le milieu des années quatre-vingts voit un déblocage spécifiquement par l'économique au niveau européen, avec la décision de concrétiser un grand marché unique. En effet, c'est le seul thème sur lequel les pays européens, allant de gouvernements socialistes (France, Espagne) aux ultralibéraux (Londres), sont arrivés à une unanimité. Cet acte vient en contre-projet de celui aux accents fédéralistes de Spinelli, lequel a échoué.

« Sur le fond, cet acte n'a rien de révolutionnaire »[605]. En effet, il consiste à rassembler dans un même texte *« tous les amendements aux traités de fondation des Communautés et les procédures de coopération politique entre les Douze »* et à *« codifier les pratiques développées hors traité »*, comme les réunions trimestrielles des Ministres des Affaires Etrangères. C'est la mise en place de la politique étrangère européenne commune.

Il prévoit surtout la réalisation d'un espace, sans frontières, qui doit permettre la libre circulation des marchandises, des services, des capitaux et des personnes, parachevant le Marché Commun, au 1er janvier 1993. Ainsi, il règle les insuffisances du Traité de Rome. En effet, si dans les faits, les droits de douane étaient abolis, les frontières matérielles et politiques ne l'étaient pas encore, pour des raisons de prérogatives régaliennes de l'Etat, de souveraineté, mais aussi pour des raisons fiscales, sanitaires et techniques.

Pour améliorer les mécanismes de décision, face aux élargissements successifs, les pouvoirs du Parlement européen sont renforcés[606] et le recours

---

[604] Ibid., page 666.
[605] Charles Zorgbibe, *Histoire de la construction européenne,* page 301.
[606] L'article 7, second alinéa, modifie le rôle du parlement.

à la majorité qualifiée est étendu, en ce qui concerne l'action du Conseil. Cependant, dans certains domaines, comme le domaine institutionnel, la monnaie ou la défense, *«l'unanimité (n'est) pas de règle»*[607].

Or, comment le RPR réagit devant l'Acte Unique qui remet en question le *«Compromis de Luxembourg»* ?

2.3 : Le RPR face à l'Acte unique

Pour gagner 1986, le RPR a dû faire un certain nombre de concessions, à l'UDF. Confronté au pouvoir, il doit nuancer son discours et évoluer sur un certain nombre de points. En effet, le projet de gouvernement RPR-UDF s'est fait sur un « *accord pour gouverner ensemble* », datant d'avril 1985, lequel a donné lieu à une « Convention libérale », en juin 1985. Ces projets s'appuient aussi sur le programme du RPR, « le Renouveau » de 1985. Dans ce dernier, même si l'Europe occupe une place négligeable, le RPR y réaffirme sa volonté d'approfondir l'union douanière, de renforcer le SME. Il propose *«la concertation des politiques étrangères»* dans le cadre d'*«actions communes»*. Toutefois, il réaffirme son opposition à l'élargissement au Sud, alors qu'il se montre attentif aux pays de l'Europe de l'Est, qu'il considère comme *«indispensables»* à l'équilibre européen.

Ainsi, sur l'Europe, un consensus est trouvé. Cependant, dans leur programme en vingt engagements, l'Europe n'apparaît pas comme une priorité. Elle est évoquée aux 18ème et 19ème points. De plus, le propos est consensuel, ils s'entendent sur l'idée que l'initiative doit être reprise en Europe pour « *accélérer la construction européenne* », en vue de « *créer un grand marché européen unifié* ».

Le RPR refuse une simple zone de libre-échange, trop libérale sur le plan économique. Sur la monnaie, il émet simplement l'idée d'une monnaie européenne. D'autre part, il se satisfait de la « *volonté* » de voir «*la PAC* » relancée, tout comme celle de « *développer la coopération en matière de défense et de technologie* ». Sur le plan politique, le programme ne fait qu'allusion à la « *réforme institutionnelle* »[608].

Ainsi, ce programme accorde une préférence à l'économique, pour relever le « *défi* » du grand marché. Il devient la base de la plate-forme gouvernementale. Dès lors au regard de ce programme, comment le RPR se positionne-t-il, face à l'Acte Unique ? La position du RPR révèle une évolution dans sa doctrine sur l'Europe. En effet, en février 1984, si le texte

---

[607] Ibid., page 301.
[608] La Lettre de la Nation, n°2483 du vendredi 17 janvier 1986, pages 2 et 3.

était accepté par les centristes, les parlementaires RPR, sous la houlette de Christian de la Malène, éprouvaient de l'aversion pour ce projet. Il était qualifié d'« *inadapté, irréaliste et inopportun* »[609] en regard d'une Europe des Etats.

Ainsi, à la veille de sa ratification, Jacques Toubon[610] pouvait résumer l'état d'esprit du RPR. Pour certains RPR, l'Acte Unique « *c'était mettre le doigt dans une évolution de l'Europe qui allait beaucoup plus loin que le traité de Rome* »[611]. En effet, ce traité remettait en cause le « Compromis de Luxembourg », alpha et oméga de la position des gaullistes, depuis les années soixante. « *Il y avait au sein du groupe RPR au parlement et au sénat, probablement une majorité hostile à la ratification* »[612]. A la veille du vote, Jacques Toubon pouvait exprimer les craintes du RPR en se posant la question de savoir s'il ne fallait pas « *refuser* » de ratifier l'Acte unique Européen ou y faire « *ajouter un amendement* »[613] pour mieux garantir la pratique du « Compromis de Luxembourg », à l'exemple de la Grande Bretagne et de l'Italie. D'autre part, le problème se posait avec la Constitution. Selon l'article 54, le Conseil Constitutionnel devait être saisi pour vérifier qu'un engagement international n'était pas contraire à cette dernière, ce qui supposait alors une révision. Or, curieusement, à la différence des époques passées, comme en 1957, quand Michel Debré avait voulu faire déclarer le traité de Rome, contraire à la Constitution, ou en 1976 et 1977, le Conseil Constitutionnel n'est pas saisi, par le RPR. La cohabitation explique-t-elle cette décision de non-recours en voulant éviter tout affrontement ?

Face à la réalité du pouvoir, Jacques Chirac accepte et « *impose* »[614] le traité, à sa majorité en le faisant ratifier, le 20 novembre 1986, à l'Assemblée Nationale.

A la lecture des différentes interventions des députés RPR, en séance plénière, il apparaît un contraste sur les aspects politiques et économiques de cet acte. En effet, l'abandon du « *compromis de Luxembourg* » au profit du vote à la majorité, ne trouve pas une adhésion totale, au RPR. C'est pour cette raison qu'il fait du grand marché de 1992, un « *défi* » à relever, de manière à sous-estimer les aspects de l'intégration européenne sur le plan politique. Cette priorité donnée à l'économie n'occulte pas les réticences de quelques personnalités. Ainsi, Yves Guéna voit dans cet acte « *d'unique que le nom* ». Jean de Gaulle, petit-fils du général, rappelle la « *réaliste* »

---

[609] Le Monde du 26 mai 1984.
[610] Secrétaire général du RPR
[611] Entretien avec Jacques Toubon du 21 novembre 2001.
[612] Ibid..
[613] La Lettre de la Nation, n°2652 du lundi 3 novembre 1986, page 2.
[614] Entretien avec Jacques Toubon du 21 novembre 2001.

conception d'une « *Europe fondée sur le consentement des Etats* ». Charles Pasqua, alors Ministre de l'Intérieur, souligne plus tard qu'il n'y a vu que « *du feu* »[615]. Dès lors, comment le RPR finit par accepter la ratification ?

2.4 : Les moyens chiraquiens pour faire approuver l'acte

Pour parer une opposition légitime du RPR, un certain nombre de personnalités sont mises à contribution pour contenir le RPR. Telle est la mission confiée à Jean-Marc Boegner, ambassadeur, lequel doit convaincre les gaullistes du RPR, réticents et qui sont prêts à mener bataille contre l'Acte Unique. En introduction au débat parlementaire, Jean de Lipkowski expose le rapport[616] de la commission des Affaires Etrangères de l'Assemblée Nationale. Il minimise l'acte unique qu'il considère comme un « *texte de compromis* », qui entérine ce qui s'est déjà passé. Il le présente comme le « *minimum indispensable pour que l'Europe ne s'enlise pas et puisse continuer à vivre et à progresser* »[617]. Il considère cet acte comme « *décevant et inespéré* ». « *Décevant* », car le texte répond simplement à des problèmes déjà existants. « *Inespéré* » car, ce traité va permettre de « *débloquer* » la crise que connaît l'Europe, notamment, celle des années 1983-1985. En effet, il voit dans le grand marché, l' « *élément central de la stratégie de relance de la communauté* ». Pour rassurer le RPR, il montre que si ce traité propose la réalisation d'un grand marché unique, pour 1992, ce dernier ne va pas vers une zone de libre-échange, car des politiques d'accompagnement l'encadrent, dans les domaines du « *social* », de « *l'environnement* », de « *la recherche* » et *de* « *la technologie* »[618]. Toutefois, cet exposé ne rassure pas toujours un certain nombre de RPR tout comme le Parti communiste.

Quant à Jacques Chirac, dans son intervention[619], en qualité de Premier ministre, il réaffirme que son « *gouvernement est résolu à faire en sorte que la France continue … à participer activement, … à la construction européenne* »[620]. Il y voit un « *intérêt vital* » pour les pays européens de « *manifester leur solidarité et leur cohésion* »[621], de manière à pouvoir faire face à la globalisation. Il pense que, seule l'Europe peut faire face aux

---

[615] Charles Pasqua, *Tous pour la France,* Albin Michel, 1999, page 93.
[616] Le rapport a été voté par 25 voix contre 3.
[617] La Lettre de la Nation, n°2665 du vendredi 21 novembre 1986, page 4.
[618] Jacques Chirac, Intervention à l'Assemblée Nationale du 20 novembre 1986.
[619] Ibid..
[620] Ibid., page 2.
[621] Ibid., page 2.

« *évolutions scientifiques, technologiques et industrielles* » et à « *la compétition internationale ... toujours plus rude* »[622]. Ainsi, son engagement européen s'inscrit dans l'espoir que les Douze pays puissent *«donner une nouvelle impulsion à la construction de l'Europe* »[623]. Cette chance européenne permettrait, selon lui, à la France, de se maintenir au rang de grande puissance et d'avoir un rôle mondial.

Pour rassurer sa majorité, et en particulier le RPR, il souligne qu'il usera de tous les moyens et que son « *gouvernement s'attachera à faire en sorte que la recherche des indispensables compromis ne s'effectue pas, au détriment de nos intérêts essentiels* »[624]. Au fond, une manière, pour lui, de rappeler son attachement au « Compromis de Luxembourg ».

Mais, le propos sibyllin ne semble pas du goût de Michel Debré et de Jean Foyer, lesquels, mènent un combat virulent en dénonçant les abandons de souveraineté.

Au final, l'Acte Unique est ratifié par 498 voix (211 PS, 148 RPR, 129 UDF), 33 abstentions du Front National et 35 voix contre du Parti Communiste. En ce qui concerne le RPR, la fracture est limitée. En effet, neuf parlementaires ne prennent pas part au vote et un est excusé[625] : Michel Debré, Jean Foyer, Pierre de Bénouville, Yves Guéna, Robert André Vivien, Benjamin Brial, Jacques Chaban-Delmas, Maurice Némou-Pwataho, Lucien Richard. Si, le ralliement et le vote en faveur de ce traité sont atteints, Jacques Chirac confirme, quant à lui, son ralliement européen à travers son discours de janvier 1987, au Conseil de l'Europe.

Dans ce discours, il rappelle que « *l'Europe ... demeure une nécessité* »[626] et qu'elle seule peut « *triompher de la crise* » tout comme elle peut permettre au vieux continent de « *retrouver la place qu'il mérite sur la scène internationale* »[627]. Mais, pour aboutir à cette situation, il souligne qu'elle doit aboutir à « *un espace économique homogène* ». C'est pourquoi, il souhaite que la « *France donne la priorité au renforcement de la coopération en matière monétaire* » et à l' « *harmonisation des législations sociales et fiscales* »[628]. En effet, sur l'harmonisation de la fiscalité, l'unanimité reste en vigueur jusqu'en 1992, avant que l'article 99 ne soit révisé. Sur l'aspect monétaire, les chefs de gouvernement et d'Etats avaient longuement débattu. Un compromis avait été trouvé, faisant référence à l'écu

---

[622] Ibid., page 2.
[623] Ibid., page 3.
[624] Ibid., page 4.
[625] Il s'agit de Xavier Deniau, député du Loiret, député européen de 1981 à 1983. Il est une figure de l'extrême-droite catholique.
[626] Ibid., page 3.
[627] Ibid., page 3.
[628] Ibid., page 4.

et le SME, bien qu'aucun engagement ne soit pris pour l'avenir. Ainsi, la proposition chiraquienne pouvait surprendre tout comme son idée d'une Europe de la *« recherche, de la technologie et de l'espace… dans le cadre de programmes communautaires »*. L'idée d'une *« Europe de l'excellence »* est elle alors le fruit d'une réelle conviction européenne ?

Toutefois, ces avancées dans le domaine européen, relèvent essentiellement du domaine de l'économique. Dès lors, sont-elles le résultat d'un assentiment ou de propres convictions du RPR ? En effet, Valéry Giscard d'Estaing, qui intervient dans ce débat, reste dubitatif. Il souligne qu'il fait partie des hommes et des femmes qui pensent que *« l'union de l'Europe est souhaitable »*. Il met en porte-à-faux, ceux qui y voient une union *« inévitable »* et la rejoignent à contrecœur. Il y voit une crainte, celle de voir la France de ces hommes-là faire l'Europe des *« malgré nous »*[629]. Au fond, une occasion pour dénoncer une partie du RPR.

Voté, cet Acte Unique va être présenté, aux assises du RPR, de mai 1987, à Paris. Il est présenté comme un *« défi »* à relever et une *« chance »* à saisir pour la France. En ce sens, le slogan des assises *« 88 pour 92 »*[630] est révélateur. Le RPR axe sur 1992 et le grand marché, à réussir.

Mais, après deux années, cette cohabitation se solde par un échec à la présidentielle. Un échec d'autant plus sévère que Jacques Chirac ne recueille que 46% des voix, et cela malgré une ouverture vers le centre et un discours plus ouvert, sur l'Europe.

3 Le bilan européen du gouvernement de Jacques Chirac

Le bilan du gouvernement est marqué par une politique européenne relativement riche en action.

En novembre 1988, dans une lettre qu'il adresse aux députés et aux sénateurs de son ancienne majorité, il dresse le bilan de son gouvernement, en matière européenne. Il rappelle que c'est sous son gouvernement que l'Acte Unique a été ratifié. Il le présente comme un *« texte précieux pour réaliser le Marché Unique Européen de 1993 »*. Il souligne qu'il a réussi certaines avancées comme la suppression des montants compensatoires, en juin 1987. Mais aussi, l'Europe de la Recherche et de la technologie, avec un

---

[629] Débat à l'Assemblée Nationale du 20 novembre 1986 sur la ratification de l'Acte Unique Européen.
[630] Rapport de synthèse de Jacques Toubon, *« 88 pour 92 »*, 23 et 24 mai 1987, Paris.

programme de 6.5 milliards d'écus, pour cinq ans, le lancement du programme Airbus 330 et 340 ou Ariane 5, en novembre 1987. Il se félicite de la réalisation du programme Erasmus, tout comme il se félicite d'avoir fait ratifier, en 1987, la convention européenne sur la prévention et la répression du terrorisme, dans le domaine de la Défense ; Elle a vu la mise en application de la charte de l'UEO, en 1987 (relatif aux principes de sécurité européenne). Il se félicite d'avoir, sur le plan de l'Europe monétaire, ratifié les *« accords de Nyborg très utiles au moment de la tempête boursière d'octobre 1987 »,* tout comme le « Mémorandum » d'Edouard Balladur, en janvier 1988, permettant la relance de l'Europe monétaire, qui va donner naissance, au Conseil européen d'Hanovre, au Comité des gouverneurs de banques centrales. Or, un fait est surprenant. Il se félicite de son action *« en faveur de l'entrée de l'Espagne et du Portugal »,* dans la CEE. Or, avant 1986, le RPR avait dénoncé cet élargissement. Enfin, Cette lettre de Jacques Chirac est quelque peu élogieuse sur son action, en faveur de la construction européenne. François Mitterrand interprète ce résultat d'une autre manière. En effet, dans sa « lettre aux Français », il souligne que c'est sous son autorité que *« sur l'élargissement à l'Espagne et le Portugal, la ratification de l'Acte Unique, la maîtrise du budget agricole, la réduction des quotas laitiers, le gouvernement et Jacques Chirac se sont ralliés »*[631], à sa politique.

Cette période gouvernementale a permis de voir, que face à la réalité du pouvoir, dans un contexte de cohabitation, ce qui pouvait être dit ou pensé dans l'opposition se révèle délicat à mettre en œuvre au pouvoir. Cette période se solde par un nouveau renforcement de la construction européenne, sans que le RPR puisse avoir pu influer sur les grandes orientations.

D'autre part, cette période de 1986 à 1988 montre que, sur la construction européenne, si le RPR veut exercer les responsabilités, il doit s'adapter et évoluer. Ce retour aux affaires a permis en tout cas à Jacques Chirac de montrer que l'Europe est devenue une *« nécessité »* et que face aux réalités politiques, il doit faire des choix. Des choix que doit faire aussi le RPR, sur le plan institutionnel et sur la construction européenne.

Son évolution peut être interprétée comme *« un reniement dans les deux domaines fondamentaux de l'identité gaulliste que sont le rôle central de l'Etat et la politique de stricte indépendance nationale »*[632]. Pour Jacques Toubon, cette période marque la *« concrétisation d'un changement de perspectives »*[633]. D'autre part, si jusque-là, Jacques Chirac était perçu comme un *« eurosceptique »,* son second passage à Matignon contredit cette

---

[631] Hubert Védrine, *Les mondes de François Mitterrand 1981-1995*, page 401.
[632] Andrew Knapp, *Le gaullisme après de Gaulle*, Seuil, Paris, 1996, 907 pages.
[633] Entretien avec Jacques Toubon du 21 novembre 2001.

image, comme le montre aussi son opposition à Margaret Thatcher, en 1987, au sujet de la défense de la PAC. Ainsi, le 30 juin 1987, il réussit à faire disparaître les montants compensatoires.

Quant au RPR, cette période au pouvoir lui a permis de se rallier à une conception libérale de la construction européenne essentiellement par l'économique. Cette période lui permet de voir que ce qui peut être dit au sein du RPR ou au gouvernement ne peut avoir le même impact. Si, en 1985, le RPR était réservé sur les élargissements, la période de cohabitation l'amène à ne pas les remettre en cause. La cohabitation a imposé de faire taire les rivalités et les conflits idéologiques, sous couvert de reconquête du pouvoir. La période d'opposition qui suit la défaite de Jacques Chirac est alors propice à la dénonciation de la stratégie suivie.

Chapitre 3 :
De la défaite à la Présidentielle au nouveau contexte européen en passant par les élections européennes de juin 1989 : entre les premières contestations et l'unité sauvegardée ? (1988-1991)

Avec le double échec aux élections présidentielles et législatives de 1988 vient le *« temps de la contestation du chef vaincu »*[634]. Une période de doute s'empare du RPR. Elle révèle les rivalités de pouvoir entre les hommes, consécutive à une approche différente des problèmes. Ainsi, les choix opérés, depuis 1981, sont-ils remis en cause. Mais, c'est surtout, le contexte européen avec la chute du Mur de Berlin, en octobre 1989, qui remet en question les certitudes européennes, et de fait les acceptations récentes du RPR, sur l'Europe. Ce contexte permet d'ouvrir d'autres perspectives à la construction européenne. Face à ce changement historique, quelles positions le RPR va-t-il prendre ? Suit-il le mouvement ou propose-t-il une autre voie ? Suit-il la voie de l'intégration européenne, à la fois économique et politique ou favorise-t-il, avant toute chose, l'élargissement et l'émergence de la grande Europe ? De 1988 à 1991, un front de la contestation naît au RPR, même s'il dépasse les frontières politiques de ce seul parti politique.

Dans un premier temps, la contestation s'inscrit dans l'idée d'une nécessaire « rénovation de l'opposition » suite aux échecs répétés de la droite, aux élections présidentielles. Elle se manifeste par la révolte parlementaire et la préparation des élections européennes de juin 1989. Elle est aussi de nature idéologique. La construction européenne devient une pierre d'achoppement au RPR. C'est le temps des interrogations face à l'effondrement du Mur de Berlin (le 9 novembre 1989), la réunification allemande (le 3 octobre 1990) et l'effondrement de l'URSS, à la fin de l'année 1991. Cette période est propice aux doutes. Le choix voulu, par François Mitterrand et Helmut Kohl, d'une intégration économique et politique entraîne l'inquiétude du RPR où la chance de voir se réaliser la *« grande Europe »* s'éloigne.

Si Jacques Chirac et Edouard Balladur appellent à un renforcement de l'Europe, en allant vers une Union européenne et Monétaire, Charles Pasqua et Philippe Séguin se montrent favorables à l'élargissement et au développement de l'union politique, dans le sens d'une confédération. Ces divergences s'expriment, aux assises du RPR, en février 1990, par une remise en cause de la direction du RPR, dont le nouveau bureau politique[635]

---

[634] Jean Charlot, *Claudius, Regard d'aujourd'hui,* Mango, Paris, 1996, page 48.
[635] Le nouveau bureau politique de 30 membres élus par le conseil national le 17 février est le suivant :
17 membres pour la majorité (Michel Aurillac, Claude Barate, Jean Besson, Alain Devaquet, Robert Galley, Michel Giraud, Yves Guéna, Olivier Guichard, Gabriel Kaspereit, Lucette Michaux-Chevry, Jacques Oudin, Christiane Papon, Robert Poujade, Josselin de Rohan, Roger Romani, Jacques Toubon, Alex Turk), 4 pour le courant Vitalité-Imagination-Écologie (VIE : Alain Carignon, Philippe Dechartre, Michel Noir, Maurice Schumann), créé en septembre 1989 et rallié à la motion majoritaire ; 9 pour le courant Pasqua-Séguin (Patrick Balkany, Michel Barnier,

exprime le conflit. Les évènements de l'Est amènent, durant plus d'une année, le RPR à chercher sa nouvelle orientation européenne, tout en conservant un consensus, en vue de satisfaire l'ensemble des responsables, entre conseils nationaux, assises et la définition d'un programme politique.

1 Un mouvement de contestation

1.1 : L'échec à l'élection présidentielle de mai 1988 et aux élections législatives de juin 1988.

Les élections présidentielles et législatives du printemps 1988 marquent la réélection de François Mitterrand et donnent une majorité relative pour le Parti socialiste au parlement. Elles montrent la *« lente reconquête du pouvoir »*[636] du président sortant, mais souligne un tassement lors des élections législatives. En effet, la période de la cohabitation semble avoir profité au président sortant. A droite, Jacques Chirac, Premier ministre, qui a annoncé sa candidature en janvier 1988, afin de limiter la concurrence de Raymond Barre, affilié à l'UDF, se qualifie pour le second tour.

A l'issue du premier tour, le 24 avril, François Mitterrand arrive nettement en tête avec 34.10%. Il progresse de 8.2 points par rapport à 1981. Jacques Chirac totalise 19.9% et Raymond Barre, 16.5%. Par rapport à 1981, Jacques Chirac ne progresse que de 1.9 points. Il n'arrive donc pas à imposer son leadership sur la droite. Cependant, ce premier tour marque un rééquilibrage électoral au profit du RPR, à la différence de l'élection de 1981. Sa géographie électorale (carte n°8, page 185) montre une certaine stabilité. Il reste fortement implanté dans ses fiefs, comme le Limousin, la Corse, Paris. Il semble avoir été handicapé, certes par le vote Raymond Barre, mais aussi par le Front National, lequel en menant campagne sur la

---

Frank Borotra, Xavier Dugoin, François Fillon, Elisabeth Hubert, Jacques Kosciusko-Morizet, Etienne Pinte, Philippe Séguin). Les membres de droit sont : Jacques Chirac (président), Alain Juppé (secrétaire général), Charles Pasqua (président du groupe au Sénat), Bernard Pons (président du groupe à l'Assemblée nationale), Christian de la Malène (président du groupe au Parlement européen), Jacques Chaban-Delmas (ancien Premier ministre), Pierre Messmer (ancien Premier ministre), Maurice Couve de Murville (ancien Premier ministre), Michel Debré (ancien Premier ministre).

[636] Pierre Bréchon (sous la direction de), Les élections présidentielles en France, quarante ans d'histoire politique, La Documentation Française, page 40.

sécurité et l'immigration, totalise de bons scores dans les régions connaissant ces difficultés. Il semble avoir touché l'électorat populaire de Jacques Chirac. D'une manière générale, il ne capte pas un électorat, qui, en 1981, s'était reporté sur Valéry Giscard d'Estaing, lequel avait totalisé 28.3%. Toutefois, malgré ces scores, la gauche ne gagne pas en nombre de voix. En effet, la droite, toute confondue, totalise, au premier tour, 50.8% contre 45.3% à la gauche.

Le second tour confirme le vote du premier tour. François Mitterrand l'emporte largement avec 54% des suffrages. Jacques Chirac ne dépasse les 50% que dans 19 départements. La carte du rapport de force (carte n°9, page 186) montre l'étalement de l'influence de la gauche. Jacques Chirac reste influent dans sa zone d'influence du Limousin, la Corse, la région Rhône-Alpes (terre UDF), la France de l'Ouest d'une ligne allant de La Manche à la Vendée, et, l'ouest de la région parisienne avec Paris.

Quant aux élections législatives, elles ne donnent pas de majorité absolue au Parti Socialiste. Il obtient une majorité relative. La gauche progresse finalement peu par rapport à l'élection présidentielle. Mieux, c'est la droite qui crée la surprise puisqu'elle obtient 50.3% des suffrages.

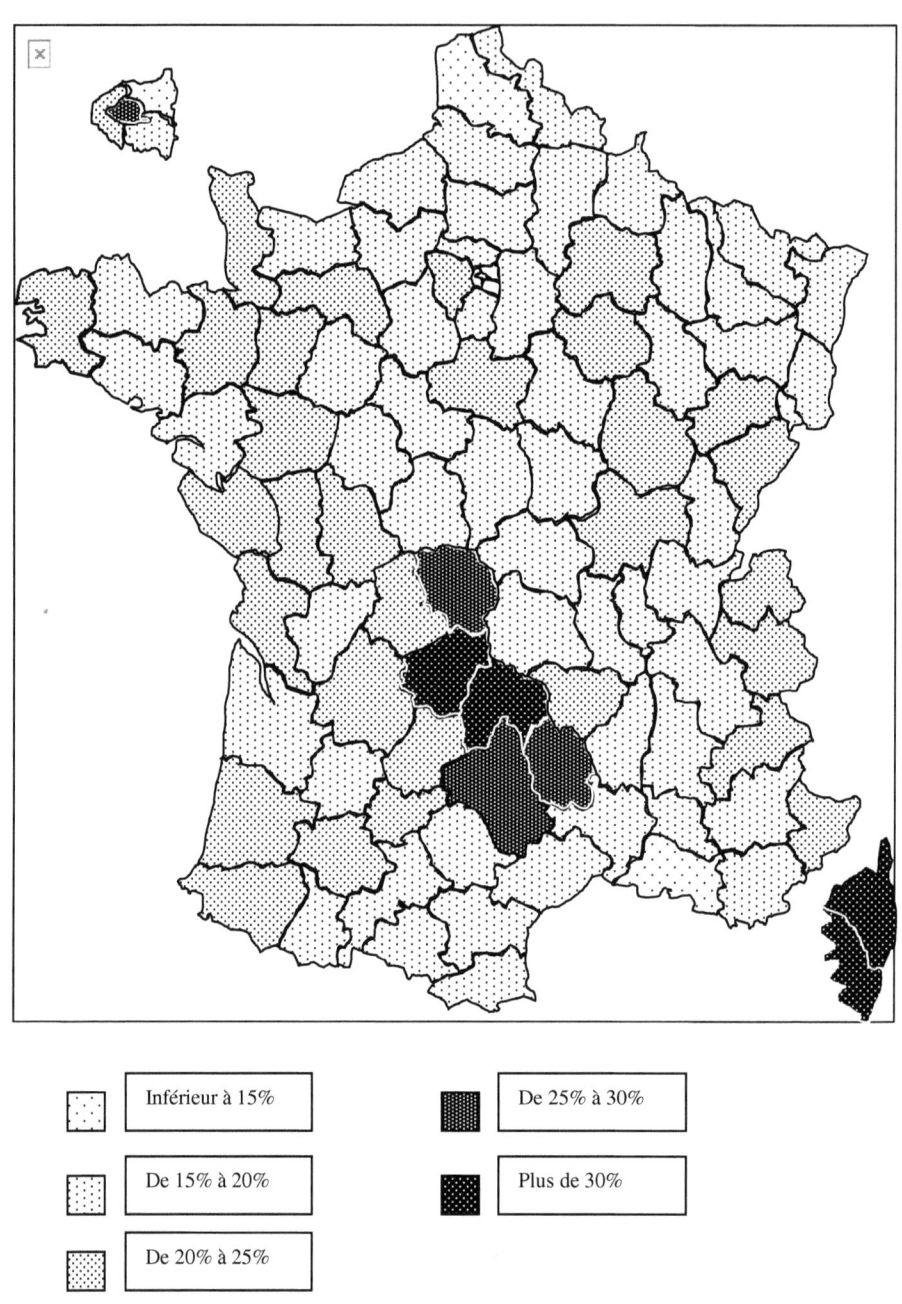

Carte n°8 : carte des suffrages exprimés, obtenus par Jacques Chirac, au premier tour de l'élection présidentielle de 1988.

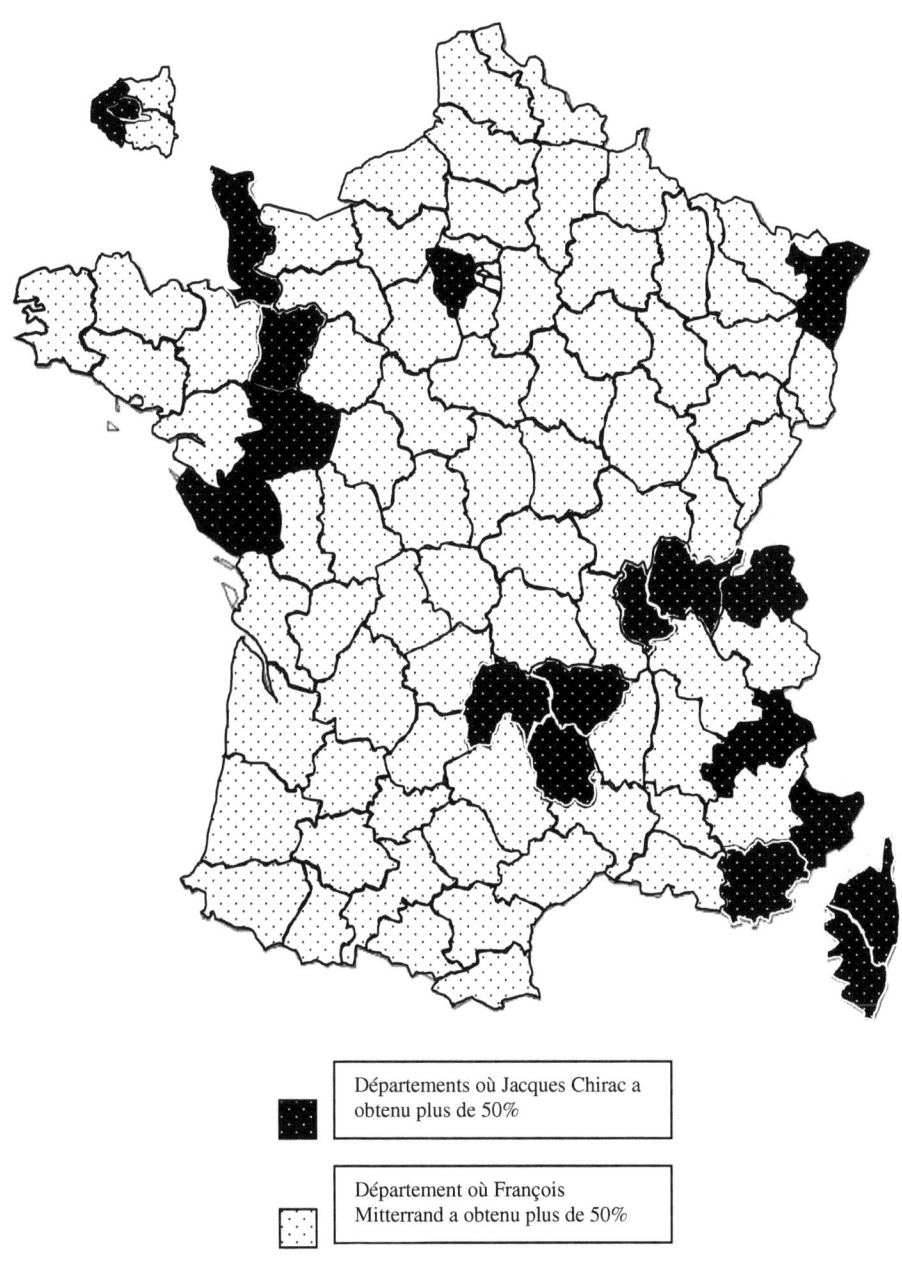

Carte n°9 : Rapport de force entre la Gauche et la Droite, par départements, lors du deuxième tour de l'élection présidentielle de 1988.

1.2 : La contestation parlementaire de juin 1988

Elle est une réponse à l'échec des élections présidentielles et des élections législatives de juin 1988. La réélection de François Mitterrand laisse naître une certaine amertume au sein de la nouvelle opposition. Cette première contestation s'appuie sur l'idée qu'il faut changer d'orientation politique.

Philippe Séguin fustige la politique menée par Edouard Balladur et Alain Juppé. Ils sont rendus responsables de la défaite. Il dénonce le virage néolibéral qu'ils ont fait prendre au RPR et dénonce l'abandon des racines sociales du gaullisme. D'autre part, il reproche au RPR, depuis la défaite, de se replier sur Paris, ce qui lui vaut le qualificatif de *« Rassemblement Pour Paris »*, tout comme le fait qu'il *soit « dirigé par six personnes »*. Il en appelle à une démocratisation du RPR.

Ces raisons l'amènent à se porter candidat à la présidence du groupe RPR, à l'Assemblée Nationale, le 21 juin 1988. Or, c'est Bernard Pons[637], fidèle de Jacques Chirac, qui détient cette fonction. Mais, son initiative est perçue comme *« une révolte contre les princes de Chiraquie »* alors que, sur le fond, elle souligne un *« mouvement de fond historique dans la légende tourmentée du RPR »*[638]. Cette initiative va échouer. En effet, la victoire lui échappe à une voix, 63 voix contre 64[639]. Jean de Gaulle, député des Deux Sèvres, qui avait promis de lui apporter sa voix, était absent, le jour du vote. Sur le fond, même si Bernard Pons est reconduit, ce vote traduit le mécontentement du RPR. Le 12 juin 1988, Jacques Chirac décide de nommer Alain Juppé, comme secrétaire général du RPR, en remplacement de Jacques Toubon. C'est le maintien de la ligne politique. Déçu, Philippe Séguin finit par dénoncer un RPR qui devrait avoir *« autre chose à dire et à faire que de soutenir les candidatures présidentielles de Jacques Chirac … »*[640]. Mais, il doit faire paraître un démenti, le 12 juin. Si, Philippe Séguin exprime son désarroi, il est rejoint par d'autres, comme Etienne Pinte, député des Yvelines. Celui-ci affirme *que « le RPR a perdu son âme… »* et il appelle à un retour aux sources, *aux « racines », et à la « réflexion, aux idées… »*[641].

---

[637] Thierry Desjardins, *Les chiraquiens,* pages 105-130.
[638] Le Monde du 23 juin 1988, page 1.
[639] En effet, au premier tour de cette élection du président de groupe, Philippe Séguin avait recueilli 63 voix contre 61 à Bernard Pons, 4 à René-André Vivien et 2 bulletins blancs. Au second tour, on constate un bulletin blanc.
[640] Philippe Séguin, *L'homme qui veut secouer la droite,* dans le Nouvel Observateur, 12-18 août 1988.
[641] Le Monde du 29 août 1988.

Ces tentatives d'appareil ne portent pas leurs fruits. Ils en appellent alors aux électeurs.

1.3 : La deuxième tentative : les élections européennes de 1989, un échec devant les électeurs ?

Si les contestataires échouent, dans le cadre des instances politiques du RPR, les élections européennes de 1989 sont une autre occasion de manifester leur mécontentement. La victoire de quelques « *rénovateurs* »[642] aux municipales de mars 1989 leur en donne l'ambition. Cette nouvelle génération de « *quadragénaires* » veut « secouer le poids des notables et des états-majors »[643]. L'initiative[644] vient de Charles Millon, député maire UDF de Beley. Ils signent un « *manifeste de la rénovation* »[645]. Au RPR, c'est Philippe Séguin qui mène les « rénovateurs ». Il profite du conseil national du 9 avril 1989, pour déclarer qu'il est « *clair que ce qui est en jeu, c'est moins l'avenir de l'Europe que celui de l'opposition* »[646]. Le message est explicite et souligne la défiance vis-à-vis de la stratégie chiraquienne et celle de l'opposition, qui s'appuie sur les supposées victoires électorales et appellent à des alignements idéologiques.

Jacques Chirac, aux journées parlementaires du RPR, à Nice, réagit. Il qualifie alors « *d'absurdes* » les querelles de génération. Il condamne les rénovateurs et invite Alain Juppé à brandir la menace de l'exclusion. Il est appuyé par Charles Pasqua.

---

[642] Les municipales voient la victoire de Michel Noir, à Lyon ; Philippe Séguin, dès le premier tour, à Epinal ; mais aussi celle de Jean-Louis Borloo, Claude Malhuret, Gilles de Robien, Philippe Douste-Blazy, à Valenciennes, à Vichy, à Amiens et à Lourdes.

[643] Philippe Séguin, Itinéraire dans la France d'en-bas et d'ailleurs, Paris, Seuil, page 234.

[644] Charles Millon, dans Libération du 28 mars 1989.

[645] On trouve 6 UDF : Charles Millon, Philippe de Villiers, François d'Aubert, Bernard Bosson, Dominique Baudis, François Bayrou et 6 RPR : Michel Barnier, Alain Carignon, François Fillon, Philippe Séguin, Etienne Pinte, Michel Noir. D'autre part, les « néo-rénovateurs » vont créer « Force Unie », le 5 mars 1990. On y retrouve : François Léotard (UDF-PR), Michèle Barzach (RPR), Michel Noir (RPR), Gérard Longuet (UDF-PR), Alain Carignon (RPR), Pierre-André Wiltzer (UDF-AD), Claude Malhuret (UDF-PR), Jean-Louis Bourlanges (RPR), Patrick Devedjian (RPR). En décembre 1990, Michel Noir, Michèle Barzach et Jean-Michel Dubernard démissionneront du RPR.

[646] Philippe Séguin, intervention au conseil national du RPR, 9 avril 1989.

Entre-temps, Philippe Séguin lance « l'appel des douze »[647], qualifié, par Valéry Giscard d'Estaing, de l'appel des *« douze salopards »*[648]. En effet, Philippe Séguin appelait à *« une liste unique de l'opposition »* qui traduirait *« cette volonté de renouvellement »*[649]. Mais, il finit par abandonner cette idée tout comme une partie de ses amis rénovateurs. Il décide de rejoindre Jacques Chirac et l'idée d'une liste unique du RPR et de l'UDF. Cet abandon trouve une explication dans les sondages et les perspectives. En effet, les Français reprochent aux responsables politiques d'entretenir les divisions et de « manquer leur rénovation ». Ainsi, ils créditent une liste menée par Michel Noir, député RPR de Lyon, et Dominique Baudis, de 42% contre seulement 25%, à une liste menée, par Valéry Giscard d'Estaing. Les pourcentages atteignent même, pour les sympathisants du RPR, 43%, et 42%, pour ceux de l'UDF. En revanche, ils ne sont pas favorables à une liste autonome des jeunes dirigeants de l'opposition, à 50% contre 34%. Au RPR, le pourcentage atteint 57% et 63% à l'UDF. Enfin, ils qualifient les rénovateurs de *« diviseurs »*.

Ces sondages incitent les rénovateurs à rentrer dans le rang[650]. Michel Noir résume alors ce vent de la contestation des rénovateurs en dénonçant le tournant libéral pris par le RPR et souhaite que l'opposition soit d'accord sur un *« message européen »* qui dénonce une Europe des *« seuls marchands, assureurs ou banquiers »*[651]. Cette fronde se termine le 19 avril 1989. Les rénovateurs de l'UDF renoncent à présenter une liste, à la différence des rénovateurs centristes du CDS qui rejoignent la liste de Simone Veil.

La contestation rebondit sur le terrain de la politique parlementaire, par le dépôt d'une motion de censure[652] contre le gouvernement. Ce dernier est accusé de ne pas donner au pays *« les moyens de son ambition européenne »*. Or, si sur le fond, la motion pose bien le problème en réclamant une clarification de la politique gouvernementale dans les progrès à accomplir sur la voie d'une véritable union monétaire, et une mise au point sur le *« statut d'autonomie de la Banque de France »*, elle provoque la révolte des présidents de groupes du RPR et de l'UDF. En effet, la motion aurait dû être

---

[647] Parmi les signataires, nous retrouvons, pour le RPR : Michel Noir, Philippe Séguin, Etienne Pinte, Michel Barnier, François Fillon, Alain Carrignon ; pour le Parti Républicain, Charles Million, François d'Aubert, Philippe de Villiers ; pour le Centre des Démocrates Sociaux, François Bayrou, Bernard Bosson, Dominique Baudis. Michel Noir, Claude Malhuret, Philippe de Villiers, Bernard Bosson, Alain Carignon et Philippe Séguin étaient ministres de 1986 à 1988.
[648] Allusion faite au film de Robert Aldrich.
[649] Philippe Séguin, L'appel des douze.
[650] SOFRES, *Opinion publique, 1989*, « huit leçons de 1989, page 236.
[651] Michel Noir, Le Figaro du 23 mars 1989.
[652] La motion des 64 députés regroupe 20 députés UDC, 23 UDF et 21 RPR.

déposée, par eux. Bernard Pons, président du groupe RPR, y voit le « *cavalier seul des rénovateurs* ». Pierre Mazeaud considère cette « *attitude fractionniste fatale à la cohésion du groupe* »[653]. Jacques Toubon, ancien secrétaire général du RPR, la trouve « *scandaleuse* ». Cette motion va, à l'encontre du souhait de Jacques Chirac, de voir, sur de grands sujets, « *l'Opposition* » les aborder dans un « *esprit d'unité* »[654], comme lors de la cohabitation, entre 1986 et 1988. C'est pourquoi, il invoque le non-respect de procédure[655].

Sur le fond, cette motion de censure dérange le RPR. En effet, elle fait référence à l'union monétaire. Depuis le 17 avril 1989, Jacques Delors dépose un rapport sur la réalisation de l'Union économique et monétaire (UEM) et son corollaire : la monnaie unique. Ainsi, cette motion intervient à un moment où le Conseil européen de Madrid de juin 1989, va retenir le plan Delors comme base de discussion en vue de créer l'UEM, et de fixer la première étape de l'UEM, au 1er juillet 1990. La voie vers l'intégration économique est lancée.

Or, entre-temps, en janvier 1988, Edouard Balladur, dans son Mémorandum, avait relancé les travaux sur l'Europe monétaire. Il proposait la création d'une banque centrale européenne et une monnaie commune[656] et non unique.

Ce rapport[657] de 20 propositions pour l'Europe avait été adopté, par le Comité central du RPR, le 29 janvier 1989. Il y rappelait la volonté de ne pas « *réduire l'Europe à une zone de libre échange* » et proposait d'aller au-delà du marché unique. Pour éviter cette « *dérive* », il proposait de maintenir et de développer des politiques communes, comme la PAC. Il appelait la France à se préparer au marché unique, ce qui supposait, par contre, une réduction des dépenses publiques, des impôts, de la fiscalité... Autrement dit, il appelait à une harmonisation.

Sur le plan politique, il réaffirmait le choix du RPR de voir l'Europe devenir une « *association d'Etats* » laquelle aurait mis en commun une

---

[653] Pierre Mazeaud, Le Monde, 18 mai 1989, page 12.
[654] Jacques Chirac, *Lettre aux députés et sénateurs de l'opposition,* Paris, 30 novembre 1988.
[655] Le Monde du 19 mai 1989, page 10.
[656] Cette idée est reprise par Hans-Dietrich Genscher, patron de la diplomatie allemande, et l'Italie, devant le Parlement européen, mais aussi par le chancelier Helmut Kohl. Elle donne lieu à un accord franco-allemand, sur un projet d'une monnaie unique, le 2 juin 1988, à Evian.
[657] Rapport d'Edouard Balladur, député du RPR, présenté au comité central du RPR du 17 décembre 1988 sur ses propositions pour l'Europe.

partie de sa « *souveraineté* »[658]. Il souhaitait voir l'Europe affirmer un « *rôle politique* ». Pour ce faire, il proposait, pour une plus grande stabilité que la présidence du Conseil abandonne la rotation semestrielle et limite la bureaucratie. Sur la défense, il souhaitait que la France continue à jouer un rôle en conservant une défense « *indépendante* » que lui garantit « *la dissuasion nucléaire* »[659].

Au fond, ses propositions ne faisaient que reprendre les conditions qui avaient déterminé, le RPR, à ratifier, l'Acte Unique. Mais, elles amenaient le RPR, comme le dit Jacques Toubon, « *à rester sur un consensus européen qui ne permettait pas une véritable clarification* », en vue d'aborder les défis européens futurs. Ainsi, la motion pose un vrai problème.

Le 16 mai 1989, 192 députés la votent. Parmi eux, on retrouve Michel Debré et Robert Pandraud, ancien ministre à la Sécurité de 1986 à 1988. 79 députés de l'opposition ne la votent pas. Au RPR, l'autorité de Jacques Chirac semble affaiblie. Sur les 132 députés RPR, un tiers seulement ne vote pas la censure. Au fond, ces défections trouvent une explication dans le manque de clarification du RPR sur l'Europe, tout comme le souhait chiraquien de voir une liste unique de l'opposition se constituer, en vue des élections européennes. Cette situation ne peut amener la direction du RPR qu'à réagir.

Le 23 mai, au Sénat, Jacques Chirac reprend les choses en main, devant le groupe RPR. Il consacre l'essentiel de son intervention à l'Europe[660]. Il interpelle ceux qui, au RPR, s'interrogent sur ce qui reste des « *idées* » et des « *thèmes* » du gaullisme. Il souligne que Valéry Giscard d'Estaing n'a pas demandé au RPR « *d'avaler* » sa « *chemise* ». Au contraire, il laisse penser que c'est ce dernier qui s'est rallié aux « *conceptions* » du RPR. Cette intervention vise à rassurer le groupe RPR. En effet, entre-temps, la liste de toute l'opposition avait échoué car l'UDC s'était désistée. Dès lors, le risque était de voir au Parlement européen, plus d'élus centristes et UDF que d'élus du RPR. Ce choix réactive ceux qui souhaitent voir le RPR, concourir sous les propres couleurs. Cette décision entraîne des départs comme celui d'Yvan Blot[661]. Ce dernier en conclut que le RPR n'est pas « *en mesure de défendre l'idéal gaulliste* », mais aussi, parce que la liste d'union, menée par Valéry Giscard d'Estaing avait en son temps « *voulu phagocyter le gaullisme* »[662].

---

[658] Edouard Balladur, intervention au congrès extraordinaire du RPR au Bourget, 29 janvier 1989, page 2.
[659] Ibid., page 3.
[660] Jacques Chirac, Le Monde du 26 mai 1989, page 10.
[661] Il est membre du club de l'Horloge. Il démissionne et passe au Front National.
[662] Le Monde du 2 juin 1989, page 15.

Ces situations donnent lieu à une séance spéciale, le 3 juin[663]. Jacques Chirac fustige les rénovateurs considérant qu'ils ont « *court-circuité MM Pons et Gaudin*»[664]. Il parle d'«*escroquerie* » soulignant que, certains signataires, comme Alain Juppé ou Patrick Ollier, ignoraient l'usage que les rénovateurs allaient en faire. Il en déduit que ce genre d'action doit être suivi d'exclusion du groupe RPR et appelle Alain Juppé à brandir la menace de la sanction.

En juin 1989, Jacques Chirac, pour contenir l'unité du RPR, décide, lors d'une réunion des députés et sénateurs du RPR, à Port Marly, d'engager la rénovation de son parti et de clarifier une doctrine rendue nécessaire, suite à l'alliance avec l'UDF, pour les élections européennes[665].

2 La liste d'union RPR UDF pour les élections européennes de juin 1989

Arriver à une liste d'union de l'opposition n'a pas été chose facile. En effet, le climat frondeur des « *rénovateurs* », les rivalités au sein du RPR sur l'opportunité d'une telle liste, tout comme le choix de Valéry Giscard d'Estaing, comme tête de liste, ont été autant d'éléments déstabilisants. D'autre part, c'est simplement à une liste du RPR et de l'UDF que l'opposition parlementaire est arrivée. Or, le 29 janvier 1989, lors du Congrès extraordinaire du RPR, Jacques Chirac avait lancé l'idée que *« les différences, lorsqu'on les apprécie de bonne foi, sont plus des nuances que des divergences »*, sur l'Europe. Son propos explique l'idée que les échéances passées ont été, avant tout, « *électoralistes* » et qu'il était temps, au RPR comme à l'UDF, d'évoluer, en acceptant des compromis. Il est loin là-aussi de ses propos de 1979 (voir pages 97-99 et 112-116).

Si certains partent, d'autres préfèrent cultiver les différences et ressusciter de vieilles querelles. Yves Guéna[666], ancien Ministre et Président du Cercle Périclès, interpelle Jacques Chirac. Il l'incite à défendre les valeurs du RPR. Il souhaite que la prochaine élection européenne permette d'« *afficher l'indépendance nationale* » et que celle-ci inspire la politique extérieure de la France. Il regrette que cette campagne n'invite pas à restaurer l'indépendance nationale comme l'avait prévu le programme du RPR, en 1986. C'est pour cette raison qu'il appelle les gaullistes du RPR à ne pas

---

[663] Lors d'un comité d'orientation politique du RPR.
[664] Le Monde du 18 mai 1989, page 11.
[665] Au Comité central du 22 juin 89.
[666] Le Monde du 3 février 1989, page 2.

accepter que l'on « *touche à l'indépendance de la France* ». Au fond, il dénonce une Europe qui va vers la constitution d'une défense européenne et vers la stratégie d'une « *riposte graduée* ». D'autre part, il souhaite que le Marché unique apporte les mêmes avantages que le Marché commun, pour la France.

Quant à Christian de la Malène, président du groupe des Démocrates européens de Progrès au Parlement européen, depuis 1976, il s'interroge sur l'opportunité d'une telle liste d'union, et ce même s'il estime que les « choses ont changé ». Il déplore la « *dérive libre-échangiste* » qui risque de transformer l'Europe, en un « *supermarché* »[667]. Il redoute l'idée que l'Europe ne devienne « *un nain politique* », conséquence des « élargissements constants »[668]. Il regrette surtout le fait que « *l'on veuille se servir de l'Europe pour faire de la politique intérieure* ». Ainsi, il dénonce un « *certain opportunisme politique* »[669], dont l'unique enjeu, pour lui, réside dans le besoin de la reconquête politique, laquelle suppose de s'aligner aussi bien sur l'UDF que sur le PS de François Mitterrand.

Si le RPR arrive à l'idée d'une liste d'union, c'est qu'effectivement la réalité a changé. Les deux formations ont évolué chacune sur l'Europe. Le rapport[670] d'Edouard Balladur l'a montré, tout comme la commission chargée de « *privilégier le débat de fond, (de) chercher les convergences et les divergences qui peuvent exister sur l'Europe en dehors de toute considération politique…* »[671]. Elle a été présidée par Alain Madelin (PR) et Christian de la Malène (RPR) et a permis une synthèse des deux projets RPR et UDF, en mars 1989.

Au regard de cette synthèse, il ressort que les divergences ne concernent que les aspects politiques de la construction européenne. L'UDF souhaite « *la construction des Etats-Unis d'Europe avec la nomination, pour 5 ans, d'un président du Conseil européen* » alors que le RPR préconise « *une désignation pour 2 ans …* ». Quant à l'électorat, 32% des électeurs prêts à voter pour la liste d'union se déclarent favorables à une coopération, 32% à une confédération et 25% à un état fédéral[672]. D'autre part, un électeur sur deux est hostile à un accroissement des pouvoirs du Parlement de Strasbourg. Ils sont à 65% favorables à l'UDF, contre seulement 36%, au RPR.

---

[667] Le Monde du 3 février 1989, page 11.
[668] Ibid., page 11.
[669] Entretien avec Christian de la Malène du 27 novembre 2001.
[670] Les « *20 propositions du RPR pour l'Europe* », entérinées, au Comité central du RPR, du 17 décembre 1988.
[671] Le Monde, Ibid., page 9.
[672] Enquêtes SOFRES, du 25 au 27 mai 1989, pour Le Monde, dans *Sofres, Opinion publique 1989*, article sur l'Europe, 10, page 156.

Sur le plan monétaire, l'UDF souhaite que l'ECU devienne une véritable monnaie commune aux 12 pays, gérée par une « *Banque Centrale Autonome* ». En ce sens, elle demande « *une réforme des statuts de la Banque de France* ». Sur ce point, le RPR préconise lui aussi une monnaie commune.

Les convergences se trouvent aussi dans le renforcement souhaité de politiques communes, comme dans l'engagement d'un allégement de la fiscalité, la réduction des dépenses publiques ou la poursuite des privatisations ... La plate-forme RPR-UDF, en vue des prochaines élections européennes, « Pour une Europe Unie » [673], en avril 1989, va être élaborée à partir de cette commission.

Ainsi, ce programme affiche la volonté de « *construire l'Europe unie* »[674], ce qui suppose l'achèvement du marché unique, présenté comme la « *clé* » de la prospérité. Il y est fait référence à une « *Europe de l'excellence* » comme François Mitterrand. En revanche, le programme marque le refus d'une « *Europe du centralisme* », de « *l'uniformisation* » et de la « *réglementation* ». Il fait de 1992 le défi à relever. Ce programme se veut libéral. Toute une batterie de propositions est proposée en vue de libéraliser l'économie française en rendant « *plus performant et plus compétitif nos systèmes publics* », en réduisant le « *déficit budgétaire* », l' « *endettement* » et en adaptant « *la fiscalité* » ...

Dans ce programme, le RPR et l'UDF se montrent favorables à l'approfondissement, en vue de « *réussir les 10 politiques communes* »[675], lesquelles doivent permettre de « *bâtir une véritable Union monétaire* »[676]. Mais, le programme est aussi le fruit d'un consensus. Il ne tranche pas sur la monnaie, seul est évoqué une monnaie européenne commune, l'ECU, et encore moins l'idée de la « monnaie unique », chère à Jacques Delors (Président de la Commission européenne). Enfin, le programme est assorti d'un volet social, celui de construire une « *ambition sociale* »[677], là aussi pour rassurer la fibre sociale, au RPR.

Le programme se veut donc un plan d'action pour permettre à la France de réussir son entrée, dans le grand marché unique. Pour y parvenir, le RPR et l'UDF prône le libéralisme. C'est pourquoi, ils dénoncent la « *politique à contre-courant* » menée par le gouvernement socialiste. Au fond, la motion de Philippe Séguin trouve, en partie, sa raison d'être.

---

[673] La plate-forme RPR-UDF pour l'Europe : « Pour une Europe unie », éditée par le RPR, 8 pages.
[674] Ibid., page 2.
[675] Ibid., pages 3 à 7.
[676] Ibid., page 3.
[677] Ibid., page 4. Cette proposition apparaît en deuxième position des dix politiques communes à réussir.

Au bilan, ce programme n'a rien d'extraordinaire. Il s'adapte simplement à la donne européenne, dans le droit chemin de l'Acte Unique. Ce programme privilégie l'économique, seul facteur de consensus sur lequel sont parvenus le RPR et l'UDF. Mais, il ne fait pas de l'économique le seul *« aboutissement »*. Une place est accordée à une union politique, mais cette dernière occupe peu de place dans le programme (deux pages sur 8). Il est simplement évoqué la volonté de « construire l'union européenne », en renforçant *« l'Europe politique »*[678], par le renforcement du Conseil européen, un Président élu pour *« trois ans »*[679], le renforcement des pouvoirs législatifs du Parlement européen. Au fond, le programme propose un renforcement des pouvoirs des organes de décision au détriment des organes administratifs. Enfin, il prône l'idée une « défense commune » dans le cadre de l'Alliance Atlantique et de l'UEO. Ce qui semble contraire à l'esprit du RPR, comme le montre la volonté de voir un développement de la *« coopération bilatérale avec l'Allemagne et la Grande-Bretagne »*[680], alors que jusque-là, la France avait toujours recherché le développement d'une défense unilatérale, par la force nucléaire. Des points qu'Yves Guéna soulève.

Ainsi, ce programme marque le ralliement du RPR à la construction européenne, conséquence de la ratification de l'Acte Unique, en 1987. Le programme se résume à trois objectifs : *« faire avancer l'Union de l'Europe »*, *« préserver »* l'identité des Français et *« défendre les intérêts de la France en Europe »*. Enfin, ce programme intègre la donnée de politique intérieure avec l'idée que *« la division de l'opposition, c'est l'assurance vie du socialisme »*[681]. En ce sens, la recherche d'un consensus et un non-affrontement avec l'UDF et une opposition au socialisme doivent permettre la reconquête politique.

2.1 : Les résultats

La liste d'union RPR-UDF obtient 28.8%[682](carte n°10, page 198). Elle arrive en tête de toutes les listes. La liste socialiste obtient 23.6%. Ce résultat

---

[678] La plate-forme RPR-UDF, Ibid., page 8.
[679] Ibid., page 7.
[680] Ibid., page 8
[681] Document de campagne de l'Union UDF-RPR « Pour Représenter et Défendre la France dans une Europe Unie ».
[682] Liste L'union UDF-RPR (26 élus) :
1. Valéry GISCARD D'ESTAING, 2. Alain JUPPE, 3. François LEOTARD, 4. Michèle BARZACH, 5. Yves GALLAND, 6. Michèle ALLIOT-MARIE, 7. Jeannou

est perçu comme une victoire de Valéry Giscard d'Estaing et confirme la stratégie chiraquienne d'une liste d'union. Toutefois, laisse-t-elle penser qu'il n'y a pas d'arrière-pensées politiques ? En effet, par cette performance, Valéry Giscard d'Estaing aurait pu prétendre à la présidence de l'Europe et laisser ainsi le champ libre à Jacques Chirac, dans la perspective d'une future présidentielle.

Quant à la liste du Centre pour l'Europe, emmenée par Simone Veil et les « *rénovateurs* »[683] du CDS, elle ne totalise que 8.4%. Ces résultats montrent que ce choix de listes séparées a été sanctionné. Toutefois, les deux listes totalisent 37.2%, alors qu'en 1984, la liste unique avait totalisé 43%. Comme pour 1984, les problèmes intérieurs ont pesé sur le vote, comme le montre 53%[684] des Français. Quant à la structure du vote, elle manifeste une constante : 65% des agriculteurs ont voté pour la liste UDF-RPR. Par contre, les artisans commerçants et les cadres supérieurs ne sont plus que 32% au lieu de 53% et 48%, en 1984.

Or, la modification du contexte européen, à la fin de 1989, bouleverse l'avenir de l'Europe. Ce programme élaboré dans un contexte ne répond plus à la nouvelle donnée géopolitique. Le RPR doit se positionner, à nouveau. Dès lors, confirme-t-il ou infirme-t-il ses engagements passés ?

LACAZE, 8. Christian de LA MALENE, 9. Alain MADELIN, 10. Dick UKEIWE, 11. Charles BAUR, 12. François GUILLAUME, 13. Claude MALHURET, 14. Yvon BRIANT, 15. Marc REYMANN, 16. Jean-Claude PASTY, 17. Alain LAMASSOURE, 18. Henry HABERT, 19. Robert HERSANT, 20. Alain POMPIDOU, 21. Jean-Thomas NORDMANN, 22. Alain MARLEIX, 23. Yves VERWAERDE, 24. Jacques VERNIER, 25. Jean-Pierre RAFFARIN, 26. Pierre LATAILLADE.

[683] Liste Le Centre pour l'Europe (7 élus) :
1. Simone VEIL, 2. Jean-Louis BORLOO, 3. Adrien ZELLER, 4. Nicole FONTAINE, 5. Pierre BERNARD-REYMOND, 6. Philippe DOUSTE-BLAZY, 7. Jean-Louis BOURLANGES.

[684] Sondage TNS

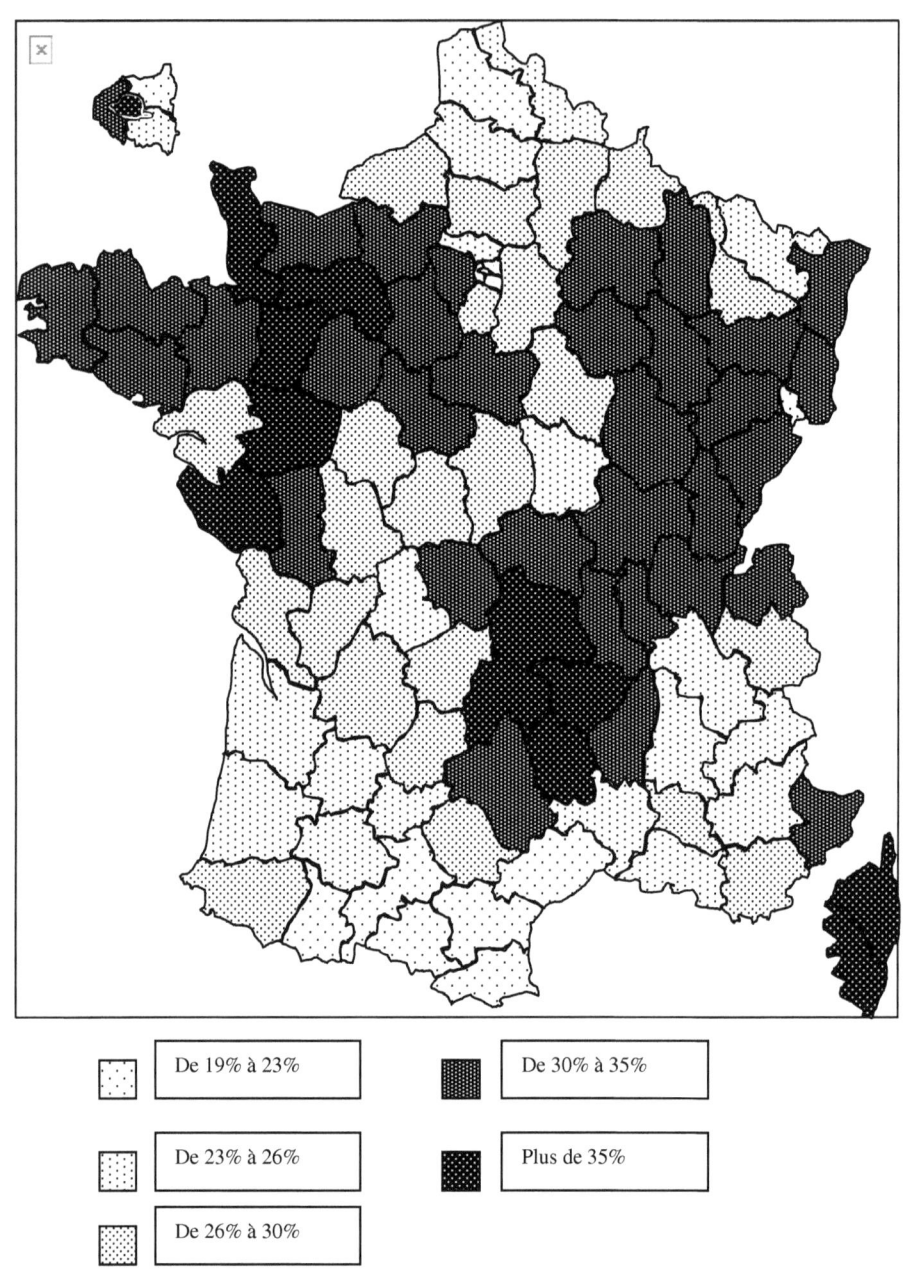

Carte n°11 : carte des suffrages exprimés, obtenus par la liste RPR-UDF, menée par Valéry Giscard d'Estaing, aux élections européennes de juin 1989.

3 Bouleversement à l'Est, bouleversement au RPR ? Un RPR entre unité et division, la recherche d'un nouveau consensus interne.

La chute du Mur de Berlin modifie les perspectives de l'intégration européenne. D'un côté, elle amène le président François Mitterrand à souhaiter l'accélérer sur le plan économique ; de l'autre, le chancelier Helmut Kohl, par souci d'ancrer l'Allemagne à l'Europe, de voir émerger une union politique. Cette situation amène le RPR à devoir réfléchir à la nouvelle position. Durant plus d'une année (1989-1991), il essaie de trouver un nouveau consensus interne, sur l'Europe.

Mais, face à l'accélération de l'intégration, il se retrouve divisé entre l'approfondissement et l'élargissement sans condition aux nouveaux pays de l'Est.

3.1 : Le RPR et l'opposition face aux évènements européens de l'année 1989

3.1.1 : Les positions face à l'action de François Mitterrand

Confiné dans l'opposition depuis 1988, le RPR sait que quelles que soient ses prises de position face à la politique européenne menée par François Mitterrand et les autres pays européens, il ne peut remettre en cause, une construction européenne en marche, différente de ses choix, sans créer une crise profonde. Toutefois, cette réalité politique ne l'empêche pas de faire entendre ses différences. Ainsi, face à l'effondrement de la RDA, l'opposition RPR-UDF dénonce *« l'inertie de la France et de l'Europe »*. Elle conteste la politique européenne qui consiste à un renforcement, de manière à raccrocher l'Allemagne. Elle souhaite donner la priorité à la réunification, et, appelle François Mitterrand à aller plus vite dans ce sens. Or, sur le moment, il semble que les analyses[685] de Jacques Chirac rejoignent les positions de François Mitterrand. Il propose au chef de l'Etat l'idée d'une réunion et d'une discussion entre les Douze, de manière à avoir une vue commune des évènements et de l'avenir de l'Europe. Mais, François Mitterrand hésite à reconnaître le mouvement de réunification comme le

---

[685] Le Quotidien de Paris, déclaration de Jacques Chirac, 3 décembre 1989.

montre son voyage à Kiev. Ce dernier est perçu comme une tentative de recherche d'appui soviétique pour parer à la réunification. Ce voyage est mal perçu à Bonn. Jacques Chirac l'utilise.

Ainsi, dans son discours à l'Assemblée Nationale, en décembre 1989, il amène à *« réfléchir sur l'évolution de la question européenne »*[686]. Il critique les prises de position du Président. Pour lui, la présidence française n'a pas donné de *« nouvelles impulsions à la construction européenne »*[687] et n'a pas préparé la Communauté comme le laissait percevoir le sommet de Strasbourg du 25 octobre 1989. En effet, il regrette que la présidence française n'ait pas préparé *« la Communauté à la phase historique »* que connaît l'Europe aujourd'hui. Il s'interroge alors sur *« finalement où allons-nous ? »*.

Malgré cette réserve, il souhaite que l'Europe économique et monétaire soit accélérée, qu'une Europe sociale soit pensée, que le couple franco-allemand demeure *« le moteur de la construction européenne »*, que l'Europe vienne en aide aux pays de l'Europe de l'Est, en les associant à la Communauté et qu'elle poursuive sur la « voie de l'union politique ».

Ces propositions lui sont dictées dans un souci de faire jouer à la France, un rôle éminent, qu'elle renoue avec un grand dessein : *« Celui d'être l'architecte principal de l'Europe rassemblée, pacifique et prospère du XXIème siècle »*. Il rejoint l'analyse de François Mitterrand. Mais, si ce dernier appelle à la *« solidarité »* avec les *« mouvements de réforme »* en Europe de l'Est, afin d'accélérer *« le déclin des totalitarismes »*, il souhaite avant tout un renforcement de la Communauté par la mise en œuvre d'une Europe économique et monétaire (EEM) et une Europe sociale.

Derrière toutes ces questions se pose un problème de fond : la réunification allemande et la possibilité de penser l'Europe différemment. En effet, François Mitterrand pense que l'Allemagne ne va plus avoir besoin du cadre européen et va se tourner vers l'Allemagne de l'Est. C'est pourquoi, il appelle au renforcement du couple franco-allemand, *« moteur de la construction européenne »*, avec un *« discours sur l'unité allemande « constructif » »*[688]. Ainsi, le conseil de Strasbourg donne un soutien à la réunification allemande à la condition qu'elle ne ralentisse pas l'intégration européenne. Helmut Kohl aurait, sans doute, préféré régler la question allemande. Mais, François Mitterrand le presse à accepter l'ouverture d'une CIG sur l'UEM, avant la fin de 1990. En contrepartie, le Chancelier allemand souhaite voir accélérer l'union politique, y voyant alors un moyen efficace pour contenir les nationalismes à l'Est. Ainsi, une deuxième CIG,

---

[686] Jacques Chirac, intervention à l'Assemblée Nationale, décembre 1989, page 1.
[687] Jacques Chirac, *« Une certaine idée de l'Europe »*, discours à l'Assemblée Nationale.
[688] Jacques Chirac, Ibid..

sur l'union politique, est arrêtée au conseil européen de Dublin du 28 avril 1990.

Quant à Jacques Chirac, au nom du RPR, il considère les conclusions du conseil de Strasbourg d'octobre 1989 comme un simple *« minimum »*. Il reproche au gouvernement de se *« satisfaire pleinement »* d'avoir réussi à convoquer une CIG sur l'UEM, alors que ce résultat ne répond pas aux problèmes de fond. Il estime que, depuis les accords de Nyborg, en 1987, l'Europe ne progresse pas. Il s'inquiète de la position de la grande Bretagne qui ne s'est pas associée à la décision commune, ce qui laisse craindre des temps difficiles. Il regrette que cette CIG ait été repoussée pour des considérations de politique intérieure, les élections en Allemagne. Il propose alors un plan d'action autour de sept axes pour renforcer la Communauté : accélérer la mise en œuvre de l'UEM et de l'Europe sociale, renforcer le couple franco-allemand qui doit rester le moteur de l'Europe en levant la suspicion qui consiste à considérer que l'Allemagne dérive vers l'Est ou représente un danger d'hégémonie comme le pense François Mitterrand, avoir un discours constructif sur l'unité allemande, accompagner le mouvement de liberté des pays de l'Est en les associant à la Communauté, continuer sur la voie de l'union politique …

Au fond, il veut éviter *« deux tentations »* ; que la construction de l'Europe n'ait *« plus de valeur »*[689], comme le pensent Charles Pasqua et Philippe Séguin et celle qui vise à *« accélérer, rigidifier une construction européenne qui serait fédérale et géographiquement limitée »*[690], comme le pense François Mitterrand. Il rappelle que le RPR est lui *« partisan de l'union de l'Europe »* sur les plans politiques, militaires, économiques et sociaux, et qu'il refuse de *« se hâter vers la construction d'une Fédération de l'Europe de l'Ouest »* laquelle *« retirerait aux Nations, l'essentiel des pouvoirs diplomatiques, économiques, monétaires, militaire, politique qui leur sont indispensables pour assurer leur indépendance »*[691]. Il considère que la France doit conserver *« l'essentiel de la maîtrise de (son) destin »*[692]. Sans doute, veut-il prévenir la force du sentiment national qui renaît à l'Est et qui pourrait s'étendre à l'Ouest.

Au regard de la situation, il préconise trois orientations pour la France, celle de poursuivre la construction européenne par l'élargissement mais aussi par l'approfondissement, de préserver l'Alliance Atlantique qui doit assurer la sécurité de l'Europe et venir en aide aux pays de l'Est sur la voie de la Démocratie. Ainsi, Jacques Chirac propose une forme de compromis.

---

[689] Ibid., page 8.
[690] Ibid., page 8.
[691] Ibid., page 10.
[692] Ibid., page 8.

Pour répondre à ce défi, il pense que la Communauté doit être confortée et consolidée, de manière à être capable de mettre en vigueur le grand marché européen. Cependant, si l'intégration est acceptée dans le cadre d'un grand marché, il se montre réservé sur le plan de la souveraineté monétaire. Comme l'ensemble du RPR, il est « *favorable à une monnaie commune, et pas unique* »[693].

Si le RPR exprime ses craintes par la voix de Jacques Chirac, l'UDF n'est pas en reste.

Valéry Giscard d'Estaing (UDF), ancien président d la République, plaide pour que la CEE poursuive « *son union sans perdre de temps* » et il émet des réserves sur le plan de réunification proposé par Helmut Kohl[694]. Même s'il souhaite accueillir « *une RDA démocratisée* ».

Au fond, c'est Edouard Balladur, au RPR, qui tranche par ses prises de position. Il entérine l'idée que de toute évidence « *l'unité allemande se fera* » et que face à ce bouillonnement, le RPR doit apporter des réponses adaptées à la situation. Un certain nombre d'évènements lui permettent d'exprimer ses vues.

3.1.2 : Le conseil national du RPR de décembre 1989

Au conseil national du RPR du 2 décembre 1989, Philippe Séguin consacre son discours à la nouvelle situation européenne. Après avoir dénoncé le manque de démocratie, au RPR, il axe son développement sur l'Europe. Il dénonce le fait que l'on « *pervertisse l'idée européenne en voulant ignorer les réalités nationales* ». Il dénonce « *le transfert des souverainetés au profit d'une technocratie supranationale* », comme le prévoit le texte du traité de Maastricht. En effet, pour lui, accepter la situation correspond à laisser la porte ouverte à d'autres transferts de souveraineté, notamment, dans le domaine politique, lorsqu'il s'agira d'union politique.

En réponse, Edouard Balladur martèle qu'il faut « *maintenir la Communauté, la perfectionner sur le plan fiscal par la création d'une monnaie commune* » et de « *l'élargir à tous les pays d'Europe de l'Est dès lors qu'ils auront consolidé chez eux la vie démocratique et l'économie de

---

[693] Ibid., page 14.
[694] En effet, ce dernier propose, dès le 28 novembre 1989, un « plan en dix points », lequel pouvait faire courir le risque de voir « une Allemagne contre une Europe » se faire jour. Cité dans Favier Pierre, Martin-Roland Michel, *La décennie Mitterrand, Tome III, Les Défis*, page 177.

marché ». Il est favorable à l'UEM, dans la droite ligne de son rapport de 1988.

Ainsi, malgré le nouveau contexte européen, il privilégie l'approfondissement sur l'élargissement. Il préconise l'accélération des deux autres étapes de l'UEM, qui prévoient la création d'une banque centrale européenne, une harmonisation des politiques monétaires et la création d'une monnaie européenne. Au fond, la réponse balladurienne est avant tout économique et ne répond pas aux nouveaux défis politiques de la fin de 1989.

C'est Charles Pasqua qui apporte une réponse politique à la situation. Il imagine une union politique qui soit « ouverte à tous les Etats membres de la CSCE ». Il souhaite la relance de la CSCE (Conférence sur la Sécurité et la Coopération en Europe). En effet, la conférence d'Helsinski, avait prévu que les pays s'engagent à respecter l'intégrité territoriale de chacun, de s'abstenir de toute intervention dans leurs affaires, et de renoncer à la force pour régler les conflits…, tout comme le développement de la coopération économique et scientifique. Cependant, la relance de la CSCE, qui est instaurée, suite au sommet de Paris, en novembre 1990, va être un échec, avec le conflit en Yougoslavie. Cette contestation masque bien les réticences de Charles Pasqua et de Philippe Séguin à une poursuite de l'Europe telle qu'elle se dessine[695].

Dès lors, la conclusion de ce conseil national est des plus consensuelles. Le RPR se prononce contre une intégration accentuée de l'Europe des Douze, il affirme son attachement au modèle confédéral ouvert à l'ensemble des Etats du continent. Jacques Chirac se doit de s'opposer à l'idée d'une *« fédération des Douze »* au profit de l' *« Union des Etats d'Europe »*. Les assises de février 1990 mettent en lumière les divergences d'appréciation.

3.1.3 : Les assises de février 1990

Ces assises ont lieu, le 11 février 1990, au Bourget. Si par deux fois, la légitimité des leaders et la direction du RPR ont été contestées, ces assises prennent une toute autre dimension, aidées par le contexte international et européen. En effet, le 7 février, le texte sur le traité de Maastricht est signé. Or, ce texte inscrit des abandons de souveraineté dans le domaine monétaire. En signant ce texte, François Mitterrand et les partenaires Européens

---

[695] Les évènements à l'Est donnent surtout une « chance historique » au conseil de l'Europe, lequel se trouve alors l' « instrument essentiel de sortie de la guerre froide », dans Le Monde du 20 septembre 1990, en menant une politique active en direction des pays de l'Est.

donnent alors une préférence à l'intégration, à l'approfondissement au détriment de l'élargissement vers les pays de l'Est et il reste dans la logique du sommet d'Hanovre des 27 et 28 juin 1988, qui lance le projet d'Union Economique et Monétaire (UEM). En adhérant à ce principe, les Etats acceptent le transfert de souveraineté d'un des domaines régaliens, par excellence, la monnaie.

Attachés à la souveraineté, l'initiative vient du clan Pasqua-Séguin. Les élections européennes de juin 1989 avaient déjà permis leur rapprochement[696]. D'autre part, au conseil national du RPR, du 8 avril 1989, Charles Pasqua avait défendu Philippe Séguin, dans sa tentative. Ce dernier lui rend la pareille, le 22 juin 1989, lors du conseil national sur l'immigration. De cette époque, ils constatent leurs points en commun et ils estiment que le RPR est en danger face aux évolutions occasionnées par le nouveau contexte géopolitique. Ainsi, préparent-ils, durant l'automne 1989, un projet de rénovation en profondeur du RPR. Ce rapprochement est qualifié par Alain Juppé de *« mariage de la carpe et du lapin »*. A la veille des assises, ils lancent une motion, profitant de ce moment offert de démocratie, de discussion, de proposition, d'échange… au RPR, suite à la rénovation du parti, entreprise par Alain Juppé. Mais, sur le fond, la démarche a une toute autre ambition. Il ne s'agit plus d'influer le RPR dans telle ou telle direction, mais de le conquérir. Cette tentative trouve son origine dans leurs analyses de la situation européenne. Ils craignent de voir dans *« la réunification allemande, la résurgence d'une superpuissance européenne… »*. Devant ce risque, ils estiment que Jacques Chirac, comme Alain Juppé et la direction du RPR sont *« trop faibles dans la défense de l'intérêt national, la souveraineté nationale… »*[697].

Dans leur discours du 11 janvier 1990, ils se prononcent pour « un nouveau Rassemblement »[698] en s'appuyant sur les évènements de l'Est. Ce discours est teinté de nationalisme. Ils saluent la libération des pays de l'Est du joug soviétique pour démontrer *« la force de la souveraineté populaire, la modernité de l'idée nationale, la dimension d'une Europe affranchie de la tutelle des blocs..… »*[699]. Ce texte leur permet de dénoncer la stratégie de l'union de l'opposition qui a amené à une perte d'identité entre *« une variété de libéraux »* ou *« une espèce de conservateurs »*[700]. Ainsi, leur idée est que

---

[696] Mais, ce rapprochement a déjà été confirmé, lors de la première cohabitation quand Charles Pasqua a été accusé dans l'affaire Malik Oussékim. Ils sont unis dans la dénonciation du libéralisme économique prôné par Edouard Balladur.
[697] Entretien avec Jacques Toubon du 21 novembre 2001.
[698] Charles Pasqua, *« Tous pour la France »*, Albin Michel, 1999, pages 137-141.
[699] Ibid., page 140.
[700] Ibid., page 140.

« *la fusion sans condition avec nos partenaires de l'opposition* »[701], va amener le RPR à perdre sa « *spécificité* »[702], et donc finir par disparaître. Ils veulent que ces assises tranchent clairement la voie que le RPR entend « *suivre dans ces années cruciales où va se décider le destin de la Nation* »[703].

Ainsi, sur le plan européen, ils souhaitent que la France renoue « *avec sa vocation européenne et universelle* » et réponde « *sans pusillanimité à l'attente des peuples européens* »[704].

Autrement dit, ils sont favorables à l'élargissement dans l'optique de la « *grande Europe* » et dans le cadre d'une confédération où la France conserverait « *la maîtrise de son destin* » et que « *sa loi* » ne soit « *dictée ni par une technocratie, qu'elle soit supranationale, ni par des intérêts particuliers, ni de nouvelles féodalités …* »[705]. Par leurs propos, ils dénoncent l'Europe qui se construit, qui suppose des abandons de souveraineté, et qui privilégie l'approfondissement.

Au fond, derrière ce discours, ils découvrent les impératifs de Maastricht et les abandons de souverainetés programmés. Ce discours est d'importance car il va mesurer leur influence sur certaines thématiques. Ils vont montrer que le RPR est attaché à la notion d'indépendance et à la souveraineté, des notions de plus en plus difficiles à ménager avec une Europe de plus en plus intégrée.

Jacques Chirac voit le danger. Il met tout son poids dans la bataille, pour sauvegarder son leadership et l'unité du RPR. Il en fait une affaire personnelle. Il n'hésite pas à considérer la motion de synthèse présentée par Alain Juppé équivalente à une question de confiance, et que, de ce vote, dépendra son avenir à la tête du RPR.

Il s'adresse personnellement aux militants[706]. Dans cette lettre, il leur rappelle qu'au cours du Conseil national du 2 décembre 1989, « *neuf textes déposés à titre individuel ou collectif* » avaient abouti à un « *rapport de synthèse* ». Mais que, le 9, Charles Pasqua[707] et Philippe Séguin ont pris une initiative nouvelle de présenter un texte. S'il ne conteste pas cette initiative, il condamne le sens donné à celle-ci qui est « *une critique très vive des dirigeants du Mouvement accusés « d'incapacité* » »[708].

---

[701] Ibid., page 140.
[702] Ibid., page 140.
[703] Ibid., page 140.
[704] Charles Pasqua, Ibid., page 141.
[705] Ibid., page 141.
[706] Jacques Chirac, « *Lettre adressée aux militants* », 12 janvier 1990.
[707] Charles Pasqua, Le Monde, « Contre l'Europe de l'apartheid », cité dans *Tous pour la France,* pages 145-150.
[708] Jacques Chirac, *Lettre adressée aux militants,* 12 janvier 1990.

Cette tentative se solde par un échec. Les militants n'apprécient pas l'attaque contre Jacques Chirac. Il sort renforcé. La motion qu'il soutient recueille 68.6% contre 31.4% à la motion Pasqua-Séguin[709].

Dans son discours des assises, Jacques Chirac souligne la nécessité pour le RPR à « *être uni* »[710]. Il dénonce des querelles qui « *divisent et affaiblissent* »[711]. Il appelle à la mobilisation en vue des élections prochaines de 1993, la seule tactique capable de permettre la reconquête du pouvoir et qui suppose l'unanimité, le rassemblement. Ce discours ne se limite pas à l'objectif de l'union, il impose une explication sur l'Europe. Elle est une fois de plus consensuelle. A Charles Pasqua et Philippe Séguin, il concède l'idée que la communauté européenne ne doit pas « *se transformer en une machine bureaucratique qui effaceraient l'essentiel, …les réalités nationales* »[712]. Il rappelle que l'Europe du XXIème siècle doit être « *l'Europe des patries rassemblées* » dans le cadre d'une « *grande Europe* »[713]. C'est une manière d'accepter les élargissements. Aux autres, il encourage le RPR à réaliser une « *véritable union économique et monétaire* », une Europe « *renforcée* » sur « *la voie de l'union économique et monétaire et sur la voie indispensable de la coopération politique et militaire…* »[714], même s'il se refuse toujours à la « *tentation bureaucratique* ». Enfin, il confirme le ralliement du RPR au libéralisme de l'acte unique.

Enfin, pour essayer de trouver une autre unanimité, Jacques Chirac lance une pétition, adressée à François Mitterrand. Il lui rappelle que la « *Constitution s'oppose à ce que l'on donne le droit de vote à des étrangers, que l'on ne doit pas essayer de passer par l'intermédiaire des directives de Bruxelles pour céder ce droit aux étrangers de la Communauté* »[715]. Mais, ce consensus autour du droit de vote des étrangers est-il suffisant pour contenir l'unité, le consensus ?

Si Jacques Chirac réussit à sauvegarder l'unité du RPR, par un consensus minimum sur l'Europe, ce dernier peut-il être suffisant à la veille de la ratification du traité de Maastricht ? Pour l'heure, le RPR définit sa stratégie européenne, lors du conseil national de décembre 1990.

---

[709] Le bureau politique du RPR, après ces assises se composent de la manière suivante : 17 sièges pour la motion soutenue, par Jacques Chirac, 4 sièges au profit des rénovateurs derrière Alain Carignon et Michel Noir, 9 sièges pour Charles Pasqua et Philippe Séguin.
[710] Jacques Chirac, « *Discours aux Assises du 11 février 1990* », page 1.
[711] Ibid., page 12.
[712] Ibid., page 4.
[713] Ibid., page 4.
[714] Ibid., page 3.
[715] Ibid., page 9.

3.1.4 : Le Conseil National de décembre 1990.

Ce Conseil national est décidé, à la veille du sommet européen de Rome du 14 décembre, lequel doit lancer les deux CIG sur l'organisation politique et économique et monétaire de l'Europe. Entre-temps, à l'Assemblée Nationale, le 10 avril 1990, Jacques Chirac avait réaffirmé ses grandes lignes et appelait à aller au-delà. Il insistait sur les *« conséquences pour l'Europe et la France »*[716] qu'allaient entraîner les évènements à l'Est. Il se demandait s'il ne fallait pas *« aller plus loin que la mise en œuvre le 1er janvier 1993 du grand marché »* en évoquant l'idée de le compléter par *« une superstructure monétaire, politique voire militaire ... qui accélérerait les transferts de souveraineté »*[717]. Il émettait aussi l'idée d'*« un pilier européen de défense »*[718].

Ce choix d'accélérer l'intégration, amène, le 10 octobre 1990, à l'Assemblée Nationale, Alain Juppé[719] à reprendre les griefs récurrents du RPR. Il souligne que l'Europe va *« à contresens de l'histoire »*[720]. En effet, la réunification allemande a eu lieu et a vu la Communauté s'agrandir, sans négociation mais simplement en vertu de la procédure d'unification. Il dénonce *« l'Europe des technocrates »*[721]. Il réagit devant la décision[722] prise par le Conseil d'Etat, le 24 septembre 1990, qui peut mettre *« au chômage technique »*[723] l'Assemblée Nationale, tout comme il dénonce les négociations du GATT défavorables au monde paysan et une Europe qui ne fait pas *« respecter les règles de la politique agricole »*. De même, il réagit devant la *« mollesse des réactions du gouvernement »*[724], suite à une proposition italienne, de voir le siège de membre permanent au Conseil de Sécurité de la France transféré à la Communauté, ce qui lui enlèverait son statut de grande puissance. Il dénonce une Europe politique qui ne progresse pas au *« même rythme que l'Europe économique »*[725].

---

[716] Jacques Chirac, Intervention à l'Assemblée Nationale, page 1.
[717] Ibid., page 6.
[718] Ibid., page 3.
[719] Alain Juppé, Allocution à l'Assemblée Nationale, 10 octobre 1990.
[720] Ibid., page 1.
[721] Ibid., page 1, dans La Lettre de la Nation magazine, n°93 du 12 octobre 1990, *« Europe des technocrates ou Europe des Mythes ? »*, page 3.
[722] Ibid., page 2.
[723] Ibid., page 2, dans La Lettre de la Nation magazine, n°93 du 12 octobre 1990, *« Europe des technocrates ou Europe des Mythes ? »*, page 3.
[724] Ibid., page 3, dans La Lettre de la Nation magazine, n°93 du 12 octobre 1990, *« Europe des technocrates ou Europe des Mythes ? »*, page 3.
[725] Alain Juppé, Ibid., page 4, dans La Lettre de la Nation magazine, n°93 du 12 octobre 1990, *« Europe des technocrates ou Europe des Mythes ? »*, page 3.

Il rappelle que le RPR considère que la France a besoin d'une « *Europe forte* » et qu'il est résolu « *à poursuivre, à approfondir, à renforcer la construction communautaire* »[726], si celle-ci s'appuie sur quatre principes qui fondent la conviction européenne du RPR : Faire « *l'union des Etats de l'Europe* » dans laquelle l'Europe traiterait des problèmes communautaires et les Etats de « *ce qui est national* »; transférer « *l'exercice de certains éléments de souveraineté* », conséquence des approfondissements, mais qui exclue « *le droit de décider de la paix et de la guerre* » et la « *responsabilité exclusive de mettre en jeu nos forces de dissuasion nucléaire* »[727], un propos en contradiction avec les propositions de Jacques Chirac ; rappeler que « *la monnaie commune ne peut pas être monnaie unique* »[728] ; Enfin de sortir l'Europe du « *champ trop aride de l'économie et de la monnaie* » en lui donnant une dimension politique, par le biais d'une « *politique étrangère harmonisée* » pour défendre des « *intérêts communs* »[729].

Ce conseil national permet à Charles Pasqua et Philippe Séguin de s'exprimer.

Dans son intervention[730], Charles Pasqua souhaite que l'Europe se conçoive de « *l'Atlantique à l'Oural* », dans le cadre d'une « *confédération de l'Europe tout entière* »[731]. Il oppose sa vision à celle d'une « *Europe fédérale à douze* ». C'est pour cette raison qu'il dénonce ce qui se trouve « *en germe dans les derniers sommets de Strasbourg, de Dublin et de Rome* »[732]. Il s'oppose à « *l'approfondissement* »[733] et prône l'élargissement, à l'Est. Pour ce faire, il prend comme argument que, jusqu'à l'Acte Unique de 1986, l'Europe s'est construite, par élargissement, mais qu'avec cet Acte, une étape supplémentaire est franchie, celle d'approfondir l'Europe des Douze. S'il dénonce l'approfondissement, il conteste surtout l'Europe économique, celle « *des banquiers, de la monnaie* », car elle suppose des transferts de souveraineté. D'autre part, il dénonce une « *Europe à deux vitesses* », qui privilégie l'approfondissement avant l'élargissement et l'économie sur le politique. Au fond, il dénonce le risque de voir l'Europe allait vers un système de nature impérial, où il n'y aurait plus l'égalité entre

---

[726] Ibid., page 6.
[727] Ibid., page 7.
[728] Ibid., page 8.
[729] Ibid., page 11.
[730] Charles Pasqua, *Interventions devant le Conseil National du RPR*, édité par l'Association de la Lettre pour un Nouveau Rassemblement, Paris, 5 décembre 1990, pages .5-15.
[731] Ibid., page 9.
[732] Ibid., page 9.
[733] Charles Pasqua, Ibid., page 10.

les composantes et le vote à la majorité, autrement dit la mise en place de hiérarchies. Par son intervention, il réaffirme une conception de l'Europe.

Quant à Philippe Séguin, il axe son discours[734], sur les problèmes d'abandon de souveraineté que pose le texte du Traité de Maastricht. Son obsession porte sur la défense de la nation et de ses attributs que sont les souverainetés monétaires, politiques, économiques, diplomatiques et de défense. Il dénonce « *une Europe qui persisterait à vouloir se faire contre les Nations et sur la ruine des Etats* »[735], « *l'engrenage des Traités* » qui masque les « *transferts de souverainetés au profit d'une technocratie supranationale...* »[736]. C'est pourquoi, il dénonce l'idée d'une Banque Centrale européenne indépendante car elle suppose « *l'abandon de la souveraineté monétaire* »[737]. Quant à la défense, il considère qu'elle doit rester « *nationale* » puisqu'elle ne peut se concevoir que si les peuples ont « *la volonté de se défendre* »[738]. Sur ce point, il émet les réserves fortes du RPR, pour qui, la solidarité euro-américaine est toujours contestée, comme la décision des Etats, de renforcer le rôle de l'UEO, dans la perspective de voir, à terme, se mettre en place une politique de défense commune, compatible avec celle de l'Alliance Atlantique. Comme Charles Pasqua, il dénonce une « *Europe fédérale ...intégrée* »[739] et prône la « *grande Europe* »[740]. Cependant, de ce conseil national du RPR, il ressort un « *manifeste pour l'union des Etats de l'Europe* »[741]. C'est une dénonciation de l'Europe, qui se construit, et qui va à « *contresens historique* »[742], puisqu'elle s'approfondit au lieu de s'élargir. Ce conseil national rappelle sa préférence pour une « *Grande Europe* » qui s'édifierait sur « *les réalités nationales* »[743]. Au fond, le RPR reste fidèle à l'union des Etats de l'Europe, une « *union (où) ne serait traitée que des questions d'intérêt communautaire* »[744]. Cependant, signe de l'évolution, il ne remet pas en cause les éléments de souveraineté exercés, en commun, tout au plus,

---

[734] Philippe Séguin, Interventions devant le Conseil National du RPR, édité par l'Association de la Lettre pour un Nouveau Rassemblement, Paris, 5 décembre 1990, pages 17-34.
[735] Ibid., page 25.
[736] Ibid., page 25.
[737] Ibid., page 26.
[738] Ibid., page 30.
[739] Philippe Séguin, Ibid., page 26.
[740] Ibid., page 33.
[741] La lettre de la Nation, n°100, 7 décembre 1990.
[742] Le Manifeste pour l'union des Etats de l'Europe, 5 décembre 1990, page 6.
[743] Ibid., page 7.
[744] Ibid., page 7.

souhaite-il que ces derniers soient « *négociés* » et « *non subis* »[745]. Ce conseil national rappelle la volonté de voir la France conserver « *le droit de décider elle-même de la paix et de la guerre ; La responsabilité exclusive de sa force de dissuasion nucléaire* »[746]. Toutefois, le propos est ambigu car il accepte aussi l'idée d'« *une coopération entre la France et la Grande Bretagne en matière de défense nucléaire* » de manière à voir l'Europe assurer sa responsabilité dans la garantie de sa sécurité.

Enfin, sur la monnaie européenne, le Conseil national souligne une préférence pour une monnaie commune, laquelle permettrait de conserver « *le pouvoir d'émettre sa propre monnaie* »[747]. Enfin, il se déclare favorable à une Europe plus « *politique* ».

Ainsi, le « *Manifeste pour l'union des Etats de l'Europe* » est une réponse au consensus trouvé sur l'Europe, comme le montre son vote, à l'unanimité, afin de réaliser une union des Etats de l'Europe qui dispose d'une monnaie commune et devienne une « *Grande Europe* ».

A la veille de la ratification du traité de Maastricht, le RPR est donc consensuel sur l'avenir de l'Europe. S'il émet des réserves sur une monnaie unique et une Europe fédérale, il affiche aussi l'acceptation d'une réelle intégration et des transferts de souveraineté. C'est sur ces bases qu'il va proposer son programme politique, « *La France en mouvement* », à ses électeurs, en octobre 1991. Entre-temps, il doit trouver un consensus avec ses alliés.

3.2 : A la recherche d'un consensus avec les centristes.

Ce souci de trouver un nouveau consensus, sur l'Europe, trouve des motivations, dans la stratégie de rapprochement, menée par le RPR, en vue de la reconquête du pouvoir dont une première étape serait une éventuelle cohabitation. Si, le consensus a été trouvé pour les Européennes de juin 1989, les changements géopolitiques et la volonté d'aller vers plus d'Europe, vers plus de fédéralisme, ont amené le RPR, l'UDF et les centristes, à travailler sur de nouvelles bases. Dès 1990, les prémices sont lancées par Edouard Balladur.

---

[745] Ibid., page 8.
[746] Ibid., p 8.
[747] Ibid., p 8.

3.2.1 : La définition d'une politique : les positions d'Edouard Balladur en cas de cohabitation

Si les bouleversements donnent lieu à des prises de positions de personnalités de l'opposition sur le devenir de l'Europe, force est de constater que les motivations essentielles du RPR se situent dans la poursuite d'un rapprochement politique et idéologique avec l'UDF. Ainsi, c'est sous couvert d'Europe, que le RPR, prépare une nouvelle cohabitation, en mars 1993. Dès lors, le sujet ne doit pas diviser.

Dès 1990, Edouard Balladur annonce la ligne de conduite à suivre en cas de future cohabitation[748]. Il la voit *« marquée par une certaine paix »*[749], alors qu'un Charles Pasqua ou un Philippe Séguin souhaitent, au contraire, une *« cohabitation musclée »*. Or, la première cohabitation a montré que, sur la politique étrangère, le président de la République en a fait son *« domaine réservé »*. De ce fait, il suggère de mettre, au Quai d'Orsay, un *« européen bon teint »*. En effet, François Mitterrand n'entend faire *« aucune concession aux tenants de la ligne dure à l'intérieur du camp gaulliste »*[750], les futurs anti-maastrichiens, à l'image de Charles Pasqua ou de Philippe Séguin. Enfin, sa stratégie répond à un souci de renforcer l'union de l'opposition. Il refuse les guerres entre les différentes composantes, ce qui amène à trouver un projet commun de gouvernement et un certain consensus sur l'Europe.

3.2.2 : Quelle politique européenne pour la France ?

C'est à l'issue d'un travail regroupant plusieurs personnalités du RPR et de l'UDF qu'un rapport collectif[751] est présenté, en mars 1991. Ce dernier fait un bilan de ce qui rassemble et divise les deux formations.

---

[748] Le Monde du 13 juin 1990, article d'Edouard Balladur.
[749] Ibid..
[750] Patrick Girard, Philippe Séguin : biographie, Ramsay, page 265.
[751] Ce document est le contenu des réflexions et des interrogations du groupe de travail piloté par Edouard Balladur et composé de cinq personnalités du RPR que sont Michèle Alliot-Marie, Edouard Balladur, Jean-Louis Debré, Dominique Perben et Nicolas Sarkozy et de deux personnalités de l'UDF, l'ancien Ministre aux Affaires Européennes du gouvernement Chirac, entre 1986 et 1988, Bernard Bosson et Edmond Alphandéry, député UDC du Maine et Loire, futur ministre de l'Economie, en 1993.

Sur la politique économique et fiscale, le rapport constate que la France « *n'est pas prête pour le grand marché au 1er janvier 1993* »[752].
Les taux de prélèvements sont trop élevés[753], les baisses d'impôt sont trop faibles, pour y remédier. Ce rapport salue les bienfaits du SME, lesquels ont permis « *d'instaurer une zone de stabilité monétaire dans la Communauté* »[754], de rattacher la France, au libéralisme, après la phase de la politique de relance engagée, en 1981, par les socialistes. Mais, il souligne que l'Europe ne peut en rester là et doit aller « *sur la voie de l'union monétaire* »[755]. Une union qui doit assurer une plus grande stabilité monétaire. En effet, la réunification allemande a provoqué un déséquilibre des finances publiques et a entraîné des taux d'intérêt élevés. Il y a aussi une volonté d'éviter que « *le poids économique de l'Allemagne* » entraîne vers une « *zone mark* »[756]. Le rapport préconise alors deux voies vers l'union monétaire, celle de la monnaie unique ou celle de la monnaie commune qui exprime les différences entre les deux formations.

Pour les partisans de la monnaie unique, sa réalisation n'est pas perçue comme un « *abandon de souveraineté monétaire* ». La monnaie unique est présentée comme une « *souveraineté exercée en commun* », ce qui laisse supposer que le transfert de souveraineté a été accepté, et que, c'est le seul moyen pour qu'une souveraineté monétaire soit « *retrouvée* »[757]. Elle permettrait de « *bâtir enfin un pôle monétaire européen jetant les bases d'un système monétaire international tripolaire* ».

Quant aux partisans de la monnaie commune, comme Edouard Balladur[758], elle permettrait de conduire à une « *forme de coopération monétaire encore plus poussée* »[759], où chacun conserverait une part de souveraineté et une liberté dans la politique économique et monétaire, comme le propose Charles Pasqua ou Philippe Séguin. En effet, ils sont réservés sur les critères de convergence exigés par Maastricht. Ainsi, la question monétaire laisse apparaître des divergences entre les deux formations.

Sur les élargissements, les conclusions du conseil européen de Dublin du 28 avril 1990 sont rappelées. Elles fixent les conditions qui subordonnent le

---

[752] Edouard Balladur, rapport sur Quelle politique européenne pour la France, mars 1991, page 2.
[753] Ibid., page 2.
[754] Ibid., page 7.
[755] Ibid., page 7.
[756] Edouard Balladur, Ibid., page 8.
[757] Ibid., page 10.
[758] La Grande Bretagne de John Major ou le gouvernement espagnol sont aussi favorables à une monnaie commune.
[759] Edouard Balladur, Ibid., page 10.

passage de la coopération à l'association (suprématie du droit, respect droit de l'homme, création du multipartisme, tenue d'élections libres, libéralisation économique en vue d'introduire l'économie de marché (accords déjà proposés à la Pologne, Hongrie, Tchécoslovaquie)). Sur ce point, le RPR qui s'était montré réservé, rompt avec ses positions de 1985. Il cite même en exemple les cas de l'Espagne et du Portugal, comme modèle d'intégration.

Quant au domaine institutionnel, le rapport évoque les pouvoirs à donner à l'Europe. Il s'interroge sur « *Quelles évolutions institutionnelles ? Quelle Europe politique ?* »[760]. L'Europe politique est présentée comme la « *question fondamentale pour l'avenir de l'Europe* ». Sur ce point, les deux formations divergent. L'UDF préfère une « *Europe fédérale et décentralisée* »[761], alors que le RPR est favorable à une « *union des Etats de l'Europe* »[762]. Ainsi, en ce qui concerne le parlement européen, le RPR souhaite que ce dernier participe à la mise au point de la législation communautaire en acquérant un pouvoir d'initiative législative. L'UDF préconise qu'il ait des pouvoirs étendus dans les domaines législatifs et budgétaires. Pour le conseil européen, le RPR souhaite une présidence portée à deux ans, l'UDF, à trois ans. Enfin, sur la défense, ce groupe constate, avec la guerre du Golfe, le désengagement américain en Europe, la réunification… les pays européens n'ont « *plus la puissance militaire nécessaire pour intervenir seul* ». Le rapport fait constater que « *l'Europe de la défense* » n'existe pas encore. Le RPR souhaite un « *rééquilibrage de l'Alliance Atlantique au bénéfice d'un pilier européen* » de manière à ce que les Européens assument une plus grande responsabilité, sous la forme de « *coopération renforcée* », sous la forme de l'UEO ou du pilier européen. Il manifeste son attachement à une certaine indépendance vis-à-vis des Etats-Unis. L'UDF souhaite aussi un « *rééquilibrage de l'Alliance Atlantique au bénéfice d'un pilier européen* » et souhaite la « *création d'une force d'intervention européenne…* »[763]. Toutefois, le RPR souhaite que, sur le plan nucléaire, la « *décision nationale soit réaffirmée* ». Ils sont favorables à une « *coopération franco-britannique en matière nucléaire et une industrie d'armement de dimension européenne* »[764].

En conclusion, le rapport démontre qu'il n'y a pas de « *divergence notable* ». Le seul désaccord se trouve sur « *la finalité de la construction européenne* »[765]. Il ressort de ce groupe de travail, une vision idéale de

---

[760] Ibid., page 16.
[761] Edouard Balladur, Ibid., page 16.
[762] Ibid., page 17.
[763] Ibid., page 20.
[764] Ibid., page 20.
[765] Ibid., page 23.

l'Europe, la voie fédérale pour l'UDF, une conception plus protectrice de la souveraineté des Etats qui la composent, le modèle confédéral, pour le RPR. Sur l'essentiel, les deux formations peuvent trouver des accords et ce groupe de travail a montré que l'Europe n'était pas *« une pomme de discorde pour l'opposition »*[766]. C'est pour cette raison qu'Alain Juppé, Secrétaire général du RPR, tente de rassurer les uns et les autres. Il dénonce ceux qui pensent que, sur l'Europe, ce sont uniquement des opérations de *« calcul électoraliste »* qui dominent.

Ainsi, il dénonce le CDS, qui prône une fédération européenne, de chercher, par la voix de Bernard Stasi et de Pierre Méhaignerie, à amener le RPR à devoir renoncer à ses convictions sur l'Europe. Alain Juppé en conclut que ces derniers se *« trompent »*, car, le RPR ne recherche pas un *« alignement idéologique »* mais *« un contrat de législature et de gouvernement »*[767]. Il souligne que cette divergence philosophique n'a jamais, par le passé, *« empêché, depuis des décennies ceux qui, tenant d'une thèse ou de l'autre, … de travailler ensemble »*[768]. Quant à l'absence du Parti Républicain de ces travaux, il conclut que « ce qui a été fait avec toute l'UDF en 1989 doit être refait en 1991 pour préparer la période 1993-1998 »[769].

Ainsi, le RPR, après avoir trouvé un consensus interne, trouve aussi, avec l'UDF, un consensus minimal. Mais, ces discordances, face à l'élargissement et à l'approfondissement, ont des conséquences. Elles vont entraîner l'UPF (Union Pour la France) à les reconnaître, en octobre 1991. Mais, pour le moment, le RPR propose un programme politique en vue de préparer les prochaines échéances électorales.

3.3 : Le Congrès du RPR : un programme

Ce congrès, qui réunit cinq mille personnes, permet de valider le programme *« la France en mouvement »*[770] d'octobre 1991. Il entérine les orientations européennes débattues, lors des Assises de février 1990 et du Conseil National de décembre 1990. Si, le RPR réaffirme son soutien à

---

[766] Alain Juppé, La lettre de la Nation, n°116, 5 avril 1991, page 3.
[767] Alain Juppé, Ibid., page 3.
[768] Ibid., page 3.
[769] Ibid., page 3.
[770] La France en mouvement : rassembler pour changer : propositions adoptées par le Congrès du RPR, 27 octobre 1991, Paris, RPR, 1991. Un rapport de quatre-vingt deux pages dont six pages consacrées à l'Europe.

« *l'unanimité à la construction européenne* », et souligne qu'il n'y a pas « *beaucoup de voix aujourd'hui qui s'opposent à la poursuite de la construction européenne*»[771]. D'autre part, il confirme les nouvelles orientations en faveur d'une « *union des Etats* »[772].

Le nouveau contexte européen, même s'il est vu comme une « *révolution* », ne doit pas, selon le RPR, bouleverser « *le contexte dans lequel pendant 40 années la construction européenne d'aujourd'hui s'est développée* »[773]. Au fond, c'est l'appel de la raison, de la durée sur l'instant. Pour définir ce programme, le RPR s'est posé un certain nombre de questions : quelle voie cette Europe doit prendre et quelles évolutions doivent être envisagées pour les institutions, l'avenir monétaire, la perspective de défense et les réponses à donner aux aspirations des nouvelles démocraties du continent.

De ces interrogations, il en ressort que le RPR reste attaché à une « *Europe fondée sur le respect des identités nationales* ». A ce titre, les évènements de l'Est, le renforce dans la « *démonstration de la force du fait national et l'aspiration des peuples à garder ou à retrouver leur mémoire, leur culture et leurs origines* »[774].

Dès lors, il se déclare favorable à une « *union des Etats de l'Europe* » mais souligne qu'elle lui est imposée par l'acte unique.

Le programme stipule qu'il accepte aussi des compétences de souveraineté exercées en commun « *librement transférées et non subreptices ou subies* »[775]. Mais, il veut voir le « *Compromis de Luxembourg* » maintenu, de manière à ce que chaque Etat puisse faire prévaloir ses « *intérêts vitaux en cause* »[776]. Au fond, il fait allusion au principe de subsidiarité. Il reste réservé et dénonce toujours l'Europe de la « *bureaucratie* ». Pour la contrer, il propose d'« *accroître la démocratie des institutions européennes* » en donnant « *un rôle prépondérant aux institutions politiques ... comme le parlement de Strasbourg, le conseil européen et le conseil des ministres* ». Enfin, il souhaite que « *les parlements nationaux* » puissent « *mieux contrôler l'activité des instances européennes* »[777].

L'avancée, la plus importante, demeure sur l'Europe monétaire. Il s'y montre favorable car, non seulement elle doit être le « *complément du grand marché* » mais surtout le moyen d'éviter une « *zone mark* »[778]. Toutefois, par

---

[771] La France en mouvement, Ibid., page 69.
[772] Ibid., pages 70-71.
[773] Ibid., page 70.
[774] Ibid., page 70.
[775] Ibid., page 71.
[776] Ibid., page 71.
[777] Ibid., page 71.
[778] La France en mouvement, Ibid., page 72.

souci d'indépendance, de souveraineté, il se montre toujours réservé sur la monnaie unique, lui préférant une monnaie commune. Cette dernière est considérée comme « *à court et moyen termes, le seul objectif réaliste* ». Sur le plan de la défense, le RPR constate qu'« *aucun pays ne peut se décharger complètement sur d'autres de sa sécurité* » et que « *la France ne peut être seule à supporter le poids de la défense européenne* »[779]. C'est une réalité car la France seule n'a plus les moyens de ses ambitions. Il souhaite une défense commune qui repose sur « *l'Alliance Atlantique* » car les « *menaces soviétiques non (pas) disparues* »[780]. C'est une remise en question réaliste de la notion d'indépendance. Cependant, sur la « *dissuasion nucléaire* », il ne souhaite pas cette « *responsabilité* » partagée. De ce fait, il se rallie à l'idée d'une « *FAR européenne composée de militaires professionnels des différents Etats* »[781]. Cette position est intéressante, elle souligne une évolution qui remet en question l'armée de conscription.

Enfin, il rompt avec ses positions de 1985 sur l'élargissement. Il est favorable à une « *intégration* » de la Pologne, de la Hongrie et de la Tchécoslovaquie[782], et ce, même s'il préfère que celui-ci se fasse « *par étapes…* », de manière à « *parvenir enfin à la grande Europe de 500 millions de citoyens* »[783].

Au bilan, le RPR propose quatre actions : « *démocratiser la communauté européenne en accroissant le rôle des institutions politiques, le parlement de Strasbourg, le Conseil européen et le Conseil des Ministres* »; doter l'Europe d'une « *monnaie commune et d'une politique commune de défense et de sécurité* »; renforcer les parlements nationaux; Enfin, l'élargissement aux « *nouvelles démocraties de l'Est* »[784].

La période qui sépare l'effondrement du Mur de Berlin du Traité de Maastricht montre que le RPR est divisé sur l'Europe comme le souligne ce programme qui donne satisfaction aux diverses tendances au RPR, même s'il souhaite des évolutions. Un consensus qui, dès avril 1991, lors d'un Conseil National[785], amène Charles Pasqua et Philippe Séguin à mettre fin à leur

---

[779] Ibid., pages 72-73.
[780] Ibid., page 73.
[781] Ibid., page 45.
[782] Ibid., page 74.
[783] Ibid., page 74.
[784] Projet du RPR, « La France en mouvement : Rassembler pour changer », congrès des 26-27 octobre 1991.
[785] La lettre de la Nation Magazine, n°118 du 19/04/1991, page 2. Lors de ce conseil national du 13 avril 1991, Alain Juppé obtient 94.78% de vote de confiance pour son rapport d'activité et d'orientation. C'est un score hautement encourageant, après trois années où la direction a été contestée. Il élargit même ses soutiens, car, en février 1990, aux assises, il n'avait recueilli que 83%.

courant considérant que « *le RPR s'est ressaisi ...* ». D'autre part, ils se satisfont d'avoir « *obtenu des primaires, ... des positions sur la sécurité, la lutte contre l'immigration, l'Europe, la défense...* ».
Toutefois, ce consensus va-t-il résister au débat sur le traité de Maastricht ?

Chapitre 4 :
Maastricht ou l'heure de vérité ?

Les trois années qui suivent l'échec de 1988 se révèlent difficiles, pour le RPR. L'évolution à l'Est remet en question le consensus européen trouvé. Pour répondre à cette situation, François Mitterrand a souhaité une accélération et un renforcement de la construction européenne que symbolise le Traité de Maastricht. Ces orientations trouvent une explication, dans la crainte de la diplomatie française, de voir l'Allemagne, donnée la priorité à la réunification et de renouer avec les pays de l'Est, au détriment de l'Europe et du couple franco-allemand. Quarante années de construction européenne auraient été remises en question. C'est pourquoi, en ce début des années quatre-vingt-dix, la construction européenne s'accélère. C'est la *« troisième relance »*. Elle suppose de franchir de nouvelles étapes, dans l'édification d'une Europe monétaire et politique. Or, cette accélération vers plus d'Europe fait ressurgir le spectre du fédéralisme. Au RPR, elle est perçue comme une menace de la souveraineté nationale comme dans la majorité des partis politiques, en France et en Europe. Dès lors, le consensus européen est remis en cause au RPR.

Certains s'interrogent sur l'avenir de la construction européenne et se demandent quelle Europe bâtir ? Doit-on favoriser l'approfondissement ou, au contraire, envisager les élargissements, au plus vite ? Poursuivre l'œuvre menée ou s'ouvrir à d'autres horizons ?

Avec sa réélection en 1988, François Mitterrand manifeste sa volonté de faire une place de choix à la construction européenne. Elle trouve une forme d'aboutissement dans le Traité de Maastricht. Avec ce Traité, la construction européenne prend une toute autre dimension et gagne en compétences. Or, ces transferts de compétences programmés deviennent une pomme de discorde, un enjeu de pouvoir sur l'avenir de la France, *« entre la nation et l'Europe »*[786]. Cet enjeu traverse le RPR, parti qui se réclame défenseur de la nation, mais aussi, l'ensemble des partis politiques. Ainsi, si les deux années qui séparent l'effondrement de l'Europe de l'Est ont vu le RPR rechercher un consensus minimum, la signature du Traité de Maastricht le remet en question.

Les nouvelles orientations du RPR, lors des Assises Nationales de février 1990, *« le Manifeste pour l'Union des Etats de l'Europe »* de décembre 1990, le programme du RPR, *« la France en Mouvement »* de 1991 se trouvent objet de contestation. Si, le consensus avait permis de faire taire le courant Pasqua-Séguin de 1990, cette étape décisive vers une Europe encore plus unie, réanime les tensions. Dès lors, comment le RPR se positionne-t-il ?

---

[786] C'est le titre d'un ouvrage de Pierre Maillard, *De Gaulle et l'Europe, entre la nation et l'Europe,* édition Approches Tallandier, 1995, 370 pages.

Les différences sont trop grandes et les convictions trop fortes pour ne pas susciter de controverses, de divisions idéologiques mettant les nécessités stratégiques électorales, hors jeu. Ces divisions idéologiques vont détériorer les relations au sein du RPR, lequel se divise en plusieurs tendances. Une tendance proche d'Edouard Balladur, modérément favorable, qui donne sa préférence à une monnaie commune plutôt qu'à une monnaie unique. Celle de Jacques Chirac et d'Alain Juppé qui se veut favorable à des transferts de souveraineté. Enfin, un pôle *« souverainiste »* autour de Philippe Séguin et de Charles Pasqua, volontiers anti-maastrichiens et s'inscrivant dans une logique de sauvegarde des souverainetés. Ainsi, si une minorité se déclare favorable aux transferts de souveraineté, la majorité s'y refuse au nom de la réalité des nations et du nécessaire élargissement aux pays d'Europe centrale et orientale, dans le droit chemin d'une « *Europe des Etats* » et de la « *grande Europe* ». Or, cet élan de « *générosité* » est l'arme souvent utilisée, par ceux, qui, *« n'osent pas dire directement qu' (ils sont) contre la construction européenne »,* et qui, se découvrent *« une passion et un remords pour les « autres Européens » qui en seraient exclus »*[787].

Ces divergences d'opinion ne sont pas seulement ou uniquement de conviction. Elles trouvent des racines dans des calculs politiques dont l'objectif est de déstabiliser l'équipe dirigeante du RPR, de manière à l'amener à changer de cap. A l'extérieur du RPR, le traité de Maastricht est une occasion, pour Valéry Giscard d'Estaing, de voir dans la division idéologique du RPR, une occasion de faire, à sa manière, l'unité de l'opposition, autour de son nom. D'autres, comme François Mitterrand voit une occasion de diviser, une bonne fois pour toute, le RPR et de le voir *« s'entredéchirer »*[788] d'où le choix de recourir au référendum. En effet, le Traité divise profondément le RPR au point de le voir *« menacer d'explosion »*[789].

---

[787] Hubert Védrine, *Les mondes de François Mitterrand, 1981-1995,* page 477.
[788] Ibid., page 554.
[789] Entretien avec Jacques Legendre du 13 juillet 2000.

1 Les préparatifs au Traité de Maastricht

1.1 : Une préparation motivée par un contexte européen bouleversé

Si, l'Acte Unique a trouvé une raison d'être, dans la crainte de voir la sécurité de l'Europe s'affaiblir, le Traité de Maastricht trouve des racines, dans le contexte géopolitique européen, né de l'effondrement de l'URSS et la réunification de l'Allemagne. Réélu en 1988, François Mitterrand veut faire de la construction européenne sa grande affaire. Tout semble s'y prêter. La construction européenne est dans une phase positive de son développement avec la réalisation du Marché unique. Helmut Kohl vient d'être réélu pour 4 ans, en 1987. Enfin, François Mitterrand peut compter sur un autre homme, utile, dans ses projets européens, Jacques Delors, Président de la Commission européenne. Ainsi, cette situation leur permet de *« pousser les feux de la construction européenne pour créer un pôle de prospérité et de stabilité »[790]*. Une autre étape du dessein européen se dessine et voit ressurgir l'idée du vieux rêve des Pères fondateurs, l'édification d'une fédération dont le gouvernement européen serait doté de tous les attributs de l'Etat-nation. Cette idée est lancée, par Hans Dietrich Genscher, dès l'année 1988, alors que, la présidence du conseil européen était exercée, par la RFA. Il proposait de créer *« un espace monétaire européen et une banque centrale européenne »,* lesquels pourraient compléter le Marché unique ce qui pourrait assurer une indépendance monétaire européenne par rapport à l'hégémonique Amérique. Cette avancée allemande, vers une monnaie unique, était symbolique d'autant que le Deutsch Mark et la Bundesbank sont les signes de la réussite économique allemande. Par cet Acte, les Allemands abandonnaient leur souveraineté monétaire, au profit d'une instance communautaire. Toutefois, cet abandon reste modeste, car l'Allemagne est déjà un espace fédéral. La Bundesbank dispose d'un pouvoir indépendant par rapport aux autorités fédérales. Si Helmut Kohl apparaît réservé sur cette idée, il faut la détermination de Jacques Delors pour arriver à réaliser l'adhésion autour de ce projet d'union monétaire. Ce projet voit deux thèses s'affronter. Si, la première vise à créer un fonds de réserve qui permettrait aux européens de coordonner leurs politiques monétaires tout en renforçant le SME avant de mettre en place une monnaie commune ; la seconde est plus ambitieuse. Elle propose que les Européens s'engagent sur le principe d'une union monétaire, respectant un calendrier en trois phases

---

[790] Pierre Favier, Michel Martin-Roland, *La décennie Mitterrand, Tome III, Les Défis,* page 182.

dont la dernière serait fixée au 1er janvier 1997 et au plus tard au 1er janvier 1999, en consacrant une monnaie unique.

Publié en avril 1989, le rapport Delors ne propose qu'une seule date, la première, celle de la libéralisation des mouvements de capitaux, au plus tard, au 1er juillet 1990. Elle prévoit l'entrée dans le SME de toutes les monnaies. Sur la création d'une banque centrale européenne et la mise en place d'une monnaie unique, il ne propose pas de date.

Le conseil européen de Madrid des 26 et 27 juin 1989 entérine le rapport Delors. Il fixe la date de lancement de la première étape. Mais, les évènements de l'année 1989 modifient le calendrier et le scénario retenu. Cette situation pose la question de savoir si la construction européenne doit poursuivre et accentuer l'approfondissement de l'Europe des Douze ou s'engager à réaliser, en priorité, la *« Grande Europe »* ? Poussé par l'Histoire, François Mitterrand veut accentuer l'intégration européenne. Il développe cette ambition au conseil européen de Strasbourg, dès 8 et 9 décembre 1989. Plus que jamais, il a besoin d'un succès à ce sommet, qu'il préside. Ce dernier est gagné grâce à l'accord franco-allemand sur la convocation avant la fin de l'année 1990 d'une conférence intergouvernementale chargée de déterminer les étapes décisives de l'union monétaire. En contrepartie, la France doit accepter l'indépendance de la banque centrale européenne, une condition exigée par l'Allemagne, en vue de l'union monétaire. Cependant, Helmut Kohl refuse de précipiter une CIG, avant l'été 1990, pour des raisons de politique intérieure. De ce fait, le projet allemand de voir une union politique des douze amorcée, dans le sens d'une fédération, est repoussé par François Mitterrand. Finalement, Helmut Kohl propose et fait décider par les Douze, le 28 mars, en vue du conseil de Dublin, le lancement d'une CIG sur l'union politique. C'est à ce Conseil européen de juin 1990 que les deux conférences intergouvernementales, la première sur l'Union économique et la seconde sur l'union politique, sont décidées.

Au même moment, le 19 juin 1990, à Schengen, la France, la Belgique, le Luxembourg, les Pays Bas et la République Fédérale d'Allemagne signent une convention sur la libre circulation des personnes, laquelle ouvre la voie à une Europe sans frontières.

En octobre 1990, au Conseil européen de Rome, le passage à la deuxième étape de l'Union Economique Monétaire est repoussé, au 1er janvier 1994. Cependant, les projets d'union politique et la nécessité d'une politique européenne de sécurité (PESC) sont confirmés.

Enfin, les 9 et 10 décembre 1991, au conseil européen de Maastricht, le nouveau Traité communautaire sur l'union politique et sur l'union économique et monétaire est conclu. C'est le Traité de Maastricht. Ce dernier est *« la dernière victoire de Jean Monnet »*[791]. En 1991, l'Europe change son *« destin »* par la décision d'Helmut Kohl, de François Mitterrand et de Jacques Delors de *« donner un signal fort au monde entier »* en dotant *« l'Europe d'une monnaie unique »*[792].

Mais en faisant le choix, la construction européenne accélère sur la voie de l'intégration, vers plus de fédéralisme, et à terme, vers une intégration plus grande dans les domaines de la défense, de la diplomatie, de la sécurité intérieure, de la justice …

Dès lors, face à cette accélération européenne, quelles positions le RPR va-t-il adopter ?

2 Un RPR divisé : « entre la Nation et Maastricht »

En 1979, si le RPR se fait le chantre de la défense de la souveraineté, quelle position doit-il avoir sur le traité de Maastricht ? Ce Traité met le RPR dans un *« réel embarras »*[793]. En effet, il révèle les divisions idéologiques du RPR sur la construction européenne, au regard de la nation souveraine qui fait le ciment du rassemblement. En effet, le RPR souffre de *« l'ombre immense de son fondateur »*[794], façonnée de *« patriotisme exigeant »*, et basé, sur la foi, dans les *« dogmes de la souveraineté »* et le mythe de *« l'exception française »*.

Or, Maastricht remet cette représentation de l'Etat-nation souverain en question, en inscrivant des transferts de compétences des plus essentiels de la prérogative de l'Etat souverain. Ces abandons *« consentis »* étaient déjà en germe dans l'Acte Unique ; ce qui fait dire, à Charles Pasqua, que c'est l'Acte unique qui va *« chambouler l'équilibre créé entre les deux thèses européennes entretenues au RPR »* en redonnant *« un regain de vivacité aux germes fédéralistes »*[795].

Sur ces bases du Traité, le RPR aurait dû logiquement s'opposer à la composante centrale du Traité, sur la mise en place de l'union monétaire et d'une banque centrale, à brève échéance. Le Traité de Maastricht concrétise l'abandon de la souveraineté monétaire, par l'instauration d'une monnaie unique. En effet, dans un contexte de globalisation, comment évoquer l'idée

---

[791] Le Monde du 23 novembre 1991, article de Jean-Marie Colombani, pages I et XV.
[792] Ibid., pages I et XV.
[793] Serge Berstein, *Histoire du gaullisme,* page 473.
[794] Le Monde du 3 juin 1992, article d'Alain Duhamel.
[795] Charles Pasqua, *« Tous pour la France »*, page 93.

d'une véritable souveraineté monétaire, militaire …? La force de l'Etat-nation a montré que seul, il est limité pour répondre à la nouvelle donne internationale, à la crise économique, aux nouveaux défis, et à la volonté de permettre à la France d'avoir une vocation mondiale que la réalité a corrodée depuis longtemps. Dès lors, retrouver l'influence et la puissance ne passe-t-il pas par une acceptation d'une souveraineté partagée ? Le débat au RPR s'engage en ce sens. Le traité de Maastricht voit plusieurs tendances s'affronter, au RPR.

Jacques Chirac se rallie à l'idée d'un monde fait de grands ensembles économiques, politiques, militaires… Pour lui, le saut décisif, le passage de l'Etat-nation souverain à une Europe unie à la souveraineté en commun, suppose le passage d'une monnaie nationale à une monnaie unique européenne. Sa conviction réside dans l'idée qu'il veut mieux partager, ensemble, des atouts de souveraineté, ce qu'il appelle le *« facteur multiplicateur de puissances »*, et de recouvrer une souveraineté plus effective, au lieu de s'apercevoir, à terme, que cette souveraineté ne veut plus dire grand chose. D'une manière générale, c'est aussi la position d'Edouard Balladur, même si ce dernier préfère une monnaie commune et une *« Europe à plusieurs vitesses »*[796].

Charles Pasqua et Philippe Séguin ne partagent pas ces analyses. Au contraire, ils sont persuadés que l'Etat-nation souverain, est toujours capable de remplir ses missions passées et à venir. Ils estiment qu'il est le seul espace géographie utile pour permettre à la démocratie de s'exprimer. C'est pourquoi, ils se lancent dans une campagne en dénonçant un Traité qui contient les germes de la supranationalité. Ils dénoncent la logique *« intégratrice »*, laquelle les répugne aux transferts de souveraineté, tout comme ils refusent de voir une *« certaine France »*, se défaire au sein d'une Europe technocratique, bureaucratique et germanique. Si Charles Pasqua concentre ses critiques sur le problème de la citoyenneté européenne aux dépens de la citoyenneté nationale et contre la gauche de François Mitterrand, Philippe Séguin inscrit sa démarche davantage dans un choix philosophique d'une autre Europe confédérale et élargie. Autrement dit, l'Europe imaginée par Charles de Gaulle. Dès lors, comment le RPR va se positionner sur le traité ?

---

[796] Le Figaro du 13 septembre 1991, *« L'architecture de l'Europe de demain »* par Edouard Balladur.

2.1 : De la nation en question

2.1.1 : Le Traité[797] en lui-même.

C'est sous la Cinquième République que l'Europe trouve une réalité politique par la mise en place d'un système institutionnel européen, dont le fondement est le Traité de Rome en 1957. Par ce Traité, une *« méthode communautaire »* est inventée, laquelle permet de pouvoir concilier les intérêts communautaires sans mettre en difficulté les intérêts nationaux. C'est ainsi, que l'on a vu se mettre en place une politique agricole commune. Mais, si Charles de Gaulle est favorable à des politiques communes, quand celles-ci servent les intérêts de la nation, il ne souhaite pas aller plus loin. Il est réservé sur des délégations de compétences, dans des domaines essentiels de l'Etat nation souverain comme la politique étrangère, la défense, mais aussi, la souveraineté monétaire. C'est pour cette raison qu'il privilégie l'idée d'une coopération organisée des Etats de l'Europe, en attendant un jour peut-être, la mise en place d'une véritable confédération, comme le prévoyait le défunt plan Fouchet de 1961. Avec Maastricht, la configuration change d'objectif en voulant une plus grande intégration des Etats. Le traité lance l'Union économique et monétaire (UEM), inscrite dans l'Acte Unique où la coopération en matière de politique économique est codifiée et dont il prévoit les réformes institutionnelles devant conduire à une Union monétaire. Ce Traité marque un progrès en mettant en place une monnaie européenne unique, d'ici la fin du siècle. Il ouvre la voie timide à une union politique.

Ainsi, ce traité dépasse l'objectif initial du traité de Rome en transformant la Communauté européenne en une Union européenne, à vocation politique. Mais, en voulant une union monétaire, les Etats doivent amener leurs économies à des niveaux suffisamment proches[798], afin de concrétiser l'idée d'une monnaie unique qui suppose l'abandon de la souveraineté monétaire nationale. Cette monnaie serait contrôlée par une banque centrale européenne indépendante, qui, pourrait être créée, au plus tard, le 1er janvier 1998. En voulant une monnaie unique, les Etats acceptent

---

[797] La lettre de la Nation, n°164 du 24/04/1992.
[798] Le Traité de Maastricht pose des cinq critères de convergence aux économies que sont : un déficit budgétaire ne dépassant pas 3% du PIB ; une dette publique inférieure à 60% du PIB ; des taux d'intérêt à long terme de deux points maximum au-dessus de la moyenne des trois meilleurs, même critère pour le taux d'inflation avec une marge de 1.5 points par rapport aux trois meilleurs taux ; le maintien de la monnaie au moins deux années sans dévaluation dans le SME.

la perte de souveraineté monétaire. Or, ce droit est un *« privilège »* des Etats souverains.

Sur le point, depuis 1989, le RPR considère que *« sans écarter à tout jamais la monnaie unique »*, il privilégie la monnaie commune comme *« seul objectif réaliste à court et moyen terme »*[799]. Ainsi, la monnaie commune a un large soutien dans les rangs RPR, comme treizième monnaie d'échange, en Europe.

Enfin, ce Traité prévoit la mise en place d'une politique étrangère et de sécurité commune, qui renforce l'aspect intergouvernemental, où certaines décisions seront prises à la majorité qualifiée, après un délai de transition où l'unanimité sera maintenue.

Au bilan, ce Traité de Maastricht est moins ambitieux que le plan Fouchet, puisqu'il reste dans le cadre d'une coopération intergouvernementale et que toute décision d'action commune se doit d'être votée à l'unanimité.

En ce qui concerne la défense, l'Union européenne définit une politique qui vise à mettre en place une défense commune qui s'appuierait sur l'Union de l'Europe occidentale (UEO). Dès 1987, sur ce point, le RPR semble se rallier. Il considère que l'Europe ne peut pas laisser reposer sa sécurité sur les seuls Etats-Unis[800].

Ainsi, il ne conçoit pas une défense sans un gouvernement européen commun et légitime. D'autre part, il rejette l'idée d'une défense, dans le cadre de l'OTAN, c'est-à-dire sous l'égide américaine. Cependant, le Traité renvoie, à plus tard, la réalisation d'une défense européenne.

Sur le plan politique, le Traité propose la création d'une citoyenneté européenne, dont la première des manifestations réside dans l'octroi du droit de vote et d'éligibilité des ressortissants de la CEE aux élections européennes et locales. Or, permettre le droit de vote aux *« étrangers »*, c'est permettre à d'autres d'avoir le pouvoir d'interférer sur les lois nationales.
Le RPR est réservé. Il exprime aussi des réserves sur la politique des visas qui passerait sous la compétence communautaire, ce qui empêcherait tout contrôle de l'immigration au niveau national et dont la décision se prendrait à la majorité. Il prône alors le maintien de l'unanimité. Le traité maintient la justice et la police dans le domaine national et développe seulement une coopération entre les gouvernements.

Sur le plan institutionnel, le Traité souhaite que la présidence du conseil, exercée, pendant six mois, représente l'union dans les domaines de la politique étrangère et de sécurité commune. Une fois de plus, le RPR y est

---

[799] Le Monde du 30 mai 1989, *« Interview d'Edouard Balladur »*, repris dans *« le projet pour la France »* du RPR et adopté au Congrès du 27 octobre 1991, page 72
[800] La Lettre de la Nation Magazine, n°165 du 01/05/1992, Conseil National, *« Concrétiser la grande vision du général de Gaulle »*, page 9.

réservé. Il ne pense pas que cette durée soit crédible pour assurer la continuité et la crédibilité de l'action extérieure de la Communauté. Il propose une durée de deux années.

Enfin, face au problème de l'élargissement, ce Traité répond-il à la nouvelle donne géopolitique européenne ? Si, les partisans des Etats-Unis d'Europe espèrent que le système aboutira un jour à une fédération, l'idée d'élargissement est rendue difficile par la situation économique, sociale et politique des nouvelles démocraties de l'Europe de l'Est. C'est pourquoi, le Traité de Maastricht ne retient pas cette éventualité. Il donne la priorité à une Europe à « *géométrie variable* » et à l'approfondissement.

Face au contenu du Traité, quelles positions, le RPR prend-il ?

2.2 : Le RPR face au Traité de Maastricht : minimiser le texte

Quand François Mitterrand annonce, le 13 décembre 1991, à l'issue du conseil de Maastricht que le texte sera l'affaire de tous, le RPR préfère attendre sa signature, prévu pour le 7 février 1992, avant de se prononcer. En effet, il ne peut *« adopter une position définitive sur les résultats de la Conférence européenne de Maastricht »*. Il se contente simplement d'affirmer sa volonté de voir se concrétiser une *« Union des Etats de l'Europe »*[801].

Dans son *« bloc-notes »*, Alain Juppé voit dans ce texte un *« problème grave »,* celui du droit de vote des ressortissants européens aux élections locales. En effet, ce sont les élus municipaux qui élisent les grands électeurs, garant de la Constitution. Il rappelle que la citoyenneté ne peut être que *« nationale »*.

Le RPR s'interroge aussi sur la monnaie, la politique étrangère, la défense des domaines de la souveraineté des Etats, par excellence. Or, le texte prévoit qu'elles seront transférées et que les décisions seront prises à la majorité.

C'est la remise en cause du Compromis de Luxembourg. D'autre part, il regrette que ce traité choisisse la *« seule logique d'approfondissement »*[802].

La position officielle du RPR va se faire attendre. En effet certaines dispositions du Traité l'embarrassent comme l'union monétaire. Dès lors, comment réussir à conserver le consensus ? En effet, accepter une union monétaire, c'est un premier pas dans l'acceptation programmée de l'abandon de la souveraineté, ici monétaire... Or, la stratégie de rapprochement, avec

---

[801] La Lettre de la Nation/Magazine, n°147 du 13/12/1991, page 3.
[802] Ibid., page 8.

l'UDF, a progressivement amené le RPR sur une « *ligne minimale* ». Il accepte une union monétaire, mais reste réservé sur la monnaie unique. Ainsi, cette position politique plus qu'idéologique, amène à penser que le RPR a rompu avec « *l'exigence gaulliste de la souveraineté nationale pour se convertir à l'européisme* »[803]. Or, cette stratégie politique de l'union semble remplir son rôle tant que le Président du RPR et la direction du RPR sont suivis par l'appareil du mouvement.

Ainsi, la direction du RPR choisit de donner « *la priorité … aux prochaines échéances intérieures* », en minimisant la portée du Traité. Le 4 juillet 1992, Jacques Chirac organise, au Palais des Congrès de Paris, une grande réunion des cadres, en vue de « *mobiliser les militants pour les prochaines élections législatives* »[804]. Il propose, une fois de plus, « *une nouvelle bataille* » politique laquelle doit permettre de « *resserrer les rangs* »[805]. Mais, en donnant la priorité à la bataille électorale au lieu d'engager « *un débat de fond* » sur l'Europe, il occasionne un ressenti émotionnel fort auprès des hommes et des femmes et des militants du RPR.

En effet, à quelques mois des législatives dont les sondages peuvent faire espérer une victoire, et où une majorité de Français est favorable à l'Europe, les dirigeants du RPR veulent éviter une polémique sur un sujet qu'ils savent sensibles chez eux, à chaque fois, que la nation est en question. En effet, le RPR est « *chatouilleux* »[806] dans ce domaine. 20% adhère favorablement à la ratification[807] alors qu'ils sont 43% contre. Si, la perspective d'une monnaie unique recueille 63% d'avis favorables que le droit de vote aux élections municipales des citoyens de la Communauté et leur éligibilité au sein des conseils municipaux recueille 49% d'avis défavorables, au RPR (56% à l'UDF). Ainsi, c'est, sur ce point, que Jacques Chirac veut axer sa critique, espérant conserver la cohésion.

Quant à Alain Juppé, dès la signature du Traité, en décembre 1991, il estime que les deux Traités signés sont d'une « *grande complexité* »[808] et qu'un certain nombre de représentants européens semblent divisés quant aux conclusions de ce dernier. En effet, si François Mitterrand affirme que ses

---

[803] Jean-Paul Bled, « *Une étrange défaite, le piège de Maastricht : lettre ouverte d'un gaulliste à Jacques Chirac* », Combats pour la liberté de l'esprit, 1998, page 9.
[804] La Lettre de la Nation- Magazine, n°175 du 10/07/1992, « Au Palais des Congrès, le 4 juillet, 2500 cadres du RPR mobilisés pour gagner les législatives », pages 6-7.
[805] Jean-Paul Bled, Ibid., page 23.
[806] La Lettre de la Nation/Magazine, n° 165 du 01/05/1992, page 9.
[807] Le Monde du 20 mai 1992, « *Le Traité et l'opinion publique* » par Jean-Marie Colombani.
[808] La lettre de la Nation/Magazine, n°147 du 13/12/1991, « *bloc notes de Juppé* », page 3.

thèses et ses idées, l'ont emportées, le Premier ministre britannique, John Major, le contredit. Alain Juppé en déduit que « *les Traités... ne sont pas figés à tout jamais* » et qu'il n'y a pas d' « *irréversibilité* »[809]. Il se réjouit de savoir que le terme de « *vision fédérale* », voulue par François Mitterrand et Roland Dumas, n'a pas été retenu par les autres partenaires, ce qui lui semble satisfaisant. Il constate que l'idée d'UEO défendue, par Jacques Chirac, depuis dix ans, est reprise, en vue de devenir « *le noyau d'un système de sécurité européenne indépendant et coopérant avec l'Alliance atlantique* ».

Enfin, dans les domaines de la politique étrangère et de la défense, il constate que le Conseil européen va continuer à prendre ses décisions, à l'unanimité, garantie du Compromis du Luxembourg.

Au fond, ces propositions correspondent aux principes du RPR. Toutefois, il estime que ce Traité n'est pas un « *événement de portée historique* », car, il laisse cette Europe « *trop repliée sur ses propres problèmes* », muette devant les évènements en URSS et en Yougoslavie, insuffisamment démocratique et d'une « *timidité dangereuse dans le partage nécessaire qui devrait conduire à l'établissement d'une zone de prospérité à laquelle participeraient les pays de l'autre Europe ...* ». Enfin, il exprime toujours une réticence du RPR, au sujet de la citoyenneté européenne.

Ce Traité est perçu comme une « *fuite en avant* »[810], par La Lettre de la Nation[811], laquelle trouve qu'il n'apporte pas de réponses aux grandes questions, à la construction d'une grande zone de prospérité et d'union entre tous les peuples et à faire de l'Europe une réalité politique, tout comme elle regrette que « *L'Europe de l'Atlantique à l'Oural* » ne soit pas la voie suivie. Elle déplore une Europe qui se renforce, qui doit entraîner des abandons de souveraineté, comme celle de la monnaie, de la politique étrangère ou de la défense qui sont « *par excellence les domaines de la souveraineté des Etats* »[812]. Elle se demande alors « *Comment une nation peut se laisser imposer par un vote à la majorité fût-il qualifié, des actions de politique étrangère ou, des actions militaires avec lesquelles elle ne serait pas d'accord* »[813]. En conclusion, elle rappelle que l'Europe fédérale est impensable pour le mouvement gaulliste.

---

[809] La lettre de la Nation/Magazine, n°147 du 13/12/1991, « *bloc notes de Juppé* », page 3.
[810] La lettre de la Nation/Magazine, n° 147 du 13/12/1991, « *Europe : La fuite en avant* », pages 6-9.
[811] Les rédacteurs en chef expriment l'opinion du RPR, sont Patrick Rizzi et Alain Parchowski.
[812] La lettre de la Nation/Magazine, Ibid., page 8.
[813] La lettre de la Nation/Magazine, n° 147 du 13/12/1991, « *Europe : La fuite en avant* », page 8.

Or, ce traité qui suppose des transferts de souveraineté, ne peut être ratifié sans une modification de la Constitution. Ainsi, le RPR veut utiliser cette opportunité pour essayer d'obtenir des garanties. En effet, il semble que les débats, à l'Assemblée Nationale comme au Sénat, soient la seule solution dans l'opposition pour se faire entendre et ce même s'il lance une pétition contre le droit de votes aux ressortissants.

Face au traité, le RPR attend des clarifications[814] avant de se prononcer sur une ratification éventuelle. Dès lors, Alain Juppé[815] pose trois conditions pour que le RPR puisse voter la ratification. Il souhaite que le parlement français soit associé aux décisions communautaires, le réexamen des dispositions sur la monnaie unique et une dérogation concernant le vote des ressortissants aux élections locales et européennes. Mais, si l'appareil du RPR cherche avant tout à « *minimiser* » le Traité, Philippe Séguin réagit sur le cœur du traité : l'avenir de la souveraineté.

2.3 : La nation et la souveraineté au cœur du débat

C'est Philippe Séguin qui met le premier le doigt sur une question fondamentale, la place de la nation souveraine, dans l'Europe que réserve ce traité de Maastricht. Il se demande comment une nation peut rester une nation souveraine quand autant de souverainetés sont déléguées à un autre pouvoir, le pouvoir européen, que va généraliser l'extension du vote à la majorité qualifiée. Déjà, au congrès du RPR, le 27 octobre 1991, quelques jours avant la signature du Traité de Maastricht, il avait fait une intervention remarquée en montrant que la France connaissait une crise plus sournoise, plus insidieuse, une « *crise morale* », « *une crise nationale* »[816].

Dès lors, il ne pense pas qu'un traitement uniquement « *par l'économique ou le social* » soit suffisant comme le suggère le Traité. Pour lui, cette crise dépasse « *le champ habituel de l'affrontement politique* » et trouve ses origines dans un « *oubli progressif des motifs qui font que nous avons un destin commun*[817] ». A cet « *oubli* », il y voit le fait que la France se soit engagée dans le processus européen, la « *nouvelle vérité* » et la « *solution aux difficultés* ». Tout ceci, l'amène à souhaiter que le RPR ait le courage de

---

[814] *La Lettre de la Nation/Magazine*, n° 147 du 13/12/1991, « *Bloc-notes du Secrétaire Général : Maastricht : des lueurs et des ombres* », page 3.
[815] *La Lettre de la Nation/Magazine*, n°155 du 17/02/1992, « *Interview d'Alain Juppé au Club de la presse d'Europe 1* », page 11.
[816] Philippe Séguin, Intervention au Congrès du RPR, dimanche 27 octobre 1991, page 1.
[817] Ibid., page 1.

dire et de proclamer qu'il est *« irréductiblement, irréversiblement, irrémédiablement attaché à la Nation »*[818]. C'est pourquoi, il insiste sur l'idée que l'Europe ne peut *« se construire sur les ruines de la Nation »*[819]. Il dénonce les transferts de souveraineté, considérant que la souveraineté est inaliénable. Il montre, en citant l'histoire immédiate, que *« les ensembles transnationaux intégrés ne se maintiennent que par la dictature totalitaire ou celle, plus douce, de la technocratie »*[820]. Il dénonce la *« nécessaire politique européenne de sécurité »*, qui est aussi une atteinte à l'*« indépendance »*, une valeur chère aux gaullistes et à leur vision de la grandeur de la France. Au contraire, il préconise le renforcement de la *« capacité de coopération et d'intervention conjointe »*, et, dénonce l'utilisation des forces humaines, comme celle *« des soldats français ... engagés sans que la Nation l'ait elle-même décidée »*. Or, ce point figure dans le projet *« La France en mouvement »* d'octobre 1991, lequel laissait apparaître en filigrane, une *« armée professionnelle »* à l'horizon de 2000. Ainsi, il y a déjà, en germe, l'opposition à l'idée d'abandonner une armée de conscription, le service national, comme le fera Jacques Chirac en 1995. Il refuse une *« CED bis »*. Il dénonce un débat européen *« éludé, confisqué, escamoté »*[821], victime de la pression du *« diktat »* des Etats-Unis, de l'Allemagne et de la Grande Bretagne, favorables à une *« libéralisation totale... du commerce international »*[822], lequel se montre favorables à la *« petite Europe des nantis née de la guerre froide »* contre la *« grande Europe »*[823]. Sa dénonciation contre l'Allemagne lui vient de sa crainte de la voir exercer une prépondérance, en Europe, et d'imposer sa *« loi »* notamment en matière économique (une politique de taux d'intérêt élevé et d'une monnaie forte). Il estime que la France y perdrait sa liberté d'action économique : les politiques de relance, de dévaluation du Franc..., des politiques dénoncées par le RPR.

Cette intervention n'est que le prélude à d'autres actions. Elle va servir de base à la campagne du *« non »* au référendum de Maastricht. Si, jusque-là, ses interventions et ses remarques touchent, en priorité, un auditoire sensible à ses messages, son action sort vite de la sphère du RPR.

---

[818] Ibid., page 3.
[819] Ibid., page 3.
[820] Ibid., page 4.
[821] Ibid., page 4.
[822] Ibid., page 5.
[823] Philippe Séguin, Intervention au Congrès du RPR, dimanche 27 octobre 1991, page 5.

Le 27 novembre 1991, dans *« le Figaro »*[824], il fait un réquisitoire cinglant contre le Traité de Maastricht dénonçant l'Acte Unique ratifié de 1986, lequel a préparé ce Traité. Il dénonce l'accélération de la construction européenne vers l'union monétaire et politique. Il présente le Traité comme un *« coup contre la France »*. Il dénonce les *« véritables abandons de souveraineté qui se préparent... »* et qui ne sont que la conséquence de la diplomatie française de *« contenir »* et de *« maîtriser »* une Allemagne renaissante.

Ses prises de position sont mal accueillies par l'appareil du RPR, davantage préoccupés par les élections législatives prochaines, l'état de l'union de l'opposition et la perspective de la présidentielle et qui a voté l'Acte unique. Il dénonce une opposition politique *« tétanisée »* qui *« élude consciencieusement une discussion dont tout indique qu'elle la diviserait »*. Ses appels ne sont pas suivis d'écho.

Face à l'inaction du RPR, il lance un appel pour défendre « l'idée de l'Europe des nations »[825]. Il dénonce avec l'appui de 25 députés (24 RPR et 1 UDF) le choix de l'Europe fédérale considéré comme un vrai renoncement[826]. Ils déclarent que *« de graves décisions vont être prises sans véritable débat, sans que la nation soit informée des enjeux réels qui sont considérables »*. Ainsi, ils formulent des vœux. Ils veulent défendre *« les droits du Parlement en matière européenne »*, et que *« la nation garde le droit imprescriptible de se déterminer librement quand ses intérêts sont en jeu sans qu'aucune majorité étrangère puisse alors lui dicter sa conduite »*[827]. Ils rappellent qu'ils ne veulent « *ni monnaie unique, ni de défense intégrée, ni de la diplomatie commune »*.

Entre-temps, Philippe Séguin fait publier un ouvrage[828], en collaboration avec Marie-France Garaud. Ils veulent éclairer sur les enjeux du Traité et exprimer une *« sorte de colère »*[829] contre un Traité qui prépare une *« future Union ... fédérale »*[830].

---

[824] Le Monde du 30 novembre 1991. Le Figaro, article de Philippe Séguin « *France, réveilles toi !* ».
[825] La lettre de la Nation, n°147 du 13/12/1991, Philippe Séguin, page 11.
[826] Parmi les signataires, Robert Galley, Pierre Mazeaud, François Fillon, Etienne Pinte, Jean de Gaulle, Franck Borotra, l'UDF Philippe de Villiers, l'ancien ministre Robert Pandraud.
[827] La lettre de la Nation, n°147 du 13/12/1991, Philippe Séguin, page 11.
[828] Philippe Séguin et Marie-France Garaud, « *De l'Europe en général et de la France en particulier* », Le Pré aux clercs, 255 pages, 1992.
[829] Ibid., page 11.
[830] Ibid., page 13.

Alors que Philippe Séguin dénonce les abandons de souveraineté, la direction du RPR ne veut pas se voir engager, dans un débat, qui risquerait de diviser.

Or, le 7 février 1992, le texte est signé par les Douze. Il nécessite des modifications des précédents traités. Il suppose une modification de la Constitution, avant sa ratification. Le RPR compte alors sur cette opportunité institutionnelle, pour exiger des garanties sur la souveraineté et, au cours des débats, voir si ses positions européennes sont entendues voire suivies. Le 11 mars 1992, François Mitterrand saisit le Conseil Constitutionnel, pour vérifier la constitutionnalité du traité. Cette difficulté contrarie les plans du Président, lequel s'il veut que le traité soit ratifié, doit tenir compte des positions des uns et des autres. Le 9 avril 1992, le Conseil Constitutionnel rend ses conclusions. Ce dernier constate que certaines dispositions[831] du traité sont contraires à la Constitution. Dès lors, pour le ratifier, il faut modifier la Constitution et tenir compte des conditions des uns et des autres.

3 Les conditions du RPR à la ratification ou comment contenir une cohésion ?

Si, le RPR veut « *minimiser* » la portée de ce traité et le voit comme une « *simple étape* ». Il préfère concentrer ses critiques sur le droit de vote des étrangers aux élections locales et européennes en appelant de ses vœux l'organisation d'un référendum[832] sur ce sujet. Il espère contenir le mécontentement et trouver un consensus sur cette idée. Tel est l'objectif de Jacques Chirac. Il insiste sur la nécessité de préserver avant tout l'unité du mouvement et celle de l'union de l'opposition. Le 15 avril 1992, à l'Assemblée Nationale, devant le groupe RPR, il indique que « *l'alternance ne se produira pas si l'opposition ne conserve pas son unité* ». Ainsi, il décide d'organiser un Conseil National du RPR, le 28 avril 1992, en vue d'énoncer les « *véritables enjeux* » de Maastricht et de proposer une ligne

---

[831] Le Conseil Constitutionnel estime que trois points sont contraires à la Constitution : le droit de vote et d'éligibilité, l'union monétaire où la politique monétaire comme les taux de change, relèvent de l'exercice de la souveraineté nationale, enfin, la politique des visas où à partir de 1996, la décision de faire entrer des étrangers non communautaires ne se fera plus à l'unanimité mais à la majorité.

[832] Le Monde du 21 décembre 1991, du 17 mars 1992, du 15 avril 1992 et du 17 avril 1992.

politique, à suivre. Entre-temps, un accord est trouvé à la réunion de l'Intergroupe de l'opposition, le 22 avril 1992.

3.1 : De la réunion de l'Intergroupe à la définition d'exigences

De cette réunion, le RPR rappelle que la construction européenne ne doit pas aboutir à une centralisation bureaucratique, fédéraliste, et, qu'ils adhéreront au Traité si des garanties sur l'exercice de la souveraineté sont obtenues. C'est ainsi que réunis, le 15 avril 1992, les deux groupes RPR à l'Assemblée Nationale et au Sénat, posent cinq exigences : Un droit de contrôle parlementaire sur les projets de règlement et de directives du Conseil, l'instauration d'un mécanisme de contrôle juridictionnel, un nouveau débat devant la représentation nationale pour le passage à la troisième phase de l'UEM, reconsidérer le droit de vote des ressortissants et enfin, sur la politique des visas, le RPR rappelle que *« les règles relatives au franchissement des frontières extérieures des Etats membres de la Communauté ne sauraient faire l'objet d'un abandon de souveraineté »*. Mais, pour embarrasser le gouvernement, le RPR *« exige »* un référendum[833].

Au fond, si le RPR trouve une unanimité derrière ces exigences, elles masquent une réelle position ambiguë, qui donne des garanties à tout à chacun, tout en laissant persister les divergences de vues. Si l'unanimité semble obtenue, Charles Pasqua ne souhaite pas qu'un accord intervienne sur la révision de la Constitution[834]. Curieusement, La Lettre de la Nation ne retranscrit que deux de ces exigences. La première souhaite que le Parlement national reste le gardien vigilant d'une construction européenne et puisse avoir un droit de regard sur tous les projets de textes européens. La seconde exprime l'hostilité du RPR, au droit de vote des citoyens de l'union. En effet, sans doute, est-ce sur ces deux points que l'UPF se trouve elle-aussi en accord, lors de la réunion de l'intergroupe du 22 avril 1992. En arrivant à une position commune, l'opposition espère voir si François Mitterrand n'a pas d'arrière-pensées. En effet, souhaite-t-il faire progresser l'union de l'Europe, dans l'unité de la nation ou faire de *« une machine de guerre destinée à tenter de diviser l'opposition républicaine »*.

L'unanimité permet de préparer un ensemble d'amendements. La seule pierre d'achoppement concerne la procédure par laquelle la révision

---

[833] Le Monde du 17 avril 1992, *« Le débat sur la ratification du traité de Maastricht : Le RPR « exige » que la révision de la Constitution soit soumise à un référendum »*, page 7.
[834] Ibid., page 7.

constitutionnelle doit se faire. Si, la voie référendaire a la préférence du RPR, l'UDF préfère la voie du Congrès. Or, sur ce point, la décision relève exclusivement du choix du Président de la République. Ce dernier choisit la voie du Congrès. En effet, à la différence d'une loi ordinaire, un projet de révision constitutionnel doit être voté, dans les mêmes termes, par les deux assemblées, avant d'être soumis à une approbation définitive par le Congrès ou par référendum. Or, la situation est complexe, ce qui peut expliquer ce choix. En effet, la ratification va se dérouler dans un contexte difficile sur le plan économique que montre la hausse continue du chômage ou l'impuissance de l'Europe dans le conflit en Ex-Yougoslavie où la cacophonie règne.

Si une unanimité semble trouvée dans l'opposition, il n'en demeure pas moins que Jacques Chirac, devant l'ambiguïté du Traité qui oscille entre *« une union d'Etats souverains »* et les *« Etats-Unis d'Europe »*, souhaite que son mouvement ne se divise pas. Il organise alors un autre conseil national, au cours duquel, sont expliqués les *« véritables enjeux »* du Traité et la ligne politique préconisée.

3.2 : Jacques Chirac: « Faire l'Europe sans défaire la France »[835].

Pour maintenir l'unité de son mouvement, Jacques Chirac tente de fixer une ligne politique devant la montée des partisans de la non-ratification du Traité. Ceci l'amène à voir comment *« faire l'Europe sans défaire la France ? »*[836]. C'est ainsi qu'il estime que ce texte est *« touffu, long, complexe et surtout ambigu »*. Il le présente comme un *« petit monstre »*[837]. Sa complexité réside, dans le fait, qu'il est *« le fruit de compromis entre les partisans de deux visions très différentes de l'Europe »*[838]. Devant la complexité du Traité et les divergences de vues au sein de son mouvement, il reprend un leitmotiv, le contre l'Europe fédérale, appelant à souhaiter *« obtenir des garanties nécessaires contre la dérive centralisatrice et bureaucratique... »*. Tel semble être le sens qu'il donne au débat sur la réforme de la Constitution. Dans l'état, il pense que le projet de loi serait donner un *« blanc seing à tous les transferts de compétence qui seraient jugés nécessaires à l'établissement de l'union économique et monétaire*

---

[835] La lettre de la Nation, n°163 du 17/04/1992, *« Déclaration de Jacques Chirac »*, page 2.
[836] Paradoxalement, cette expression est une reprise d'un propos de Michel Debré, à la veille des Européennes de 1979. Voir La lettre de Michel Debré, pages 10-12.
[837] Jacques Chirac, réunion des délégués régionaux..., page 5.
[838] La lettre de la Nation, n°163 du 17/04/1992, page 2.

européenne, autrement dit ce qui revient à vider totalement de sa substance le concept de souveraineté nationale ». Il formule alors cinq propositions préalables à la modification de la Constitution. Il ne souhaite pas que le parlement français soit mis hors du « *jeu dans les décisions de nature communautaire* », que le principe de subsidiarité soit reconnu, par la Constitution, que le passage à la troisième phase de l'union économique et monétaire (la monnaie unique) soit précédé d'un nouveau débat, devant la représentation nationale. Pour parer à l'hostilité de certains du RPR. Il pose une condition celle que les électeurs d'autres pays, ne puissent voter que, lors des élections européennes. Enfin, sur la sécurité intérieure des Etats, il souhaite que les règles ne fassent pas l'objet d'un abandon de souveraineté générale par la politique des visas[839].

Ces cinq propositions sont les conditions du RPR pour qu'ils votent favorablement la réforme de la Constitution. A cela, il souhaite que le peuple soit directement consulté par référendum, s'agissant de la Constitution. En posant ces conditions, Jacques Chirac espère donner satisfaction à la contestation. Mais, derrière son intervention, il faut y voir les enjeux politiques à venir. L'Union ne peut gagner les élections, si elle est divisée, et, exclus du pouvoir, elle peut difficilement influer sur la politique européenne.

D'autre part, pour lui, « *l'indispensable union de toute l'opposition* »[840] est la solution pour mettre un terme, au socialisme. Cet objectif semble avoir été « *atteint* »[841] grâce aux interventions de personnalités marquantes du RPR, comme Alain Juppé et Edouard Balladur. Ces derniers considèrent, finalement que, ce Traité n'engage pas « *l'Europe sur la voie supranationale* »[842] et se déclarent favorables au Traité, malgré ses imperfections. Alain Juppé, secrétaire général du RPR, considère alors que « *l'unité du Mouvement... n'est pas en péril* » et souhaite que le Mouvement arrête « *sa position définitive sur ce Traité* », seulement après le débat parlementaire sur la réforme de la Constitution. Georges Broussine confirme le propos en constatant que « *la cohésion du Rassemblement* »[843] a été obtenue.

---

[839] En effet, le Traité prévoit l'application de l'article 100C en matière de visa, c'est-à-dire l'harmonisation des législations nationales. Or, parmi elle, est visée la politique d'immigration.
[840] La Lettre de la Nation/Magazine, n°163 du 17/04/1992, page 2.
[841] La Lettre de la Nation/Magazine, n°165 du 01/085/1992, consacrée à Maastricht et au conseil national du 28/04/92, intitulé « *Maastricht : les vrais enjeux* », « *quelle France pour quelle Europe ?* ».
[842] La Lettre de la Nation/Magazine, n°165 du 01/05/1992, Chronique de Georges Broussine, page 4.
[843] Ibid., page 4.

Cette position est motivée, par ce souci de ne pas mettre en péril l'unité du RPR, mais aussi qu'il apparaisse uni, lors du vote sur la réforme constitutionnelle. C'est pourquoi, il souhaite avant tout que « *la liberté de chacun ne (soit) pas entravée* ». Cependant, il dénonce les opposants au Traité, ceux qui veulent « *diaboliser* » Maastricht. Il pense qu'ils « *se trompent* » et qu'ils font le jeu de François Mitterrand. Tout comme Jacques Chirac, il ne pense pas que ce Traité conduise « *inexorablement à l'abaissement de la Nation* » car « *aucun Traité n'a jamais détruit une nation* »[844]. Or, sur cette réforme, le RPR est divisé entre ceux qui mettent l'accent sur le danger d'un abandon incontrôlé de la souveraineté, et, ceux qui, préfèrent voir les espoirs, qu'offre une Europe en marche. Lors de ce Conseil National, il semble que le seul opposant « *majeur et résolu*»[845] à la ratification ait été Philippe Séguin.

Toutefois, il faut noter le propos de Charles Pasqua, qui, lors d'une interview, sur Europe 1, interpelle le Président, en indiquant qu'il ne votera pas la ratification si le droit de vote des étrangers n'est pas retiré[846]. Son propos ne peut passer inaperçu, en qualité de président du groupe RPR, au sénat.

A l'issue de ce conseil national, qui n'a donné lieu qu'à une « *libre discussion, non suivie d'un vote* »[847], Jacques Chirac rappelle les dispositions qu'implique la révision de la Constitution : la monnaie unique, la délivrance des visas et le droit de vote des ressortissants européens. Jacques Chirac réaffirme son souhait de voir les Français consultés par référendum. D'autre part, il souhaite cristalliser sur l'inopportunité de donner le droit de vote aux ressortissants, se demandant « *en quoi la possibilité donnée à un million d'Européens de voter en même temps que 37 millions de Français confortera la construction de l'Europe* »[848].

D'autre part, il réitère son souci le plus important, l'union de l'opposition.

Pour lui, elle est une « *nécessité* ». Comme il le dit : « *depuis plus de dix ans, j'ai tout fait pour préserver l'unité de notre Mouvement, malgré les turbulences, de même que j'ai travaillé sans relâche à construire l'union de l'opposition* »[849] avant de conclure que malgré ce Traité, il ne faut pas se tromper « *ni d'époque, ni d'adversaires* »[850]. Alain Juppé lui emboîte le pas.

---

[844] La Lettre de la Nation/Magazine, n°165 du 01/05/1992, page 3.
[845] Ibid., page 9.
[846] Ibid., page 9.
[847] La Lettre de la Nation/Magazine, n°163 du 27/04/1992, page 4.
[848] La Lettre de la Nation/Magazine, n°165 du 01/05/1992, page 8.
[849] Ibid., page 9.
[850] La Lettre de la Nation/Magazine, n°165 du 01/05/1992, page 10.

Pour lui, son « *oui à Maastricht* »[851] vient des réponses qu'il s'est données à trois questions : Le Traité est-il un bon Traité ? Enclenche-t-il un engrenage inéluctable qui conduirait à un Etat supranational, centralisé et bureaucratique ? Tout bien pesé, Maastricht justifie-t-il que nous risquions de perdre les législatives ? Or, à ces trois questions, sa réponse est non, mais ce non est conditionnel car il souhaite que des garanties soient données sur le renforcement du rôle du Parlement sur les questions européennes, sur les conditions à poser à l'extension du droit de vote.

Pour lui, Maastricht n'est pas « *l'apocalypse* ». Il en déduit que ce Traité est simplement une nouvelle étape dans la construction communautaire, même si elle est « *lourde d'inconnues* ». Il dénonce l'idée que le traité signifie « *la fin de nos institutions* » et « *la mort de notre pays* »[852].

Quant à Georges Broussine[853], s'il admet que Philippe Séguin a dénoncé les risques, il souligne que « *son discours ne s'inscrivait pas dans un projet politique* »[854]. Il voit, dans ses positions, une remise en cause de l'« *acquis communautaire réalisé depuis la mise en place du Traité de Rome par Charles de Gaulle* »[855] et le risque de voir le Rassemblement « *isolé et impuissant* ».

Au bilan, il ressort que le choix du RPR est clair et satisfait toutes les tendances autour d'une « *Union d'Etats souverains* »[856]. Il se déclare contre une « *Europe fédérale* » qui supplante peu à peu les Etats dans leurs principales compétences. Il refuse les « *Etats-Unis d'Europe* ». Ainsi, ces exigences se résument à des garanties et des clarifications du gouvernement sur la monnaie unique et le droit de vote des ressortissants européens.

En effet, un sondage[857] réalisé auprès des sympathisants RPR indique que 51% d'entre eux sont favorables au renforcement de l'Europe envisagée, contre 38%. Mais, si une certaine unanimité semble avoir été trouvée au cours de cette réunion, il ne semble pas que cette dernière ait réellement permis d'obtenir un consensus suffisamment fort, en vue de faire accepter la modification de la Constitution. C'est ainsi que le débat va se poursuivre, à l'Assemblée Nationale.

---

[851] Ibid., page 10.
[852] Ibid., page 10.
[853] Il est éditorialiste à « La lettre de la Nation ».
[854] La Lettre de la Nation/Magazine, n°165 du 01/05/1992, « *Allocution de Juppé* », page 10.
[855] La Lettre de la Nation/Magazine, n°165 du 01/05/1992, page 10.
[856] La Lettre de la Nation/Magazine, n°163 du 17/04/1992, « *Faire l'Europe sans défaire la France, Bloc-notes d'Alain Juppé, Secrétaire Général du RPR,* page 3.
[857] Le Monde du 3 décembre 1991.

3.3 : De l'exception d'irrecevabilité à la modification de la Constitution

Les débats, en vue de la modification constitutionnelle, débutent le 5 mai 1992, à l'Assemblée Nationale. Ils vont être le reflet des divisions politiques au RPR, au-delà d'une apparente image d'unité. La discorde a déjà eu lieu, en avril 1992, quant Pierre Mazeaux, député RPR de Haute-Savoie, souhaitait déposer une motion de censure en exception d'irrecevabilité, en préalable à la discussion du projet de loi constitutionnelle et sur le fait que le titre d'« *union européenne* » devait être ajouté, à la Constitution. Mais, Jacques Chirac et Bernard Pons avaient réussi à le faire renoncer à son idée. Ainsi, dans l'hémicycle, le RPR va défendre seulement deux amendements, présentés par le même Pierre Mazeaud et Jacques Toubon. Le premier concerne l'article 2 du projet, qui rend les ressortissants européens électeurs et éligibles, le second porte sur les traités internationaux et où le RPR souhaite que ces derniers ne l'emportent pas sur les lois qui leur sont antérieurs. Ils proposent aussi un amendement qui vise à permettre à soixante députés ou sénateurs, de saisir le Conseil Constitutionnel, avant la ratification d'un engagement international. Ils souhaitent aussi que soit précisé que la Communauté exerce ses compétences en matière d'Union économique et monétaire mais pas dans les domaines budgétaires et fiscaux, lesquels doivent rester de la compétence nationale[858].

Mais, avant le débat, la commission des lois rejette les amendements du RPR. Le groupe RPR décide alors un vote personnel sur le projet de loi, comme le demande Bernard Pons, son président de groupe. Cet incident permet sans doute à Philippe Séguin, contrairement à Pierre Mazeaux, de s'inscrire, sans le consentement de Bernard Pons, pour la discussion prévue, le 5 mai, au sujet du projet de loi constitutionnelle (n° 2623) et de déposer en son nom propre une exception d'irrecevabilité, considérant que le texte proposé n'est pas conforme à la Constitution. Philippe Séguin a le soutien d'Etienne Pinte, de François Fillon. Son collègue Charles Pasqua ne le suit pas. En effet, l'homme est plus intéressé, par la présidence du Sénat que par le débat européen. Il se contente de faire publier un article dans *« Le Figaro »*, dans lequel il souhaite que *« l'opposition ne se trompe pas de combat »*. C'est donc à 16h00, que débute le débat.

Après les interventions de Roland Dumas (Ministre des Affaires Etrangères), Martin Malvy, Elisabeth Guigou, Michel Pezet, Georges Hage, Pierre Méhaignerie et Charles Millon, Philippe Séguin intervient, vers

---
[858] La Lettre de la Nation/Magazine, n°166 du 08/05/1992, page 10.

22h30, pendant 152 minutes. Son discours[859] est essentiellement consacré à la défense de la souveraineté nationale que menace le Traité. Il affirme qu'avec Maastricht, tout va se décider à Bruxelles, il souligne que *« quatre-vingts pour cent de notre droit interne sera d'origine communautaire »*. Il met le doigt sur une question fondamentale, la place de la nation souveraine en Europe. Il se demande : comment rester une nation si tant de souveraineté sont déléguées à l'Europe ? Il fonde son irrecevabilité sur le fait que *« le projet viole…le principe en vertu duquel la souveraineté nationale est inaliénable et imprescriptible »*[860]. Il souligne que *« la souveraineté ne se partage pas, ne se divise pas »*.

La position de Philippe Séguin entraîne une discorde, à droite, notamment dans les rangs des centristes. Pierre Méhaignerie (CDS) lui reproche d'annoncer *« une débâcle »* et de mettre en doute l'action des divers gouvernements, des divers chefs de gouvernement et chefs d'Etats, depuis 40 ans.

Quant à Charles Millon, ancien complice de Philippe Séguin, il lui reproche de dénoncer une situation alors que lui-même, ministre du gouvernement de Jacques Chirac, de 1986 à 1988, avait appelé à voter pour l'Acte Unique. Si les centristes se manifestent, dans les rangs du RPR, aucun ne prend la parole. Sans doute est-ce la conséquence de la liberté de vote, à moins qu'à une année des législatives, ces derniers aient trouvé bon de ne pas se manifester en allant, à l'encontre de la ligne officielle du RPR ? D'autre part, un certain nombre d'entre eux ne sont pas venus à l'Assemblée Nationale l'écouter, comme Jacques Chirac, Alain Juppé ou Edouard Balladur. Au bilan, le RPR sort affaibli de cette prestation.

3.3.1 : Le RPR divisé sur l'exception d'irrecevabilité

En effet, si cette exception d'irrecevabilité est rejetée par 396[861] voix, 101 voix se reportent sur Philippe Séguin. Ce résultat n'est pas sans conséquence dans les rangs du RPR. Pour Jacques Chirac et Bernard Pons, la surprise est désagréable.

---

[859] Le Figaro du 23 avril 1992. Philippe Séguin, le 5 mai 1992. Ce discours fait l'objet par la suite d'une publication aux éditions Grasset, sous le titre *« Discours pour la France »*. Le discours est consultable sur le site internet du sénat, www.senat.fr/evenement/ revision/revision_constitution.html, dans la rubrique : Traité de Maastricht.
[860] Philippe Séguin, le 5 mai 1992, page 11.
[861] Le Monde du 13 janvier 1993.

En effet, ce score manifeste l'audience rencontrée par Philippe Séguin, lequel a su mettre le doigt sur les thèmes chers aux « *néo-gaullistes* » et de mettre en situation délicate la position officielle du RPR. Sur 126 députés RPR, 57 ont soutenu son initiative.

Mais, le 12 mai, le texte de révision constitutionnelle est adopté, en première lecture, par 398 voix. Le non ne recueille que 77 voix et les abstentionnistes, 99 voix. Il semble que le mouvement Séguin ait été victime d'un certain essoufflement, et, que l'appareil du RPR ait mis toutes les formes nécessaires pour contrer la manœuvre. En effet, Edouard Balladur appelle le gouvernement à ce « *qu'on écoute l'opposition* »[862], pour favoriser la ratification. D'autre part, lors des débats, le RPR a mobilisé des juristes pour s'exprimer sur le texte, comme Nicole Catala, Pierre Mazeaux, Jacques Toubon.

Ainsi, à l'issue de la discussion à l'Assemblée Nationale, le RPR constate que « *le gouvernement a fait des concessions* », sur la finalité de la construction européenne où il sera inscrit dans le projet que la France participe à « *l'union européenne constituée d'Etats qui ont choisi librement... d'exercer en commun certaines de leurs compétences* », selon l'amendement Lamassourde ; De même, le droit du Parlement français d'être associé aux décisions communautaires est acquis. Seul, l'article sur le droit de vote des ressortissants européens n'a pu être supprimé. Mais, ce résultat semble avoir décidé un vote en faveur de ce texte. Ce dernier doit alors être adopté, dans les mêmes conditions, au Sénat.

Dans la nuit du 16 au 17 juin, le sénat vote par 192 voix pour, 117 contre et 5 abstentions. Ce vote traduit, sans doute, l'influence de Charles Pasqua, président du groupe RPR, au sénat. En effet, ce dernier s'était, le 2 juin, déclaré « *favorable sinon aux accords de Maastricht eux-mêmes, du moins à leur ratification au nom du rôle et de la responsabilité éminente de la France dans le processus d'unité européenne* ».

Ainsi, le projet de révision constitutionnelle, préalable à la ratification des accords de Maastricht, est adopté.

Cependant, le « *non* » danois du 2 juin 1992 change le sens du débat et amène François Mitterrand à prendre le risque d'organiser un référendum[863]. Au RPR, on pense que le « *non danois* » doit amener à une « *renégociation inévitable* »[864]. Il appelle le gouvernement à « *renoncer à l'introduction du*

---

[862] La Lettre de la Nation/Magazine, n°166 du 08/05/1992, lors de son intervention au Club de la presse sur Europe 1, page 9.
[863] Gérard Bossuat, *Faire l'Europe sans défaire la France : 60 ans de politique d'unité européenne des gouvernements et des présidents de la République française (1943- 2003),* page 180.
[864] La Lettre de la Nation/Magazine, n°170 du 05/06/1992, *« Les Danois disent non à Maastricht »,* page 2.

droit de vote des ressortissants »[865]. Alain Juppé remet en cause la discussion parlementaire, considérant que les *« clauses qui justifiaient la révision sont caduques »*[866]. Il dénonce une Europe *« peau de chagrin »* qui est en train de se construire.

De leur côté, en seconde lecture, dans la nuit du 18 au 19 juin, les députés votent le projet, par 388 pour, 43 contre et 2 abstentions. A la différence du 5 mai, les députés RPR étaient invités à ne pas prendre part au vote ; Le Traité étant devenu inapplicable. Mais, sur le fond, cette position officielle du RPR est proposée afin d'éviter l'éclatement du mouvement, sur le vote.

Enfin, le 23 juin à Versailles, réunis en congrès, le RPR se prononce pour la *« non-participation hostile »*[867], après avoir évoqué l'éventualité de recourir à l'abstention, pour *« sauver l'union de l'opposition »*[868]. Cette nouvelle position tactique est mise au point par Edouard Balladur pour éviter de rompre les ponts avec l'UDF et le CDS. Or, force est de constater que même les plus hostiles au Traité, Charles Pasqua ou Philippe Séguin finissent par se rallier à cette position. La modification constitutionnelle est votée à la majorité de 592 voix pour, 73 voix contre sur 679 votants et 665 suffrages exprimés (la majorité requise pour l'adoption du projet de révision (3/5ème de suffrages exprimés) était de 399). Le projet de révision est approuvé.

Or, le 26 juin, Charles Pasqua, comme nombre de juristes jusque-là, dénoncent un *« Traité mort-né »*. Il rejoint Philippe Séguin, dans sa croisade contre Maastricht. Ils sont soutenus par Philippe de Gaulle (député RPR), trois anciens Premiers Ministres du général (Michel Debré, Maurice Couve de Murville et Pierre Messmer) et Philippe de Villiers (UDF). Ils lancent un mouvement *« le Rassemblement pour le non »*. Un comité d'orientation[869] du Rassemblement pour le *« non »* se met en place, le 29 juillet 1992.

---

[865] Ibid., page 2.
[866] Ibid., *Bloc-Notes d'Alain Juppé,* page 3.
[867] A l'Assemblée Nationale, sur les 125 députés RPR, 5 ont voté pour : Michel Barnier, Pierre de Bénouville, Jacques Chaban-Delmas, Jean-Pierre Delalande et Patrick Devedjian ; deux ont voté contre : Henri de Gastines et Pierre Mauger, les 118 étaient non-votants. Au sénat, sur les 91 sénateurs RPR, tous étaient non-votants.
[868] Le Monde du 14 mai 1992, page 7.
[869] Le comité d'orientation du Rassemblement pour le "non" est composé des députés RPR : Jacques Baumel, Jean Besson, Franck Borotra, Serges Charles, Bernard Debré, François Fillon, Elisabeth Hubert, Etienne Pinte, Eric Raoult, Suzanne Sauvaigo. Et, les sénateurs RPR : Michel Caldaguès, Philippe François, Georges Gruillot, Yves Guéna, Gérard Larcher, Hélène Missoffe, Paul d'Ornano, Jean Simonin, Martial Taugourdeau, Serge Vinçon. D'autre part, les élus locaux sont coordonnés par : Gérard Larcher, Serge Vinçon, Jean Kiffer et Jean Royer.

4 La campagne du référendum

Le choix formulé par le Président François Mitterrand d'organiser un référendum, à la suite du refus danois, relance le débat. Au fond, le RPR obtient, par les circonstances, ce qu'il réclame depuis longtemps[870]. Ce choix permet à chacun d'exercer sa liberté de vote. La lettre de la Nation va se faire l'écho du débat. Cette campagne va révéler, au grand jour, le clivage, qui règne, sur le traité de Maastricht. Une ligne de fracture se dessine entre ceux qui sont favorables aux transferts de souveraineté et ceux qui les refusent.

4.1 : L'explication de Jacques Chirac[871]

C'est devant les cadres du RPR que Jacques Chirac annonce sa décision de dire *« oui »*[872] au référendum *« sans enthousiasme, mais sans état d'âme »*[873], autorisant la ratification des accords de Maastricht. Comme il le souligne, sa décision lui est dictée par la continuité de l'Etat, *« je ne prendrai pas aujourd'hui la responsabilité d'interrompre cette longue évolution, ni le risque d'ébranler la construction européenne et d'isoler la France »*. Ce ralliement est aussi dicté par des raisons de politique intérieure. En effet, l'UDF avait mis en garde Jacques Chirac, sur un *« non »* au référendum, par les voix de François Léotard et Charles Millon. Ils ne feraient pas *« la campagne d'un candidat à la prochaine élection présidentielle qui n'aurait pas eu, vis-à-vis de la cause européenne, un « engagement clair et précis » »*[874]. Dès lors, le choix est laissé aux militants

---

[870] Dès décembre 1991, Jacques Chirac posait cette hypothèse, du fait que le texte appelait à une modification de la Constitution, il reformule ce choix en avril 1992 *(La Lettre de la Nation/Magazine, n°163 du 17/04/1992, page 2), puis, en mai 1992 (La Lettre de la Nation/Magazine, n°165 du 01/05/1992, page 9), enfin, suite au non danois du 3 juin 1992 (La Lettre de la Nation/Magazine, n°170 du 05/06/1992, page 2).*

[871] *La Lettre de la Nation, n° 176 du 17/07/1992, page 3.*

[872] *Ibid, page 3.*

[873] *Le Monde du 3 septembre 1992, « La campagne pour le référendum du 20 septembre, M. Chirac assure qu'il « ne manquera pas de tirer les conséquences du vote référendaire » », page 7.*

[874] *Le Monde du 23 juin 1992, « Alors que le Congrès se prononce sur la révision de la Constitution, L'UDF met en garde M. Chirac contre un « non » au référendum », page 1.*

à la condition que « *chacun ait le souci de ne porter atteinte en aucun cas à l'unité et à la cohésion de notre Rassemblement* ». Sa position favorable l'amène à être sifflée par la base du RPR[875]. Elle entraîne la déception de Charles Pasqua et de Philippe Séguin[876]. S'il exprime son choix devant les cadres, il le fait aussi auprès des militants, à travers une lettre[877].

Le RPR reste sensible aux accents nationalistes et choisit en majorité de rejoindre le « *non* » de Charles Pasqua et de Philippe Séguin. Jacques Chirac se retrouve pris en tenaille entre la solidarité de son mouvement et l'image d'homme d'Etat qu'il souhaite acquérir, en vue de l'élection Présidentielle de 1995.

Il essaie, une dernière fois, de convaincre ses cadres en organisant une réunion, le 5 septembre 1992. Il y souligne qu'« *une fois de plus, le mouvement gaulliste doit faire face à des problèmes* », constatant qu'il existe une « *espèce de réaction spontanée, épidermique, forte* » dès que « *la chair nationale* » est en cause. Il reconnaît que le « *patriotisme qui fait la force des nations* » a toujours fait la force du mouvement gaulliste, mais, que ce dernier amène à des divisions souvent plus passionnelles que raisonnées. Il évoque l'affaire algérienne ou, en 1957, quand le Traité de Rome organisait un certain nombre de transferts de compétences à une autorité européenne ou encore quand il a fallu choisir et faire accepter l'Acte Unique ou les problèmes de l'élargissement[878]. Il souligne qu'à chaque fois, un débat est né et qu'il a fallu de la personnalité des leaders gaullistes, pour imposer la ligne à suivre, comme il l'a fait pour « *la ratification de l'Acte Unique* »[879]. Il prend acte que les « *cadres, élus ou nommés, et sans aucun doute, dans une grande majorité, une très grande majorité* » est favorable « *à un refus de la ratification* »[880]. Il comprend qu'ils peuvent y voir un danger « *fédéraliste* » et « *technocratique* », qui met en cause la souveraineté. Mais, il espère que cette différence de position ne remettra pas en cause, au lendemain du 21 septembre, l'unité du RPR, car, pour lui, c'est l'unité et l'union qui permettront d'en finir avec le socialisme et donc avec François Mitterrand.

Ainsi, il estime que si ce Traité peut porter des atteintes graves ou inacceptables à la souveraineté et à l'indépendance de la France, le danger serait grand, si les socialistes restaient au gouvernement. C'est pourquoi, il se refuse à toute polémique entre le fédéralisme et le confédéralisme. Comme il le souligne « *il y a vingt ans que je me bats contre cette polémique* ». Il rejette l'idée de dire que l'option choisie par ce Traité est une

---

[875] *Selon les propos d'Alain Juppé, entretien du 15 septembre 2004.*
[876] *Patrick Girard, Philippe Séguin, biographie, Ramsay, 1999, pages 289-290*
[877] *Jacques Chirac, Lettre aux militants, 17 juillet 1992.*
[878] Jacques Chirac, Intervention du 5 septembre 1992, page 2.
[879] Ibid., page 2.
[880] Ibid., page 3.

option fédéraliste, du fait de voir le principe de subsidiarité être. Il souligne que pour la première fois, dans ce Traité, on prend conscience de « *la dérive technocratique* »[881] et que sur tous les sujets essentiels, « *l'objet d'une décision ... à l'unanimité* » est de règle, ainsi le « *Compromis de Luxembourg* » est maintenu. Enfin, il souligne que ce Traité n'est pas « *irréversible* » qu'une renégociation est prévue, en 1996. D'autre part, il souligne que le « *non* » danois du 2 juin pose un problème juridique. Dès lors, il met en garde contre la victoire du « *non* » laquelle « *serait un coup d'arrêt brutal au fonctionnement de l'Europe actuelle et à ses progrès* »[882]. Si, Jacques Chirac exprime son « *oui* », Charles Pasqua et Philippe Séguin se lancent dans une campagne pour le « *non* ».

4.2 : Le rassemblement pour le non au référendum

Le mouvement pour le non trouve sa raison d'être, dans le choix[883] exprimé par Jacques Chirac, le 4 juillet 1992 de dire « *oui* » au traité. Derrière ce non se dessinent deux tendances : une tendance « *politicienne* » contre François Mitterrand et une tendance plus idéologique, derrière Philippe Séguin, contre les abandons de souveraineté. Le « *non à Maastricht* » est lancé, le 8 juillet 1992, à Paris, lors d'une réunion de Philippe Séguin et de Charles Pasqua. Les auteurs rappellent qu'ils adhèrent comme l'ensemble des Français à « *l'unité de l'Europe, la paix sur le continent, la prospérité de chacun des pays qui le composent* », que ces objectifs sont « *l'ambition commune de tous les hommes politiques responsables de notre pays* »[884]. Mais, ils fondent leur position, sur le fait que, même si les objectifs sont les mêmes, « *les moyens* », pour y parvenir, ne doivent pas s'inscrire dans l'« *uniformité* ». Ainsi, ils s'interrogent sur « *les vertus du Traité* »[885]. Ils dénoncent un Traité qui « *pérennise... la division* » entre deux Europe, celle de l'Ouest et celle de l'Est. Ils appellent à l'élargissement. Ils dénoncent un Traité qui « *se contente d'affirmer la solidarité des douze* »[886].

D'autre part, ils estiment que, sur « *la paix, la sécurité et la Défense* », le traité ne « *répond pas aux enjeux de l'Europe d'aujourd'hui* ». S'ils ne

---

[881] Ibid., page 7.
[882] Ibid., page 9.
[883] Le Monde du 7 juillet 1992.
[884] Discours de Charles Pasqua et Philippe Séguin, 8 juillet 1992, dans *Tous pour la France*, page 159.
[885] Ibid., page 160.
[886] Ibid., page 160.

contestent pas « *les acquis* » de la construction européenne, ils sont contre « *la création à marche forcée d'une monnaie unique* » laquelle entraîne des « *contraintes extrêmement sévères* » sur le plan social et économique, comme elle marquerait la perte de souveraineté monétaire. De même, ils dénoncent le fait que les Parlements nationaux n'auront « *plus leur mot à dire* », ce qui ne permettrait plus aux électeurs de pouvoir sanctionner « *une technocratie souveraine, indépendante des gouvernements* »[887]. Au fond, ils dénoncent une Europe qui ne serait pas démocratique.

Enfin, ils s'opposent à l'idée d'une citoyenneté européenne, qui accorderait « *un droit de vote* » à des « *non-nationaux* ». Ils estiment que cette décision est une « *violation des principes fondamentaux de la République* »[888]. Sur ce point, ils rejoignent le Conseil Constitutionnel. Enfin, ils souhaitent « *une nouvelle négociation* »[889], suite au « *non danois* ». Mais, que proposent-ils ?

Ils veulent la création d'une monnaie commune, la création d'un « *système européen de sécurité collective de l'Atlantique à la Russie, sans armée intégrée mais avec un conseil de sécurité sur le modèle de l'ONU, capable d'arbitrer les conflits et ayant la légitimité nécessaire pour intervenir quant il le faut, n'importe où en Europe* »[890]. Ils veulent voir associé les pays de l'Est à l'espace économique européen, et que soient fixé les règles et les calendriers pour instaurer un grand marché commun européen. Ils veulent rétablir la règle de l'unanimité, affirmer la primauté de la loi nationale et l'autorité des Parlements nationaux. Ils veulent aussi stopper toute dérive bureaucratique de la Commission de Bruxelles. Autrement dit, ils revendiquent l'idée de voir émerger une Europe confédérale et la « *grande Europe* ».

C'est sur ces bases que, de juillet à septembre, ils expriment leur « *non* », à travers, toute la France. Le slogan de leur campagne est révélateur : «*Liberté, je chérie ton non* ».

Une campagne du « *non* » marquée par deux événements : un débat télévisé entre Philippe Séguin et François Mitterrand et le meeting commun avec Charles Pasqua, au Zénith, le 12 septembre 1992, en compagnie de Philippe de Villiers. Mais, entre-temps, Charles Pasqua saisit le Conseil Constitutionnel, le 14 août 1992, pour essayer de faire reconnaître le traité, contraire à la Constitution. Mais, cette initiative est un échec[891].

---

[887] Ibid., page 161.
[888] Ibid., page 161.
[889] Ibid., page 161.
[890] Ibid., page 161.
[891] Le Conseil Constitutionnel a été saisi par les sénateurs suivants, en application de l'article 54 de la Constitution dans sa rédaction issue de l'article 2 de la loi constitutionnelle n° 92-554 du 25 juin 1992, à l'effet de "se prononcer sur la

4.2.1 : Le débat télévisé entre Philippe Séguin et François Mitterrand

Cette campagne pour le « *non* » atteint son apogée, le 3 septembre lors du débat télévisé, entre Philippe Séguin et François Mitterrand. Cet événement est le moment le plus fort de la campagne et le plus médiatisé[892]. Charles Pasqua avait été pressenti pour ce duel, mais décline le combat. Il considère que le Président tente de piéger les opposants, à Maastricht. Jacques Chirac et Edouard Balladur déclinent aussi l'invitation. A l'UDF, Valéry Giscard d'Estaing, Raymond Barre, François Léotard, Bernard Besson et Simone Veil refusent aussi le débat.

Ce débat va tourner à l'avantage du chef de l'Etat, comme le soulignent tous les commentateurs. Philippe Séguin, bien qu'ayant abordé des thèmes comme l'absence de contrôle démocratique des institutions européennes ou le problème de la monnaie unique, ne semble pas avoir été convaincant. En effet, les sondages effectués, dès le lendemain, redonnent un avantage au « *oui* ».

Enfin, cette campagne du « *non* » trouve une « *consécration* », le 12 septembre, au Zénith, où le tandem Pasqua-Séguin réitère son « *non* » au

---

conformité du traité de Maastricht" à la Constitution : Charles PASQUA, Jean CHAMANT, Maurice COUVE DE MURVILLE, Michel PONIATOWSKI, Maurice SCHUMANN, Bernard BARBIER, Philippe de GAULLE, Christian de LA MALENE, Bernard SELLIER, Christian PONCELET, Henri de RAINCOURT, Yves GUENA, Hélène MISSOFFE, Michel ALLONCLE, Hubert d'ANDIGNE, Honoré BAILET, Jacques BERARD, Roger BESSE, Amédée BOUQUEREL, Jacques BRACONNIER, Paulette BRISEPIERRE, Michel CALDAGUES, Robert CALMEJANE, Jean-Pierre CAMOIN, Auguste CAZALET, Gérard CESAR, Michel CHAUTY, Henri COLLETTE, Charles de CUTTOLI, Michel DOUBLET, Franz DUBOSCQ, Alain DUFAUT, Pierre DUMAS, Marcel FORTIER, Philippe FRANCOIS, François GERBAUD, Charles GINESY, Marie-Fanny GOURNAY, Georges GRUILLOT, Nicole de HAUTECLOQUE, Emmanuel HAMEL, Bernard HUGO, Roger HUSSON, André JARROT, Gérard LARCHER, René-Georges LAURIN, Marc LAURIOL, Jean-François LE GRAND, Maurice LOMBARD, Michel MAURICE-BOKANOWSKI, Jacques de MENOU, Lucien NEUWIRTH, Geoffroy de MONTALEMBERT, Arthur MOULIN, Jean NATALI, Paul d'ORNANO, Joseph OSTERMAN, Jacques OUDIN, Soséfo Makapé PAPILIO, Alain PLUCHET, Claude PROUVOYEUR, Roger RIGAUDIERE, Jean-Jacques ROBERT, Nelly RODI, Jean SIMONIN, Jacques SOURDILLE, Martial TAUGOURDEAU, Jacques VALADE, Serge VINCON, André-Georges VOISIN. Voir site : www.conseil-constitutionnel.fr/ decision/1992/92312dc.htm, Décision n° 92-312 DC du 2 septembre 1992.

[892] Ce débat a été diffusé par la chaîne TF1, il se déroule dans l'amphithéâtre Richelieu de la Sorbonne.

Traité. Le discours de Charles Pasqua est le plus intéressant. Ils s'adressent aux militants du *« non »*, en les considérant comme *« le peuple de France ! »*[893]. Il souligne qu'ils sont toujours là quand l'essentiel est en cause, c'est à dire *« la liberté ou l'indépendance du pays »*. C'est un véritable appel à la *« résistance »*.

Ce discours est une occasion pour écorcher les adversaires comme ceux qui réclamaient naguère le *« droit du sang »*[894] et qui aujourd'hui, se satisfont d'une quittance de loyer pour accorder le droit de vote aux étrangers. Il dénonce ceux qui n'avaient pas de mots assez durs contre la monnaie unique qualifiée de *« solution autoritaire et technocratique qui signifierait la fin de notre indépendance »*, et qui lui trouvent aujourd'hui toutes les vertus. Il s'en prend au RPR, lequel, en son temps, avait adopté une position à l'unanimité où la monnaie européenne ne pouvait pas être *« une monnaie unique »*[895]. Il cite alors la plate-forme commune RPR-UDF des européennes de 1989 qui précisait qu'*« il ne peut y avoir de véritable marché unique européen sans une monnaie européenne commune »*, une monnaie commune qui ne peut pas être *« une monnaie unique »*.

De ce fait, il estime qu'il est resté fidèle à ses idées. Il dénonce Maastricht car il ne s'agit plus *« de s'associer »*, *« d'additionner »*, mais, *« de fusionner, d'intégrer, c'est-à-dire de soustraire, de diviser, de réduire »*[896]. Il dénonce une Europe fédérale, comme une *« Europe à plusieurs vitesses »*[897] qui va faire qu'*« à l'intérieur même de la Communauté : 4 ou 5 pays seulement pourront accéder au « saint des Saints »*[898] *de la monnaie unique »*. Enfin, il dénonce un point fondamental : la supériorité du Traité sur la loi nationale.

Si ce discours dénonce les socialistes, responsables de ce Traité, il n'en dénonce pas moins les responsables de l'opposition RPR-UDF, favorables à ce Traité. Si Ces hommes usent de moyens médiatiques importants, le RPR met, quant à lui, sa logistique au service de tous ses adhérents.

---

[893] Charles Pasqua, Discours au Zénith, 12 septembre 1992, cité dans *Tous pour la France,* page 167.
[894] Ibid., page 168.
[895] Charles Pasqua, Ibid., page 169.
[896] Ibid., page 171.
[897] L'expression est d'Edouard Balladur, Le Figaro, 13 septembre 1991.
[898] Ibid., page 172.

4.3 : De la tribune libre de « *la lettre de la Nation* »

Jusqu'à la veille du référendum, La lettre de la Nation va permettre aux diverses tendances du RPR de s'exprimer dans une « *tribune libre : Maastricht* ».

En effet, le mouvement gaulliste a choisi d'assumer ses différences. Il préfère « *jouer le jeu de la transparence et de la vérité* »[899].

Ainsi, durant le mois de septembre, chaque semaine, La Lettre de la Nation/Magazine, donne la parole aux partisans du « *oui* » et du « *non* ».

4.3.1 : Du non au référendum

Tous se positionnent en fonction d'intérêts divers. Ainsi, Bernard Debré[900], député d'Indre-et-Loire, souligne que ce Traité mène l'Europe vers un Etat fédéral. Il pense que « *la France en tant que Nation disparaîtra pour laisser la place à un super-Etat européen* », lequel va disposer de tous les « *attributs fondamentaux d'un Etat souverain* » : une monnaie unique, le droit de vote et d'éligibilité des Européens. Il dénonce les lois votées à Bruxelles qui ne seront « *même pas démocratiquement décidées puisque seule la Commission de Bruxelles en aura l'initiative et qu'elle est constituée par des membres désignés qui ne seront pas responsables devant les électeurs* »[901].

Sur ce thème de la Nation, il est suivi, par d'autres, comme Roland Nungesser, représentant l'association « *Carrefour du gaullisme* », député maire de Nogent sur Seine et ancien ministre. Pour lui, seule la conception du Général compte, celle de confédération, l'Europe des Nations. Il estime que l'Europe de Maastricht semble ignorer les événements en Europe Centrale et Orientale, même s'il souligne le fait que le mot « *fédération* » ait été rayé du texte, à la demande de la Grande Bretagne. Il estime que les germes d'une Europe fédérale n'en sont pas moins contenus alors que le mot « *Nation* » lui ne figure pas dans le texte. Sa crainte de l'Europe fédérale, il la trouve dans la création d'une monnaie unique, dans le transfert aux institutions communautaires du contrôle des frontières et par la subordination des diplomaties nationales à une diplomatie communautaire en charge des problèmes essentiels. Ainsi, il se pose la question de savoir si en

---

[899] Supplément à La lettre de la Nation, n°177 du 04/09/1992, page 1.
[900] La Lettre de la Nation, n°177 du 04/09/1992, Interview de Bernard Debré, sous le titre « *Pour une Europe des Nations* », page 11.
[901] Ibid., page 11.

tant que membre permanent du Conseil de sécurité de l'ONU, la France sera soumise à une sorte de mandat impératif de la Communauté européenne… Il exige une renégociation du traité.

Dans le même esprit, on trouve la lettre ouverte de parlementaires[902] des Yvelines à travers les propos de Franck Borotra, député ; Henri Cuq, député ; Alain Jonemann, député ; Gérard Larcher, sénateur; Marc Lauriol, sénateur ; Jacques Masdeu-Arus, député ; Etienne Pinte, député : Nelly Rodi, sénateur. Ils se prononcent « *Contre Mastricht* ». Ils dénoncent « *la prééminence du droit communautaire sur les lois nationales* », la prise de pouvoir des « *technocrates* » sur les élus, la monnaie abandonnée sans retour à une banque centrale indépendante et le fait de vouloir créer « *une citoyenneté européenne artificielle* », tout comme le fait de voir transféré « *la politique des visas* », à la Communauté et de voir prévu « *une politique étrangère et de sécurité commune* »[903]. A ces partisans du « *non* » répondent les partisans du « *oui* ».

4.3.2 : Du oui au référendum

Parmi eux, les lieutenants de Jacques Chirac et de l'appareil chiraquien. Au-delà d'Alain Juppé, secrétaire général qui s'exprime longuement et régulièrement en qualité de porte-parole de la ligne officielle du RPR, on trouve l'intervention de Jean François Mancel, Président du conseil général de l'Oise et député, et, Olivier Dassault, vice-président du conseil régional et député de l'Oise.

Pour eux, le « *oui* »[904] s'impose car ils voient des progrès, dans ce Traité, comme « *le renforcement de l'unité européenne, sans pour autant porter atteinte aux fondements de notre souveraineté et de notre indépendance* »[905]. Ils s'opposent au « *non* », car, il aurait des répercussions, en France, au niveau politique, et qu'il ne condamnerait pas « *onze années de socialisme* »[906]. Pour eux, il y a un enjeu bien plus important que ce Traité, les prochaines législatives de 1993.

---

[902] La Lettre de la Nation/Magazine, n°179 du 18/09/1992, « *Lettre ouverte de parlementaires des Yvelines aux électeurs* », pages 8-9.
[903] Ibid., pages 8-9.
[904] La Lettre de la Nation/Magazine, n°177 du 04/09/1992, page 11.
[905] Ibid., page 11.
[906] Ibid., page 11.

La même analyse est faite par Dominique Perben[907]. Pour lui, le vrai débat, c'est « *l'alternance c'est 1993 et 1995* ». Trois arguments l'amènent à prendre position pour le « *oui* » : que « *l'Europe soit à la mesure du monde* », car les Etats-Unis tentent à devenir « *le seul acteur international de taille continental* »[908] ; que sur le plan économique, les grands marchés nord-américains et asiatiques dominent et qu'isolée en Europe, la France ne pourrait défendre ses intérêts, enfin, que ce serait un « *coup d'arrêt mis à l'effort de coopération européenne* »[909].

Quant à Nicolas Sarkozy, député maire de Neuilly sur Seine et secrétaire Général adjoint du RPR, son « *oui* » vient du fait que l'opposition a obtenu la réaffirmation des principes du « *Compromis de Luxembourg* », comme l'idée que ce Traité n'engage pas dans un processus irréversible. Il évoque l'idée d'une révision possible, en 1996. Enfin, son « *oui* » vient aussi du fait qu'il ne souhaite pas que l'Europe soit déstabilisée.

En effet, pour lui, un « *non* » amènerait l'Allemagne à se libérer de ses obligations communautaires et la France à un isolement. Enfin, à la veille du référendum, Alain Juppé tente, une dernière fois, de convaincre de voter « *oui* ».

Secrétaire général du RPR, il fait un bilan de « *l'Europe que nous voulons* »[910] et des réponses aux questions que se posent les gaullistes. Il constate que sur l'Europe, il y a une unanimité sur une « *union des Etats de l'Europe* », la grande Europe, mais aussi une « *Europe démocratique* », dans laquelle les décisions ne sont pas prises par une « *bureaucratie irresponsable mais par les représentants légitimes des peuples* », enfin une « *Europe des vraies solidarités* », laquelle ne doit pas seulement se limiter à « *assurer la libre circulation des marchandises et des capitaux* », mais aussi assurer « *la sécurité de nos peuples* »[911] et qui soit capable d'affirmer sa personnalité, sur la scène internationale.

Quant aux questions que soulève le Traité, il constate les « *ambiguïtés de Maastricht* ». Il voit les non-réponses faites à l'inévitable élargissement de la Communauté, les manques au « *déficit démocratique* » des institutions communautaires, mais aussi « *l'irréalisme de l'Union Economique et Monétaire telle qu'en sont fixés les étapes et les critères* » comme « *l'inopportunité de l'extension du droit de vote pour les élections municipales* »[912], pour les étrangers. Si ces questions restent sans réponse, il

---

[907] La Lettre de la Nation/Magazine, n° 177 du 04/09/1992, « *Oui, pour continuer l'Europe* » par Dominique Perben, page 11.
[908] Ibid., page 11.
[909] Ibid., page 11.
[910] La Lettre de la Nation/Magazine, n°177 du 04/09/1992, page 2.
[911] Ibid., page 2.
[912] Ibid., page 3.

souligne des avancées comme l'abandon du concept de « *fédération* » qu'il présente comme une victoire du RPR et une assurance ; la « *priorité donnée à la coopération intergouvernementale* » ainsi que « *l'affirmation du principe selon lequel la Communauté ne doit s'occuper que des questions qui ne peuvent pas être réglées au niveau national* » ; Enfin, l'amorce d'une politique extérieure et de sécurité commune qui suppose une union politique. Pour lui, même si le principe de subsidiarité est instauré, les Etats conservent certaines compétences. Il considère que ces avancées sont le résultat de l'action des parlementaires du RPR, lesquels ont introduit des garanties importantes et ont obtenu des engagements officiels, lors du débat de révision de la Constitution.

Au rang de ces garanties et de ces engagements, il y voit le contrôle du Parlement français sur les projets de textes communautaires ayant valeur législative, mais surtout la confirmation du compromis de Luxembourg et le strict encadrement de l'extension du droit de vote aux ressortissants communautaires. Ces garanties lui semblent satisfaisantes, ce qui l'amène à appeler à voter pour le « *oui* ».

Ainsi, par cette « *tribune ouverte au Traité de Maastricht* », le RPR a permis à chacun d'exprimer ses vues ? Cependant, cette tribune n'a vu que l'intervention de quatorze personnalités.

5 Les résultats du référendum : Quelles France ? Quelle stratégie pour le RPR ?

5.1 : Deux France ?

C'est avec 51.05% de « *oui* » que la victoire est acquise, soit quelque 417000 voix de plus que le « *non* ». Cette victoire du « *oui* » a été possible avec l'engagement de Valéry Giscard d'Estaing et de Jacques Chirac, en fin de campagne. Placés en situation minoritaire au sein du RPR, Jacques Chirac et la direction du RPR sortent renforcés (carte n°11, page 260).

En effet, les sondages qui annonçaient une large victoire du « *oui* » s'étaient amenuisés à la veille du scrutin, passant de 65% en juin, à 54.5 % à la fin du mois de juillet. Ils[913] annonçaient même un résultat négatif, à la fin

---

[913] Année politique, 1992, page 87 et 546. Sondages de BVA du 25 août et d'Ipsos du 26 août.

du mois d'août. Le résultat laisse apparaître une géographie électorale significative. D'une manière générale, la France se trouve divisée en deux France, celle des villes, des cadres et des diplômés que l'Europe n'effraye pas et une France des régions touchées par la crise, la pauvreté, le chômage. Socialement, le vote « *non* »[914] est le reflet d'un vote des catégories qui *« se méfient de l'avenir »*[915]. Ainsi, en est-il des régions frontalières du Nord, de l'Est (le Nord-Pas-de-Calais, la Picardie), le sud-ouest avec la Provence, la Corse, mais aussi des régions comme la Haute-Normandie. Ce résultat souligne un décalage entre l'électorat et les élus. En effet, si 434 députés, 210 sénateurs, 19 présidents de région sur 22, ont appelé à voter pour le *« oui »*, un électeur sur deux a fait ce choix. Au RPR, le décalage est encore plus grand. En effet, environ les deux tiers des cadres étaient favorables au *« non »*[916]. Quant à Jacques Chirac, il souligne que *« « 2% des RPR » l'ont suivi « par adhésion » et 6% « par affection » »*[917]. Conforté par ce *« oui »*, Jacques Chirac décide de reprendre rapidement l'initiative, en réunissant un Conseil National.

---

[914] Selon un sondage cité, 69% des partisans du RPR ont voté « non » contre 41% à l'UDF. Du même sondage, 71% des agriculteurs, 56% des artisans, 56% des employés et 58% des ouvriers ; 30% des professions libérales ont voté pour le « non ». Enfin, 57% des sans diplôme, contre 29% de l'enseignement supérieur, ont voté pour le « non ». Dans Pascal Perrineau, dans « Le vote européen : 2004-2005. De l'élargissement au référendum français, Presses de la Fondation Nationale de Sciences-Po, 2005, page 242.
[915] Le Monde du 22 septembre 1992.
[916] Enquête pour L'Express, 8 juillet 1993. D'après cette enquête réalisée auprès de 285 députés de la majorité RPR-UDF élus en mars 1993, 63% des députés RPR déclarent s'être opposés à la ratification contre 37% qui affirment avoir voté favorablement.
[917] Le Monde du 15 septembre 1992, *« La campagne pour le référendum, M. Chirac écartelé »*, page 1.

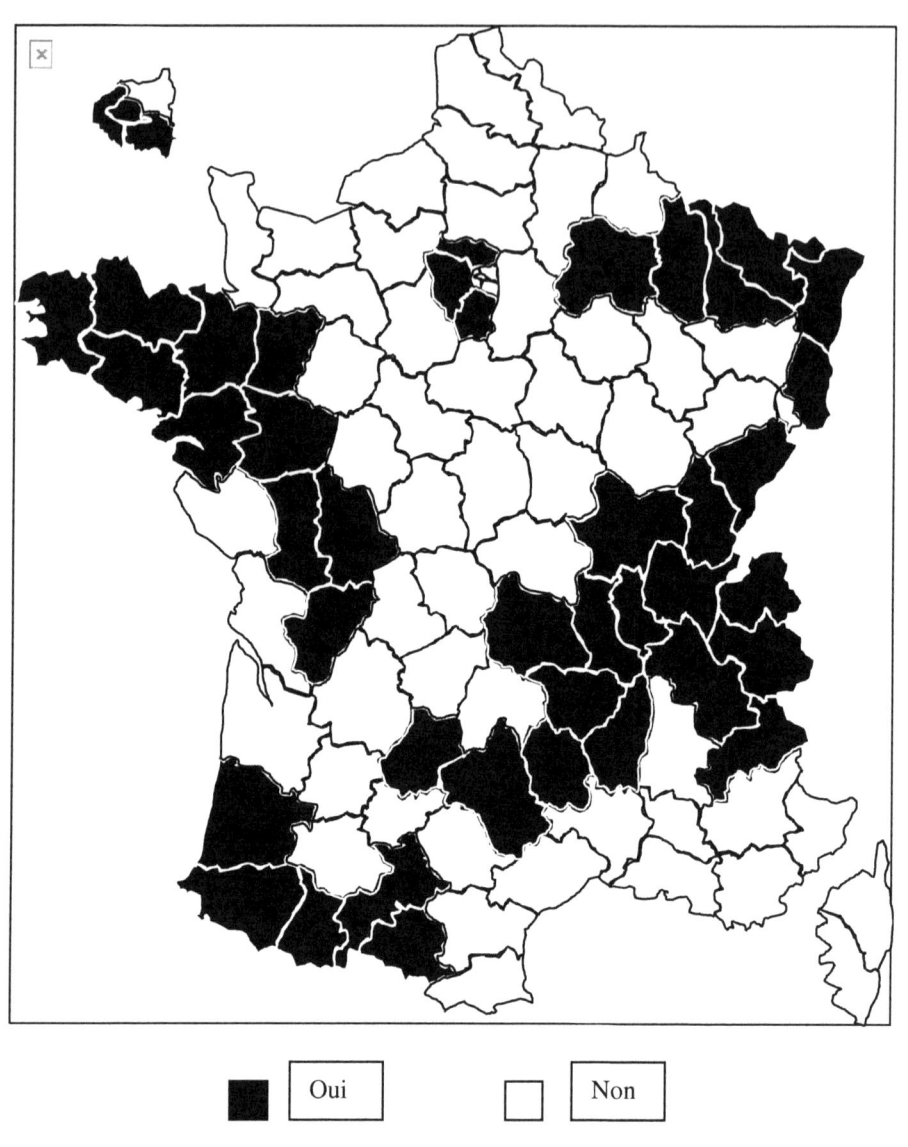

Carte n°11 : carte des « oui » et des « non », lors du référendum sur le traité de Maastricht, en septembre 1992.

5.2 : Du vote de confiance lors du conseil national du 23 septembre : quelle stratégie ?

Le 23 septembre 1992, Jacques Chirac décide de réunir un conseil national[918], non seulement en vue de préserver l'unité de son mouvement, en posant la question de confiance, mais aussi, pour couper court à la contestation. Ainsi, il axe son intervention sur les futures élections, les législatives. Cette initiative est perçue par Philippe Séguin comme *« la goutte d'eau qui fait déborder... le vase »*[919]. Pour lui, l'attitude de Jacques Chirac l'amène à penser qu'il n'a *« rien compris à ce qui s'est passé »*[920]. A un référendum où la question de la France et de sa place en Europe était posée, Jacques Chirac se contente, *« en corsaire de la politique »*[921], d'apprécier la *« belle prise »* de sa prestation[922]. Furieux, ce dernier, tout comme Charles Pasqua, n'assistent pas à ce conseil. Ils réunissent, à la maison des Centraliens, la centaine de députés RPR qui avait rallié leur camp.

De cette réunion, il publie un communiqué dénonçant le *« caractère irréel »* de l'ordre du jour du conseil national du 23 septembre. Ce dernier se tient quand même et sans eux. Or, ce conseil national souligne l'ambiguïté des députés du RPR. En effet, la quasi-totalité des élus ayant participé à leur réunion est présente. Ceci, souligne-t-il la main mise de Jacques Chirac sur ses députés ou le fait que leur investiture n'ait pas encore été décidée, pour les prochaines élections législatives ? C'est donc un échec pour les deux compères. Mais, un autre échec attend Charles Pasqua. Le 2 octobre 1992, il est battu à la présidence du sénat, au profit du centriste René Monory. Il s'éloigne de Philippe Séguin et se rapproche de Jacques Chirac et d'Edouard Balladur, lequel est pressenti comme futur Premier Ministre. Mais pour l'heure, ce conseil national permet à Jacques Chirac de réactualiser la ligne politique.

Dans son discours, il souligne qu'*« il appartiendra à notre mouvement de préciser et d'actualiser la politique européenne qu'il entend promouvoir compte tenu, des évolutions que l'on voit se dessiner et de prendre ... les engagements nécessaires »*[923].

---

[918] La Lettre de la Nation/Magazine, n°180 du 25/09/1992, *« Le Conseil national du RPR du 23 septembre 1992 »*, page 3.
[919] Patrick Girard, *Philippe Séguin, biographie*, Ramsay, 1999, page 289.
[920] Ibid., page 289.
[921] Ibid., page 289.
[922] En effet, Jacques Chirac se contente de le féliciter pour sa prestation.
[923] La Lettre de la Nation/Magazine, n°180 du 25/09/1992, *« Le Conseil national du RPR du 23 septembre 1992 »*, page 3.

Son discours laisse une place à la contestation en réaffirmant que le RPR refuse « *de voir porter atteinte à notre souveraineté* », qu'il souhaite voir se « *démocratiser les institutions communautaires* » et d'« *élargir le plus vite possible la Communauté aux pays de l'Est européen* ». Quant à lui, il souhaite voir émerger un « *pôle européen de défense* »[924].

Ainsi, il tire les conséquences des résultats du référendum soulignant qu'« *une majorité de nos parlementaires, de nos cadres, de nos militants, de nos électeurs se sont clairement prononcés pour le « non »* »[925].

Mais si son discours tient compte des remarques des opposants au Traité, ce conseil lui permet de sauver l'unité du RPR et de se faire renouveler la « *confiance* », avec 95% des voix des 667 membres du conseil national.

Toutefois, ce résultat crée un malaise au RPR. Alain Juppé l'exprime quand il dit qu'il « *va falloir appliquer Maastricht en tenant compte des préoccupations exprimées par un français sur deux..* »[926]. Ces divisions amènent Alain Peyrefitte à souligner qu'« *aucune des épreuves de la vie politique, hormis l'affaire algérienne, n'avait autant secoué le mouvement gaulliste* »[927].

Dès lors, même si Jacques Chirac refait l'unité autour de son nom, cette unité ne peut plus être comme celle d'avant. Les mois, qui suivent, voient, alors, renaître le mouvement lancé, en son temps, par Charles Pasqua et Philippe Séguin, « *Demain la France* ». Ce mouvement se propose de rassembler les partisans du « *non* » autour des idées défendues, pendant la campagne du référendum afin de peser, sur les idées de la future majorité.

Dès lors, le RPR va-t-il tenir compte de ce clivage, dans la définition de son programme, pour les élections législatives de 1993 ?

---

[924] Ibid., page 3.
[925] Ibid., page 3.
[926] Ibid., page 6.
[927] Le Monde du 24-25 mai 1992.

Troisième partie :
De la clarification des positions européennes à l'éclatement du RPR
1993-2002

Le débat sur le Traité de Maastricht a révélé au grand jour les divisions au RPR, au sujet des transferts de souveraineté. Un traité qui doit concrétiser l'Union Economique et Monétaire et la monnaie unique et non commune, le 1er janvier 1999. Ainsi, ce traité de Maastricht doit achever l'évolution de l'Europe, sur le plan économique et monétaire et doit parachever le marché commun. Toutefois, les polémiques qu'il a soulevées, les difficultés pour sa ratification, ont amené les concepteurs à différer les réformes institutionnelles nécessaires en vue de répondre au nouveau contexte européen, né de l'effondrement de l'URSS, de l'accélération de la réunification allemande et de la perspective nouvelle des élargissements à l'est.

De ce fait, il est prévu sa révision, à l'aube de 1996. Finalement, en 1997, le traité d'Amsterdam[928] de 1997 qui devait assurer une meilleure efficacité des Institutions, consacre avant tout la dimension sociale de l'Union européenne et ne prévoit qu'une ébauche des réformes nécessaires en vue des élargissements. Il pose le principe de « *coopérations renforcées* », lequel permet aux Etats qui le souhaitent d'avancer plus vite, dans l'union. Il dote l'UE d'une PESC commune, où un Etat peut décider de ne pas participer à une action engagée par les autres. Il renforce le pouvoir du Parlement européen où l'unanimité n'est plus requise que pour les affaires constitutionnelles et les domaines sensibles comme la fiscalité. D'autre part, il met l'emploi et le citoyen, au centre de l'UE.

Enfin, il crée un espace de liberté, de sécurité, de justice et pose la question du contrôle de l'immigration et des visas. Ces derniers relèveront de décisions communautaires prises, à la majorité, pendant une période transitoire de cinq années.

Pour l'heure, les décisions sont prises à l'unanimité jusqu'au 1er mai 2004. Ce traité est signé par les Quinze, le 2 octobre 1997. Il entre en vigueur, le 1er mai 1999. Il faut attendre le Sommet européen de Nice du 10 décembre 2000, pour parvenir à un accord sur l'élaboration d'un nouveau traité, en vue d'améliorer les Institutions.

Le traité de Nice permet donc d'assurer le bon fonctionnement institutionnel quand l'Union européenne passera de 15 à 25 ou 30 membres. Il est signé le 26 février 2001 et entre en vigueur le 1er février 2003. Il renforce le Parlement européen, lequel obtient un rôle de codécision avec le Conseil, dans la lutte contre les discriminations, l'asile, les visas, l'immigration… Le vote à la majorité qualifiée est étendu à la politique commerciale commune. La coopération est renforcée. La coopération

---

[928] Le traité repose aussi sur trois piliers : le premier est du domaine communautaire et touche aux communautés européennes ; le deuxième et le troisième relèvent du processus de décision intergouvernemental.

intergouvernementale est instituée au niveau policier et judiciaire. Le pouvoir communautaire est donc renforcé aux dépens du pouvoir intergouvernemental, dans les deuxième et troisième piliers[929].

Mais surtout, les Quinze lancent un débat, sur l'avenir de l'Europe. De juillet à décembre 2001, les nationaux expriment leur vision de l'Europe, à travers des débats. Le Conseil de Laeken de décembre 2001 décide de convoquer une *« Convention »,* présidée par Valéry Giscard d'Estaing, de manière à réfléchir aux réformes possibles du fonctionnement de l'UE, dans la perspective des élargissements. Ce sont les prémices du projet de constitution européenne.

Ainsi, de 1992 à 2002, l'Europe change encore de physionomie. Les réalités que sont la mondialisation, les élargissements supposent davantage d'union, d'intégration, de partage de compétence et de souveraineté. Elle passe de Douze à Quinze, au 1er janvier 1995 et prépare l'adhésion de dix futurs pays, pour le 1er mai 2004.

Tous ces évènements obligent le RPR à prendre clairement position. Ainsi, plus les échéances se rapprochent, dans l'unité et donc dans des abandons de souveraine comme les élargissements, plus les débats se révèlent animés et laissent apparaître une ligne de fracture entre les « *européistes* » et les « *souverainistes* »,[930] du RPR. Dans ce contexte, le consensus européen est délicat à maintenir et l'unité menacée.

La victoire, de justesse, du « *oui* » au traité de Maastricht, a entraîné un « *ressenti* »[931]. En effet, pour les opposants au traité, le résultat a donné l'impression que si Jacques Chirac avait appelé à voter pour le *« non »*, comme le lui suggérait les caciques du RPR, le Traité aurait pu être renégocié et François Mitterrand aurait démissionné. Jacques Chirac aurait eu un *« destin national »*[932].

Quant aux partisans du « oui », la victoire est perçue comme l'une des causes qui a permis de *« sauver les chances de Jacques Chirac de devenir président »* et de *« sauver »* [933] la place de la France, en Europe.

Dès lors, cette période s'ouvre sur une autre ambiguïté du discours européen du RPR.

---

[929] Le traité d'Amsterdam, quant à lui, avait renforcé l'aspect intergouvernemental du deuxième pilier.

[930] Cette idée politique du « *souverainisme* » est une invention d'un des conseillers de Charles Pasqua, à savoir William Abitbol.

[931] Entretien avec Jacques Toubon du 27 novembre 2001.

[932] Jean-Paul Bled, « *Une étrange défaite, le piège de Maastricht, lettre ouverte d'un gaulliste à Jacques Chirac»,* Combats pour la liberté de l'esprit, François-Xavier de Guibert, 1998, page 20.

[933] Entretien avec Jacques Toubon du 27 novembre 2001.

Jusqu'où le RPR est-il prêt à aller dans les transferts[934] de souveraineté ? En 1993, cette position donne naissance à la « *doctrine Balladur* », à la fois pro-européenne et eurosceptique. Jusqu'en 1998, elle reste la position officielle du RPR. Ces positions permettent l'union avec l'UDF, en 1994 et en 1999, pour les élections européennes. Mais, devant l'accentuation des transferts de souveraineté, Charles Pasqua préfère quitter le RPR et présenter une liste, avant de créer un nouveau parti, le RPF. Electoralement, l'ambiguïté européenne a été fatale.

Si le RPR peine à clarifier sa doctrine européenne, la période permet en avril 1995, à Jacques Chirac de parvenir à la magistrature suprême, après vingt années d'efforts. Il est élu, en partie, sur cette ambiguïté européenne. Ainsi, les premiers mois du mandat font naître des espoirs, sur le plan européen. Mais, Jacques Chirac s'inscrit dans la continuité et manifeste un « *engagement européen* »[935].

Dès octobre 1995, il revient au pragmatisme européen et se trouve en décalage avec son propre parti. Comment ce dernier va-t-il se positionner ? Va-t-il suivre la politique européenne du Président ou s'en écarter ? Le débat sur les institutions européennes, prévu dans le cadre de la conférence intergouvernementale, en 1996, lui permet de présenter les grandes lignes de ses « *initiatives* »[936]. En 1997, le changement de direction du RPR souligne le malaise. Le choix d'un « *retour aux sources* » peut-il atténuer les réticences ? Les tentatives, pour maintenir l'unité du mouvement se soldent par un échec.

De la convention pour l'Europe en 1998, à la volonté de faire accepter une « *souveraineté partagée* », l'unité du RPR est consommée. En 1999, la rupture des « souverainistes » est une illustration du déchirement du RPR. Deux listes, issues des rangs du RPR, se présentent aux élections européennes de juin 1999.

Entre 1999 et 2002, cette rupture permet au gros des troupes du RPR de suivre Jacques Chirac et de rallier l'idée d'une Europe Puissance. Ce ralliement s'accélère, dans la perspective de la présidentielle de 2002. En effet, Jacques Chirac saisit l'opportunité de la présidence française, pour

---

[934] Les opposants aux transferts de souveraineté utilisent un autre terme évocateur, celui d' « abandon de souveraineté ». En effet, pour eux, il n'y a de souveraineté qu'indivisible et inaliénable. A l'inverse, les partisans des transferts pensent qu'il n'y a pas d'inconvénient à ce que la souveraineté populaire ne coïncide pas dans tous les domaines avec la souveraineté nationale.

[935] Le Monde du 3 mars 1999 : « Jacques Chirac à la tête des européens de la droite ».

[936] Texte adopté à l'unanimité par le Conseil National du RPR, « vers l'Europe que nous voulons », le 23 mars 1996, en vue de la CIG de Turin, page 22. Dans ce texte, le RPR fait une large part aux nécessaires réformes des institutions.

relancer l'Europe politique, grâce au ministre allemand des affaires étrangères (un Vert), Joschka Fischer, en lançant l'idée d'une constitution européenne. Entre les deux tours de la présidentielle de 2002, une nouvelle majorité présidentielle et un nouveau parti chiraquien se mettent en place, l'UMP. En septembre 2002, le RPR accepte de se fondre dans un grand parti, l'UMP.

Avant d'en venir à l'éclatement du RPR, il faut voir les conséquences que le Traité de Maastricht entraîne entre sa signature et sa révision par le traité d'Amsterdam, en octobre 1997. Deux conceptions économiques et monétaires de l'Europe, au RPR, s'opposent. Toutefois, la cohabitation (1993-1995) atténue les divergences, par nécessité politique (chapitre 1).
Les querelles rejaillissent avec l'affrontement entre Jacques Chirac et Edouard Balladur, dans la perspective présidentielle de 1995. Mais, l'enjeu ne permet pas un débat à la hauteur des enjeux, sur l'Europe, entre deux candidats, issus des mêmes rangs. La victoire chiraquienne semble atténuer les divergences internes. Mais, l'élection finit par réactiver les différences d'appréciation, d'autant plus que le septennat (1995-2002) est marqué par un certain nombre d'avancées européennes : le passage des Douze à Quinze, le 1er janvier 1995 ; la signature du traité d'Amsterdam, en octobre 1997 ; le traité de Nice, signé par les Quinze, en février 2001, en vue des élargissements.

Entre-temps, c'est la sacralisation de l'UEM, avec la mise en place de la monnaie unique, l'Euro, le 1er janvier 1999. Enfin, la fin du septennat est marquée par une autre étape, dans l'organisation de l'Europe élargie. En décembre 2001, au Sommet de Laeken, les Quinze décident de convoquer une Convention en vue de réfléchir aux réformes de l'Union européenne. C'est la voie ouverte au projet de Constitution européenne.
Face à ces échéances européennes, ces avancées, Jacques Chirac mène une politique européenne pragmatique. Si, ses choix sont mal supportés, par les Français, ils ne répondent pas non plus aux exigences du RPR.

En effet, devant ces avancées européennes, la politique pro-européenne du Président se trouve en décalage avec celle souhaitée, par le RPR. Il se cherche. La cohésion de l'unité du mouvement et le consensus européen deviennent de plus en plus difficiles, à maintenir. De 1996 à 1999, le RPR essaie de se positionner au regard de l'UEM et de l'échéance de 1999. Il exprime ses exigences lors de la préparation de la CIG de 1996. Mais, pour quel résultat ? Politiquement, la volonté de respecter les critères de Maastricht entraîne un échec électoral, en juin 1997. C'est une nouvelle cohabitation qui s'installe jusqu'en 2002, entre Jacques Chirac et un gouvernement de gauche, emmené par Lionel Jospin (chapitre 2).

L'échec aux élections législatives de juin 1997 permet à une nouvelle équipe de proposer une autre politique. Elle lance un vaste débat interne. Sur la construction européenne, ce dernier donne lieu à une *« Convention pour l'Europe »* en octobre 1998. Mais, il ne permet pas de masquer les dissensions internes. En effet, la perspective de la ratification du Traité d'Amsterdam, perçue comme une atteinte à la souveraineté nationale, tout comme le choix de recourir à sa ratification par le vote du Congrès au lieu d'organiser un référendum, accélèrent la division du RPR. C'est divisé que ce dernier affronte les élections européennes de juin 1999, entre une liste officielle d'union aux accents européens et une liste dissidente, en partie RPR, défendant les thèses souverainistes, sous la houlette de Charles Pasqua (RPR) et de Philippe de Villiers (UDF). Elles sonnent le glas de l'unité du RPR (chapitre III).

Dès lors, quel avenir pour le RPR ? Son éclatement est salutaire. Il permet une clarification des idées, entre 1999 et 2002. La perspective de la présidentielle de 2002 accélère les évolutions, qui, dans la foulée de la réélection de Jacques Chirac, amènent le RPR à fusionner dans un nouveau grand parti présidentiel, de droite, européen et libéral (chapitre IV).

Chapitre I :
Exercer le pouvoir : De la cohabitation, à la nécessité de respecter le Traité de Maastricht.
1993-1995

1 Le projet européen du RPR ou le symptôme de Maastricht

Le traité de Maastricht a créé une ligne de rupture, au RPR. Ainsi, en 1996, la CIG qui prévoit une révision du traité est une occasion donnée, pour le RPR d'exprimer ses exigences, en matière institutionnelle. En effet, la victoire de justesse du « *oui* » ne peut pas être ignorée, dans l'élaboration de projets, de programmes. D'autre part, la phase de ralentissement économique et les crises monétaires de 1993 et de 1994, entretiennent une querelle sur l'opportunité de respecter ou non les critères de convergence de Maastricht. Le RPR se divise aussi sur la perspective de l'UEM et le passage à la monnaie unique, en 1999. Dès lors, le maintien de l'unité semble délicat. Il passe par la définition d'un projet européen consensuel, qu'exprime la doctrine Balladur. C'est à partir de celle-ci que le RPR aborde les élections législatives de 1993 et les élections européennes de 1994.

1.1 : De la doctrine Balladur[937]

L'après référendum n'atténue pas les divergences d'appréciation entre les partisans du « *oui* » et ceux du « *non* ». Ainsi, même si Charles Pasqua laisse penser que l'unité du RPR doit se refaire après Maastricht, la réalité est toute autre. Dès octobre 1992, il propose, avec Philippe Séguin, un contre programme à la politique de Maastricht en s'appuyant sur la question sociale. Ils dénoncent la politique du « *franc fort* », soutenue par Jacques Chirac, Edouard Balladur et Alain Juppé, au RPR, mais aussi par le gouvernement de Pierre Bérégovoy. Ils dénoncent la « *curieuse et constante orthodoxie gestionnaire* »[938] considérant la politique du franc fort comme une « *absurdité* ».

Sur le fond, ils remettent en cause la politique monétaire menée depuis le gouvernement de Raymond Barre, en 1976. Ils souhaitent que le Mark soit réévalué.

Pour eux, cette politique permettrait une reprise de l'activité économique et une baisse des taux d'intérêt. Ils laissent supposer qu'avec Maastricht,

---

[937] Cette doctrine est adoptée par le comité central du RPR, en 1993 et reste valide jusqu'en 1998, quand Philippe Séguin, décide, aux assises de février, d'apporter de nouvelles délibérations, lesquelles donnent lieu à un chapitre dans son discours de clôture. Le Monde du 20 décembre 1992, « les vingt propositions du RPR ».
[938] Le Monde du 29 octobre 1992.

toute politique sociale est compromise. Leurs propositions creusent le fossé existant entre les pro-Maastrichiens et les anti-Maastrichiens. Mais, dans la perspective des élections législatives et européennes, elles amènent le RPR à les intégrer dans l'élaboration de ses projets, de manière à contenir l'unité.

Dans « *La réforme, maintenant* »[939], sur vingt mesures, l'Europe n'arrive donc qu'en vingtième position, sous un titre évocateur : « *Remettre l'Europe sur la bonne voie* ». Il y est souligné que l'Europe ne doit pas se réduire à « *un club fermé de 12 pays riches* »[940], qu'elle doit être « *plus démocratique, plus ouverte et mieux contrôlée* ». Le RPR se montre favorable aux élargissements des pays membres de l'AELE et des pays de l'est, par la mise en place de « *statuts de transition* ». Mais, le RPR rappelle sa volonté de « *définir les contours d'une défense indépendante dans le cadre européen* », ce qui suppose une « *véritable armée professionnelle* ». Enfin, il souhaite la « *maîtrise des dépenses communautaires* ». Au RPR, tout le monde semble trouver satisfaction. Ces idées se retrouvent, en partie, dans la plate-forme[941] gouvernementale du projet politique de l'« *Union Pour la France* »[942], conclue entre le RPR et l'UDF, en février 1993. Ce projet est le fruit d'un accord qui satisfait les différentes sensibilités. Ainsi, il propose de concilier une construction européenne, « *approfondie et élargie* ». Sur le plan institutionnel, il propose un « *renforcement du contrôle démocratique des institutions* », considérant que les centres de décision souffrent d'un déficit démocratique. Enfin, signe des évolutions au RPR, ce projet inclut l'« *impératif de rénover notre instrument de défense* » pour doter la France d'une « *force d'intervention rapide* »[943].

Une fois de plus, ce projet gouvernemental sur l'Europe, est des plus consensuels, au regard des nouveaux enjeux : les exigences de Maastricht. Aux assises du 7 mars 1993[944], ce compromis évite l'éclatement du RPR, lequel avait été « *annoncé à deux reprises* », lors des assises de 1990 et le référendum de 1992. La voie contestataire se trouve aussi représentée dans la

---

[939] La Lettre de la Nation/Magazine, numéro 193, du 08/01/1993, page 7. « *La réforme maintenant* », fascicule édité par le RPR, 20 pages.
[940] Une idée défendue par Charles Pasqua, sénateur et président du conseil général des Hauts-de-Seine.
[941] La Lettre de la Nation/Magazine, n°198 du 12/02/1993, « *Le projet de gouvernement de l'union pour la France* », page 14.
[942] Le projet est signé par Alain Juppé (secrétaire général du RPR) et François Bayrou (secrétaire général de l'UDF).
[943] La Lettre de la Nation/Magazine, n° 198 du 12/02/1993, page 14. Sur ce point, la guerre d'Irak a montré que la France était en retard sur le plan technologique, tout comme dans sa capacité à projeter ses forces sur un théâtre extérieur.
[944] La Lettre de la Nation/Magazine, n°202 du 12/03/1993, « *La force du Rassemblement* », page 10.

constitution du nouveau gouvernement, suite à la victoire de l'union. Dans une certaine mesure, elle se fait aussi entendre dans le projet commun de l'UDF-RPR, pour les élections européennes de 1994.

Au Conseil National du 13 avril 1994, à Paris, Alain Juppé, secrétaire général, rappelle que le projet commun entre le RPR et l'UDF n'a rien d'un *« projet fédéral »*. Il est adopté, à l'unanimité, par le Bureau politique du RPR du 9 mars 1994. Ce projet se veut fidèle à la conception du RPR : une *« Europe des nations, maîtresse de son destin »*[945].

Toutefois, si un consensus est trouvé au sein des instances du RPR et de l'UDF, la contestation s'exprime durant la cohabitation, par des controverses consécutives à la mise en application des critères de convergence de Maastricht. Elles viennent essentiellement de Philippe Séguin. Ce dernier utilise toute difficulté économique : les crises monétaires de l'été 1993 et de 1994, les négociations du GATT, les problèmes agricoles, pour contester la politique économique et monétaire du Premier ministre, Edouard Balladur (RPR).

Finalement, la question européenne empoisonne les relations. Elle laisse apparaître un axe Alain Juppé-Edouard Balladur, déterminé à maintenir cette politique en vue de respecter le calendrier de Maastricht et un axe Charles Pasqua-Philippe Séguin dénonçant la politique du franc fort, la poursuite de la baisse des déficits.

Dans ce climat, ils relancent leur mouvement *« Demain la France »*. Ils appellent à *« l'autre politique »*[946]. *« La priorité sociale »*[947] devient la base de leur projet politique, contre-pied des exigences de Maastricht. Parmi leurs propositions, outre l'organisation de primaires à la Française[948]. Ils dénoncent la *« curieuse et constante orthodoxie gestionnaire »*[949] menée, en

---

[945] La Lettre de la Nation/Magazine, n°252 du 22/04/1994, *Discours d'Alain Juppé du 13 avril 1993,* page IV.

[946] Le Monde du 18 juin 1993. Cette « autre politique » était envisagée par Philippe Séguin. Elle visait à faire de l'emploi, la priorité au lieu de celle de la monnaie, du Franc fort et de la réduction des déficits prévue par Edouard Balladur, lequel veut respecter les critères de convergence de Maastricht.

[947] La Lettre de la Nation/Magazine, article de Philippe Séguin, n°186, du 6 novembre 1992, page 12. Leurs idées donnent lieu, lors de la campagne des élections législatives de 1993, à la publication de recueils : *« La priorité sociale »* est publiée, en novembre 1992 et *« La reconquête du territoire »,* en février 1993, sous l'égide de trois commissions parlementaires en vue de répondre aux défis de la mondialisation, de l'Europe et du progrès social. Ces documents sont publiés en toute indépendance alors qu'au même moment l'UPF présente son programme officiel.

[948] Le Monde des 21 septembre 1993, 17 novembre 1993, 26 février 1994 et 13 octobre 1994.

[949] Le Monde du 29 octobre 1992.

France, depuis le milieu des années quatre-vingts. Or, à la différence de la politique menée par Edouard Balladur qui vise à respecter les critères de Maastricht, ils souhaitent la réévaluation du Mark. Ils pensent que, seule, cette politique peut relancer l'activité économique et faire baisser les taux d'intérêt. Leur politique risque de mettre la France, hors du jeu européen.

Toutefois, la contestation reste limitée durant ces deux années. En effet, les deux opposants à Maastricht ont obtenu des compensations. Charles Pasqua participe au gouvernement, malgré les restrictions de François Mitterrand. Il est nommé ministre d'Etat. Philippe Séguin hérite du « *Perchoir* » de l'Assemblée Nationale. Cette présence doit permettre de réduire et d'atténuer leurs influences. Une neutralisation qui répond aussi à une autre envie, celle de rêver « *tout haut* »[950] à de hautes ambitions ... politiques.

Des ambitions que l'on retrouve, lors de la campagne présidentielle, quand Philippe Séguin rejoint Jacques Chirac et Charles Pasqua soutient Edouard Balladur.

Cette situation permet de comprendre que, de 1993 à 1995, l'accent est mis au service de la victoire laquelle impose l'unité et fait taire les divisions. Un apaisement conditionné aussi parce que la situation politique, la cohabitation, l'impose. De ce fait, Cette période voit le gouvernement d'Edouard Balladur être pris entre une politique de relance économique qu'imposerait l'analyse des comptes de la nation[951] et la nécessité de poursuivre la politique pro-européenne, souhaitée par le président Mitterrand et conforme aux exigences de Maastricht.

2 Les législatives de mars 1993 : une deuxième cohabitation aux couleurs de Maastricht ?

Les législatives de mars 1993 sont placées sous le signe de l'union qui permet la victoire de la droite. Une nouvelle cohabitation s'ouvre. Pour la gauche, la défaite est historique, après d'autres défaites. Elle se retrouve laminée et réduite à 57 sièges, pour le parti Socialiste et 23 sièges, pour le parti Communiste. Ces élections marquent, pour la gauche, la fin d'une progression quasi-constante depuis les années 80. Seuls deux départements,

---

[950] Bruno Dive, *La campagne de l'élection présidentielle,* dans Encyclopaedia Universalis, 1996, page 217.
[951] Ce rapport provoque un « grand choc », selon Alain Vernholes, dans le Monde, Dossiers et Documents, Bilan économique et social 1993, page 55.

le Pas-de-Calais et l'Ariège donnent moins de 45% à la droite, au premier tour. Toutefois, l'effondrement de la gauche ne marque pas une adhésion à la droite. En effet, le RPR et l'UDF, sous le sigle UPF, ne totalisent que 44.10%, soit l'équivalent des résultats de 1986 (44.60%), 3.60 points au dessus des résultats de 1988 (40.50%) et légèrement au-dessus au résultat de 1981 (42.90%).

Avec 485 sièges, la droite obtient la majorité absolue : 257 sièges, pour le RPR et 215 sièges, pour l'UDF. Le RPR devient le parti dominant, dans les rangs duquel doit émerger le futur Premier Ministre. Jacques Chirac décline cette éventualité. Pour lui, un Premier ministre ne peut pas être en bonne position[952], pour affronter une élection présidentielle prévue, deux années plus tard. Dans ces conditions, c'est l'architecte de la première cohabitation qui est désigné, au détriment de Valéry Giscard d'Estaing et de Raymond Barre, qui avaient aussi été pressentis pour la fonction. En effet, François Mitterrand avait annoncé qu'il ne nommerait pas « *un Premier ministre qui serait défavorable à la construction européenne* »[953].

2.1 : Quelle cohabitation pour quel gouvernement ?

Pour Edouard Balladur, la première cohabitation a rencontré quelques difficultés. C'est pour cette raison qu'il propose une cohabitation « *marquée par une certaine paix* »[954]. Pour lui, elle serait plus facilement obtenue, si le Premier Ministre et le Président ne sont « *pas candidats l'un contre l'autre* »[955], à une élection présidentielle. La composition du gouvernement reflète la volonté présidentielle et répond à la logique balladurienne. Ainsi, elle donne une certaine égalité aux composantes de la majorité. L'UDF obtient 16 portefeuilles, le RPR, 12 postes. Mais l'essentiel des responsabilités lui est confié. Si, le gouvernement est sensiblement pro-européen, deux ministres, Charles Pasqua et François Fillon, un fidèle de Philippe Séguin, sont réservés. Les postes sensibles sont confiés à des personnalités pro-européennes. Alain Juppé hérite du ministère des Affaires Etrangères. Un poste d'une importance toute particulière car il souligne que, sur l'Europe, la majorité affiche l'unité. En 1986, ce ministère avait été confié à un membre de l'UDF, Jean-Bernard Raimond. Ce choix concrétise l'évolution et le ralliement de personnalités du RPR, à l'Europe. Il s'inscrit

---

[952] Jean Charlot, *Pourquoi Jacques Chirac ?*, Edition de Fallois, 1995.
[953] Interview de François Mitterrand, dans Dossiers et Documents, Le Monde de l'avril 1993, page 54.
[954] Edouard Balladur, *Deux ans à Matignon,* page 58. Le Monde du 13 juin 1990.
[955] Ibid., page 58.

dans la vision qu'à Alain Juppé de la politique intérieure. Pour lui, la reconquête ne peut se concevoir sans un rapprochement des idées sur l'Europe et par l'union. Cette idée se manifeste aussi dans le fait qu'il est épaulé par Alain Lamassoure (UDF). Cette idée amène La Lettre de la Nation a présenté ce tandem comme le signe de la « *bonne entente* » et elle « *prouve qu'en matière européenne la majorité peut s'entendre durablement sur une même ligne* »[956]. Enfin, on retrouve des personnalités, dont les accointances européennes ne se démentent pas comme Simone Veil, nommée Ministre des Affaires sociales, de la Santé et de la Ville.

La présence de Charles Pasqua, Ministre d'Etat, peut surprendre. Il a été l'un des chantres du « *non* » à Maastricht. Que peut signifier sa présence ? Elle relève d'une volonté de le neutraliser. En effet, en qualité de ministre d'Etat, il occupe une « *position et une autorité particulière* »[957]. Mais, il apparaît le garant de la frange, réservée sur l'Europe, au regard de la souveraineté. Quant à Philippe Séguin, le 2 avril, il est élu Président de l'Assemblée Nationale. Il devient symboliquement le quatrième homme de l'Etat[958]. Cette position lui permet de faire l'équilibre entre les deux tendances européennes au sein de la majorité. Elle lui donne aussi une certaine indépendance. C'est pourquoi il a refusé d'entrer au gouvernement. Comme il le dit : « *je n'avais aucune intention de cautionner une politique monétaire dont je savais qu'elle serait poursuivie et que j'avais condamné au motif qu'elle me paraissait financer la réunification allemande avec du chômage français* »[959].

Ainsi, par leur présence, l'unité du RPR et de l'union RPR-UDF semblent préservées. Cependant, quelle politique, Edouard Balladur peut-t-il mener ?

---

[956] La Lettre de la Nation/Magazine, n°249, du 01/04/1994, page 19. Le bilan du gouvernement est présenté dans les pages 9 à 19.
[957] Edouard Balladur, op. cit., page 43.
[958] Philippe Séguin a refusé un poste gouvernemental, proposé par Edouard Balladur. En contrepartie, le 2 avril 1993, il est élu président de l'Assemblée Nationale. Au premier tour, il est largement en tête (266 voix sur un potentiel RPR de 230) face à Dominique Baudis (180 voix sur un potentiel UDF de 195 voix). Au second tour, il obtient 389 voix sur 479 voix exprimées.
[959] Séguin Philippe, *Itinéraire dans la France d'en-bas et d'ailleurs,* Paris, Seuil, page 408.

2.2 : La politique gouvernementale sous influence de Maastricht ?

Le programme mis en place s'appuie sur le projet du RPR et de l'UDF. Il s'inspire aussi du « *Dictionnaire de la réforme* »[960] d'Edouard Balladur, dans lequel, il propose les réformes et les actions à engager. Pour réduire les déficits, il mène une politique de gestion financière rigoureuse. Il lance un grand emprunt et un programme de privatisations.
Sur l'Europe, le discours de politique générale, prononcé le 8 avril 1993, exprime bien la démarche à suivre. En effet, il souhaite « *revivifier les politiques communes dans les domaines industriels* », limiter les « *dérapages budgétaires* », mais aussi « *soumettre l'activité trop bureaucratique de la Commission* ». Il souhaite « *renforcer le SME* » et préparer l'accueil des pays d'Europe centrale et orientale.
Sur le fond, ces objectifs doivent satisfaire tout le monde. En effet, ces mesures sont le résultat de la réflexion menée par le RPR et l'UDF, entre Alain Madelin, Edmond Alphandéry, Pierre Méhaignerie, André Santini, Paul Menté, pour l'UDF et, Alain Juppé, Dominique Perben, Nicolas Sarkozy, Edouard Balladur et Jacques Toubon, pour le RPR.
Ce programme de gouvernement souligne la nécessité de voir l'Europe « *approfondie et élargie* », le souci de voir le « *renforcement du contrôle démocratique* »[961] et une Europe « *moins technocratique* »[962], comme il propose « *de rénover notre instrument de défense* »[963], de voir l'élargissement devenir « *inévitable* »[964] devant la situation à l'Est, ce qui suppose « *une Europe bien organisée* »[965]. En effet, ce programme s'interroge sur cette Europe devenue un « gigantisme »[966]. Pour contrer cette difficulté, il propose une « *Europe à géométrie variable* », car tous les pays « *ne peuvent progresser au même rythme dans tous les domaines* »[967]. Quant à la France dans cette Europe, il souhaite qu'elle ne prenne « *aucun retard* », en particulier face à la monnaie unique. La loi quinquennale de maîtrise des dépenses qui en résulte, exprime cette volonté.

---

[960] Edouard Balladur, « Dictionnaire de la réforme », Paris, Fayard, 1992.
[961] La Lettre de la Nation/Magazine, n° 198, du 12 février 1993, page 14.
[962] La Lettre de la Nation/Magazine, n°193, du 8 janvier 1993, page 10. Cette position est défendue par une large majorité du RPR, comme une forme d'atteinte à la démocratie populaire aux dépens de fonctionnaires, non élus.
[963] La Lettre de la Nation/Magazine, n° 198, du 12 février 1993, page 14.
[964] Edouard Balladur, *Deux ans à Matignon*, page 115.
[965] Ibid., page 115.
[966] Ibid., page 115.
[967] Ibid., page 117.

Or, quand il est nommé Premier Ministre, l'Europe connaît une phase d'« *instabilité* ». C'est pourquoi, dans sa déclaration de politique générale, il propose un « pacte de stabilité »[968]. Il propose de « *renforcer le système monétaire européen* » et de « *limiter les dérapages budgétaires* ». Face aux élargissements, il considère le traité peu « *compatible* »[969], avec la réalité, et, propose des ajustements.

Au fond, sa ligne de conduite vise à respecter au plus vite les critères de convergence de Maastricht et ce « *dès 1997* ». En ce sens, il propose d'accélérer la troisième phase en lançant des discussions sur les modalités d'introduction de l'écu comme monnaie unique, dès le premier semestre de 1995. Dans le même esprit, il souhaite une réforme de la Banque de France. Il veut qu'elle acquière le statut de banque centrale indépendante (préfiguration de la Banque centrale européenne). Le 13 juillet 1993, cette réforme[970] est votée. Mais, la nécessité de respecter les exigences en vue de l'UEM se trouve contrariée par les crises monétaires de l'été 1993 et de 1994, les négociations du GATT et la réforme de la PAC.

Toutefois, durant ces deux années, le gouvernement mène une politique de réduction des déficits et une politique du Franc fort[971], en vue d'aborder cette troisième phase du Traité de Maastricht. Ces mesures restent insuffisantes.

Quand il quitte Matignon, en 1995, si la croissance a retrouvé un rythme de 3.3%, les finances publiques sont dans le même état qu'à son arrivée. Quant aux déficits, la réduction reste limitée, passant de 6.14%, en 1993 à 4.9%, en 1995, loin des 3% voulu par Maastricht. Entre-temps, il doit gérer un certain nombre de difficultés.

2.3 : La crise monétaire de l'été 1993.

C'est essentiellement sur la question monétaire, que les divergences renaissent. En effet, l'exigence de Maastricht a fait naître deux tendances. En arrivant à Matignon, Edouard Balladur sait que sur ce point, sa majorité est « *divisée* »[972]. Sa position est « *claire* ». Il entend « *préserver le Franc* », « *consolider le système monétaire européen* », « *diminuer les taux d'intérêt*

---

[968] Cette proposition du gouvernement français est approuvée, les 21 et 22 juin 1993, lors du Conseil européen de Copenhague.
[969] Edouard Balladur, op. cit., page 116.
[970] Une quarantaine de députés de sa majorité ne la vote pas.
[971] Encyclopaedia Universalis Universalia, Colloque organisé par Edouard Balladur, à Lyon, sur l'emploi, 1994, page 54.
[972] Edouard Balladur, *Deux ans à Matignon,* page 88.

et « *réduire les déficits* »[973]. Pour lui, cette politique est un « gage de croissance durable »[974]. Il s'oppose à l'« *autre politique* » préconisée par Philippe Séguin, laquelle vise à « *laisser filer le Franc* » et fait de la défense de l'emploi, une priorité. Edouard Balladur pense qu'en aggravant les déficits, en affaiblissant le franc, on provoquerait la hausse des taux d'intérêt, ce qui mettrait alors en cause la croissance et l'emploi[975]. Ces deux conceptions sèment le doute. Elle rouvre un débat qui avait pourtant été tranché par le gouvernement en faveur d'une monnaie forte. C'est la troisième crise contre le franc depuis le référendum sur Maastricht, après celles de septembre 1992 et de janvier 1993. Elle vise à déstabiliser le SME. Face à cette crise, Edouard Balladur refuse toute idée de « *dévaluation du Franc* »[976], pour respecter les critères de convergence de Maastricht. Cette crise est une opportunité pour l' « autre politique ». Philippe Séguin dénonce alors un « *véritable Munich social* »[977]. Jacques Chirac préfère la loi du silence, mais il finit par soutenir publiquement la politique monétaire du gouvernement, le 24 juillet 1993. Sur le fond, il ne peut pas aller à l'encontre des propos du conseil national du RPR, du 27 avril 1993, où il évoquait une *« entière loyauté à l'égard du gouvernement »* et apportait son *« soutien le plus actif »*, au Premier ministre comme il lui assurait de l' *« unité sans faille »*[978] au sein de la majorité. Cette position chiraquienne amène Edouard Balladur[979] à la regretter. En effet, Jacques Chirac n'a pas répondu à la lettre dans laquelle il lui demandait de le soutenir, dans cette crise monétaire.

Quant à Alain Juppé, ministre des Affaires Etrangères et secrétaire général du RPR, il affirme que « *la meilleure défense du Franc reste la cohésion de la nation* »[980] et préconise le silence en période de crise monétaire. Il dénonce les partisans de « l'autre politique ». Sa position laisse

---

[973] Ibid., page 89.
[974] Ibid., page 91.
[975] Ibid., page 86.
[976] Le Monde du 1er août et du 3 août 1993.
[977] Le Monde du 18 juin 1993. C'est lors d'un colloque du Forum du futur, sur le thème des « nouvelles stratégies en faveur de l'emploi » et invité par Jacques Baumel, député RPR, que Philippe Séguin dénonce « un véritable Munich social » et prône une « autre politique ». Il n'est pas le seul à proposer cette politique. En effet, Alain Madelin (vice-président du Parti Républicain) préconisait cette politique du flottement du franc. En décembre 1993, Alain Juppé, au grand jury RTL-Le Monde du se réjouit » que finalement M. Séguin « ait mis de l'eau dans son vin » sur l'Europe (Le Monde du 7 décembre 1993, page 10).
[978] La Lettre de la Nation/Magazine, n°209 du 30/04/1993, page 10.
[979] Edouard Balladur, *Deux ans à Matignon,* page 90. Selon lui, Jacques Chirac n'a pas répondu à une lettre dans laquelle il lui demandait de le soutenir, dans cette crise monétaire.
[980] Le Monde du 28 juillet 1993.

sous-entendre que cette attaque contre le franc trouve des origines dans les dissensions au sein de la majorité sur la politique à suivre. Il est rejoins par Philippe Vasseur (secrétaire du Parti Républicain).

Edouard Balladur trouve de fervents défenseurs chez les centristes, lesquels ne sont pas partagés par ce débat sur le maintien dans le SME : Jacques Barrot (CDS, président de la commission des finances de l'Assemblée Nationale) ou Jean Arthuis (CDS, rapporteur général du Budget au Sénat). Il est aussi soutenu par Helmut Kohl, Valéry Giscard d'Estaing et les ministres des Finances des Douze. Le 1er août 1993, ces derniers proposent, au lieu de dévaluer le franc, de faire augmenter les marges de fluctuations de 2.25% à 15 %, de manière à préserver le SME. Par cet artifice, une dévaluation de fait, le SME est préservé et la construction européenne n'est pas remise en cause. L'espoir d'Edouard Balladur de « *casser la spéculation* »[981] apparaît comme un succès, dans les mois qui suivent.

Mais cette crise monétaire n'est pas le seul enjeu de conflit au sein de la majorité, en particulier, au RPR.

2.4 : Les négociations du GATT.

A son arrivée au gouvernement, Edouard Balladur est confronté à un héritage celui des accords du GATT, sur le problème agricole, la question culturelle et l'organisation mondiale du commerce. Or, dans l'opposition, le RPR avait dénoncé, ces accords. Jean-Claude Pasty, député européen et secrétaire national du RPR, à l'agriculture, en avait déduit que l'agriculture française était « *bradée* »[982]. La politique socialiste avait amené une certaine discorde, dans l'opposition. De ce fait, le gouvernement socialiste avait dû engager sa responsabilité. L'opposition RPR-UDF avait voté contre. Or, en novembre 1992, la Commission paraphe un seul texte, sur l'agriculture, le préaccord de Blair House. Ce dernier abandonne le principe de globalité et le principe de réduction des soutiens. Sur ce dossier du GATT, la France se retrouve isolée.

Au pouvoir, ces accords mettent en péril la politique gouvernementale. C'est pourquoi Edouard Balladur menace de recourir au « *compromis de Luxembourg* ». Cette position entraîne un revirement européen, en faveur de la France. Ainsi, au conseil des Ministres européens, du 20 septembre 1993

---

[981] Edouard Balladur, op. cit., page 90; dans Le Monde du 23 juillet 1993, Edouard Balladur regrette que Jacques Chirac ne se soit pas « démarqué » des critiques contre son gouvernement.
[982] La Lettre de la Nation/Magazine, n°169, du 29 mai 1992, page 12.

et du 4 octobre 1993, la « *solidarité européenne* »[983] se manifeste et permet la renégociation du Blair House. Le 15 décembre 1993, c'est un succès pour le gouvernement, quand les accords sont acceptés à une large majorité, à l'Assemblée Nationale, par 466 voix pour et 90 contre. En effet, les négociations du GATT, devaient renforcer le libre-échange, sur le plan mondial et étaient engagées depuis plusieurs mois. Or, sous le gouvernement socialiste de Pierre Bérégovoy, l'opposition RPR-UDF d'alors, l'avait obligé à engager sa responsabilité. Le 25 novembre 1992, elle était votée par 301 voix pour (les socialistes et les communistes) et 251 voix contre (RPR, UDF, CDC). Cette fois-ci, la situation est différente. En effet, l'UDF est favorable au libre-échange. D'autre part, la cohabitation complique la chose. François Mitterrand ne souhaite pas que la construction européenne souffre dans cette affaire du GATT. Or, si Edouard Balladur partage la vision du président, ses craintes viennent de sa majorité. Pour éviter que la division de la majorité n'apparaisse « *trop* », le gouvernement insiste alors sur trois points : la question agricole, culturelle et l'organisation du commerce international.

Au bilan, le gouvernement réussit en même temps, à faire garantir, sur le plan culturel, « *l'exception culturelle* ». Il obtient d'autres garanties sur la mise en application des accords de Schengen, sur la sécurité extérieure et intérieure de l'Europe, par une période moratoire du 26 mars au 1er juillet 1995. Il obtient aussi une satisfaction dans la définition de l'architecture du système « *Europol* », laquelle se voit conçue dans le cadre d'une coopération intergouvernementale, à la place d'un organisme supranational. Charles Pasqua est satisfait lui, qui, ministre de l'Intérieur, avait refusé de « *communautariser* »[984] la libre circulation des personnes, sur le territoire européen. Entre-temps, la cohabitation est marquée par un événement européen, les élections européennes de juin 1994.

2.5 : Les élections européennes de 1994

2.5.1 : La préparation des élections

Comme pour 1984 et 1989, la recherche de l'union est la priorité au RPR. En effet, la constitution d'une liste unique est « *surdéterminée par la perspective de l'élection présidentielle* »[985] et la perspective de reconquête

---

[983] Edouard Balladur, op. cit., page 137.
[984] Pasqua Charles, *Tous pour la France*, page 31.
[985] Pascal Perrineau et Colette Ysmal, « Chroniques électorales », *Le vote des Douze : les élections européennes de juin 1994*, page 15.

du pouvoir. C'est pourquoi, le programme reste assez flou, de manière à préserver l'union et de capter un électorat potentiel.

Cependant, si le RPR veut parvenir à une liste unique, un certain nombre d'entre eux souhaite voir la constitution d'une liste RPR. Telle est la position d'Eric Raoult (député de Seine-Saint-Denis et vice-président de l'Assemblée Nationale), quand il appelle Jacques Chirac à prendre la tête de la liste d'union[986], en cas de désaccord, avec l'UDF. Mais, cette idée est difficilement envisageable. En effet, à une année de la présidentielle, il n'est pas souhaité de voir un présidentiable, mener une liste. Jacques Chirac décline la proposition de manière à ne *« pas s'écarter de la ligne qu'il s'est fixée »*[987] en avril 1993. Cependant, il réaffirme *« l'importance qu'il attache au renforcement de la construction européenne et l'intérêt qu'il y porte »*[988]. Mais, cette proposition ne relève pas du hasard. En effet, une vague de sondages montre qu'une liste d'union, menée par une personnalité du RPR, ferait un meilleur score[989]. La position d'Edouard Balladur se situe dans le même esprit. S'il souhaite l'union, il interdit à ses ministres, et, en particulier, au chiraquien, Alain Juppé[990], de se tenir *« en dehors de cette affaire d'élections européennes »*[991]. Or, ce dernier est l'une des rares figures du RPR, à satisfaire l'UDF, et à pouvoir réaliser le meilleur score[992]. L'échec d'Alain Juppé entraîne le mécontentement de Bernard Pons[993], président du groupe RPR à l'Assemblée Nationale.

D'autre part, pour des raisons stratégiques, le RPR souhaitait obtenir la tête de liste, détenue ou concédée à l'UDF, depuis 1984. Ce choix aurait montré que le RPR était devenu européen, comme l'explique Alain Juppé. Finalement, elle revient à Dominique Baudis (Maire de Toulouse et ancien rénovateur, UDF).

Si le bureau politique du RPR[994] entérine ce choix, Philippe Séguin *« accuse »* Jacques Chirac d'avoir fini par obtenir *« gain de cause »*. En effet, la stratégie de l'union a primé, une fois de plus. Jacques Chirac finit

---

[986] La Lettre de la Nation/Magazine, n°239 du 21/01/1994, *« Politique : Européennes »*, page 3.
[987] La Lettre de la Nation/Magazine, n°209, du 30 avril 1993, Conseil National du RPR, pages 7-10.
[988] La Lettre de la Nation/Magazine, n°240 du 28/01/1994, page 2.
[989] La Lettre de la Nation/Magazine, n°240 du 28/01/1994, *« Le Bloc-notes du secrétaire général »*, page 3.
[990] Le Monde du 6 janvier 1994.
[991] Le Monde du 7 janvier 1994, page 7.
[992] La Lettre de la Nation/Magazine, n°240, du 28/01/1994, Bloc Notes du secrétaire général, Alain Juppé, page 3.
[993] Le Monde du 8 avril 1994, page 9.
[994] Il s'agit du bureau politique du RPR du jeudi 7 avril 1994.

par obtenir une « *liste unique* » et un « *projet commun* »[995]. Cette tactique est un bon point en vue de la présidentielle de 1995.

Mais, le mécontentement s'exprime chez d'autres comme Philippe Auberger, André Fanton et Pierre Mazeaux. Ils reprochent à Dominique Baudis, ses accointances fédéralistes[996]. A l'inverse, il trouve une approbation auprès de Roselyne Bachelot, Jean-François Mancel, Robert Pandraud. Au fond, l'Europe continue à déranger le RPR. S'il n'obtient pas la tête de liste, le RPR exige des alignements idéologiques et des arrangements politiques.

2.5.2 : Le programme

La liste d'union obtenue, un projet commun, entre les deux formations, s'impose. Ce dernier porte le nom de : « *un projet pour l'Europe* ». Il est approuvé par le bureau politique du RPR[997], à l'unanimité, le 9 mars 1994. Ce programme est de toute évidence le reflet des dissensions sur la construction européenne entre les thèses européennes et les thèses « *anti-maastrichiennes* ». Il donne satisfaction aux uns et aux autres. Si les opposants à Maastricht obtiennent que soit organisé un « *débat au Parlement français en 1997 ou 1999 avant le passage à la troisième étape de l'union économique et monétaire* »[998], les pro-européens trouvent une satisfaction, sur l'union monétaire. Le projet souligne que « *tous les engagements et le calendrier prévus dans le traité de l'union européenne* »[999] seront respectés.

Ce programme reprend les thèses traditionnelles du RPR et de l'UDF. Ainsi, la référence au fédéralisme n'apparaît pas. Sur l'aspect politique, « *la prééminence de l'Europe politique* » est affirmée sur « *la technocratie* ». Il propose de renforcer le rôle du Conseil des ministres, afin de rendre plus efficaces les institutions dans le cadre d'une Europe élargie. Il souhaite réaffirmer le principe d'une « *stratégie commerciale...fondée sur la préférence communautaire* » et d'aller vers l'« *achèvement d'une grande Europe* »[1000]. Finalement, ce programme n'apporte pas de nouvelles réponses

---

[995] Le Monde, Ibid., page 9. La Lettre de la Nation/Magazine, n°247, du 18/03/1994, « *un projet pour l'Europe* », pages 7 à 11.
[996] Il doit alors abandonner cette idée, qui n'apparaît pas dans le projet.
[997] La Lettre de la Nation/Magazine, n°247 du 18 mars 1994, page 7. Les grandes lignes de ce projet sont exposées aux pages 7 à 11.
[998] Projet européen RPR-UDF, édité par le RPR, 1994, page 5.
[999] La Lettre de la Nation/Magazine, n°247 du 18/03/1994, pages 8 et 10.
[1000] La Lettre de la Nation/Magazine, n° 246 du 11/03/1994, *Chronique de Georges Broussine,* page 5.

aux nouveaux défis de la construction européenne et reste calqué sur la « *doctrine Balladur* » de 1993 ; Et ce, même si face à la contextura nouvelle, le conflit en Bosnie, comme le souligne Georges Broussine[1001], il propose une « *politique et la défense commune* » comme une « *une priorité absolue* »[1002].

Quant à l'UDF, elle obtient la promesse de voir les deux groupes siéger au sein du « *Parti populaire européen* »[1003].

Ce programme est un « *attrape-tout* » et donne l'image de l'unité. Ainsi, le 7 avril 1994, il est approuvé, à l'unanimité[1004], au RPR. Pour renforcer l'idée que le RPR a défendu ses conceptions, la presse militante souligne que les orientations affichées sont « *fondamentalement opposées à toute forme fédérale de l'Europe* » et que le pouvoir politique est le « *seul détenteur de la légitimité démocratique* »[1005].

Le Conseil National du 13 avril 1994, dont le rapport est voté par 477 voix sur 495, souligne que le RPR et l'UDF sont arrivés à un projet commun, « *fidèle à la conception d'une Europe des nations, maîtresse de son destin* ». La satisfaction de l'unité s'exprime aussi à travers Pierre Mazeaux, Maurice Schumann et Robert Pandraud, lesquels indiquent que leur conviction européenne est « *en harmonie avec le projet élaboré par la majorité* »[1006]. Il ne reste plus qu'à trouver les candidats[1007].

[1001] Georges Broussine est le rédacteur de « La Lettre de la Nation ».
[1002] La Lettre de la Nation/Magazine, n°250 du 08/04/1994, page 3.
[1003] Or, dans la charte de constitution du PPE est inscrit la volonté de voir émerger une Europe fédérale. Jusque-là, le RPR siégeait au sein du groupe des Démocrates européens de Progrès, devenu le groupe du Rassemblement des Démocrates Européens (RDE), en 1984. Mais, une fois les élections passées, l'UDF siège, au PPE, et le RPR, au RDE. Ce n'est qu'en 1999, que le RPR siège au PPE-DE (Parti Populaire européen et Démocrates Européens).
[1004] La Lettre de la Nation/Magazine, n°250 du 08/04/1994, page 2.
[1005] Ibid., page 3.
[1006] La Lettre de la Nation/Magazine, n° 521 du 15/04/1994, page 5.
[1007] La liste des candidats du RPR : 1 Hélène Carrère d'Encausse, 2 Christian Jacob, 3 Armelle Guinebertière, 4 Alain Pompidou, 5 Marie-Thérèse Hermange, 6 Jacques Donnay, 7 Blaise Aldo, 8 Anne-Marie Schaffner, 9 Christian Cabrol, 10 Jean-Claude Pasty, 11 Jean-Pierre Bazin, 12 Raymond Chesa, 13 Jean Baggioni, 14 Gérard d'Aboville, 15 Jean-Antoine Giansily, 16 Pierre Lataillade (Aquitaine), 17 Roger Karoutchi, 18 Robert Grossmann, 19 Alain Rouleau, 20 Bernard Asso, 21 Anne-Sophie Grave, 22 Hugues Martin, 23 Alain Terrenoire, 24 Patrick Gaubert, 25 Guy Vasseur, 26 Régine Taussat, 27 Marcel Albert, 28 Michel Forien, 29 Dominique Bousquet, 30 Annick Courtat, 31 Dominique André, 32 Alain Chaneau, 33 Franck Rolle, 34 Olivier Kirsch, 35 Danielle Damin, 36 Eric Woerth, 37 Hervé Mécheri, 38 Marie-Thérèse Phion, 39 Michel Morvant, 40 Philippe Rabit, 41 Anne-

La liste des candidats du RPR, est représentative sociologiquement d'un électorat potentiel et laisse apparaître une répartition géographique qui couvre tout le territoire, y compris les Dom Tom, avec Blaise Aldo (vice-président du conseil régional et conseiller général de Guadeloupe). Il y a une surreprésentation de candidats issus de la région d'Ile-de-France (fief chiraquien), ils sont 9 et représentent 20% des candidats. On y retrouve une certaine représentation sociale : agriculteurs, commerçants, professeur de Médecine, mère de famille, mais aussi des élus…

2.5.3 : Les résultats

La liste, conduite par Dominique Baudis, ne recueille que 25.58% des suffrages exprimés. En 1989, la liste d'union avait totalisé 28.87% et, la liste des rénovateurs, 8.42%. Cependant, elle devance largement la liste du PS, conduite par Michel Rocard, qui ne recueille que 14.49%.

Cette contre-performance de la liste Baudis peut être mise au passif du choix stratégique de privilégier une liste essentiellement pro-européenne. En effet, une partie du RPR a préféré rejoindre la liste de Philippe de Villiers, « *l'Autre Europe* », la liste dissidente de la majorité, qui totalise 12.34%. En effet, Charles Pasqua avait appelé, indirectement, à voter pour cette liste. Lors d'un meeting organisé, par le RPR et l'UDF, à Puteaux, il avait souligné qu'il ne fallait pas « *exclure* »[1008] les électeurs de Philippe de Villiers…

Ainsi, un électorat de droite hostile à la construction européenne[1009] s'est reporté sur cette liste.

D'autre part, un sondage indique que 16% des sympathisants du RPR[1010] se seraient reportés sur le Front National, si Philippe de Villiers ne s'était pas présenté. Dès lors, la consigne du RPR face à Philippe de Villiers fut de considérer qu'il menait un combat dépassé, puisque le traité d'union

---

Catherine Loisier, 42 Jean-françois Boyer, 43 Nourdine Cherkaoui, 44 Jean-François Copé. Voir La lettre de la Nation, n°255 du 13 mai 1994, page 5.

[1008] Le Monde du 10 juin 1994.

[1009] Le Monde, Dossiers et Documents, « *Elections européennes 9 juin-12 juin 1994, progrès des droites* », 1994, page 64. Dans l'article tiré d'une enquête de BVA, sur l'origine politique des électorats, les sympathisants du RPR qui ont voté pour le « oui » à Maastricht, se sont reportés à 75% sur la liste Baudis, contre 14% sur la liste de Villiers. Quant à ceux qui ont voté pour le « non » à Maastricht, ils sont 42% à avoir voté pour la liste Baudis contre 45% à la liste de Villiers. Voir aussi Le Monde du 14 juin 1994.

[1010] Sondage CSA, dans Libération du 14 juin 1994.

européenne était ratifié par le peuple français et que seule la révision, en 1996, était à considérer. Toutefois, les sondages montrent que 44% des électeurs de de Villiers considéraient la construction européenne comme une menace pour l'avenir. Ils étaient 76% au FN et 27% chez les électeurs de Baudis[1011]. Il semble que le thème de la nation a créé une fracture politique entre l'électorat de Dominique Baudis et ceux de Philippe de Villiers et de Jean-Marie Lepen.

L'analyse de la carte électorale apporte quelques enseignements (carte n°12, page 291). La liste d'union n'arrive pas à rassembler l'ensemble de la droite. Elle recueille ses meilleurs scores dans l'Est, la Corse, le sud du Massif central, mais aussi en Midi-Pyrénées, fief de Dominique Baudis. Dans l'Ouest, vieille terre de vote traditionnel, la concurrence entre les trois listes montre que les électeurs de droite ont donné un avantage à la liste de Villiers, de la Vendée au Loir et Cher et de l'Orme aux Deux Sèvres.

Quant au vote Lepen, qui recueille 10.5%. Il s'implante dans les régions soumises à l'immigration et l'insécurité. Il puise son électorat aussi bien sur des terres de gauche (le Nord) que la façade méditerranéenne. Il *« attaque »* surtout les terres de l'UDF et du RPR, dans l'Est alsacien et lorrain, le sillon rhodanien, là où l'électorat est le plus urbain et le plus populaire.

Au bilan, ces élections préparent le terrain de l'élection présidentielle de l'année suivante. Elles confirment la position dominante des droites, qui, avec 48.4% devancent nettement les gauches (38.7%). Cependant, ces droites sont en recul par rapport à 1993, passant de 56.88% à 48.44%. En effet, la droite classique est fragilisée par les extrêmes du FN et de Philippe de Villiers.

[1011] Pascal Perrineau, dans Le vote des Douze : les élections européennes de juin 1994, « L'élection européenne au miroir de l'Hexagone, les résultats de l'élection européenne en France », chapitre 9, pages 256-257.

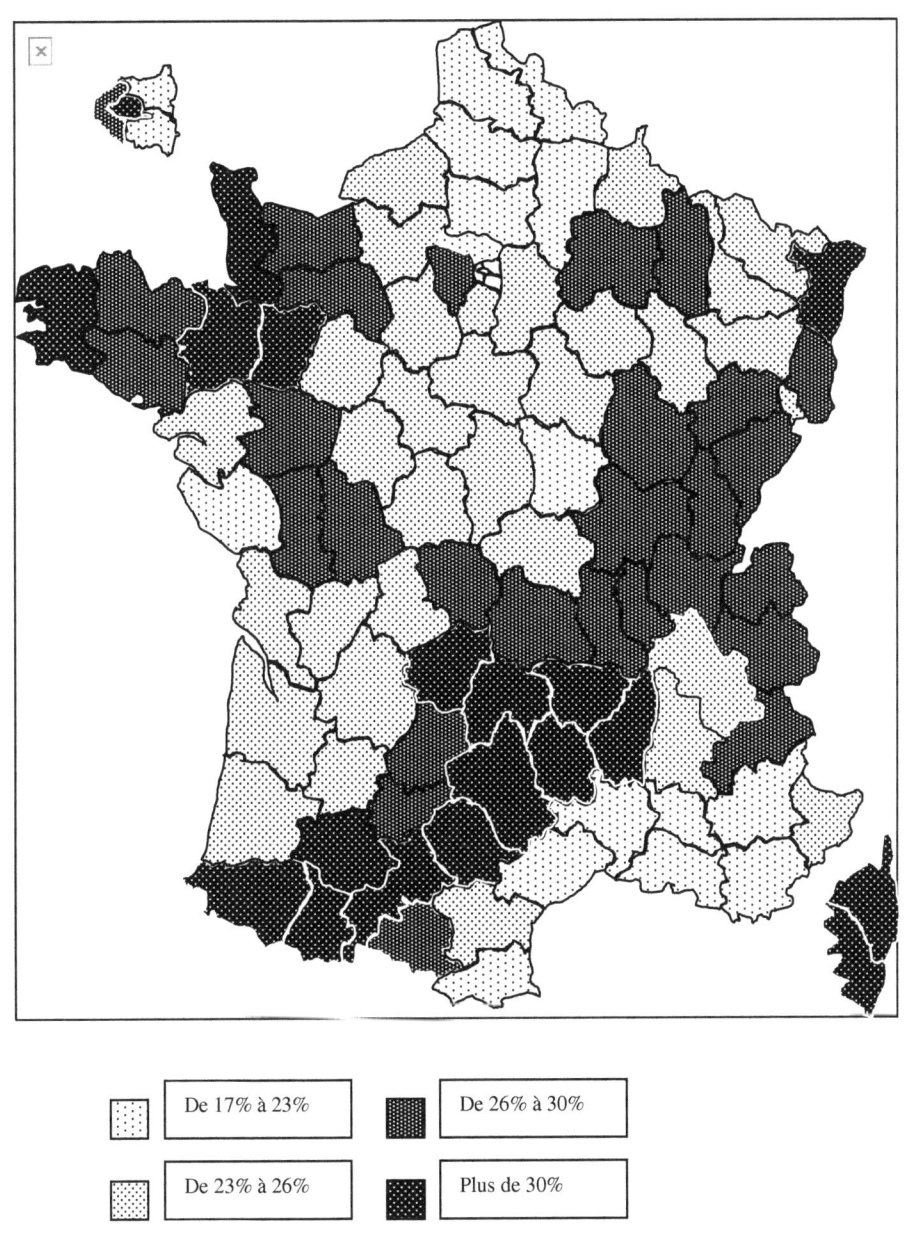

Carte n°12 : carte des suffrages exprimés, obtenus par la liste RPR-UDF de Dominique Baudis, aux élections européennes de juin 1994.

Chapitre 2 :
Jacques Chirac à l'Elysée :
Vers une « Europe puissance »?
1995-2002

L'élection présidentielle de 1995 voit *« le retour du gaullisme au pouvoir »*[1012], après plus de vingt années d'absence. Cette élection est le fruit d'ambiguïtés. En effet, pour gagner, Jacques Chirac a du faire preuve d'un certain *« opportunisme politique »*. Seule la victoire permet de lever le voile sur ses réelles intentions politiques, et, en particulier, sur ses convictions européennes. Dès lors, apparaît-il comme un homme *« résolument européen »*[1013] ou un *« européen réaliste »*[1014] ? La campagne des présidentielles permet-elle d'éclairer, sur ce sujet ?

1 La campagne des présidentielles

La campagne pour les élections présidentielles de 1995 commence, avec les élections européennes de juin 1994. Ces dernières vont permettre de compter les troupes. D'autre part, à la différence des précédentes élections présidentielles, celle-ci a quelque chose de particulier. En effet, elle voit s'opposer deux candidats, Edouard Balladur[1015] et Jacques Chirac, tous deux, issus du RPR.

Avant l'annonce de sa candidature, le 4 novembre 1994[1016], Jacques Chirac, avait esquissé un projet pour la France, *« Une nouvelle France »*[1017], publié en juin 1994. En janvier 1995, il fait publier un second ouvrage, *« La France pour tous »*[1018]. Dans le premier ouvrage, il rompt avec le discours de la pensée unique qui consiste à penser que l'avenir va se dérouler à travers la globalisation, le fédéralisme européen, le libre-échange et un monde

---

[1012] Titre repris de la conclusion générale de Jean Charlot, *Pourquoi Jacques Chirac?*, Editions de Fallois, Paris, 1995, pages 273-281.
[1013] Clerc Christine, *Journal intime de Jacques Chirac, Tome 1*, 1995, page 389.
[1014] La Lettre de la Nation/Magazine, n°317 du 03/11//1995, *Interview au Palais de l'Elysée par Alain Duhamel*, dans l'émission *Invité spécial sur France 2*, page 2. C'est au cours de cette interview, qu'il se présente ainsi.
[1015] Edouard Balladur apparaît comme le candidat soutenu par l'UDF. Dans « Enquête sur le RPR », un sondage publié en décembre 1993 montré que sur 274 députés RPR-UDF, 70% d'entre-eux et 93% des députés UDF étaient favorables à Edouard Balladur. Au RPR, la tendance donnait 40% pour ce dernier et 60% pour Jacques Chirac.
[1016] La Voix du Nord du 4 novembre 1994, *article de Jacques Chirac*.
[1017] Jacques Chirac, *« Une nouvelle France, réflexions 1 »*, Nil éditions, 1994, 141 pages.
[1018] Jacques Chirac, *« La France pour tous »*, Nil éditions, décembre 1994, 139 pages.

multipolaire. Jacques Chirac prend le contre-pied de cette pensée en axant son projet politique autour de la *« fracture sociale »*. Il va jouer sur la fibre sociale. Ainsi, *« l'emploi avant toute chose »*[1019] devient sa *« priorité absolue »* et le chômage, une *« tragédie »*[1020] à combattre. Ce projet pourfend la politique qui consiste à faire des critères de Maastricht, la priorité. En ce sens, il s'oppose à la *« pensée unique incarnée, selon lui, par Edouard Balladur »*[1021]. Ainsi, même si le traité de Maastricht a été ratifié, par les Français, il pense que *« la promotion de l'emploi est au moins aussi importante que la défense de la monnaie, la maîtrise de l'inflation, la réduction des déficits publics, de l'équilibre des comptes extérieurs »*[1022]. Si le traité de Maastricht n'est pas directement nommé, il est implicitement remis en cause. Toutefois, il ne se montre pas hostile, à l'Europe. Il souhaite que l'Union européenne s'ouvre *« raisonnablement »* aux pays de l'Est, ce qu'il appelle une *« nouvelle frontière »,* mais à la condition que ces pays adhèrent à *« l'économie de marché »* et à la *« démocratie »*[1023]. Sur l'Europe, il a trois convictions. Il pense que *« le salut des nations européennes est dans le regroupement de leurs forces et de leurs capacités »* et dans *« la mise en commun de leurs atouts »*[1024] face aux grands ensembles et face à la mondialisation. Il prône *« la préférence communautaire »*[1025]. Enfin, il ne pense pas que l'Europe puisse se faire *« sans entente entre Français et Allemands »*[1026]. Sur le plan institutionnel, Il refuse un modèle européen *« prédéterminé »,* le fédéralisme. C'est pour cette raison qu'il souhaite que le système européen se démocratise en faisant des peuples les *« acteurs principaux »* aux dépens de la technocratie, qui apparaît *« lointaine »*[1027]. Sur le fond, il n'apporte pas de grandes nouveautés. Tout au plus, met-il des espoirs dans la révision *« promise »*[1028] des institutions prévue, pour 1996. En effet, sans réforme, elles sont bloquées par le vote à l'unanimité.
C'est pourquoi, il veut une Europe politique qui ne soit pas seulement économique. Son adhésion est toutefois limitée quand il estime que le conseil des ministres doit être reconnu comme *« le seul détenteur d'une*

[1019] Ibid., page 13.
[1020] Ibid., page 15.
[1021] Franz-Olivier Giesbert, « *La tragédie du président. Scènes de la vie politique, 1989-2006* », Flammarion, page 128.
[1022] Jacques Chirac, Ibid., page 19.
[1023] Ibid., page 102.
[1024] Ibid., page 101.
[1025] Ibid., page 104.
[1026] Ibid., page 101.
[1027] Jacques Chirac, Ibid., page 108.
[1028] Ibid., page 109.

véritable légitimité politique »[1029] face à la Commission et qu'il souhaite que l'Europe s'occupe de « *l'essentiel* » ce que suppose le respect du « *principe de subsidiarité* »[1030]. Enfin, face aux évolutions en Europe, il appelle au développement d'une défense commune ce qui appelle une « *Europe à plusieurs vitesses* »[1031].

Mais, Jacques Chirac relance une polémique. Il propose un référendum[1032] avant le passage à la monnaie unique. Cette annonce s'inscrit dans le but d'attirer les sympathies des adversaires de l'Europe. Le message chiraquien séduit Philippe Séguin, lequel dénonce le fédéralisme[1033], quelques jours plus tard. En fait, ce dernier veut lui aussi donner la priorité à une révision du Traité, en donnant un caractère plus social à l'Europe, aux dépens du purement monétaire. Il rejoint donc Jacques Chirac et inspire son projet en axant sur la « *fracture sociale* ». Il pense que c'est sur celle-ci que les Français vont se rassembler. Son appui est donc une forme de gage.

Ce choix tactique de Jacques Chirac peut surprendre. Mais, il intervient dans un contexte de concurrence avec Edouard Balladur. Dès lors, la différence doit se faire sur les aspects sociaux de leur projet. C'est la déduction qu'en fait aussi Philippe Séguin. Comme il le dit : « *Quand s'annonça l'élection de 1995, je pensais donc que, tout compte fait, la candidature d'Édouard Balladur offrait une chance que je n'avais pas le droit de ne pas saisir. Elle pouvait conduire Chirac à renouer avec un certain nombre d'idées et de principes gaullistes, en particulier dans le domaine social, et sur lesquels Édouard Balladur ne pourrait pas lui faire grande concurrence. Il fallait, pour cela, s'efforcer de rejeter la candidature de celui-ci à droite et créer un espace entre les socialistes et lui* »[1034].

Dès lors, quand Edouard Balladur s'engage dans la bataille des présidentielles, son projet ne peut s'inscrire dans un projet similaire. Au pouvoir depuis 1993, il a donné la priorité à l'Europe. Il peut difficilement aller à contre-courant de sa politique gouvernementale, sans se discréditer. Cependant, il peut se prévaloir d'un bilan positif. Sur le dossier européen, il a remporté quelques succès : le maintien du SME, l'« *heureuse* »[1035] conclusion des accords du GATT, la signature du « *pacte de stabilité* ».

Ainsi, son projet européen s'inscrit, dans la perspective de satisfaire les exigences de Maastricht. Son programme s'articule autour de quatre

---

[1029] Ibid., page 110.
[1030] Ibid., page 109.
[1031] Ibid., page 110.
[1032] Le Monde du 8 novembre 1994.
[1033] Le Figaro du 7 décembre 1994. Le Monde du 8 décembre 1994, page 9.
[1034] Séguin Philippe, *Itinéraire dans la France d'en-bas et d'ailleurs,* pages 449-450.
[1035] Edouard Balladur, op. cit., page 158.

domaines : l'élargissement de l'Union, la réforme des institutions européennes, le renforcement de la coopération franco-allemande et le développement de la théorie des *« cercles »*[1036], en vue de répondre à l'élargissement. Une théorie qui permettrait aux Quinze de ne pas être handicapés par ces élargissements à l'Est et qui permettrait, à ceux qui le souhaitent, d'avancer plus vite. Elle s'articule selon un schéma simple. Le premier cercle relèverait du droit commun et devrait rassembler tous les Etats. Il ne concerne que l'union européenne avec son marché unique, ses politiques communes et sa politique extérieure et de sécurité.

A ce cercle, s'y en ajouterait deux autres : Le *« cercle monétaire »* et le cercle *« militaire »*[1037]. Ces deux cercles devraient fonctionner uniquement avec les Etats qui le souhaitent, c'est-à-dire ceux qui veulent approfondir leur coopération et partager leur souveraineté. Sur le plan monétaire, il est le seul, sans doute, à se battre pour que la date de 1997 soit retenue pour la mise en place de l'UEM. Il présente cette date comme un impératif pour répondre au plus vite à la globalisation.

A la différence de François Mitterrand, il est favorable à la reprise des essais nucléaires, *« élément essentiel de la défense de la France »*[1038]. C'est pourquoi, il fait voter une loi de programmation militaire qui intègre les grands projets comme le Rafale, la FAR *(Force d'Action Rapide)* et la perspective d'une *« irrésistible évolution vers l'armée professionnelle »*[1039]. En effet, cette loi doit permettre, à la France, d'être en capacité d'agir vite et loin tout en renforçant la coopération militaire européenne. Son projet se résume à l'idée qu'il faut accélérer la mise en place de l'UEM.

Sur le fond, le projet chiraquien est en phase avec la politique menée par Edouard Balladur. Tout au plus, Jacques Chirac adopte une position plus pragmatique, en avançant la date de 1999 plus probable que celle de 1997, pour la monnaie unique. Ainsi, il est curieux de constater que le débat européen n'a pas lieu entre Jacques Chirac et Edouard Balladur, alors même que l'Europe va connaître, au cours de ce septennat, des années décisives. Mais, ce dernier est-il possible ? L'appui des *« eurosceptiques »* comme la volonté de capter un électorat potentiel ont dicté ce choix. Ainsi, à la veille de l'élection, Jacques Chirac ne développe pas davantage sa réflexion européenne. Il la repousse à la Conférence Intergouvernementale de Turin qui doit être organisée, en 1996. D'autre part, plus l'élection approche, plus le discours devient *« ambigu »*[1040].

[1036] Edouard Balladur, ses idées sont développées dans Le monde des 17 novembre, 30 novembre et 20 décembre 1994.
[1037] Edouard Balladur, op. cit., page 128. Le Monde du 30 novembre 1994.
[1038] Ibid., page 130.
[1039] Edouard Balladur, op. cit., page 131.
[1040] Le Monde du 18 mars 1995.

Il est voué à des revirements[1041], comme dans les derniers jours du second tour, sur l'idée d'un référendum sur la monnaie unique.

Le 16 mars, alors qu'il expose son projet international pour la France, il souligne simplement *« Une ambition pour l'Europe »*[1042]. Cependant, dans ce discours, il essaie de donner satisfaction à l'ensemble de ses partisans. Ainsi, ne dit-il pas que son *« projet européen vise à réussir l'élargissement et à réussir l'union »*[1043]. En direction des centristes et de Valéry Giscard d'Estaing, il préconise l'institution d'un *« président du Conseil européen »*[1044].

Quant au traité de Maastricht, s'il ne le remet pas en cause, il constate que, sur la monnaie unique *« ce ne sera pas facile compte tenu du niveau du déficit... »*[1045]. Pour rassurer Philippe Séguin, il conclut que ce traité n'est qu'un *« petit pas dans la bonne direction »*[1046]. De même, il n'évoque pas la thèse du *« fédéralisme »*. Il préfère se référer à une Europe des Etats souverains, laquelle ne doit pas se réduire à une simple zone de libre-échange. Toutefois, dans ce discours, il ne va pas jusqu'à donner satisfaction à Philippe de Villiers, lequel souhaite qu'il prenne position contre l'Union Monétaire. En effet, Jacques Chirac ne veut pas remettre en cause la décision souveraine des Français, de septembre 1992. Enfin, il expose sa vision d'une Europe politique. Il souhaite des institutions fortes et responsables, où les parlements nationaux ont leur mot à dire. Il souhaite ramener la Commission à un rôle d'exécutif.

Face à l'élargissement, il souhaite une *« Europe à géométrie variable »*, de manière à éviter l'impuissance politique, surtout si, le droit de veto est maintenu. C'est pourquoi, il évoque une nouvelle *« architecture »*[1047] de l'Europe, dont la réflexion doit être menée dans le cadre de la *« Conférence Intergouvernementale de 1996 »*[1048].

La subtilité du discours le fait approuver la politique menée jusque-là par le gouvernement d'Edouard Balladur, sans le nommer. Il évoque simplement le *« pacte de stabilité »*[1049].

[1041] Le Monde du 5 mai 1995.
[1042] La Lettre de la Nation/Magazine, n°291 du 24/03/1995, « *1 : Une ambition pour l'Europe* », pages 6 à 13.
[1043] Discours de Jacques Chirac, 16 mars 1995, page 4.
[1044] Ibid. page 11.
[1045] Ibid., page 13.
[1046] Ibid., page 8.
[1047] Ibid., page 8.
[1048] Discours de Jacques Chirac, 16 mars 1995, page 10. La Lettre de la Nation/Magazine, n°292 du 24/03/1995, « *Mon projet international* », page 10.
[1049] Ibid., page 8.

Par ce discours, Jacques Chirac veut « *réconcilier les Français sur l'Europe* » et « *réconcilier les Français avec l'Europe* »[1050]. Il veut rassembler le RPR et l'UDF et au-delà, dans la perspective d'un second tour. Ce projet, sur la politique étrangère lève le voile sur l'idée selon laquelle Jacques Chirac était « *tiraillé entre l'anti-maastrichien Philippe Séguin, l'Européen raisonnable Alain Juppé et le libéral Alain Madelin* »[1051]. Mais, ce discours n'entraîne pas l'adhésion de tous.

Charles Pasqua rallie Edouard Balladur, davantage pour « *l'intérêt du pays* », et parce que c'est « *avant tout un gaulliste* »[1052]. Il dénonce la tactique politicienne de Jacques Chirac qui capte l'idée de « *l'autre politique* »[1053]. Il dénonce une campagne qui s'inspire davantage du « *non* » que du « *oui* » à Maastricht, et qui, se révèle ambiguë en se voulant, à la fois, une « *politique de relance* » et « *une politique européenne conforme au traité de Maastricht* »[1054]. Dès lors, quel va être le résultat ?

1.1 : Les résultats

Le premier tour voit Jacques Chirac et Lionel Jospin qualifiés. Jacques Chirac l'emporte sur Edouard Balladur, avec 20.84% contre 18.58%. Le parti socialiste avec Lionel Jospin arrive en tête avec 23.3% (voir carte n°13, page 302). Enfin, le Front National et Philippe de Villiers font respectivement 15% et 4.74%.

Le score de Jacques Chirac est relativement faible, pour sa troisième participation à une élection présidentielle (voit carte n°14, page 303). En effet, non seulement il arrive en deuxième position, mais, il ne progresse que d'un point par rapport à 1988 (19.95%). La structure de son électorat explique ce score. En effet, au premier tour, il recueille 61% des suffrages des sympathisants du RPR[1055]. 25% se portent sur Edouard Balladur. Il perd une partie de son électorat de personnes âgées[1056] (19%) aux dépens d'Edouard Balladur (37%). Les agriculteurs, fidèles depuis les années 70, ne lui donnent que 29% de leurs suffrages contre 24% à Edouard Balladur.

[1050] La Lettre de la Nation/Magazine, n°292 du 24/03/1995, « *Mon projet international* », page 7.
[1051] Christine Clerc, *Journal intime de Jacques Chirac, Tome 1,* 1995, page 389.
[1052] Edouard Balladur, *Deux ans à Matignon,* page 231.
[1053] Le Monde du 21 mars 1995, page 7.
[1054] Ibid., page 7.
[1055] Le Monde, *L'élection présidentielle 23 avril – 7 mai 1995*, Numéro spécial de Dossiers et documents du Monde, mai 1995, tableau 3 : origine politique, page 48.
[1056] Le Monde, Ibid., page 47.

Enfin, ce dernier le devance chez les artisans (28% contre 27%) et les cadres supérieurs (24% contre 21%)[1057]. Par rapport à 1981 et 1988, Jacques Chirac perd donc 9 points chez les agriculteurs, 6 points chez les artisans. Son avance sur Edouard Balladur tient alors à la captation d'un nouvel électorat[1058]. En effet, 29% des 18-24 ans se reportent sur sa candidature, il arrive en tête pour cette catégorie. Il réalise aussi de bons scores dans les catégories sociales modestes, avec 17% chez les ouvriers (contre 10% en 1988), 22% chez les employés (13% en 1988) ou chez les chômeurs, 17% (9% en 1988).

Sa géographie électorale montre quelques zones de force. Il progresse dans la région parisienne par rapport à 1981. Il obtient 32.19% sur Paris, 26.56% dans les Hauts-de-Seine, 25.95% dans les Yvelines. Il progresse dans le fief du centre de la France, la France rurale et montagneuse du Massif central. Il réalise son meilleur score métropolitain, dans son département, la Corrèze, où il progresse, avec 49.3%. Il réalise 40.98% dans le Cantal, 34.54% dans la Creuse et 26.84% dans la Lozère. Enfin, il réalise 31.4% en Haute-Corse et 30.41% en Corse du Sud. Ses plus bas scores sont dans la France frontalière du Nord au Haut-Rhin. Le Nord ne lui donne que 16.85% et le Bas-Rhin, 16.63%. De même, le sud, des Bouches du Rhône à la Haute-Garonne lui donnent de faibles pourcentages, 16.67% pour le Vaucluse. Enfin, le couloir rhodanien, terre UDF, exprime un anti-chiraquisme. Dans l'Isère, il ne recueille que 15.78% et dans le Gard, 16.16%. Au fond, la carte électorale de Jacques Chirac est le reflet avant tout de sa personnalité.

Cependant, le 7 mai 1995, Jacques Chirac devient Président de la République, avec 52.64 %. Sa progression est encore plus sensible. La droite progresse partout et plus particulièrement dans les zones d'influence personnelle de Jacques Chirac (voir carte n°15, page 304). Dans 10 départements, il dépasse les 60% ; dans 18, il oscille entre 55 et 60% ; enfin, il obtient entre 50 et 55% dans 42 départements. Les Alpes Maritimes lui donnent son meilleur score (65.48%), l'Ariège le plus faible (40.17%).

Elu sur la thématique de la *« fracture sociale »,* contre le respect des exigences de Maastricht, va-t-il tenir compte de ce vote ?

[1057] Enquête post-électorale SOFRES réalisée du 15 au 20 mai 1981 et du 19 au 25 mai 1988, pour le Nouvel Observateur TNS.

[1058] Jérôme Jaffré, « La victoire de Jacques Chirac et la transformation des clivages politiques », dans Le vote de crise. L'élection présidentielle de 1995, sous la direction de Pascal Perrineau et Colette Ysmal, Presses de Science Po, Collection « Chroniques électorales », Paris, 1995, pages 159-178.

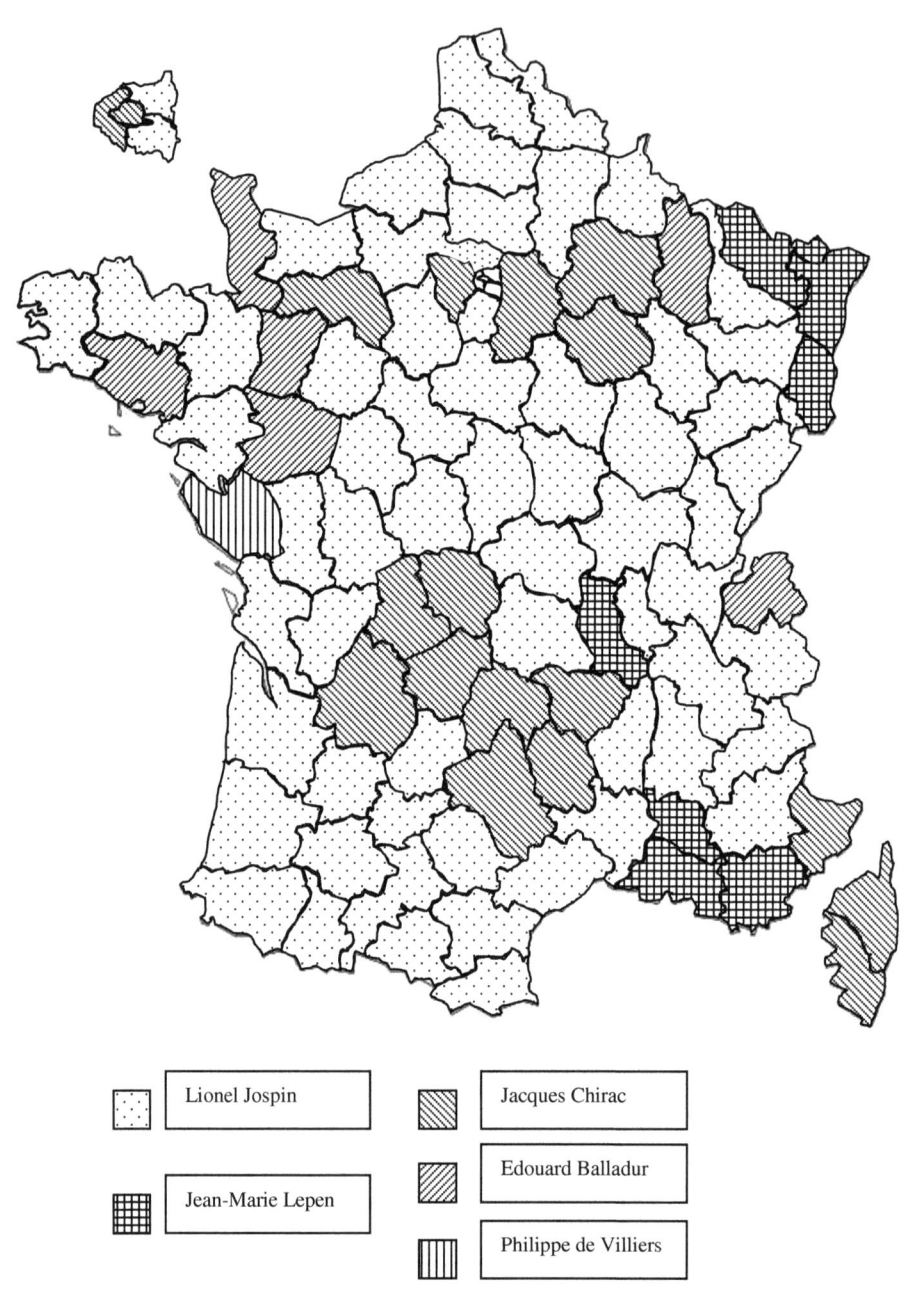

Carte n°13 : Candidats arrivés en tête au premier tour de l'élection présidentielle de 1995.

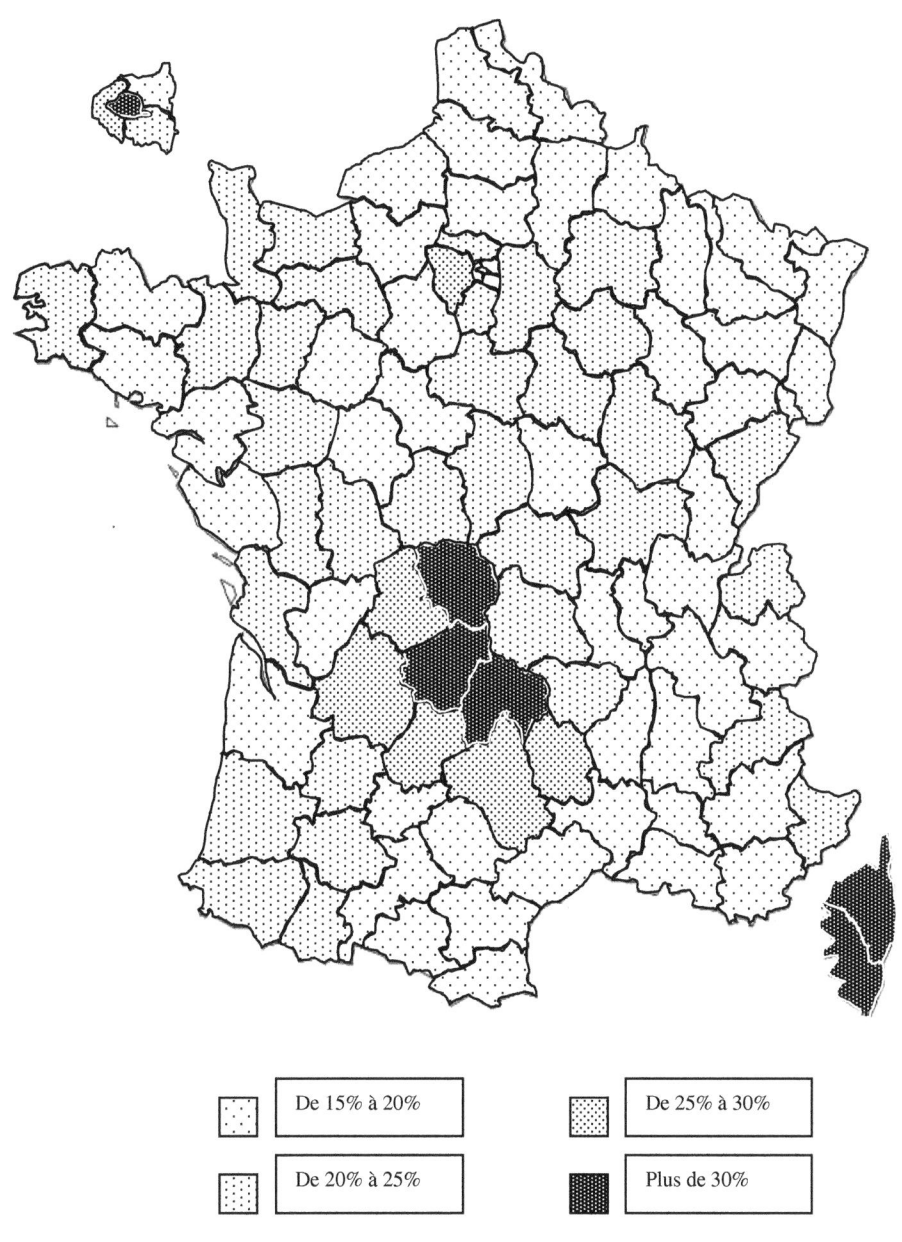

Carte n°14 : carte des suffrages exprimés, obtenus par Jacques Chirac, au premier tour de l'élection présidentielle de 1995.

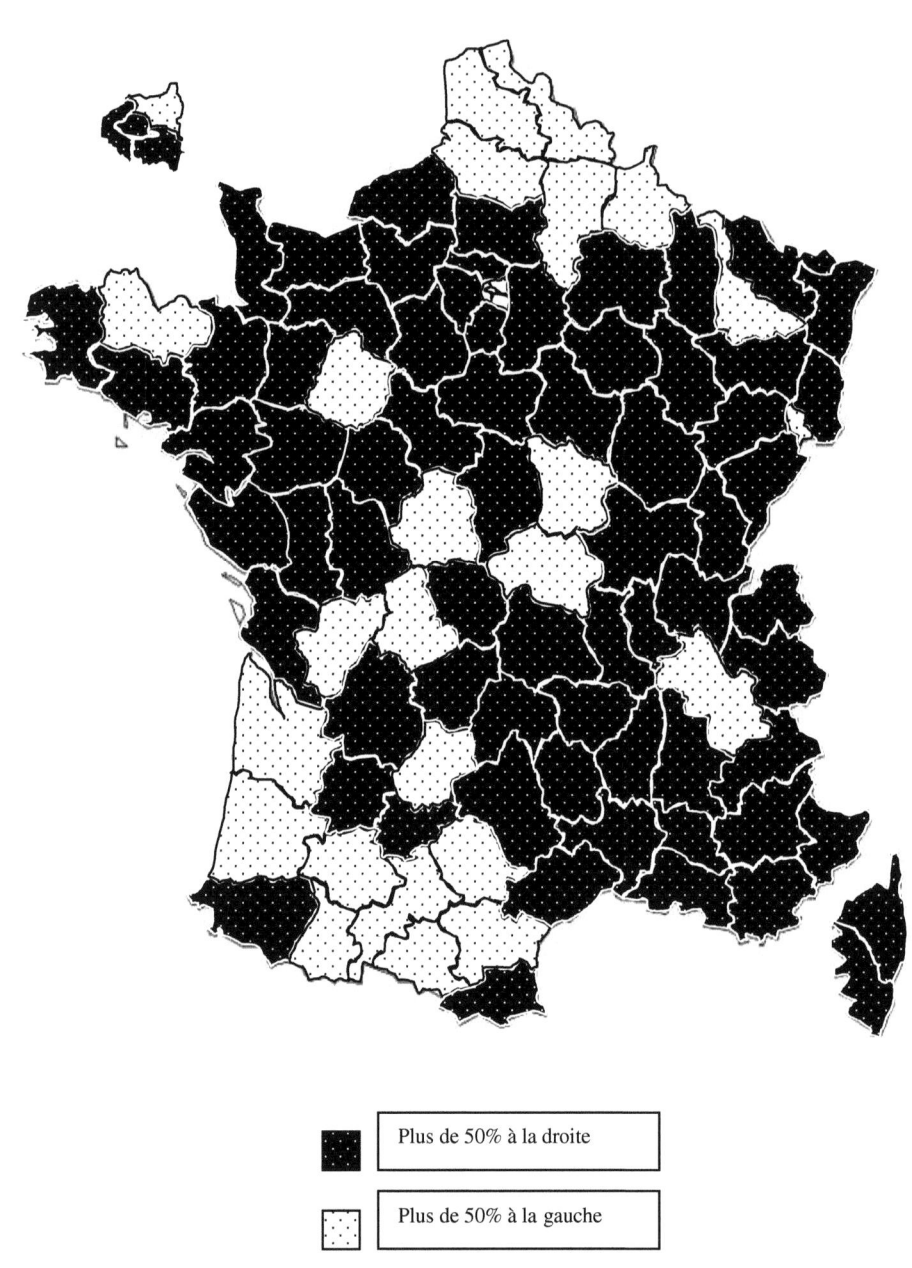

Carte n°15 : Rapport de force entre la gauche et la droite au deuxième tour de la présidentielle du 7 mai 1995.

2 La politique européenne de Jacques Chirac 1995-2002

La période 1995-2002 est une originalité dans le domaine politique. Dès 1997, s'installe une cohabitation entre le président et un gouvernement « gauche plurielle », dirigé par Lionel Jospin. Cette situation les amène, sur l'Europe, à adapter leurs projets. Elu sur le thème de la *« fracture sociale »*, soutenu par l'anti-maastrichien, Philippe Séguin, quelle politique européenne va mener le nouveau président ? D'autre part, la cohabitation modifie-t-elle cette politique ?

En effet, le septennat coïncide avec une période riche en avancées européennes. Dès 1996, la CIG, qui aboutit au traité d'Amsterdam, doit réformer le traité de Maastricht, sur les institutions. L'Europe doit se réformer pour faire face aux élargissements. Ceci donne le traité de Nice de décembre 2000, ratifié en France, en juin 2001. Entre-temps, l'Europe avance vers davantage d'union et réfléchit sur l'idée d'une défense commune, une politique étrangère et de sécurité commune. Enfin, l'horizon d'une Europe à 25 pays, amène à une réflexion sur une union politique. Sur ce point, au Sommet de Laecken, en décembre 2001, c'est l'ébauche d'un projet de Constitution européenne. Mais, comment envisager une constitution, alors même que l'existence d'un peuple européen est à construire ?

Ainsi, la période 1995-2002 voit se concrétiser l'UEM, la monnaie unique, le 1er janvier 1999. Dès lors, comment Jacques Chirac se détermine-t-il face à ces échéances ?

Les débuts du septennat marquent un certain engagement. Il semble déterminé à aller vers l'accomplissement d'une véritable union européenne, économique, politique, une monnaie unique et l'ébauche d'une défense commune. Il se prononce en faveur d'une *« Europe élargie »*[1059].

[1059] *La Lettre de la Nation/Magazine*, n°317 du 03/11//1995, *Interview au Palais de l'Elysée par Alain Duhamel,* dans l'émission *Invité spécial sur France 2,* page 2.

2.1 : « *Juppé, le choix de l'orthodoxie* »[1060], respecter les engagements de la monnaie unique

A défaut de Philippe Séguin[1061], c'est Alain Juppé, qui est désigné, pour mener la politique chiraquienne. Cette nomination manifeste le choix de Jacques Chirac de poursuivre dans la voie européenne tracée par le traité de Maastricht.

Jacques Chirac avait le choix entre trois candidats potentiels. Philippe Séguin, lequel lui a inspiré son programme présidentiel ; Alain Madelin (libéral) qui le rejoint et le soutient, ce qui lui permet de chasser sur les terres de la droite libérale ; Alain Juppé, le fidèle parmi les fidèles. Le premier représente un danger, il est peu malléable et il a été un chantre du *« non »*, à Maastricht. Le second apparaît trop libéral, ce qui peut déplaire à un électorat, qui a entraîné l'échec des thèses libérales, en 1988, tout comme celui d'Edouard Balladur, en 1995. Jacques Chirac opte pour *« l'orthodoxie »* et la fidélité. En effet, l'idée du changement est de courte durée. Le projet de loi de finances, pour 1996, présenté le 20 septembre, s'inscrit dans la perspective des critères de convergence de Maastricht. Ainsi, il opère une réduction *« sans précédent du déficit budgétaire »*[1062]. Ce choix est confirmé, de retour de Bonn, le 26 octobre[1063]. Il promet aux Français la rigueur comme priorité. Si ce positionnement rassure les partenaires européens, il explique la baisse des côtes de popularité[1064] de ce dernier comme celle de son Premier Ministre. Les Français ne comprennent pas ce choix politique. La déception s'exprime dans la vague de grèves de novembre et de décembre 1995. En janvier 1996, le Premier Ministre propose d'entamer la réduction des déficits autour de quatre réformes : la

---

[1060] Allaire Marie-Bénédicte, Goulliaud Philippe, Ibidem, titre emprunté, chapitre III, pages 33-40.
[1061] Philippe Séguin, *Itinéraire dans la France d'en-bas et d'ailleurs,* Paris, Seuil, page 450. Ce dernier pensait que Jacques Chirac finirait par le nommer à Matignon. Comme il le dit : « s'il l'emportait, il en resterait forcément quelque chose… ».
[1062] La Lettre de la Nation/Magazine, n°312 du 29/09/1995, *« Maîtrise des déficits et lutte contre l'exclusion »,* page 8.
[1063] Intervention de Jacques Chirac sur France 2, 26 octobre 1995. Le Monde du 28 octobre 1995, *« Un peu Churchill, un peu de Gaulle »*.
[1064] En effet, les côtes de popularité du président passent de 64% en juin, à 54% en septembre, 41% en octobre, puis à 37% en novembre et 39% en décembre et à 35%, en janvier 1996. Pour le Premier ministre, elle passe de 65% en juin à 57% en septembre, puis 39% en octobre, 33% en novembre avant de rebondir à 37% en décembre et terminer à 31% en janvier 1996. Sources, tns.sofres, site: election-politique.com.

sécurité sociale, celle de l'Etat, celle de la fiscalité et la réforme urbaine. *« La ligne est fixée »* et *« le calendrier sera tenu »*[1065], tel est l'objectif du Premier Ministre. Cette décision est saluée, par Valéry Giscard d'Estaing, alors qu'Edouard Balladur laisse entendre que *« tout ne serait pas perdu si le passage à la monnaie unique n'intervenait qu'avec quelque retard »*[1066]. Quant au ministre des finances, Jean Arthuis, il souligne que *« la France n'entend pas s'écarter des critères »* de convergence, considérant qu'ils sont *« ceux de la sagesse »*.

Or, au regard de la situation économique du pays, contraint par une faible croissance et une hausse du chômage, cette politique de la rigueur arrive à un mauvais moment. En effet, les statistiques donnent, pour 1995, un déficit de 5.1% à 5.2% et prévoient 4.5%, pour 1996 ; avant de revenir à 3.8% seulement, en 1997. Avec de tels pourcentages, la France ne respecte pas l'un des 5 critères de convergence voulu par Maastricht.

Entre-temps, le sommet de Madrid de décembre 1995 décide la création de la monnaie unique, et le Conseil européen de Dublin, en définit l'organisation, en décembre 1996. Dès lors, la seule solution pour parvenir à un déficit de 3% passe par une accentuation des exigences, ce qui suppose des sacrifices budgétaires : la hausse des impôts et des cotisations, rendues nécessaires par la faible croissance économique. Ce choix entraîne la contestation dans les rangs même de la majorité comme dans l'opposition. C'est, dans ce contexte que naît l'idée de dissoudre l'Assemblée Nationale. Il semble que cette solution soit la seule envisageable pour permettre à Jacques Chirac de mener sa politique européenne. Cependant, avant cette dissolution, le septennat commence par des mesures symboliques qui soulignent une volonté de marquer un *« France is back »*[1067].

2.1.1 : Des mesures symboliques

Parmi les mesures symboliques de Jacques Chirac, il faut noter la reprise des essais nucléaires, annoncée, le 13 juin 2005. C'est une manière de montrer que la France reste une grande puissance indépendante[1068]. Sur ce point, son discours de campagne n'était pas clair. Le 16 mars 1995, il évoquait le risque de prolifération nucléaire et se fixait *« l'objectif clair et*

[1065] Le Monde du 27 janvier 1996, page 6.
[1066] Ibid., page 6.
[1067] Allusion à l'ouvrage de Coudurier Hubert, *Le monde selon Chirac : les coulisses de la diplomatie française »,* Calmann-Lévy, 1998, 417 pages.
[1068] La Lettre de la Nation, n°304 du 23/06/1995, *Essais nucléaires : une décision nécessaire pour l'intérêt supérieur de la nation,* pages 12-13.

simple d'interdiction complète et définitive des essais nucléaires ». Il s'interrogeait sur la nécessité de *« réaliser encore quelques essais... ? »,* alors que *« de nombreux experts le (pensaient) ».* Il estimait alors qu'une *« décision (devait) rapidement »*[1069] être prise. En effet, depuis la chute du Mur de Berlin et de l'URSS, le risque d'une frappe nucléaire massive avait disparu. Sur le fond, cette décision s'inscrit dans l'héritage gaulliste revendiqué par Jacques Chirac. Mais, cette mesure entraîne une polémique. En France, Hubert Védrine, ancien conseiller diplomatique de François Mitterrand pose la question de fond, en se demandant si les partenaires de la France sont favorables à *« une protection nucléaire »*[1070]. Le 11 juillet 1995, au Parlement européen, Jacques Chirac est alors sifflé par les partenaires européens écologistes et socialistes.

Sur le fond, par cette mesure symbolique, Jacques Chirac voulait montrer que l'Europe devait s'affirmer sur le plan international. Ainsi, son septennat est marqué par une volonté d'avancer dans le domaine d'une défense européenne.

2.2 : Le projet de défense européenne

Jacques Chirac utilise les possibilités offertes par le traité de Maastricht qui, introduit une PESC, dans le cadre d'une coopération intergouvernementale. Il accepte d'engager un dialogue avec l'OTAN. Cette décision est saluée par les partenaires de la France, mais occasionne le mécontentement au RPR.

En effet, cela remettait en cause la décision prise par Charles de Gaulle, de quitter le commandement de l'OTAN, en 1966. Dès décembre 1995, il souhaite voir la France, *« réintégrer »* les instances de l'OTAN[1071]. En octobre 1995, il évoquait l'objectif de *« renforcer la dissuasion tout en préservant l'indépendance de nos forces nucléaires »*[1072].

[1069] Jacques Chirac, *Discours de campagne du 16 mars 1995,* pages 5-6.
[1070] Le Point du 30 septembre 1995.
[1071] Discours de Jacques Chirac, Président de la République devant le Congrès des Etats-Unis d'Amérique (Washington), le jeudi 1er février 1996. La Lettre de la Nation/Magazine, n°330 du 9 février 1996, *« Jacques Chirac aux Etats-Unis : l'amitié franco-américaine »,* pages 12-13.
Site :
http://www.elysee.fr/elysee.fr/elysée.fr/francais/interventions/discours_et_declaratio ns/1996/janvier.
[1072] Conférence de presse conjointe de Monsieur Jacques Chirac, Président de la République et de Monsieur John Major, Premier Ministre du Royaume Uni,

Cette idée génère au RPR des questions, sur le devenir de l'indépendance. La mise en commun de ce capital est le signe d'une rupture avec l'héritage gaulliste. Charles Pasqua trouve cette idée inimaginable. En effet, comment peut-on aller vers une défense européenne ? Or, c'est le souhait des Allemands et des Anglais, lesquels restent attachés à une défense européenne dépendante de l'OTAN. Dès lors, si Jacques Chirac engage des discussions, sur le nucléaire, au sein de l'OTAN, il précise que la force nucléaire doit demeurer sous le *« strict contrôle de la France »*, même si les armes nucléaires françaises ont vocation *« à garantir la sécurité de l'Europe entière... »*[1073]. Le 3 décembre 1998, une évolution est franchie. La France et l'Angleterre déclarent vouloir donner une nouvelle impulsion à l'identité européenne, lors du sommet franco-britannique de Saint-Malo. Dans leur déclaration commune, Jacques Chirac et Tony Blair se déclarent prêts à *« voir leurs efforts pour permettre à l'union européenne »* de progresser *« vers la constitution d'une Europe dotée de « forces armées renforcées »*[1074]. Ce sommet change radicalement la donne, en matière de défense. L'Angleterre tourne le dos à sa position traditionnelle. Elle ne s'oppose plus à l'acquisition, par l'UE, d'une capacité militaire autonome, condition pour jouer un rôle sur la scène internationale.

Cette volonté, d'aller vers des *« coopérations renforcées »*, avait été annoncée, par Jacques Chirac, lors de son message, à l'occasion de la journée de l'Europe[1075]. Il considérait que c'était un *« impératif »* d' *« avancer, s'ouvrir, s'adapter, se réformer pour mieux saisir les chances de la France, pour mieux saisir les chances de l'Europe »* considérant que *« l'Europe, est désormais notre vie quotidienne »* [1076]. En décembre 2001, au sommet de Laecken, le résultat est la création d'une Force de réaction rapide qui est déclarée opérationnelle. Mais, bâtir une défense commune suppose une adaptation de l'armée française.

Londres, 30 octobre 1995. site : http://www.elysee.fr/elysee.fr/elysée.fr/francais/interventions/conféfences_et points_de presse/1995/octobre. La Lettre de la Nation/Magazine, n°325 du 05/01/1996, *« Opinion : le retour de la France dans le monde par Pierre Lellouche »*, page 16.

[1073] La Lettre de la Nation/Magazine, n°327 du 19/01/1996, *« En coulisse : réformer l'Alliance atlantique »*, page 15.

[1074] Jacques Chirac, *Discours de Saint-Malo*, 3 décembre 1998.

[1075] Jacques Chirac, *Message du Président de la République à l'occasion de la journée de l'Europe,* 9 mai 1998, page 4.

[1076] Jacques Chirac, Conférence de presse, Palais de l'Elysée, jeudi 16 avril 1998, page 4.

2.2.1 : De la réforme des armées[1077] à la suppression du service national : l'effacement de l'Etat-nation ?

Jacques Chirac est « *convaincu* » que l'avenir de la France est européen. Face à une défense européenne qui doit émerger, il appelle à un projet de réforme du service militaire et la professionnalisation des armées, afin de répondre au double problème du « *nouvel environnement géostratégique* » de l'Europe et celui de la « *nécessité de réduire les dépenses* ». Dans la perspective d'une défense européenne, il faut adapter l'arsenal militaire aux nouveaux enjeux, en particulier la capacité de projection des forces sur des théâtres militaires extérieurs. La guerre du Golfe a révélé les déficiences de la France, en la matière. En mars 1995, il propose « *d'aller plus loin sur la voie de la professionnalisation de nos forces* » devenue « *inévitable* »[1078] ; Comme il évoque « *le rapport coût efficacité de nos dépenses (qui) devra ... être amélioré* »[1079]. Elu Président, il veut répondre à ce nouveau défi. Il propose la réforme des armées. Or, l'idée d'une défense européenne, se heurte à un des aspects fondamentaux des « *prérogatives* » de l'Etat-nation, le pouvoir de se défendre.

Cependant, il décide de transférer l'outil de la puissance de l'Etat-nation à une autre entité, l'Europe. Cette réforme de l'outil de défense entraîne la restructuration des armées, laquelle se trouve réduite de 500000 à 300000 hommes et génère des économies financières[1080].

Sur le plan stratégique, cette réforme déroge à un des aspects de la politique extérieure menée depuis l'époque gaullienne, la présence française en Afrique et dans les TOM. Elle est réduite d'un tiers et met fin aux temps héroïques de la diplomatie française.

Cette réforme est votée par 435 voix pour et 97 contre (les communistes s'abstiennent). Le 27 juin 2001, un communiqué commun de la Présidence de la République et de l'Hôtel Matignon annonce la fin immédiate des incorporations, la suspension du service militaire, la professionnalisation des armées, la réduction des effectifs pour diminuer les coûts, la restructuration des industries de défense et la création d'une force de projection européenne musclée destinée à devenir le pilier d'une force européenne, au sein de l'OTAN.

[1077] La Lettre de la Nation/Magazine, n°333 du 01/03/1996, « *dossier : défense nationale :* « *Jacques Chirac veut bâtir l'armée du XXIème siècle* », pages 8-11.
[1078] Jacques Chirac, *Discours de campagne du 16 mars 1995,* page 6.
[1079] Jacques Chirac, *Discours de campagne du 16 mars 1995,* page 6.
[1080] La Lettre de la Nation/Magazine, n°333 du 01/03/1996, Jacques Chirac à la télévision et à la radio : « l'armée dont nous avons besoin » par Jacques Chirac, pages 12-13.

En février 1996, l'opinion publique approuve ce projet, par 72% de vote favorable contre 25%[1081] de vote défavorable. En juin 1996, 81% des 18-24 ans et 63% des Français[1082] jugent cette *« réforme positive »* et 76% des 18-24 ans et 59% des Français[1083] approuvent sa suppression. Enfin, au sein des lecteurs[1084] du RPR, 97.27% y sont favorables.

Si la politique européenne présidentielle amène à avancer dans le domaine de la défense, sans toutefois aller vers une armée européenne, la réforme du service national surprend par sa rapidité. Une rapidité qui contraste avec le renoncement de la souveraineté monétaire programmé, depuis Maastricht, et qui, devient effectif, en 1999.

2.3 : L'objectif Maastricht : vers l'union monétaire ou l'abandon de la souveraineté monétaire

Si un moment, la campagne présidentielle avait pu faire espérer à un changement de cap, Jacques Chirac tourne le dos à l'*« autre politique »*, celle donnant la priorité à l'emploi aux dépens de la monnaie, … et revient aux obligations de Maastricht. Ce changement est perceptible, au sommet de Cannes des 26 et 27 juin 1995, lequel marque la fin de la présidence française, le premier de Jacques Chirac, en qualité de président. Jacques Santer, président de la Commission se félicite que ce Conseil européen qui a *« replacé le débat sur la réalisation de l'Union économique et monétaire fermement dans le contexte du traité »* et a souligné une *« ferme détermination à préparer le passage à la monnaie unique au plus tard le 1er janvier 1999, dans le strict respect des critères de convergences du calendrier et des procédures prévues par le traité »*[1085]. En effet, la politique

---

[1081] Enquête SOFRES pour le Figaro, 2 et 3 février 1996.
[1082] Sondage Sofres TF1, juin 1996, tiré de « *La lettre du Gouvernement de septembre 1996* ».
[1083] Sondage Sofres, *La Marche du siècle,* juin 1996, tiré de « La lettre du Gouvernement de septembre 1996 ».
[1084] La Lettre de la Nation/Magazine, n°347 du 14/06/1996, « La consultation de nos lecteurs sur le service national », page 7. 700 lettres ont été dépouillées. Cependant, 90.67% pensent que les jeunes doivent consacrer une période de la vie à la nation. 78.19% sont alors favorables à un service civil et 72.28% pour une forme de volontariat.
[1085] Conférence de presse conjointe de Monsieur Jacques Chirac, président de la République et de Monsieur Jacques Santer, président de la Commission européenne à l'issue du Conseil européen de Cannes, 27 juin 1995. Sources :

européenne de Jacques Chirac aurait pu amener ses partenaires à douter de sa véritable conviction européenne. Mais, ce sommet permet de clarifier les positions. Son message du 26 octobre 1995 manifeste son attachement à voir la monnaie unique se mettre en place. Dès lors, toute sa politique s'inscrit dans la volonté de *« réussir les conditions du passage à la monnaie unique, l'euro, en 1999 »*[1086]. Or, la situation laissée par le gouvernement Balladur ne permet pas de répondre à ces exigences. Ainsi, un collectif budgétaire propose de nouvelles ponctions fiscales. Jacques Chirac est alors en contradiction avec ses promesses de campagne, quand il affirmait que *« trop d'impôt tue l'impôt »*. L'impôt sur les sociétés augmente de 33.3% à 37%, l'impôt sur la solidarité est augmenté de 10%. La TVA augment de deux points.

Cette nécessité maastrichienne l'amène à anticiper les élections législatives prévues, officiellement, en 1998, à la veille de la date de lancement des pays sélectionnés, pour l'Euro, le 2 mai 1998. Or, à cette date, elles auraient pu avoir une incidence, sur le résultat des élections. S'il accepte les exigences de Maastricht, il souhaite aussi une réforme des institutions, rendue nécessaire avec les élargissements, à venir.

2.3.1 : Le mémorandum du sommet de Turin : pour quelle politique extérieure ?

Le 29 mars 1996 est lancée la première session de la Conférence Intergouvernementale, en vue de réviser le traité de Maastricht, sur le plan des institutions. Elle donne naissance au traité d'Amsterdam. Le gouvernement français et le président de la République définissent les options françaises. Un mémorandum *« Pour un modèle social européen »*[1087] est lancé, en vue de voir une Europe sociale émerger. Or, ce texte se veut une réponse sociale aux critiques sur Maastricht.

En effet, le conseil national du RPR a montré les craintes et les critiques d'un certain nombre de dirigeants.
Ainsi, Philippe Séguin, absent de ce conseil national, avait réuni un colloque, à Epinal, au cours duquel il avait rappelé que le projet politique et monétaire européen devait être au service de l'emploi.
Edouard Balladur avait, lui aussi évoqué *« les nécessaires mécanismes de solidarité pour lutter contre la pauvreté et pour la protection sociale contre l'exclusion »*.

---

http://www.elysee.fr/elysee.fr/elysée.fr/francais/interventions/conferences_et_points_de presse/1995/juin.
[1086] Christine Clerc, *Journal intime de Jacques Chirac, Tome 1,* 1995, page 389.
[1087] La Lettre du gouvernement, n° 25, 17 mars 1997.

Sur le plan institutionnel, le conseil national avait donné lieu à un document consensuel qui approuvait les élargissements, s'opposait au fédéralisme, souhaitait la généralisation des votes à la majorité qualifiée et la désignation d'un « M. PESC » pour donner « un « visage et une voix » à l'Europe, tout comme il souhaitait le plafonnement du nombre de députés et l'association des parlements nationaux. Enfin, il voulait faire du Conseil des ministres « *l'organe de décision* ».

Hormis Maurice Schumann qui voit « *un danger : le néosupranationalisme* » et Charles Pasqua, qui doute de la monnaie unique et appelle à un renforcement du rôle des parlements nationaux, ce document est adopté par l'ensemble des dirigeants moins une voix.

Ainsi, ce mémorandum permet de développer des idées sur la politique extérieure commune. En effet, deux lettres franco-allemandes[1088] publiées, avant la Conférence Intergouvernementale de Turin, avaient voulu donner une « *impulsion politique* » en vue d'examiner la « *coopération renforcée* »[1089], étape préalable avant l'accroissement des compétences et des activités de l'Union Européenne, qui doit « *optimiser les procédures et les institutions communautaires* »[1090]. Or, au regard de l'héritage, cette idée est en rupture, puisqu'elle amène chaque nation à accepter de perdre la maîtrise de son action, et à terme, le droit de s'engager, dans une guerre. Toutefois, coordonner et harmoniser les politiques ne signifie pas abdiquer sa souveraineté. Ainsi, après la souveraineté monétaire, le risque est grand de voir les Etats perdre leur indépendance. Cependant, cette réforme est indispensable pour poursuivre dans les approfondissements et voir émerger une politique extérieure.

A la veille de la Conférence Intergouvernementale, Jacques Chirac expose son « *ambition pour l'Europe* ». Il estime que l'Europe a besoin d'un « *grand projet politique* »[1091]. Il dénonce le débat sur la nature de la construction européenne qui appartient, selon lui, au passé. Pour lui, « *l'Union européenne est une construction originale qui ne peut ni reposer sur un modèle fédéraliste, ni se limiter à une simple zone de libre échange* »[1092]. Face à la nouvelle donne géopolitique, il appelle l'Europe à accélérer son élargissement après avoir procédé à un approfondissement. Il

---

[1088] La première, en date du 7 décembre 1995 est signée par Helmut Kohl et Jacques Chirac ; la seconde du 27 février 1996 l'est par les ministres des Affaires Etrangères respectifs.
[1089] Cahier de Chaillot, « *PESC, défense et flexibilité* », n°38, Paris, février 2000, page 18.
[1090] Ibid., page 18.
[1091] Jacques Chirac, *Tribune publiée dans Libération*, lundi 25 mars 1996, page 1.
[1092] Ibid., page 1.

souhaite que l'Union s'affirme comme « *un pôle actif et puissant à l'égal des Etats-Unis* » dans « *un monde multipolaire* »[1093].

Pour répondre à ces défis, il propose une réforme des institutions. Il souhaite une « *profonde réforme du Conseil des Ministres* », lequel doit retrouver une « *place centrale* ». Il veut que les Etats retrouvent une plus grande place. Mais, veut-il renforcer l'aspect intergouvernemental ? En effet, il considère que les décisions doivent être prises de manière « *plus facile* » tout en préservant le droit d'invoquer l' « *intérêt national essentiel* »[1094], autrement dit le Compromis de Luxembourg. Quant à la Commission, il souhaite qu'elle exerce pleinement « *ses compétences d'initiative, de représentation et d'exécution tout en restant dans son rôle* ». Il souhaite que les parlements nationaux participent à « *l'activité européenne* », sous la forme d'une deuxième assemblée (un sénat), qui pourrait se prononcer sur « *le respect du principe de subsidiarité* ». Cette organisation du système politique européen souhaité semble correspondre à l'organisation de la Cinquième République, en France.

D'autre part, il souhaite le développement des « *coopérations renforcées* »[1095], pour aller vers plus d'union. Au fond, ses propositions visent à rééquilibrer les institutions au profit du conseil des ministres et du conseil des chefs d'Etat et de gouvernement.

Enfin, sur le plan économique, il est favorable à une « *l'Union Economique et Monétaire ... corollaire indispensable du marché unique* »[1096].

Au bilan, le conseil d'Amsterdam est un semi-échec. Si, c'est un succès pour l'euro, par contre, la réforme des institutions est repoussée. Cependant, il y a quelques avancées comme la décision de voir de plus en plus d'actions communes décidées à la majorité qualifiée (la PESC). Ceci va permettre aux pratiques communautaires de retrouver un peu de souffle. Jacques Chirac est satisfait. Il se réjouit de l'évolution d'une politique étrangère qui a retenu une de ses propositions, celle de charger une personnalité, un « *Monsieur PESC* »[1097] de suivre les problèmes de la politique étrangère et de sécurité. Cependant, il ne s'agit pas d'un politique, comme il le souhaitait, mais d'un haut fonctionnaire. D'autre part, il se félicite du « *Pacte de stabilité et la*

[1093] Jacques Chirac, Ibid., page 2.
[1094] Ibid., page 2.
[1095] Ibid., page 3.
[1096] Ibid., page 3.
[1097] Conférence de presse conjointe de Monsieur Jacques Chirac, Président de la République et de Monsieur Lionel Jospin, Premier Ministre, à Amsterdam, 18 juin 1997. site : http://www.elysee.fr/elysee/fr/elysée.fr/francais/interventions/conferences_et_points_de presse/1997/juin.

résolution sociale » qui va permettre à la monnaie unique d'être « *forte et crédible* »[1098].

Le concept de « *coopération renforcée* », lequel permet aux pays qui le souhaitent d'aller plus vite vers l'union, est introduit dans le cadre de la coopération judiciaire qui était jusque-là de nature intergouvernementale.

Le 2 octobre 1997, le traité d'Amsterdam est signé par les Quinze et entre en vigueur, le 1er mai 1999. Mais, pour l'heure, il doit encore être ratifié.

2.4 : Du traité de Nice, en décembre 2000.

La question des institutions est soulevée, à nouveau, au cours du second semestre de 2000, sous la présidence française, suite à la décision prise, lors du Conseil européen d'Helsinki, des 10 et 11 décembre 1999, de mandater le Président de l'Union européenne d'ouvrir une Conférence intergouvernementale, sur la réforme institutionnelle, afin d'améliorer le fonctionnement de ces dernières dans le cadre des futurs élargissements. Dès juillet 2000, Jacques Chirac expose un programme pour la présidence française en quatre points, visant à «*préparer l'union à son élargissement* », à « *mettre davantage d'Europe au service de la croissance, de l'emploi et du progrès social* », de « *rapprocher l'union des citoyens* », ce qui pose le principe d'une charte des droits fondamentaux de l'union, et d' « *affirmer la place de l'Europe dans le monde* ».

Dans cet esprit de réformes, il propose aussi, en juin 2000, l'idée d'une « *Constitution européenne* »[1099], laquelle permettrait à l'Europe d'accéder, politiquement, à l'« *Europe Puissance* »[1100], grâce à des institutions fortes. Le 26 février 2001, cette idée de constitution est lancée, lors de la signature du traité de Nice. La voie est ouverte à un « *grand débat démocratique sur l'avenir de l'Union* »[1101].

Au bilan, une certaine tendance se dégage des propositions de Jacques Chirac. Si, en début de mandat, il souhaite donner une plus grande place aux

---

[1098] Ibid.

[1099] Jacques Chirac, *Discours prononcé devant le Bundestag, à Berlin*, le mardi 27 juin 2000. Consultation sur : http://www.elysee.fr/elyse/elysee.fr/francais/interventions/discours_et_declarations/2000/juin

[1100] Ibid..

[1101] Allocution de M. Jacques Chirac, Président de la République, à l'occasion de la signature du traité de Nice, 26 février 2001. Site : http://www.elysee.fr/elysee.fr/elysée.fr/francais/interventions/discours_et declarations/2001/février.

Etats et réduire la place de la Commission, le traité de Nice semble lui donner une certaine satisfaction. En effet, il obtient la possibilité de mettre en œuvre des *« coopérations renforcées »*, lesquelles sont assouplies de manière à pouvoir *« continuer à s'approfondir »* et permettent aux grands Etats d'emporter plus facilement la décision, au sein de Conseil. Cette décision peut donc permettre de poursuivre vers une défense européenne, tout comme la repondération des voix permet *« de renforcer la légitimité des décisions prises par le Conseil »*[1102].

Mais, Jacques Chirac franchit le pas. Si jusque-là, la finalité de l'Europe est occultée, il profite des propositions allemandes de Joschka Fischer d'une *« Fédération européenne »* et de l'idée de Jacques Delors sur une *« fédération d'Etats-nations »*, pour lancer l'idée d'une constitution européenne, laquelle clarifierait les compétences entre l'Europe et les Etats, dans le respect du principe de subsidiarité. C'est une manière, pour lui, de rejeter l'idée d'un *« super-Etat »* européen. Il se montre favorable à des *« coopérations renforcées »*, à un *« secrétariat de l'UE »*. Il se prononce pour une *« Europe puissance »*[1103].

A la veille de l'élection présidentielle de 2002, son projet s'appuie donc sur l'idée d'une Constitution européenne, qui serait adoptée, par référendum. Elle ressemble à la Constitution de la Vème République, avec un président de l'Union élu. Une constitution qui protégerait des élargissements, selon lui. Ainsi, la politique européenne de Jacques Chirac, conséquence des traités, s'inscrit dans la continuité d'une Europe de plus en plus intégrée et de plus en plus large. Mais, va-t-il jusqu'à l'idée d'une fédération d'Etats-nations? Toujours est-il qu'avec ce projet de constitution, Jacques Chirac prend une avance sur ses concurrents, dans la perspective de l'élection présidentielle de 2002. Mais, comment peut-il faire émerger l'idée d'une constitution ? Pragmatisme ou opportunisme politique? En tout cas, sa politique entraîne une période de trouble au RPR. Ce dernier est déboussolé, entre le suivre en acceptant de travestir un héritage, basé sur le principe fondamental de la défense de la souveraineté ou envisager une rupture.

[1102] Ibid..
[1103] Jacques Chirac, *Discours prononcé devant le Bundestag, à Berlin,* Ibid..

Chapitre 3 :
De l'accentuation des divisions, à l'éclatement du RPR.

Face à la politique européenne du président Chirac, le choix des « *coopérations renforcées* », la mise en place d'une défense bilatérale avec la Grande Bretagne, le choix de l'élargissement, la réforme des institutions ; Face à des échéances capitales, comme la Conférence Intergouvernementale de 1996, la ratification du traité d'Amsterdam, en 1997 ou le passage à la monnaie unique, en 1999, le RPR doit se positionner.

La période met au grand jour les divisions. Si, la présidentielle de 1995 n'a pas permis de clarifier et d'engager le débat, sur l'avenir de l'Europe, la CIG de 1996 est une opportunité saisie par le RPR, pour exposer ses conceptions. Elles s'expriment dans un document : « *l'Europe que nous voulons* ».

Entre-temps, Jacques Chirac et le gouvernement d'Alain Juppé veulent qualifier la France, pour l'euro. Ils mènent donc une politique qui doit satisfaire les critères de convergence de Maastricht. Or, en mars 1998, la qualification pour la monnaie unique doit avoir lieu, soit à quelques semaines des élections législatives. Or, pour qualifier la France, des sacrifices doivent être demandés aux Français.

Face à cette échéance, Jacques Chirac décide de dissoudre l'Assemblée Nationale, afin d'éviter un échec mais aussi pour se donner les moyens d'agir avec une nouvelle majorité. Cette dissolution est un échec politique. Une cohabitation s'installe.

Au RPR, elle entraîne une remise en cause de la stratégie menée par le Premier Ministre, mais aussi président du RPR, depuis 1994. L'échec est une occasion pour accuser l'Europe de tous les maux. Il réactive les rivalités internes. Les balladuriens, mis à l'écart du gouvernement d'Alain Juppé, comme la rancœur des séguinistes, évincés du succès à la présidentielle, trouvent une occasion de s'exprimer, en dénonçant la politique gouvernementale menée depuis 1995.

Les rivalités révèlent le décalage qui s'est installé entre la volonté européenne du président et une direction du RPR réservée, voire hostile.

Si la victoire de 1995 a atténué les divisions, la politique engagée ne parvient pas à atténuer le ressenti au RPR. En effet, si Jacques Chirac ne feint pas l'intégration européenne, 40% de ses parlementaires considère que l'intégration européenne menace l'identité culturelle de la France. 48% réclame un référendum sur la monnaie unique.

Une enquête, réalisée en 1996[1104], montre que le RPR est divisé sur la construction européenne, depuis le traité de Maastricht. En effet, un tiers est contre, un tiers est neutre et un tiers y est favorable. Le RPR se prononce à

[1104] Alexandre-Collier Agnès, Jardin Xavier, *from the Europe of nations to the European nation? : Attitudes of French Gaullist and Centrist parliamentarians*, British Elections and Parties, 1997, volume 7, pages 185-206.

69%, pour une « *Europe des nations »,* 6% pour une « *Europe fédérale* » et 16% pour une « *Europe confédérale* ».

Pour lever l'ambiguïté, le RPR tente alors un retour aux sources qui passe par l'acceptation de la « *refondation du parti gaulliste* »[1105]. Sur l'Europe, Philippe Séguin, nouveau président du RPR, souhaite clarifier le débat. Dans cet esprit, il organise une convention pour l'Europe, en octobre 1998. Cette dernière ne permet pas de parvenir au consensus. Le chantre du *« non à Maastricht »* échoue et ne réussit pas à amarrer l'aile « *souverainiste* » du RPR, à l'Europe de Maastricht.

La perspective de la ratification du traité d'Amsterdam, le refus du président de recourir au référendum, avant le passage à la troisième étape de l'UEM, en finissent de l'unité du RPR. Le consensus entre les deux visions de l'Europe, les « *souverainistes* » et les « *européistes* » est brisé. L'abandon de la souveraineté monétaire est fatal à l'unité.

C'est dans la division que le RPR aborde les élections européennes de juin 1999. Deux listes, issues du RPR, s'opposent. La rupture est consommée.

1 Vers l'Europe que nous voulons : de la préparation de la Conférence Intergouvernementale de Turin …

La CIG[1106] de Turin est un rendez-vous capital pour l'avenir de l'Europe, car elle propose d'adapter les institutions à l'« *indispensable élargissement* ». Elle projette aussi les bases d'une « *vraie politique de défense commune* »[1107]*,* comme elle se propose d'harmoniser les politiques européennes en matière de sécurité interne, de police et de justice.

La perspective de cette CIG est une opportunité pour exposer l'Europe que veut le RPR. Les qualificatifs utilisés d'« *indispensable* », de « *vraie* » souligne l'importance qu'il porte à cette CIG. En effet, le malaise est grand, depuis la ratification du traité de Maastricht qui prévoit l'abandon de la souveraineté monétaire. Ainsi, la révision de ce traité est perçue comme une occasion de montrer jusqu'où le RPR est prêt à aller sur les abandons de souveraineté.

[1105] Le Monde du 19 janvier 1998, page 5.
[1106] Le traité d'Amsterdam rassemble les conclusions de la CIG, qui s'est déroulée, de mars 1996 à juin 1997.
[1107] La Lettre de la Nation, n°325 du 05/01/1996, « *Opinion : le retour de la France dans le monde* », par Pierre Lellouche, page 16.

Le débat est lancé, par la nouvelle direction du RPR[1108], dans toutes les fédérations[1109], sur la base du pré-rapport[1110] établi, par Pierre Lellouche et adopté, par le bureau politique, le 7 février 1996. Ce Bureau politique trouve un consensus autour de deux points : la réforme de la présidence du Conseil et l'architecture de la grande Europe. Il se montre favorable au renforcement de la présidence du Conseil, alors que le pré-rapport[1111] souhaitait que cette dernière conserve une participation égale de tous les pays. D'autre part, il refuse de parler de « *noyaux durs* », dans l'architecture de la Grande Europe. Il se contente d'évoquer une « *Europe à géométrie variable* »[1112], organisée sur deux niveaux distincts : une union de « *droit commun* », avec les Quinze, avant l'élargissement ; et, au sein de ce groupe, un « *« noyau dur » de pays autour de la France et de l'Allemagne* »[1113], au sein duquel les nations seraient capables d'aller plus loin et plus vite, vers l'intégration. Au fond, le RPR refuse une « *Europe à la carte* ». Il est contre l'idée d'un « *noyau dur* » qui créerait « *un super Etat européen* » ou une « *fédération* ». Il veut établir une union où « *la démocratie est la règle* »[1114], car, pour lui, c'est dans le cadre de la nation que la démocratie peut le mieux s'exprimer.
C'est sur ces points que le débat s'engage au RPR. Il est présenté, aux militants[1115], sous la forme d'un questionnaire.

Le 23 mars 1996[1116], le Conseil National, à la quasi-unanimité, adopte les conclusions de ce débat. Le texte proposé, « *Pour une Europe gaulliste* »[1117], renoue avec une conception gaulliste de l'Europe. Le RPR

[1108] Le nouveau Secrétaire Général est Jean-François Mancel, proche de Jacques Chirac, député de l'Oise et président du conseil général.
[1109] La Lettre de la Nation, n°326 du 12/01/1996, « *Dans ses fédérations, le RPR lance le débat sur l'Europe* », page 7.
[1110] Le rapport est intitulé « vers l'Europe que nous voulons : les enjeux de la conférence intergouvernementale de 1996 », Editions RPR, Paris, janvier 1996, 27 pages.
[1111] Dans le pré-rapport, Pierre Lellouche préconise une présidence du Conseil tournante de deux ans et demi entre les cinq grands Etats.
[1112] La Lettre de la Nation, n°331 du 16/02/1996, Bureau politique : *« consensus autour du pré-rapport sur l'Europe »*, page 6.
[1113] La Lettre de la Nation, n°329 du 02/02/1996, « *Les enjeux de la Conférence inter-gouvernementale* », pages 8-11.
[1114] La Lettre de la Nation, n°337 du 29/03/1996, *Dossier : Conseil National :* « *Construire l'Europe que nous voulons* », page 10.
[1115] Selon le journal « L'humanité », les débats et les discussions ont peu porté sur le texte, mais ont évoqué un autre sujet, celui de la monnaie unique, qui, en fait, ne sera pas traitée lors de ce sommet de Turin, dans « L'Humanité » du 22 mars 1996, article de Mina Kaci.
[1116] La Lettre de la Nation, n°337 du 29 mars 1996, pages 12-13.
[1117] Texte adopté au conseil national du RPR, le 23 mars 1996, 23 pages.

veut une Europe où les membres gardent *« leur souveraineté »* tout en acceptant des *« délégations de souveraineté »*. Il se prononce pour une *« Europe des cercles »*. Sur l'élargissement, il propose que ce dernier soit *« adapté à chacun des pays concernés »*[1118], de manière à ce qu'ils puissent *« avant l'an 2000 »* participer aux travaux du Conseil et du Parlement européen. Pour ce faire, il propose une union à deux niveaux, une *« Europe à géométrie variable »*[1119]. Sur l'aspect institutionnel, il souhaite que le Conseil soit l'organe principal de décision et que les parlements nationaux soient associés. Il propose pour cela un *« système bicaméral comprenant le Parlement européen et une chambre haute »*[1120]. D'autre part, il souhaite réduire l'influence de la Commission en lui assignant un simple rôle *« d'exécution »*. Enfin, avec l'effondrement à l'Est, il prône une *« vraie PESC »*, c'est-à-dire intergouvernementale et non communautaire et le développement d'une défense commune. Pour terminer, il accepte la *« coopération renforcée »* pour les affaires intérieures et la justice. Ces propositions trouvent-elles une satisfaction au Sommet d'Amsterdam ?

Les 16 et le 17 juin 1997, à Amsterdam, le sommet européen mène à son terme la réforme des institutions.

Ce traité d'Amsterdam est un demi-échec. En effet, si l'élargissement de l'Union européenne est préservé, l'*« échec »*[1121] est manifeste sur le plan institutionnel. Michel Barnier, ministre délégué aux Affaires Européennes de 1995 à 1997 et l'un des concepteurs du traité, le fait remarquer. Il note que *« l'un des paradoxes de ce traité, ... est qu'il laisse sans réponse une bonne parties de la question dont il devait principalement traiter, c'est-à-dire la question institutionnelle »*[1122]. Ainsi, la réforme est reportée au sommet de Nice de décembre 2000. Le traité ne prévoit que de maigres extensions du vote à la majorité de manière à éviter le blocage du système, ce que permettrait l'unanimité. De ce fait, il prévoit la *« communautarisation »*, c'est-à-dire le vote à la majorité[1123] dans le domaine de la coopération judiciaire, des visas et du droit d'asile. Enfin, un petit pas est fait dans l'unification de la Politique Etrangère et de Sécurité, avec la création d'un haut fonctionnaire. Mais, à la différence du vœu français, cette fonction ne

---

[1118] La Lettre de la Nation, n°337 du 29/03/1996, *Dossier : Conseil National : « Construire l'Europe que nous voulons »*, page 8.
[1119] Ibid., page 9.
[1120] Ibid., page 10.
[1121] Mabille Xavier, *La Conférence intergouvernementale*, dans Encyclopaedia Universalis, 1998, page 187.
[1122] Rapport de Michel Barnier (sénateur RPR), Le traité d'Amsterdam, de nouveaux outils vers l'Europe politique, Note d'information, n°1, 8 septembre 1998, page 65.
[1123] Il s'agit d'une expression de Charles Pasqua, *Tous pour la France*, 1999, page 44.

sera pas exercée par une personnalité politique, ce qui aurait été l'amorce d'une vraie politique étrangère européenne. Ces avancées ne satisfont pas les souverainistes autour de Charles Pasqua. C'est pourquoi, Jacques Chirac à la fin du mois de juillet, se montre favorable à la préparation d'amendements à la réforme constitutionnelle préalable à la ratification du traité. C'est Pierre Lellouche, peu suspecté d'anti-européanisme, qui se voit confier cette mission. Toutefois, ces initiatives ne permettent pas un affrontement, au moment de la ratification du traité d'Amsterdam, le 18 janvier 1999. Mais, pour l'heure, afin de préparer la France aux exigences de Maastricht, le président de la République dissout l'Assemblée Nationale.

2 La dissolution de 1997 : un choix dicté par les nécessités européennes ?

Le 21 avril 1997, Jacques Chirac prononce la dissolution de l'Assemblée Nationale. Elle trouve une origine dans les problèmes européens. Jacques Chirac veut donner « *nouvel élan* ». Pour lui, cette dissolution s'explique dans le besoin de la France de bien affronter l'avenir, l'avenir européen. En effet, il souligne l'importance des décisions qui vont être prises dans les prochains mois : le passage à la monnaie unique, la réforme des institutions, l'élargissement et la réforme de l'Alliance atlantique. Or, les prévisions, pour 1997, tablent sur un déficit compris entre 3.6% et 4%, au lieu de 3%. La politique à mener suppose donc une nouvelle vague d'austérité, avec des hausses de cotisations et d'impôts.

A quelques mois des législatives, officiellement prévues en mars 1998, l'annonce de telles mesures auraient, certainement, entraîné une défaite électorale. Pour éviter ce scénario, Jacques Chirac estime judicieux de provoquer des élections législatives anticipées.

Le message est mal perçu, par la population. Les premiers sondages effectués, après l'annonce de la dissolution, laissent perplexes. 40% des sondés sont convaincus par l'allocution de Jacques Chirac, contre 35% qui le sont peu et 20% qui le sont pas du tout. 80% y voient une « *manœuvre politique* »[1124].

C'est uni que la majorité part au combat. La plate-forme d'union propose un programme, intitulé « *Un nouvel élan pour la France* », autour de quatre axes. Le quatrième est consacré à l'Europe, au titre évocateur : « *Faire de la France le moteur d'une Europe proche du citoyen* » et une union « aux

---

[1124] Sources : http//atlas-politique.

services des hommes »[1125]. L'accent est donc mis sur la dimension sociale de l'Europe. La dissolution est présentée comme un moyen de mettre « *en position de force* » la France, dans les débats européens qui s'annoncent, de « *réussir le passage à l'Euro* », de faire une « *Europe de la sécurité* », de la « *démocratie* », tout comme il propose d'« *améliorer et (de) démocratiser les mécanismes de décision pour garantir une véritable Europe sociale* ». Enfin, il se montre favorable à l'élargissement, une fois la réforme des institutions, faite. Autrement dit, ce programme veut privilégier l'approfondissement sur l'élargissement, afin de ne pas bloquer l'Europe, dans son fonctionnement.

A gauche, Lionel Jospin en profite. Il voit dans cette dissolution une occasion pour dénoncer une « *nouvelle cure d'austérité* »[1126]. Il exploite la fibre du mécontentement contre le gouvernement.

Ainsi, à la veille du scrutin et d'une cohabitation possible, Jacques Chirac, le 20 mai 1997, se référant à la scène internationale, déclare : *"N'oublions jamais qu'elle (la France) ne pourra défendre ses intérêts que si elle est capable de parler d'une seule voix, et d'une voix forte"*. Cet avertissement amène Lionel Jospin à réagir. Le lendemain, il affirme, qu'en cas de cohabitation, il est évident que la France parlera d'une seule voix, avant d'ajouter qu' « *en matière de cohabitation, la Constitution est claire sur les pouvoirs de chacun. La cohabitation n'est plus une situation mystérieuse, puisqu'il y en a eu déjà deux. Ce qui compte c'est de respecter la fonction de chacun...* »[1127].

La campagne fait peu de place au débat européen alors que c'est l'enjeu essentiel de ces élections anticipées. En anticipant les élections, Jacques Chirac évite à Charles Pasqua de réactiver l'idée d'un référendum sur la monnaie unique. Seule la fin de la campagne souligne l'importance européenne des élections que marque la venue d'Helmut Kohl, à l'Elysée, le 20 mai, cinq jours, avant le premier tour.

Le résultat du premier tour donne le score le plus bas, à la droite, depuis 1958, avec 36.2%, contre 42%, à la « *gauche plurielle* ». Au second tour, confronté à des nombreuses triangulaires avec le maintien de candidats du Front National, la « *gauche plurielle* » obtient 48% et la majorité absolue, avec 320 sièges. La droite en perd 220. Il semble que le fait d'avoir fait

---

[1125] La Lettre de la Nation, n°384 du 25/04/1997, dossier : Législatives 1997, « *L'intervention du président de la République le 21 avril, une dissolution dans l'intérêt de la France* », page 12. Texte intégral de l'allocution prononcée par le président de la République, le 21 avril, à la télévision.
[1126] Interview de Lionel Jospin, lors de l'émission télévisée Sept sur sept, TF1, 20 avril 1997.
[1127] Jospin Lionel, Le Figaro du 22 mai 1997.

mener la campagne par Alain Juppé, Premier ministre au plus bas dans les sondages, mais aussi artisan de cette dissolution, n'a pas été une bonne idée.

Ces élections signent une « *étrange défaite* », pour Jacques Chirac. Doit-on en déduire qu'il s'est laissé enfermer, dans le « *piège de Maastricht* »[1128]?

A quelques jours du sommet européen d'Amsterdam et dans la perspective d'une nouvelle cohabitation, il déclare alors que son « *devoir c'est de préserver les acquis européens* »[1129]. Ses propos ont toute leur importance. Ils contraignent Lionel Jospin, futur Premier ministre de la cohabitation, à revenir sur ses propos de campagne où il dénonçait les « *conditions* » de Maastricht. Pris entre la réalité et ses convictions et pour éviter toute crise, sur l'Europe, le nouveau Premier ministre se plie aux exigences élyséennes. Pour le moment, la défaite des législatives amène à une recomposition politique au RPR.

2.1 : Rénover le RPR ?

La défaite est propice à la résurgence des débats internes et à la contestation. Elle permet aux opposants[1130] de Jacques Chirac et des chiraquiens de s'emparer de la direction du RPR. Le 11 juin 1997, le Conseil National décide d'organiser la tenue d'assises extraordinaires, où « *la parole (sera donnée) aux militants pour décider des orientations politiques à venir du mouvement gaulliste et du choix de son président* »[1131].
Philippe Séguin se déclare pour un RPR « *réconcilié, rénové et ouvert* ». Il veut « *soutenir le président de la République* » et « *incarner un renouveau* »[1132]. Le 10 juin, soutenu par Edouard Balladur et Nicolas Sarkozy, il se fait élire président du groupe parlementaire, à l'Assemblée Nationale[1133]. Mais, il se fait aussi élire président du RPR[1134], par les

---

[1128] Jean-Paul Bled, *Une étrange défaite, le piège de Maastricht, lettre ouverte d'un gaulliste à Jacques Chirac,* Combats pour la liberté de l'esprit, François Xavier de Guibert,
[1129] Intervention publique de Jacques Chirac lors d'un déplacement à Lille, le 7 juin 1997.
[1130] Il s'agit des « balladuriens », des « séguinistes » et des « pasquaïstes ».
[1131] La Lettre de la Nation/Magazine, n°391 du 13 juin 1997, « *Rassemblons-nous !* », pages 6-9.
[1132] Ibid., page 9.
[1133] En septembre, Jean-Louis Debré, chiraquien, devient à sa place président du groupe parlementaire.
[1134] La Lettre de la Nation/Magazine, n°395 du 11 juillet 1997, «*Ouvrir, réconcilier et rénover* », page 6. Philippe Séguin obtient 78.85% des suffrages contre 7.35% à

militants, aux assises nationales du RPR du 6 juillet 1997. Ces dernières laissent apparaître les rancœurs à l'égard d'Edouard Balladur et de Nicolas Sarkozy, alors qu'entre-temps, le RPR assure sa *« fidélité »* à Jacques Chirac, comme le soulignent Alain Juppé et Pierre Mazeaud. Ce dernier considère que Jacques Chirac est alors *« toujours des nôtres »* et qu'il est *« le chef naturel de la famille gaulliste »*.

La nouvelle équipe s'appuie sur un *« triumvirat »* : Philippe Séguin est nommé président, Charles Pasqua, conseiller spécial, auprès du président et Nicolas Sarkozy, secrétaire général. Elle prend en compte les différentes sensibilités du RPR que souligne une direction collégiale de dix membres. On y trouve des séguinistes : François Fillon, Etienne Pinte, Nicole Catala, Eric Raoult, Françoise de Panafieu (député de Paris, qui appartient à la famille des Wendel) ; des fidèles de Jacques Chirac et d'Alain Juppé : Guy Drut, Renaud Muselier, Elisabeth Hubert; mais aussi Magali Benelli, pour les militants...

Au-delà des hommes, Philippe Séguin veut donner la parole aux militants en vue de faire émerger un projet politique. C'est pourquoi, le Conseil National du RPR du 27 septembre 1997 décide d'organiser des débats dans les circonscriptions, autour de trois questions : *« quelle France voulons-nous et dans quelle Europe ? Quelle raison d'être pour notre mouvement ? Quelle organisation pour notre mouvement ? »*[1135]. Cette volonté de débat rompt avec l'image d'un mouvement *« monolithique »*, dont la rénovation a commencé, avec Alain Juppé, dès 1990.

Sur l'Europe, le RPR s'interroge sur l'engagement de la France vers *« davantage dans l'Europe ? »*[1136]. Sur ce point, l'idéal européen est *« partagé »*, mais il conteste le *« fonctionnement de l'Europe technocratique »*.

Le 17 janvier 1998, la synthèse est présentée, devant le Conseil National. Elle est adoptée, aux Assises du 31 janvier et du 1ᵉʳ février 1998. Ces assises

---

Jean-Michel Fourgous (ancien député et néo-rénovateur de 1990, il est favorable à une ouverture plus libérale du Rassemblement face à sa « dérive » étatique), 6.91% à Magali Bénelli (militante de Seine maritime, elle représente les frustrations de la base), 3.57% à Alain-Frédéric Fernandez, 2.87% à Alain Aubert (proche de Charles Pasqua) et 0.44% à Solange Renaud (elle veut soutenir Jacques Chirac). Voir La Lettre de la Nation/Magazine, n°394 du 4 juillet 1997, pages 4-5.

Sa motion « Rénover pour rassembler » présentée par Franck Borotra et Jacques Toubon obtient 73.25%, celle d'Andrée Bel : 26.75%. Voir La Lettre de la Nation/Magazine, n°394 du 4 juillet 1997, pages 4-5. Voir La Lettre de la Nation/Magazine, n°394 du 4 juillet 1997, pages 5 et 7.

[1135] La Lettre de la Nation/Magazine, n°397 bis, du 3 octobre 1997, pages 5-10.

[1136] La Lettre de la Nation/Magazine, Ibid., page 3.

permettent de lancer une « *convention pour l'Europe* », à la veille de la ratification du traité d'Amsterdam.

3 La convention sur l'Europe où comment sauver l'essentiel ?

Les Assises vont permettre de « *vérifier* » si les responsables politiques ont entendu les militants et ont réactualisé les « *valeurs* »[1137] du RPR.

Sur l'Europe, Philippe Séguin souhaite que « *les enjeux de la construction soient clarifiés et ses objectifs politiques précisés* ». En effet, avec la ratification du traité d'Amsterdam, « *la mise en place de l'Euro sera bel et bien un tournant décisif* »[1138]. Dans la perspective de cette convention, des élus du RPR proposent une contribution. Elle est déposée par les sénateurs : Michel Barnier[1139], Hubert Haenel, Jean-François Le Grand, Alain Gérard. Elle est présentée par Michel Barnier, ce qui revêt une importance particulière[1140]. En effet, il a mené les discussions sur le traité d'Amsterdam, en qualité de ministre délégué aux Affaires européennes, sous le gouvernement d'Alain Juppé de 1995 à 1997. Ils souhaitent par cette dernière, « *provoquer le débat* » en redonnant la parole aux militants. Leur contribution a un but, celui d'éviter au RPR, de succomber à la tentation du repli, de l'isolationnisme. Ils s'opposent ainsi aux « *souverainistes* » du RPR. S'ils veulent rendre à l'Etat ses lettres de noblesse, le rendre « *plus efficace* »[1141], leurs propos posent la place de l'Etat face aux bouleversements du monde, en particulier, l'accélération de la construction européenne et le développement des échanges mondiaux. C'est pourquoi, ils

---

[1137] Discours d'ouverture de Philippe Séguin, le 31 janvier 1998, page 2. Discours consultable sur : http://www.rpr.org/Decouvrcz/Convictions/homc.html.
[1138] La Lettre de la Nation/Magazine, n°405, du 13 février 1998, page 5.
[1139] Hubert Haenel, Jean-François Le Grand, Alain Gérard ont rendu, le 11 décembre 1997, une contribution intitulée : « Nouvelle Citoyenneté-nouvelle souveraineté-nouvelle solidarité ». Ils se proposaient de faire évoluer le RPR, sur l'Europe, en réfléchissant sur le sens à donner à la souveraineté à l'aube du XXIème siècle. Contribution consultable sur : http://www.senat.fr/senateurs/barnier_michel/contrib.htlm.
[1140] Outre le fait qu'il a participé aux négociations du traité d'Amsterdam, il a appartenu, en 1990, au courant Pasqua-Séguin, ce qui, sur la souveraineté, peut lui donner un certain crédit.
[1141] Dans « *Nouvelle Citoyenneté-nouvelle souveraineté-nouvelle solidarité* », contribution d'un groupe de personnalités du RPR, page 5. Contribution consultable sur : http://www.senat.fr/senateurs/barnier_michel/contrib.htlm.

évoquent l'idée d'une « *nouvelle souveraineté* »[1142]. Ils proposent alors l'idée d'une « *souveraineté partagée* », laquelle permettrait de « *laisser la France rayonner en Europe et dans le monde* », de « *prendre la tête de la construction européenne* »[1143] pour disposer de son propre destin. Elle permettrait de recouvrer une idée de « *puissance* ». L'Europe permettrait de devenir « *le levier de l'influence française* »[1144]. Ainsi, ils veulent sortir du dogme de la souveraineté « *inaliénable* », symbole de l'Etat-nation. Ils souhaitent amener le RPR à accepter le transfert de la souveraineté monétaire, car ils estiment que la souveraineté est devenue une « *valeur relative* »[1145]. En résumé, pour eux, « *pour garder notre souveraineté, partageons-la !* »[1146], mais avec des garanties.

Ils souhaitent ainsi se voir constitué une Europe politique qui permettrait de mettre en œuvre un contrôle politique de la souveraineté partagée. Ils proposent qu'un Président du Conseil européen soit désigné par ses pairs et pour une durée de deux années renouvelable une fois, la mise en place d'une « *Conseil de l'Euro* »[1147], la réforme des institutions préalable à tout élargissement avec une extension du vote à la majorité qualifiée, la re pondération des voix ; Enfin, mettre la politique étrangère et de sécurité commune sous l'autorité d'une personnalité politique. En ce sens, ils s'opposent à ceux, qui au RPR, voient dans ces transferts de souveraineté, une atteinte à cette dernière, comme Charles Pasqua. Leurs propositions semblent s'inspirer des positions de Jacques Chirac, Président de la République. Ainsi, cette contribution s'inscrit dans la perspective de la ratification du traité d'Amsterdam, qu'ils appellent à voir votée.

Mais, pour se faire, le RPR doit avoir un « *message sans ambiguïté* » sur l'Europe. Tel est le sens de cette réflexion, dans un RPR, en majorité, réservé voire hostile à tout abandon de souveraineté, attaché à une « *Europe des nations* », au « *principe de la souveraineté nationale* » exercé « *par voie de délégation* » et à une « *Europe indépendante* » qui ne soit pas « *américaine* ». Ces réflexions sont les prémices à la « *convention pour l'Europe* » d'octobre 1998. L'objectif de trouver un message clair est-il atteint ?

Cette Convention, voulue par Philippe Séguin, tente de trouver un nouveau consensus clair afin d'aborder le vote du traité d'Amsterdam, dans

---

[1142] Ibid., pages 7 à 10.
[1143] Ibid., page 8.
[1144] Ibid., page 8.
[1145] Ibid., page 8.
[1146] Ibid., page 9.
[1147] Ibid., page 10.

l'unité. Or, le RPR entretient un rapport particulier avec la nation[1148], la souveraineté nationale, qui s'exprime dans une Europe indépendante et libre de ses choix, qui s'oppose au fédéralisme et au « *supra-nationalisme* », à la bureaucratie. Dès lors, quelle place peut-elle avoir dans une Europe qui exige ces abandons de souveraineté (la monnaie) ? La convention essaie de répondre à ce dilemme.

Or, Philippe Séguin veut « *concilier la diversité des conceptions européennes des gaullistes* »[1149] et « *dissiper les malentendus* ». Tel est le sens de son propos, quand il déplore que « *les récents débats sur l'euro l'ont montrés, la question européenne, qui embarrasse en fait le Mouvement depuis près de quinze ans, n'est pas réglée de façon satisfaisante au sein de la famille gaulliste* », avant de préciser que le RPR n'a pas « *su, par le passé, expliquer, et d'abord approfondir, ses choix politiques relatifs à l'Europe* »[1150].

Dès lors, cette convention devient un enjeu, celui de faire de la question européenne « *la pierre de touche de la crédibilité future du RPR* »[1151]. Face aux évolutions, le RPR ne peut plus se contenter d'une position consensuelle. L'accélération des abandons de souveraineté doit l'amener à trancher. Philippe Séguin dénonce la stratégie menée par le RPR qui, durant des années, à consister à ne vouloir que gagner les élections. Il cite alors l'événement du printemps dernier qui a vu le RPR se diviser, sur la résolution[1152], recommandant le passage à l'euro, demandé par le gouvernement de Lionel Jospin. Or, quelques jours avant le vote du 22 avril, Jacques Chirac avait appelé à soutenir cette résolution. Cette cacophonie avait amené le RPR à se réfugier dans une position : « *oui à l'euro, non à la politique économique du Premier ministre* »[1153]. Ainsi, s'il ne voulait pas rejeter l'Europe, par son « *oui* », il désapprouvait la politique du gouvernement.

Pour clarifier ce débat, Philippe Séguin va permettre à « *tous les groupes qui se réclament du gaullisme* »[1154] de s'exprimer de manière à voir s'ils peuvent tomber d'accord sur « *une même vision de l'Europe à construire* ».

[1148] La Nation se trouve « au premier rang dans le « *Manifeste de nos valeurs* », dans le projet présenté, lors du Conseil National du 17 janvier 1998 et adopté aux Assises, discours de Philippe Séguin, page 2.
[1149] Le Monde du 7 juillet 1998, page 7.
[1150] Séguin Philippe, dans le « *Manifeste de nos valeurs* », dans le projet présenté, lors du Conseil National du 17 janvier 1998 et adopté aux Assises, page 9.
[1151] Le Monde du 7 juillet 1998, page 7.
[1152] Le Monde du 23 avril 1998, page 8.
[1153] La Lettre de la Nation, n°410 du 24 avril 1998, pages 2 et 3. Le Monde du 23 avril 1998, page 8.
[1154] Le Monde du 7 juillet 1998, page 7.

Une trentaine de personnalités vont s'exprimer durant la convention. Des anciens collaborateurs du général de Gaulle comme Alain Peyrefitte qui fait un témoignage, Pierre Maillard, Yvon Bourges en passant par les néogaullistes de Nicolas Sarkozy, Edouard Balladur, Pierre Lellouche[1155], Jean-Claude Pasty, Michel Barnier, Nicole Catala, Alain Juppé et Charles Pasqua.

D'autres vont contribuer, par écrit, comme François Fillon, Didier Julia, Jacques Dauer, Hervé Pichon, Marie-France Garaud, mais aussi des contributions collectives, comme celle de souverainistes : Jacques Baumel, Thierry Mariani, Jean-Jacques Guillet, Lionnel Luca, Jacques Myard.
Cette convention s'organise aussi autour d'ateliers thématiques.

Ainsi, un atelier est animé par Jean-Jacques Guillet et Jean-Claude Pasty, avec Nicole Catala, sur « *Souveraineté et droit européen* ». Il en ressort que la « *montée en puissance de l'Europe (entraîne) incontestablement un recul de la souveraineté* »[1156]. L'atelier consacrait à la réforme des institutions, avec Michel Hunault et Claude-Annick Tissot, comme rapporteur, en déduit qu'avant une réforme en vue des élargissements, il faut résoudre « *le déficit démocratique du fonctionnement des institutions* », ce qui passe par un accroissement des « *pouvoirs du Parlement européen* », le renforcement du « *Conseil des ministres face à la Commission* »[1157].

Sur les problèmes économiques, la politique monétaire, la politique sociale et de l'emploi, l'atelier animé par Armelle Guinebertière, Jean-Antoine Giansily, Alain Pompidou et Lionnel Luca, et dont les rapporteurs sont Marie-Thérèse Hermange et Dominique Perben, retient deux enjeux : la réforme de la PAC et celle des fonds structuraux[1158]. Sur la sécurité intérieure, l'immigration et la justice, l'atelier animé par Robert Grossmann et Jacques Myard, et Anne-Marie Schaffner comme rapporteur, amène Jacques Myard à refuser « toute modalité de délégation de compétence à la sphère communautaire ». D'autres participants constatent que « *le Conseil lui-même, dans la coopération interétatique, a perdu une partie de sa crédibilité* ». Dès lors, ils estiment nécessaire de mettre à profit la période d'essai de cinq ans, avant de pouvoir ou non décider des « *délégations supplémentaires de souveraineté* »[1159].

[1155] Pierre Lellouche est membre de plusieurs groupes d'études internationaux visant au renforcement du lien transatlantique. Il est membre du comité de direction de Nuclear Threat Initiative, vice-président (France) de l'Atlantic Partnership, membre de la Commission Trilatérale et de l'International Institute for Strategic Studies.
[1156] La Lettre de la Nation/Magazine, Hors série, 19 octobre, page 5.
[1157] Ibid., page 7.
[1158] Ibid., page 11.
[1159] Ibid., page 13.

Enfin, le dernier atelier a réfléchi sur la politique extérieure et de défense. Animé par François Fillon et Pierre Lellouche et Michèle Alliot-Marie comme rapporteur, il estime que *« face à un monde unipolaire, l'Europe ne peut rester un géant économique. Elle doit avoir une politique extérieure et de sécurité commune, qui en ferait une véritable puissance »*[1160].

Au bilan, si le problème n'était pas de savoir si le RPR était prêt à déléguer des pans de la souveraineté, mais de savoir si *« cela en (valait) la peine »*[1161], fait ressurgir les fractures idéologiques, sur la question européenne.

La première vient de Charles Pasqua qui appelle à l'organisation d'un référendum sur le traité d'Amsterdam. Dans le même esprit, et au nom de la mémoire gaulliste, Alain Peyrefitte souligne que *« les grandes réformes devraient être présentées au peuple »*, car il estime que le traité est *« une réforme essentielle »*. Son propos sème le trouble, en qualité de fidèle du général.

Si, Philippe Séguin estime que le débat ne peut se réduire à la question de l'organisation d'un référendum, la synthèse sur l'essentiel se révèle difficile à trouver entre un Charles Pasqua qui souhaite que *« chaque nation conserve sa souveraineté avec uniquement des délégations de compétences, toujours contrôlables et toujours réversibles »*[1162] et dénonce un *« traité fondateur d'une Europe fédérale, technocratique et conservatrice »*[1163] lequel amène à *« trancher »* non pas sur l'Europe, mais sur *« la France que nous voulons »*[1164] et Nicolas Sarkozy qui pense imaginable d'être d'accord sur l'idée européenne sans *« l'idée de transferts de souveraineté pour l'exercer avec d'autres... »*[1165]. Tout comme il fustige ceux qui « auraient un morceau de la vraie croix, et les autres, qui seraient illégitimes ».

Philippe Séguin en arrive à la conclusion que si le RPR est *« prêt à transférer des compétences »*, *« à déléguer des éléments de souveraineté »*, il n'est pas prêt à *« abandonner la souveraineté »*[1166]. Une conclusion qui se veut bien paradoxale. Ainsi, l'ambition de cette convention demeure modeste au regard du résultat. La souveraineté divise le RPR. A la veille de la ratification du traité d'Amsterdam, le RPR ne peut plus avoir une position consensuelle ?

[1160] Ibid., page 14.
[1161] Philippe Séguin, *Discours d'ouverture, Acte de la Convention pour l'Europe*, octobre 1998, page 16.
[1162] Intervention de Charles Pasqua, *Acte de la Convention pour l'Europe*, page 113.
[1163] Ibid., page 114.
[1164] Ibid., page 114.
[1165] Le Monde du 7 juillet 1998, page 7.
[1166] Ibid., page 7.

Finalement, Philippe Séguin, dans son discours de clôture, se rallie à la cause européenne. Il donne satisfaction aux « *européistes* » du RPR (Edouard Balladur, Alain Juppé, Michel Barnier…). Mais, il donne aussi satisfaction aux « *souverainistes* », en proposant l'idée d'organiser un référendum, après la période probatoire de cinq années, afin de trancher sur les abandons de la souveraineté, au niveau de la sécurité, de la police. Cette solution ne satisfait pas Charles Pasqua, lequel souhaite une solution immédiate.

Alain Juppé propose alors que le traité soit « *ratifier par la voie parlementaire* »[1167]. Quant à Edouard Balladur, il pense que « *grâce à l'Europe, la France peut, si elle accepte de partager une souveraineté qui, dans bien des domaines, est devenue théorique, avoir une influence et un rôle infiniment plus efficaces que si elle demeurait seule* »[1168] et de dire « *oui à l'Europe sans réticence, sans peur, sans réserve, mais avec lucidité* »[1169].
Non satisfait, Charles Pasqua décide de quitter les instances du RPR, sans toutefois, démissionner[1170]. Dès lors, l'idée évoquée par Philippe Séguin, d'une « *constitution européenne* »[1171], ne peut trouver l'unanimité.
Cette convention ne permet pas au RPR de se rassembler sur l'essentiel. L'unanimité n'est trouvée que sur les conceptions traditionnelles du RPR : le maintien du Compromis de Luxembourg, le « *principe de subsidiarité* », de manière à permettre au peuple de conserver « *l'intégrité de sa souveraineté*[1172] » ; le « *renforcement du contrôle parlementaire sur l'élaboration de la norme communautaire* ».

Au bilan, cette convention ne fait que confirmer le clivage croissant entre deux tendances, les européistes, derrière Alain Juppé, Edouard Balladur, Pierre Lellouche, Michel Barnier et les « *eurosceptiques* » et « *souverainistes* » de Charles Pasqua, à Jacques Baumel, en passant par Marie-France Garaud[1173].

[1167] Le Monde du 8 octobre 1998, page 9.
[1168] Intervention d'Edouard Balladur, *Acte de la Convention pour l'Europe,* page 60.
[1169] Ibid., page 61.
[1170] Le Monde du 5 décembre 1998. Charles Pasqua annonce qu'il démissionne des instances nationales du RPR, sans toutefois quitter le RPR.
[1171] Philippe Séguin, *Discours de clôture, Acte de la Convention pour l'Europe,* page 184.
[1172] Ibid., page 188.
[1173] Marie-France Garaud n'appartient pas au RPR, elle a été conseillère de Georges Pompidou et de Jacques Chirac jusqu'en 1979.

Cependant, malgré ce clivage, Philippe Séguin est élu, à la *«présidence du RPR »*[1174], en décembre 1998. En se démarquant des « eurosceptiques », il se fraie une voie, laquelle prépare d'autres batailles électorales. Pour l'heure, quelles sont les conséquences de la ratification du traité d'Amsterdam, sur le RPR ? Si Jacques Chirac est préoccupé par cette situation, il se fixe un objectif, celui d'être attentif à la réforme des institutions européennes.

4 Le traité d'Amsterdam en question et ses conséquences

Le traité de Maastricht avait prévu sa révision. En juin 1997, le Conseil européen d'Amsterdam opère les modifications, en matière institutionnelle. Face à de nouveaux partages de souveraineté, ce traité est devenu un enjeu du débat politique, au sein du RPR. La direction du RPR appelle à voter pour la ratification, en s'appuyant sur le rapport de Michel Barnier[1175], lequel avance dix raisons de le voter. En effet, il considère que ce traité n'est pas une *« étape supplémentaire vers l'euro »,* contrairement à ce que les détracteurs veulent laisser penser. Il ne met pas non plus fin à *« l'intégrité territoriale de la France »*[1176]. Il s'oppose à l'idée que l'extension des pouvoirs du Parlement européen va rendre les lois européennes supérieures aux lois nationales, lesquelles deviendraient *« subsidiaires »*[1177].

Sur le fond, les critiques s'adressent à l'égard d'une Europe qui poursuit son intégration. C'est pourquoi, face à une majorité réservée au RPR, Michel Barnier traduit juridiquement les conditions du RPR à la ratification, à savoir l'introduction du principe de réserve parlementaire pour la ratification des traités internationaux et un élargissement du champ d'application de l'article 88, alinéa 4, de la Constitution, relatif au contrôle des actes communautaires. Par ces mesures, le RPR se réserve la possibilité de refuser tout nouveau traité tant que la réforme des institutions n'est pas engagée[1178]. Cependant,

---

[1174] La Lettre de la Nation, n°432 du 18 décembre 1998, page 3. Philippe Séguin est élu, président du RPR, au suffrage universel des adhérents, à 95.07% (74600 voix) sur un total d'inscrits de 91577. Le Monde du 6 octobre 1998, page 6.
[1175] En qualité de ministre des Affaires Etrangères, il a participé avec Alain Juppé, Premier ministre et le président aux négociations d'Amsterdam.
[1176] Rapport de Michel Barnier (sénateur), Le traité d'Amsterdam, de nouveaux outils vers l'Europe politique, Note d'information, n°1, 8 septembre 1998, page 8.
[1177] Charles Pasqua, *Tous pour la France,* Albin Michel, 1999, page 13.
[1178] Le monde du 30 octobre 1998.

les amendements de Michel Barnier diffèrent des positions du groupe de travail animé par René André[1179].

Pour préserver une unité, Jacques Chirac accepte alors tous les amendements et propositions afin d'obtenir un vote favorable sur le traité, tout comme il accepte les propositions du Premier ministre mais aussi celles des partis politiques (le RPR et le Parti Socialiste). Cependant, ce positionnement chiraquien ne parvient pas à atténuer les revendications des *« souverainistes »* devant l'accroissement des compétences communautaires en matière d'immigration et de circulation de personnes. Ils y voient un véritable danger. Ils refusent alors la ratification et réaniment la querelle idéologique.

En effet, Charles Pasqua affirme que s'il *« aime bien Jacques Chirac »*, il *« préfère quand même la France »*[1180]. Il dénonce ses anciens colistiers de 1992, comme Philippe Séguin, lequel considère qu'*« à l'heure de la mondialisation, nous ne pouvons plus rien tout seuls »*, et que l'évolution est *« nécessaire »*[1181].

Le 24 et le 25 novembre, les débats, lors de l'examen du projet de révision de la Constitution préalable à la ratification, montrent que les *« anti-européens »* de gauche comme de droite, sont marginalisés à l'Assemblée Nationale. L'exception d'irrecevabilité, défendue par Philippe de Villiers ne recueille qu'une dizaine de voix et la question préalable des communistes sur l'organisation d'un référendum, est rejetée. Le RPR refuse de la voter.

Or, le 31 décembre 1998, Jacques Chirac décide de ne pas recourir au référendum[1182]. Il clarifie le débat. Comme Lionel Jospin, il préfère recourir à la voie parlementaire pour cette révision constitutionnelle. En effet, en juin 1997, les deux hommes avaient déjà manifesté un *« rejet concerté d'un nouveau référendum »*[1183].

[1179] Il est député RPR depuis 1983 et maire d'Avranches en 1983. Il est aussi secrétaire de l'Assemblée Nationale depuis 1993.
[1180] Charles Pasqua, *Tous pour la France,* Albin Michel, 1999, page 9.
[1181] Ibid., page 14.
[1182] Charles Pasqua dénonce Jacques Chirac. Il le soupçonne d'avoir de longue date, décidé, de recourir, au congrès, pour faire modifier la Constitution. Il précise que, dès le 31 décembre 1997, le conseil constitutionnel avait rendu sa décision : le traité était contraire à la Constitution, mais que malgré cette décision, le 29 juillet 1998, le conseil des ministres avait adopté un projet de loi modifiant la Constitution. Une décision qui devait amener le président de la République a décidé de convoquer le Congrès, le 31décembre 1998. Entre-temps, le projet de révision constitutionnelle avait été adopté par l'Assemblée Nationale, le 25 novembre 1998, par 469 voix pour et 66 contre, dont 19 RPR et 5 abstentions dont 4 RPR. Charles Pasqua avait déposé une motion d'irrecevabilité, mais qui, n'obtient que 10 voix, le 17 décembre 1998. Enfin, le sénat adoptait le projet, par 234 voix pour et 34 contre dont 18 RPR.
[1183] Hubert Coudurier, Le monde selon Chirac, page 406.

Charles Pasqua s'éloigne du RPR. Le 1er janvier 1999, il annonce son intention de conduire une liste aux élections européennes, du 13 juin 1999[1184]. Sur le moment, son initiative semble avoir l'appui de la moitié des sympathisants du RPR[1185].

Le 18 janvier 1999, le congrès vote le projet de loi constitutionnelle modifiant la Constitution en vue de la ratification du traité d'Amsterdam, par 759 voix et 111 voix contre. La majorité des 3/5 est largement atteinte (522 voix). Au sein du RPR, sur 138 députés votants, 113 votent pour le « *oui* », 20 pour le « *non* » et 5 s'abstiennent. Au sénat, sur 99 votants RPR, 73 votent pour le « *oui* », 23 pour le « *non* », une abstention[1186] et deux ne participent pas au vote[1187].

Au bilan, un élu sur cinq au RPR vote contre. A titre de comparaison, au Parti Socialiste, ils ne sont que 2% à voter « *contre* ».

Le projet de loi constitutionnelle est adopté. La ratification du traité d'Amsterdam peut alors commencer. Le 2 mars 1999, dans son message d'ouverture au débat, Jacques Chirac rappelle à ses troupes les bases de la politique européenne à laquelle il s'est converti, en octobre 1995 et fixe « *une feuille de route* ». Il souhaite « *la consolidation de l'acquis européen* », « *libérer les énergies, assurer la croissance de l'activité* », « *transformer le succès de l'euro en coordonnant nos politiques économiques* », « *réformer les institutions de l'Union pour les rendre plus efficaces et plus démocratiques* », « *jeter les bases d'une véritable politique étrangère et de sécurité commune* », défendre le « *modèle social européen* ».

Si, le message est clair, il ne donne pas satisfaction aux « *eurosceptiques* », lesquels considèrent que, les gouvernements proeuropéens abandonnent la nation. Il leur répond que « *le destin de la France n'a jamais été de se replier sur son hexagone* [1188]».

Sur le fond, Jacques Chirac « vend son Europe à la droite »[1189]. Il réaffirme son « engagement européen » contre « l'euroscepticisme de Charles Pasqua »[1190].

[1184] Pasqua Charles, *Tous pour la France,* Déclaration de candidature de Charles Pasqua, intervention télévisée, le 1er janvier 1999, page 251.
[1185] Le Point du 16 janvier 1999, Enquête réalisée par IPSO.
[1186] Christian Demuynck.
[1187] René-Georges Laurin et Jacques Oudin.
[1188] Message de Jacques Chirac, à l'occasion de l'ouverture du débat sur la ratification du traité d'Amsterdam, mardi 2 mars 1999. Consultation sur : http://www.assemblee-national.fr/11/dossiers/amsterdam/message.asp
[1189] Libération du 3 mars 1999, « *Message au Parlement pour la ratification du traité d'Amsterdam, Chirac vend son Europe à la droite* », page 11.
[1190] Le Monde du 3 mars 1999, « *Jacques Chirac se porte à la tête des européens de la droite* ».

Les discussions à l'Assemblée Nationale voient un certain nombre de RPR intervenir. Si Edouard Balladur montre que « les avantages de l'Union sont évidents ». Il ne souhaite pas que les députés restent « *prisonniers d'une conception archaïque de la souveraineté* ». Il estime que « *grâce à la politique étrangère et militaire commune, nous serons plus forts, mieux écoutés, plus influents et nous ne dépendrons de personne d'autre que de nous-mêmes pour décider* ». A quoi, répond Nicolas Dupont-Aignan[1191], pour qui « *Amsterdam, prépare l'Europe Fédérale* ». Ce dernier est rejoint par François Guillaume[1192] lequel dénonce « *la dérive supranationale* »[1193]. Le vote du projet de loi est adopté, le 3 mars 1999, par 447 voix pour et 75 contre. Au RPR, le résultat donne 113 « *oui* », 18 « *contre* » et 5 « *abstention* »[1194].

Le lendemain, Charles Pasqua rejette « *le plaidoyer européen de Jacques Chirac* »[1195]. Il refuse à ce que « *les nations (soient) en passe de devenir le Samu social de l'Europe* »[1196] et que la politique étrangère soit confiée à un haut fonctionnaire, un « *M. Pesc* »[1197], à la place d'un politique. Il dénonce une Europe « *monétariste, fédérale, atlantiste* »[1198], contraire à l'Europe « *affranchie de la tutelle américaine* » du général de Gaulle. Enfin, il dénonce la promesse de la campagne présidentielle, non tenue du Président, lequel ne plaide plus pour un référendum, avant le passage à l'euro.

[1191] Enarque, maire d'Yerres en 1995 et député RPR en 1997. Il est nommé secrétaire aux fédérations par Philippe Séguin, en 1998, après avoir été désigné par Alain Juppé, premier ministre, directeur des études au RPR. Il est gaulliste à vocation souverainiste et sociale. Il crée, en février 1999, le club « Debout la République ».

[1192] Il a été président de la FNSEA de 1979 à 1986. Il a été ministre de l'Agriculture de la première cohabitation (1986-1988), ancien député européen de 1989 à 1994, puis député de Meurthe-et-Moselle depuis 1993.

[1193] Intervention lors de la 3ème séance du mardi 2 mars 1999. Consultation sur : Site : http://www.assemble-nationale.fr/11/cra/1998-1999/99030221.asp. Parmi les autres intervenants du RPR : ceux qui voteront contre : Robert Pandraud, Nicole Catala, Interventions en 1ère séance du 3 mars 1999.

[1194] Jean Auclair, Gautier Audinot, Lucien Degauchy, Jean-Claude Guibal et Mme Jacqueline Mathieu-Obadia.
Parmi ces députés, un certain nombre avaient, en 1992, rejoins Charles Pasqua et Philippe Séguin dans leur comité pour le Non à Maastricht : Jean Besson, François Fillon, Etienne Pinte…

[1195] Le Monde du 4 mars 1999, pages 1, 6 et 19.

[1196] Charles Pasqua, *Tous pour la France,* page 34.

[1197] Ibid., page 35.

[1198] Ibid., page 84.

Le 16 mars 1999, le sénat vote le projet de loi[1199], par 271 voix « *pour* » et 42 « *contre* ». Parmi les sénateurs du RPR, 74 votent « *pour* », 20 votent « *contre* », 2 s'abstiennent[1200] et 3 ne participent pas[1201] au vote.

C'est donc sur fond de divisions que le RPR prépare les élections européennes de 1999.

5 Les élections européennes de 1999, dans la désunion

5.1 : La préparation de la campagne

Les élections européennes de 1999 sont marquées par la volonté de voir une liste unique de l'opposition RPR-UDF-DL. Mais, les conséquences de la ratification du traité d'Amsterdam ne le permettent pas. Ces élections confirment l'éclatement du RPR. D'autre part, la campagne s'oriente davantage vers un affrontement gauche-droite, entre une « *Europe socialiste et une Europe de la liberté, de la responsabilité et de la solidarité* »[1202]. Mais, cette thématique droite-gauche ne suffit pas à combler les différences d'appréciation, sur l'Europe. En effet, il est devenu difficile de concilier les tendances fédéralistes des centristes de François Bayrou et les « *souverainistes* » de Charles Pasqua, de Philippe de Villiers voire de Charles Million.

De ce fait, le 9 janvier, lors d'une entrevue avec Jacques Chirac, François Bayrou, président de l'UDF refuse de se faire dicter sa loi. Le 7 février, l'UDF décide de mener une liste « *fédé-réaliste* ». La position de François Bayrou s'explique. Il rejette Philippe Séguin, converti en « *euro-réaliste* »[1203], comme tête de liste[1204]. En effet, ce dernier a été le chantre de

---

[1199] Projet de loi autorisant la ratification du traité d'Amsterdam. Site : http://www.senat.fr/leg/tas98-098

[1200] Christian Demuynck (sénateur de Seine-saint-Denis, professeur, 1947), Alain Peyrefitte (il semble rester fidèle à l'esprit gaulliste du général).

[1201] Adrien Gouteyron (Auvergne, 1933, IEN), Edmond Lauret (Réunion, 1949, Inspecteur du Trésor), René-Georges Laurin (Var, 1921, commissaire priseur).

[1202] Philippe Séguin, Discours lors du Conseil national du RPR, 13 février 1999.

[1203] Le Monde des 14-15 février 1999. Dès le 25 janvier 1996, il avait pris acte du « *oui* » des Français, sur Maastricht, et avait même souligné la nécessité de « *sauver le projet de monnaie unique* ».

l'opposition à Maastricht et reste opposé à une Europe fédérale. Valéry Giscard d'Estaing[1205], fondateur de l'UDF et ancien Président de la République, dénonce l'attitude prise par François Bayrou.

Dès lors, l'Alliance[1206] ne peut plus se faire qu'avec les libéraux de Démocratie Libérale d'Alain Madelin. En effet, ces derniers, par méfiance, avaient refusé de fusionner avec l'UDF. Ils sont réservés sur la bureaucratie de Bruxelles.

Quant à la liste menée par Charles Pasqua, elle résulte du refus présidentiel de soumettre à référendum la ratification du traité d'Amsterdam. La liste « *souverainiste* » s'intitule « *Rassemblement pour la France et l'indépendance de l'Europe* ». Le 9 avril 1999, elle est officialisée avec Philippe de Villiers. Cette liste se veut un rassemblement qui transcende les clivages partisans. Ainsi, Charles Pasqua espère rassembler des gaullistes de tradition (les 43 RPR qui ont voté contre la ratification) et les membres de la gauche « anti-maastrichienne » : La gauche socialiste et le Mouvement des citoyens de Jean-Pierre Chevènement. Mais, son ambition se solde par un échec. La liste ne regroupera que ses partisans et ceux de Philippe de Villiers.

Le 13 février 1999, au conseil national du RPR, Christian Poncelet confirme la position tendant à une liste unique. Il explique que le RPR ne doit pas apparaître « *comme un cartel de nostalgiques adeptes d'une Nation frileuse et repliée sur elle-même* », soulignant que « *ce nationalisme étriqué est dépassé* » et que « *le destin de la France ne peut être qu'européen* »[1207].
Ainsi, cette campagne qui se voulait dans l'union, se termine dans la désunion, avec la présence de trois listes[1208] de droite.

Investi comme tête de liste, le 13 février 1999, Philippe Séguin s'engage à « *promouvoir la politique européenne du président de la République* »[1209],

---

[1204] Il semble aussi que l'élection à la présidente du sénat de Christian Poncelet (RPR) aux dépens de René Monory (sortant UDF) ait été aussi une raison du refus de l'UDF de faire liste commune.

[1205] Le Monde du 19 février 1999, « *Pour éviter la catastrophe* », article de Valéry Giscard d'Estaing. Dans cet article, il plaide pour une union RPR-UDF-DL, conduite par Philippe Séguin.

[1206] Cette structure a été créée sous l'égide de Philippe Séguin, en 1998, elle regroupe le RPR, l'UDF et DL.

[1207] Contribution de Christian Poncelet, président du sénat, au Conseil National du RPR, le 13 février 1999, page 1.

[1208] Pour Michel Offerlé, cette situation recouvre le clivage des trois droites, observé par René Rémond, dans « *Elections européennes. Des voix qui parlent : les élections du 13 juin 1999 en France* », Regard sur l'actualité, La Documentation française, juillet-août 1999, pages 37-38.

[1209] Le Figaro du 15 février 1999, page 1.

celle d'une « *Europe unie des Etats* »^(1210) et non celle des « *Etats-Unis d'Europe* ». Toutefois, malgré tout son poids, il ne réussit pas à canaliser la tendance forte du RPR. En effet, sa candidature avait été choisie car il semblait être le seul capable de rallier les différentes sensibilités du RPR. La « *convention pour l'Europe* » d'octobre 1998 en avait été un essai. C'est un échec. Il regrette alors la position de Charles Pasqua, qui s'exclut de lui-même[1211] du RPR.

Si, le choix d'une liste unique est un échec, un second événement vient perturber cette campagne. En effet, dans son discours d'ouverture au débat sur la ratification à l'Assemblée Nationale, Jacques Chirac ne manifeste pas de préférence particulière pour la liste RPR-DL. Bernard Pons, président des amis de Jacques Chirac, cultive aussi la polémique. Il déclare ainsi que le soir du 13 juin, il faudra « *additionner les voix des électeurs issus de la majorité présidentielle* »[1212]. Cette prise de position montre les désaccords qui existent entre la tête de liste RPR-DL et Jacques Chirac. En effet, il refuse aussi « *la promotion de la liste fédéraliste* »[1213] qui est en faite. Cette déclaration entraîne la démission de Philippe Séguin[1214] comme tête de liste mais aussi de la fonction de président du RPR. Dans sa lettre de démission, il présente Bernard Pons comme responsable de sa démission. En effet, ce dernier avait publiquement déclaré que « *voter pour la liste Séguin-Madelin ou pour la liste Pasqua-Villiers, (marquait) une même volonté d'adhérer à la Majorité présidentielle* ».

Face à cette impasse, l'échec du tandem social libéral, Jacques Chirac persiste dans son souhait de voir se constituer une véritable liste unique de l'opposition[1215]. Il confie cette tâche à Nicolas Sarkozy, libéral et européen. Mais, cette désignation permet aux opposants de Maastricht et d'Amsterdam, de s'affranchir, d'autant que la caution Séguin est levée. Finalement, la liste ne se réalise qu'autour du RPR et de DL. Dès lors, sur quel programme s'appuie-t-elle ?

[1210] Le conseil national du RPR, réuni, le samedi 13 février 1999, décide de concourir sous le message du président de la République, une « Europe unie des Etats », dans la déclaration de Christian Poncelet, président du Sénat.
[1211] Philippe Séguin, *Discours au conseil national du RPR,* 13 février 1999, page 5. Par l'article 3 des statuts du RPR, la position de Charles Pasqua le met en situation d'exclusion. Cette dernière ne sera effective que le lendemain des élections.
[1212] Valeurs Actuelles du 16 avril 1999.
[1213] Texte intégral de la lettre de démission de Philippe Séguin du 16 avril 1999. Consultation sur : http://notre.republique.free.fr/LettresSEGUIN
[1214] Philippe Séguin fait publier un communiqué par fax à l'AFP, le vendredi 16 avril 1999, dans la matinée (10h20).
[1215] Parmi les partisans de cette thèse, on retrouve Edouard Balladur, Jean-louis Debré, Alain Juppé, Alain Madelin, et Jean-françois Poncelet.

5.2 : Le programme : une Charte européenne[1216], pour l'union

Le programme est élaboré, sous la conduite de Pierre Lellouche, Jean-Claude Pasty, pour le RPR, et Pierre Lequiller et Laurent Dominati, pour Démocratie Libérale. Il s'agit d'une charte, qui a donc valeur de « *loi* » tout au moins de règle. Elle est présentée à la brasserie parisienne, « *l'Européen* ». Elle marque le rapprochement idéologique du RPR et de DL et les concessions consenties par les uns et les autres. Démocratie Libérale obtient du RPR la décision de siéger au sein du Parti Populaire Européen, qui rassemble les démocrates chrétiens et où siègent déjà les députés UDF. En échange, le RPR exige que le PPE[1217] vide certains contenus de sa charte en particulier la référence à l'Europe fédérale et sa vision chrétienne de l'Europe.

D'une manière générale, ce programme s'inspire de la politique du Président, une « *Europe unie des Etats* » qui refuse l'édification d'un « *Etat central européen* ». Cette vision de l'Europe se veut une conciliation entre « *le respect des identités nationales et les exigences de l'Union européenne* ». La charte affirme « *la continuité de l'engagement européen de la France dans la pleine acceptation du Traité de Rome, de l'Acte Unique, du Traité de Maastricht et du Traité d'Amsterdam* »[1218]. C'est la manifestation de l'acceptation de l'Europe qui se construit et marque la continuité des positions de la France. Le programme apparaît avant tout comme un « *manifeste de politique intérieure*[1219] ». En effet, y est dénoncée l'« *utopie souverainiste* », qui serait à l'opposé de ce qu'elle prétend défendre, à savoir « *servir la grandeur de la France* »; Le « *modèle des Etats-Unis* » ou le libéralisme et le « *socialisme* ».

Au fond, ce programme ne change pas malgré le changement d'équipe. Il reste relativement flou, pour ne pas heurter un électorat varié, en ne proposant pas de grandes réformes.

[1216] Programme de la liste RPR et Démocratie Libérale, Charte Européenne pour l'union, site internet du RPR : http://.rpr.org/Euro99/home. Le Monde du 19 mars 1999.

[1217] Le RPR adhère au PPE en 1999, puis adhère au parti en décembre 2001. Le PPE a élargi sa base en direction des partis de droite en Europe, conservateurs et libéraux. Le PPE ne remet pas en cause son attachement au fédéralisme européen. En 1993, il exclut le CDS-PP portugais pour avoir critiqué le traité de Maastricht. Il regroupe la Grèce, l'Espagne, le Royaume unique, le Danemark, la Finlande, la Suède, le Portugal, l'Italie et la France.

[1218] Programme de la liste RPR et Démocratie Libérale, Charte Européenne pour l'union, consultation sur : http://.rpr.org/Euro99/home.

[1219] Le Monde du 12 juin 1999.

Quant aux autres partis politiques, si le PS insiste sur les aspects sociaux[1220], la réforme des institutions n'apparaît qu'en 21ème et dernière position, et, se limite à l'extension du vote à la majorité au Conseil, la codécision au Parlement…. Le PC avec *« Bougez l'Europe »*, appelle à un changement de *« cap de la construction européenne actuelle »* sans en préciser le sens à prendre. Quant à Charles Pasqua, il entre en guerre contre la primauté du droit européen sur le droit français.

5.3 : Les résultats

Ces élections confirment l'éclatement du RPR, sur la question européenne. En effet, le RPR se divise en deux tendances. Avec 12.82 %, la liste RPR-DL n'arrive qu'en troisième position et obtient 12 élus, loin derrière la liste du parti socialiste (21.95 %) et surtout celle de la liste souverainiste conduite, par Philippe de Villiers et Charles Pasqua, qui obtient 13.05 % et 13 élus. Enfin, la liste *« fédéraliste »* menée, par François Bayrou, obtient 9.28 % et 9 élus. Ce score de la liste RPR-DL trouve une explication dans la concurrence de la liste de Charles Pasqua[1221]. En effet, les électeurs en ont déduit que les deux listes n'étaient pas concurrentes, mais voisines. Le succès de Charles Pasqua tient aussi au fait que son message européen était clair, à la différence de la liste RPR-DL, dont il dénonçait les dérives *« libérales »* et *« fédéralistes »*. Cependant, il est difficile d'en déduire que ces deux listes regroupent deux familles égales, comme le montre la géographie du vote.

Géographiquement, le vote Pasqua-De Villiers (carte n°17, page 349) manifeste un ancrage sensible dans la région du Nord, en Ile de France (fief de Charles Pasqua), dans l'Est, dans la région Rhône-Alpes, en Languedoc-Roussillon, mais aussi, dans le sud de la France, essentiellement en région PACA[1222], où il gagne 4 points par rapport à la liste de Villiers de 1994. Il semble que, dans sur ces terres, cette liste ait réalisé de bons scores aux

---

[1220] Le Monde du 8 juin 1999, interview de François Hollande, Catherine Lalumière et Sami Naïr (député européen et lieutenant de J. P. Chevènement).
[1221] Politique Opinion, n°59 du 29 avril 1999, « Européennes : un effet Séguin à rebours » ». Dans cet article, l'auteur montre que la liste RPR-DL a perdu 19 points parmi les sympathisants du RPR suite au retrait de Philippe Séguin et que cette hémorragie est à mettre en relation avec le 8 points pris par la liste Pasqua, soit 20%. D'un autre côté, la liste RPR-DL gagne 17 points (22%) chez les sympathisants de l'UDF. Consultation sur : http://www.politique-opinion.voilà.fr/analyse/59
[1222] Pascal Perrineau, *La dynamique méridionale de Charles Pasqua*. Consultation sur : www.cevipof.msh-paris.fr/moment/pasqua991

dépens du vote FN[1223]. D'autre part, une partie de l'électorat du RPR s'est reportée, sur cette liste. Ainsi, elle devance la liste RPR-DL, dans douze régions sur 22. A l'inverse, cette liste Pasqua accuse des résultats en baisse en Bretagne, terre de droite et européenne, avec une perte de 2.5 points par rapport à 1994. Il faut noter l'exception de la Vendée, fief de P. de Villiers (31.9%) et les pays de Loire. Enfin, au regard de la géographie électorale, le vote Pasqua apparaît davantage urbain et populaire que le vote de Villiers de 1994, lequel reste ancré dans les terres agricoles du grand Ouest conservateur. Il a particulièrement progressé dans les classes populaires du RPR[1224].

Quant à l'électorat de la liste soutenue par l'Elysée (carte n°16, page 348), il recule partout et sensiblement dans les deux bastions de Jacques Chirac, Paris et la région parisienne et la Corrèze, tout comme dans le Sud-ouest de la France et le sillon rhodanien. Ce résultat dans cette dernière région souligne la réticence d'une partie de l'électorat chiraquien à l'égard de la construction européenne, lequel a trouvé dans la liste Pasqua-de Villiers, une occasion de manifester son attachement à la souveraineté nationale.

Cette victoire relative du camp souverainiste est une occasion pour Charles Pasqua de créer le Rassemblement Pour la France (RPF). Une création qui n'a rien du hasard et confirme l'idée que la nation (la souveraineté nationale) était au cœur de l'éclatement du RPR. En effet, dans la charte de création du RPF, il est précisé que son objectif est de *« réunir les Français sur les principes qui découlent de la Souveraineté nationale »* [1225]. D'autre part, ce mouvement vise à être la *« première force d'opposition au gouvernement socialiste et la force d'alternance au système engendré par la pensée unique »*[1226]. Il s'appuie sur trois idées : dénoncer la mondialisation comme *« l'aboutissement inéluctable du progrès de l'humanité »*, dénoncer un *« monde multipolaire »* comme *« irrésistible loi de l'Histoire »* qui oblige

---

[1223] Dans Libération du 15 juin 1999, Renaud Dély écrit que « Charles Pasqua ne s'est pas contenté, dimanche, de laminer la liste de Nicolas Sarkozy, il a aussi pillé le magot électoral de l'extrême-droite ». Dans la région Nord-Pas de Calais, le FN perd 2 points alors que la liste Pasqua en gagne 2.6.

[1224] Selon, l'AFP du 15 juin 1999, Nicole Catala a déclaré à l'Assemblée Nationale que si « les idées libérales ont progressé dans la société française … Elles n'ont pas gagné l'électorat traditionnel de RPR… ».

[1225] La charte du RPF, 17 pages, page 1. Consultation sur : http//sitemestre.net.

[1226] Cependant, lors de son congrès fondateur, en novembre 1999, le RPF ne revendique que 23000 adhérents. Ils se trouvent localisés essentiellement, dans les Hauts-de-Seine, fief de Charles Pasqua, le sud-est de la France, les Alpes-Maritimes, les Bouches-du-Rhône.

à *« construire l'Europe fédérale »*[1227], enfin dénoncer une Europe qui ne *« correspond pas à un souhait mythique des peuples d'Europe »*. Quant au RPR, s'il est libéré d'une partie de la tendance souverainiste de son électorat, comment va-t-il évoluer ?

Force est de constater qu'à la veille des élections municipales de 2001 et de la présidentielle de 2002, les résultats ne sont pas de bon augure pour le président de la République. La présidence française à l'Europe, au premier semestre 2000, va-t-elle être une occasion de se démarquer sur la question européenne ?

[1227] La charte du RPF, page 2. Consultation sur : http//sitemestre.net.

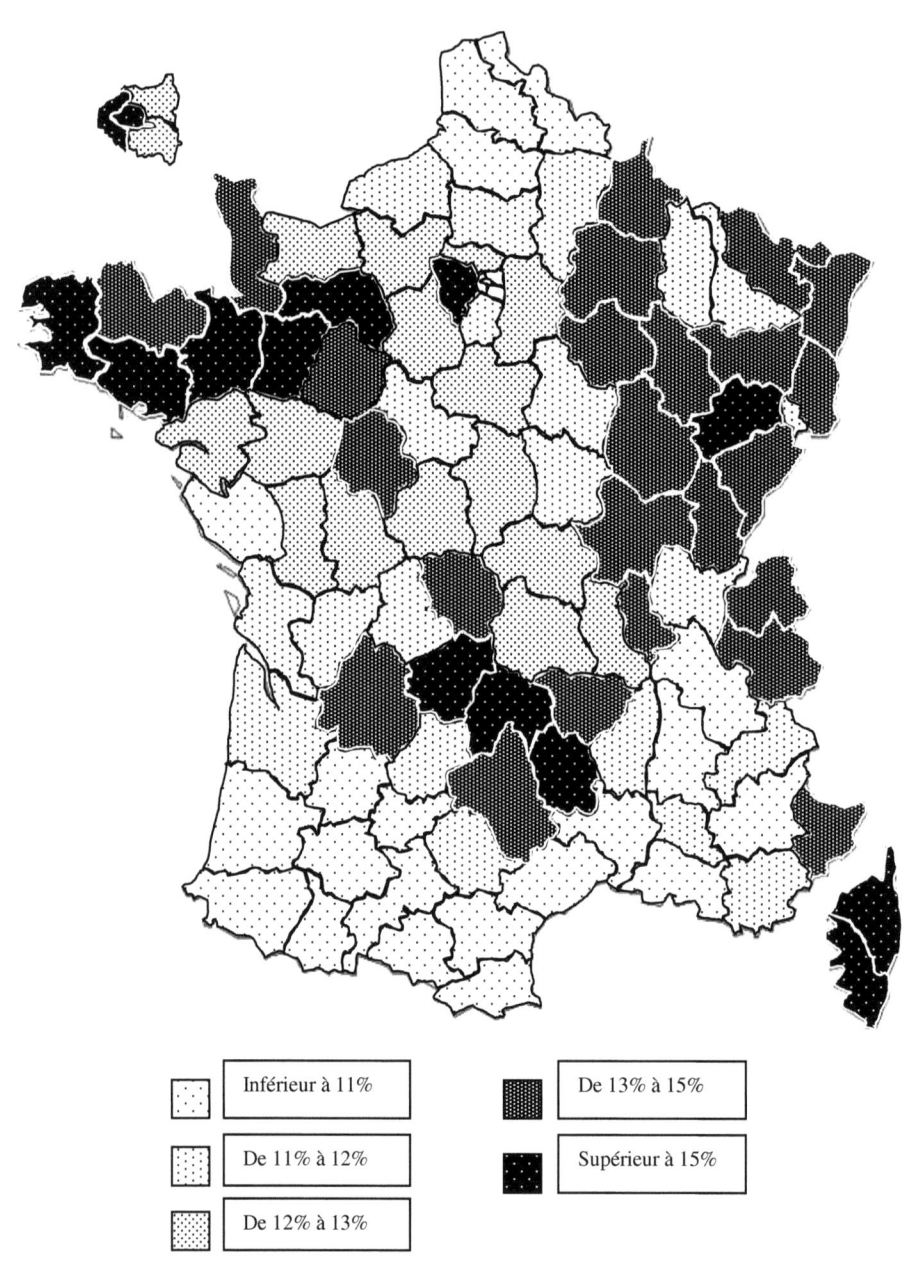

Carte n°16 : carte des suffrages exprimés, obtenus par la liste RPR-DL de Nicolas Sarkozy aux élections européennes de juin 1999.

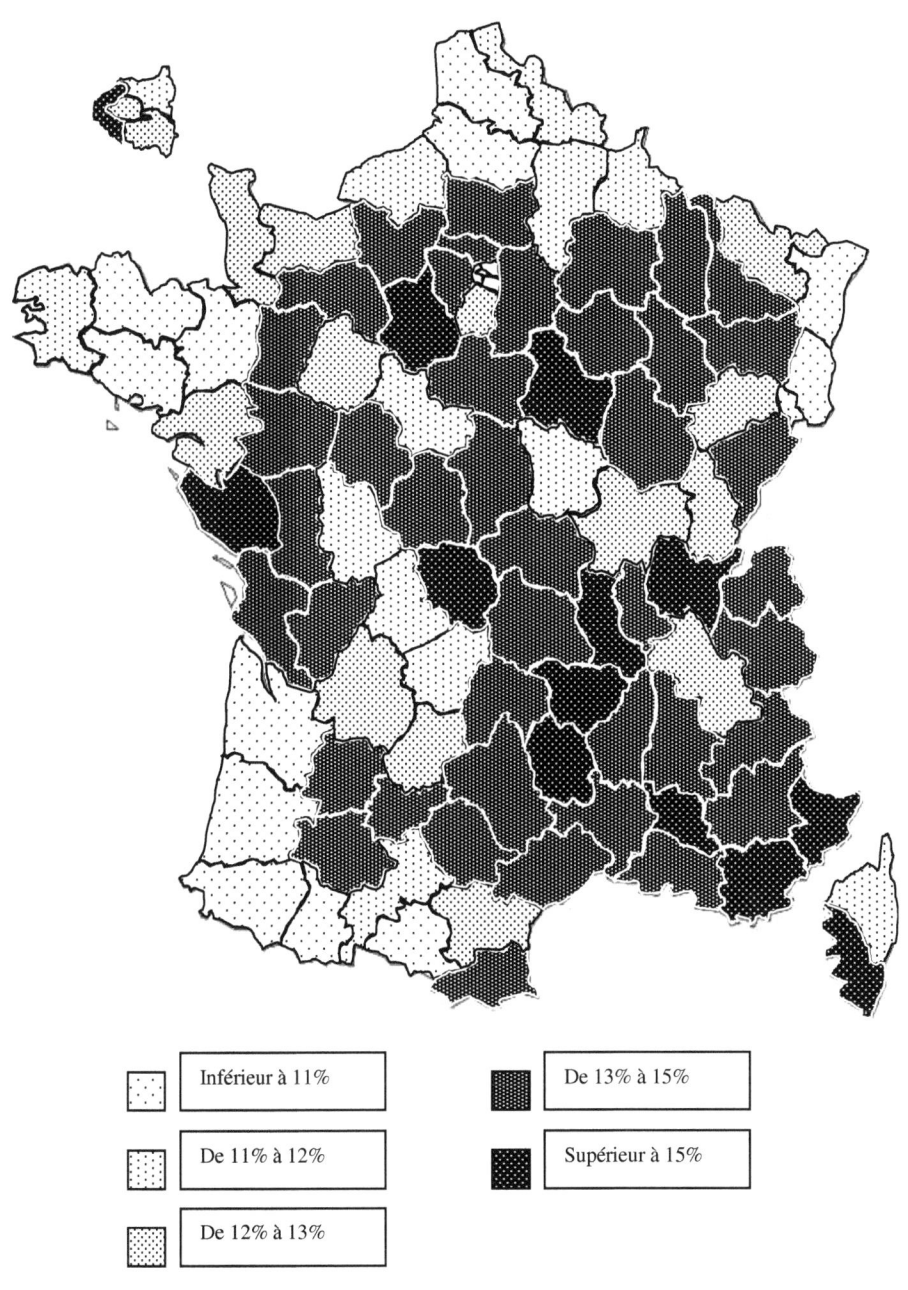

Carte n°17 : carte des suffrages exprimés, obtenus par la liste de Charles Pasqua et Philippe de Villiers, lors des élections européennes de juin 1999.

Chapitre 4 :
Vers un nouveau parti européen et libéral ?
1999-2002

La défaite électorale de la liste RPR-DL a des conséquences immédiates. Nicolas Sarkozy démissionne de son poste de président, par intérim[1228], et, le RPR doit compter ses troupes. La rupture est définitivement consommée avec les « *souverainistes* », en novembre 1999. L'époque est à la « *reconstruction* » du RPR. Il décide de s'affranchir du Président Chirac et de sa politique, comme semble le montrer l'élection du nouveau président du RPR, le 20 novembre 1999.

Cependant, ce « *séisme* » politique semble être salutaire. Il permet au RPR de clarifier ses conceptions en matière européenne. La voie est dégagée avec la rupture des « *souverainistes* ». Dès lors, comment évolue-t-il, dans une période européenne, confrontée à de nouveaux défis ? Va-t-il finir par s'aligner sur les positions présidentielles ? En effet, à l'orée de l'an 2000, si l'Europe a son marché unique, sa monnaie unique et sa banque centrale, autrement dit, plus d'un attribut de l'Etat, qui lui permettent de se doter de tous les qualificatifs d'une véritable union, elle demeure un « *nain politique* ». Face à cette situation, certains pensent alors nécessaire d'aller plus loin.

Ainsi, Joschka Fischer veut aller vers l'organisation fédérative d'un « *noyau dur* », c'est-à-dire un renforcement de l'union autour du couple franco-allemand ; d'autres prônent l'idée de voir élaboré une constitution, qui organiserait les pouvoirs en Europe, à l'image de Daniel Cohn-Bendit ou de François Bayrou. Ces propositions sont des réflexions visant à apporter des réponses aux élargissements à venir et qui supposent toujours une réforme des institutions. Le RPR n'est pas épargné par ce défi. Mais, pour l'heure, il doit se reconstruire.

1 Entre sauver son existence et s'affranchir du Président de la République

La rupture d'avec Charles Pasqua a des conséquences importantes sur les militants du RPR. L'analyse des effectifs, à la fin de l'année 1999, révèle le malaise qui secoue le RPR. Comme le souligne Jacques Legendre, « *la création du mouvement de Charles Pasqua a généré une peur au RPR, puisqu'en particulier, chez nous, dans le Nord, une grande majorité des militants, lui était favorable* »[1229]. Ainsi, si le RPR affichait des effectifs de 150000 adhérents en 1995. Ils sont 91000 en 1998. Il se retrouve créditer de seulement 50000 militants, après la scission et la création du RPF, le 21

[1228] Le Figaro du 15 juin 1999, « *Le RPR face à son échec* », page 1.
[1229] Entretien avec Jacques Legendre du 13 juillet 2000.

novembre 1999. Dès lors, face à cette hémorragie, l'élection du président du RPR, au suffrage universel des militants, revêt une importance particulière.

Ces élections révèlent l'état d'esprit des militants. Si la multiplicité des candidatures témoigne d'une certaine vitalité démocratique, elle perturbe les militants, non habitués à cette situation. Elles montrent aussi l'existence de clans. Ainsi, Jean-Paul Delevoye semble être le *"candidat "* de l'Elysée et le porteur du message élyséen. François Fillon, le *« séguiniste »,* veut incarner la rupture, avec le passé et mener une campagne sur *" la nécessaire indépendance du RPR "*, par rapport au président de la République. Quant à Patrick Devedjian, il présente le clan balladurien et Michèle Alliot-Marie, la continuité. Le risque est grand de voir éclater l'unité du mouvement.

Au bilan, cette élection souligne le malaise des militants. A l'issue du 1er tour, Jean-Paul Delevoye, challenger du fondateur, réalise 35.06% des suffrages des 51043 votants. Il devance Michèle Alliot-Marie (31.19%), François Fillon (24.62%) et Patrick Devedjian (8.092%). En le plaçant de justesse en tête, les militants expriment une reconnaissance à Jacques Chirac. Mais, avec un tiers des suffrages, le message est feutré et l'unité délicate à réaliser. Ce pourcentage souligne, finalement, une volonté de s'affranchir du Président. En effet, les militants sont effrayés par la guerre des chefs, les affaires, la fuite de milliers d'adhérents, le départ de personnalités comme Charles Pasqua, l'absence d'un projet alternatif. Ils souhaitent disposer d'un appareil, pour exister. Or, pour eux, cette existence passe par la nécessité d'être *« indépendant »*. Toutes ces inquiétudes expliquent pourquoi, au second tour, François Fillon et Patrick Devedjian se désistent pour Michèle Alliot-Marie. Le 4 décembre 1999, elle est élue avec 62.2% contre 37.8%, à Jean-Paul Delevoye.

Le 17 décembre, elle présente une partie de son équipe. Celle-ci est renouvelée et marque des innovations comme la nomination d'Adrien Gouteyron (sénateur de la Haute-Loire, 66 ans, chiraquien, mais non énarque) qui devient secrétaire général. Elle nomme Patrick Ollier (député des Hautes-Alpes), conseiller chargé de la vie du mouvement. Elle met en place des cercles de réflexion qui vont plancher sur : la culture, l'écologie et l'économie. Mais, la mission de la nouvelle équipe réside dans la proposition d'un projet politique. Dès lors, les assises de juin 2000 sont placées sous le signe de la rénovation, dans un RPR *« épuré »*.

1.1 : Les assises de 2000 : entre la présidence française de 2000 et l'idée d'une constitution européenne

Aux Assises de juin 2000, Michèle Alliot-Marie, présidente du RPR, souligne les difficultés que vit le RPR. Elle s'interroge sur « *un RPR incertain de son avenir* »[1230].

Son rapport de synthèse appelle à la lucidité. Sur l'Europe, elle pense qu'il faut « *admettre que nous avons plus de poids au sein de l'ensemble européen que seuls* ». En ce sens, elle considère que l'Europe est « *le cadre nécessaire pour faire face aux défis économiques, …* »[1231], à la mondialisation. Toutefois, elle est réservée sur l'idée d'un projet constitutionnel. Elle appelle à cesser de « *rêver à un grand soir institutionnel européen* » en appelant au pragmatisme. En effet, elle souligne que l'« *Europe a besoin de liberté intérieure… de démocratie et d'efficacité politique* ». Si elle est réservée sur la répartition des pouvoirs que permettrait une constitution, elle se montre favorable à une Europe dotée d'une « *véritable politique étrangère et de défense commune* », contrepoids à la « puissance américaine ».

Au fond, à travers son propos, on retrouve une certaine tendance passée du RPR, à savoir une acceptation de partage de souveraineté quand l'Europe peut « *relever les défis que chaque Etat n'a plus la capacité d'assumer seul* ». Elle accepte l'idée d'une « *souveraineté partagée* » qui permettrait d'accéder à une « *Europe Puissance* », celle évoquée par Jacques Chirac. Mais, pour y parvenir, l'Europe a besoin de se réformer pour être plus efficace, c'est pourquoi elle souhaite une « *réforme institutionnelle pragmatique* ». Elle entend par-là le « *changement de mode de scrutin pour la désignation des députés européens : … le scrutin uninominal* »[1232]. Mais, si ce sont ses idées, quelles sont celles du RPR à l'issue de ces assises ?

Le rapport de synthèse laisse apparaître des propositions qui s'inscrivent dans la perspective de la présidence française de la France à l'Union européenne, au second semestre 2000. Il montre que le RPR accepte l'Europe comme un « *cadre nécessaire pour faire face aux défis économiques, environnementaux et sociaux* » ; mais il estime que l'Europe ne peut « *se substituer aux Nations, ni aux Etats qui la composent* ». Autrement dit, le RPR veut que l'Europe soit une structure complémentaire des Etats. Ainsi, là où les Etats ne sont plus en capacité d'agir seuls, ils doivent déléguer leur pouvoir à un pouvoir commun, comme dans les

---

[1230] Assises du Rassemblement pour la République, *Discours de Michèle Alliot-Marie*, samedi 17 juin 2000, Parc des Expositions, Paris, page 1.
[1231] Ibid., page 12.
[1232] Ibid., page 12.

domaines de la diplomatie, de la défense... C'est pour cette raison, que le RPR est attaché au « *principe de subsidiarité* » qu'il présente comme une « *condition de l'efficacité et de la liberté en Europe* »[1233]. Le RPR souhaite donc que les compétences respectives de l'Union et celles des Etats soient clarifiées, d'où le souci de voir momentanément préservé ce principe. Enfin, face aux élargissements, il propose que la réforme des institutions soit « *pragmatique* », reconnaissant que l'Europe n'a plus « *la capacité d'avancer du même pas* ». Est-il alors partisan d'une « *Europe à plusieurs vitesses* » ? Pour terminer, ce programme fait une place à l'environnemental.

Au bilan, ce rapport de synthèse appelle à un modèle institutionnel entre le confédéral et le fédéral ; Il ne fait aucune allusion à l'idée d'une constitution, laquelle suppose l'existence d'un peuple européen, d'un Etat européen. Le projet ne fait pas allusion à la notion d'« *Europe Puissance* » du président de la République, ni de son idée de lancer une réflexion sur un traité constitutionnel. Telles sont les conditions posées par le RPR, à la veille de la présidence française à l'Europe. Mais, va-t-il être entendu ?

1.2 : Les francs-tireurs du RPR : Alain Juppé et Jacques Toubon, pour une constitution européenne

Si le RPR reste réservé sur les réformes institutionnelles, des initiatives vont venir de francs-tireurs du parti. Le 16 juin 2000[1234], Alain Juppé et Jacques Toubon dévoilent leur projet de constitution européenne. Ce projet est le fruit de réflexions menées dans le cadre des « *forum du mardi du RPR* », du Club 89 (présidé par Jacques Toubon) et de l'association créée, par Alain Juppé, au lendemain de sa démission, « *France Moderne* ». Le 28 juin 2000, ce projet est présenté, lors d'un colloque[1235] sur « *Quelle Constitution pour quelle Europe ?* », au Sénat. Leur constitution se trouve à mi-chemin entre les souverainistes et les fédéralistes. En effet, à la différence des fédéralistes, ils ne proposent pas une élection au suffrage universel d'un président de l'Europe. D'un autre côté, leur projet est ambitieux. Il propose d'étendre les pouvoirs du Parlement, de créer une deuxième Chambre, la

---

[1233] Rapport des Assises du Rassemblement pour la République du 17 juin 2000, page 9.
[1234] Voir Le Figaro du 16 juin 2000.
[1235] Actes du colloque : Quelle Constitution pour quelle Europe ?, sous le haut patronage et en présence de Monsieur Christian Poncelet, Président du Sénat, Sénat, mars 2001, 103 pages. Ce projet a été élaboré dans le cadre du Club 89, présidé par Jacques Toubon et l'association France Moderne, présidée par Alain Juppé. Les nouveaux cahiers de 89, « la France que nous voulons », n° 66, juin 2003, page 1.

« *chambre des nations* », de manière à « *garantir les droits des Etats membres* »[1236], la disparition de la Commission et du Conseil des ministres, et l'institution d'un gouvernement avec un chef élu pour trois ans. Sur le fond, ce projet reprend les originalités de la Vème République.

Pour éviter une paralysie des institutions, ils proposent une repondération des voix et l'extension du vote à la majorité. En ce sens, ils vont plus loin que le général de Gaulle et sa conception confédérale de l'Europe. Ils proposent de passer des « *coopérations renforcées* » à une Union renforcée, de manière à permettre à certains Etats de continuer l'aventure européenne. Ainsi, leur projet de constitution se veut une réflexion pour permettre à l'Europe de s'affirmer comme union politique et de relever les nouveaux défis. Dans un RPR « *épuré* », telle est l'ambition de ces francs-tireurs. Mais, quel impact peuvent-ils avoir, sur le RPR et sur le Président ?

1.3 : Les propositions de Jacques Chirac

Curieusement, quelques jours plus tard, Jacques Chirac évoque l'idée de lancer un grand débat, sur l'avenir de l'Europe. Son propos s'inscrit à la veille de sa présidence à l'union européenne. Son positionnement trouve sa raison d'être dans les propositions formulées par le ministre allemand des Affaires Etrangères, Joschka Fischer, le 12 mai 2000. Il ne concevait l'avenir de l'Europe que dans l'achèvement de son intégration, et donc en se constituant en fédération avec une constitution, un président élu, un gouvernement et un parlement composé de deux chambres. En lançant ce débat, Joschka Fischer rouvre le débat en France entre les partisans d'une Europe intégrée, plus ou moins fédérale, et les adversaires souverainistes. Or, trois jours avant ce discours de Fischer, à l'Assemblée Nationale, Lionel Jospin présentait le programme de la présidence française, où les thèmes sur la finalité de l'union et l'opportunité d'une constitution avaient été évincés. Ainsi, ce projet se limitait aux propositions des Quinze : la composition de la Commission, la pondération des voix au Conseil, l'extension du vote à la majorité qualifiée, l'aménagement des coopérations renforcées. Ce programme est alors vu par Les Echos, comme un « *petit dessein* »[1237].

A l'inverse, Jacques Chirac se saisit de cette opportunité allemande, pour amener ses partenaires à envisager une réforme institutionnelle qui ouvrirait la voie aux élargissements. Toutefois, il ne fait que suivre les propositions

---

[1236] Colloque sur « Quelle constitution pour quelle Europe ?, Intervention de Dominique Latournerie, « Esquisse d'une constitution européenne » ?, 28 juin 2000, Sénat, page 84.
[1237] Les Echos, Editorial, 10 mai 2000, page 1.

formulées en d'autres temps, comme celles de Jacques Delors, Valéry Giscard d'Estaing, H. Schmidt, François Bayrou, et celles de Pierre Lellouche (RPR) ou celles du PS, lors de sa convention nationale, en 1996. Il peut aussi s'appuyer sur l'adhésion à cette idée d'une large part de l'électorat français. En effet, un sondage de l'IFOP[1238] montre que 68% des personnes interrogées se déclarent favorables à une constitution européenne. La proportion atteint même 76%, à gauche. Le Sommet de Nice va donc devenir un enjeu et sa réussite souhaitée, par Jacques Chirac.

Le 27 juin, devant le Bundenstag, Jacques Chirac présente son projet constitutionnel. Il le fait d'autant plus que l'Allemagne réunifiée peut lui emboîter le pas et aller plus loin dans l'union, qu'à l'époque d'Helmut Kohl, en 1989. Il se déclare favorable à une Constitution élaborée, par un « *groupe pionnier* », en vue de répondre aux élargissements qui exigent une union politique laquelle clarifierait les pouvoirs des uns et des autres. C'est ce qu'il appelle la « *vocation propre* » de l'Europe, et qui n'est pas « *celle des Etats* »[1239].

Pour lui, « les nations resteront les premières références de nos peuples ». Il exclue par-là toute idée de « *super-Etat européen* », et ce, même si les nations ont « déjà choisi d'exercer en commun une partie de leur souveraineté. Ainsi, il pose quelques objectifs comme de rendre l'Union plus démocratique, grâce à un parlement européen et les parlements nationaux, en répartissant les compétences entre l'Europe et les Etats, de construire une Europe Puissance dotée d'institutions fortes. Enfin pour y parvenir, il propose de rassembler autour de la France et de l'Allemagne un groupe de pionnier, disposant d'un secrétariat.

Ce projet chiraquien sème le doute en France. S'il satisfait Alain Juppé, François Bayrou…, il amène Michèle Alliot-Marie, présidente du RPR, à une approbation plus nuancée. Lionel Jospin se montre peu enthousiaste. Quant à Hubert Védrine, ministres des Affaires Etrangères, il estime la discussion « *prématurée* », même si au PS, les conceptions chiraquiennes diffèrent peu sur l'idée de réformer les institutions. Ces propositions de Jacques Chirac amènent Daniel Cohn-Bendit a déclaré que « *de l'appel de Cochin à l'appel de Berlin, quel chemin* », ce qui laisse supposer la conversion du président à l'Europe qui se construit.

[1238] Sondage IFOP publié dans le journal du Dimanche du 2 juillet 2000.
[1239] Discours de Jacques Chirac de Chambéry, jeudi 4 mai 2002. Cité par Alain Juppé, dans son intervention à l'Assemblée Nationale, suite à la déclaration du Gouvernement sur les orientations de la présidence française de l'Union européenne, mardi 9 mai 2000, page 1.

Au RPR, le propos est finalement accepté. En février 2001, dans les « *forums du mardi* »[1240], l'idée d'une constitution européenne est présentée comme un « *contrat démocratique pour bâtir une Europe puissance* ». Michèle Alliot-Marie la présente comme une volonté de rendre plus « *lisible* »[1241] l'Europe. Mais, ce projet de constitution trouve-t-il une adhésion au RPR[1242] ? Pour l'heure, ce dernier prépare les prochaines échéances électorales, l'élection présidentielle et les élections législatives de 2002.

2 De la présidentielle à l'UMP : vers un parti de droite, libéral et européen

Le positionnement manifesté, par Jacques Chirac, à la veille de sa présidence à l'Union européenne, en 2000, rompt avec sa prudence manifestée jusque-là, sur le devenir de l'Europe. L'idée d'une constitution marque un tournant, dans la politique européenne de la France. C'est sur ce message, que Jacques Chirac engage la campagne présidentielle du printemps 2002. Dans son projet présidentiel, sur l'Europe, il propose la rédaction d'une « *Constitution européenne* » des Etats-Nations adoptée, par référendum. Mais, va-t-il jusqu'à évoquer, comme Lionel Jospin, l'idée de voir émerger une « *fédération d'Etats-nations* » ? Il se déclare favorable à un « *président de l'Union européenne* », placé à la tête du Conseil européen, élu par ses membres, « *pour une durée suffisante* »[1243].

Pour porter son programme, il appelle à la création d'un nouveau mouvement politique, porteur de ses idées, tout comme il renforce son entourage d'hommes et de femmes, image symbolique d'un engagement européen.

[1240] Forum du RPR, « Vers une constitution européenne, un contrat démocratique pour bâtir une Europe puissante ? », mardi 27 novembre 2001. Sources : http://senat.fr/europe/dossiers/senat_europeen/forum_rpr_27112001

[1241] Vie du mouvement, projet : Europe : « vers une constitution européenne, un contrat démocratique pour bâtir une Europe puissance ». Consultation sur : http://www.rpr.asso.fr/htemele/proj_europe

[1242] Les sondages sortis des urnes (SSU) réalisés par Ipsos, le 29 mai 2005, laissent apparaître que les électeurs de l'UMP ont voté pour le « oui » à 80%, tout comme la droite parlementaire (UMP), 73%. Consultation sur : http/www.ipsos.fr/referendum/soiree/referendum.

[1243] Programme de Jacques Chirac, consulté sur : cr.middlebury.edu/public/Lexique/Elections/fr.news.yahoo.com/p/Chirac

En effet, dès 2000, Jacques Chirac fait appel à des hommes d'influence. Tel est le sens de la nomination de Jérôme Monod[1244], comme conseiller politique du président. Il est le grand patron de la Lyonnaise des eaux, libéral et de culture protestante. Sa présence n'est pas nouvelle. Il a été directeur de cabinet de Jacques Chirac de 1975 à 1976. Puis, de 1976 à 1978, il a été le premier secrétaire général du RPR, avant de rejoindre le monde de l'entreprise. Son retour, il le doit sans doute à ses positions sur l'Europe.

En effet, en 1999, il s'était illustré, avec Ali Magoudi, dans un essai : « *Manifeste pour une Europe souveraine* ». Ils y exposaient l'idée de voir élu un président au suffrage universel, la mise en place d'un véritable gouvernement et un système bicaméral avec une assemblée européenne en remplacement du parlement européen et une « *chambre des nations* »[1245]. Jérôme Monod posait alors le problème d'une souveraineté partagée, à recréer au niveau européen.

2.1 : La présidentielle de 2002

Les élections présidentielles de 2002 marquent un « *séisme* »[1246] politique. Le premier tour voit se qualifier Jacques Chirac et Jean-Marie Lepen (carte n°18, page 363).

Candidat sortant, Jacques Chirac réalise un score modeste. Cependant, il est habitué à ce type de résultats. En effet, en 1981, 1988 et 1995, il avait été mis en concurrence avec des hommes issus des mêmes rangs, la droite, comme Valéry Giscard d'Estaing, en 1981 ; Raymond Barre, en 1988 et Edouard Balladur, en 1995. Toutefois, lors de cette élection, il n'était pas confronté au même scénario.

Géographiquement, ses meilleurs scores se situent dans l'ouest de la région parisienne, comme dans les Hauts de Seine et surtout dans les départements à dominante rurale de l'Ouest : La Manche, la Mayenne, et, essentiellement en Bretagne et les Pays de la Loire (Orne, Eure et Loire, Sarthe, Maine et Loire) (carte n°19, page 364). Une autre zone de force se situe dans le Massif central, avec la Creuse, la Corrèze, le Cantal et la Lozère. Enfin, trois autres zones : la Corse, l'Ile de France avec

---

[1244] Il est aussi le fondateur de la fondation Concorde, un think tank français, en 1997. Elle vise à diffuser les propositions promouvant l'activité économique avec l'ambition de donner à la France la « prospérité et l'influence ». Voir le site : http://fr.wikipedia.org/wiki/Fondation_Concorde
[1245] Jérôme Monod, Ali Magoudi, *Manifeste pour une Europe souveraine,* page 100.
[1246] Pierre Bréchon, Les élections présidentielles en France, Quarante ans d'histoire politique, La Documentation française.

essentiellement les Yvelines, la Marne et l'Aube, et, le sud avec le Var et les Alpes-Maritimes. Finalement, les zones de force se trouvent là où il est considéré comme le défenseur de l'agriculture, ouverte sur l'extérieur et faite de grands exportateurs agricoles. En ce sens, les régions agricoles où dominent une petite paysannerie de viticulteurs et d'arboriculteurs lui donnent de faibles résultats, car, ils sont confrontés à l'ouverture européenne mais aussi soulignent une réticence au centralisme parisien (les régions Languedoc-Roussillon et Midi-Pyrénées, mais aussi la région Rhône-Alpes). Enfin, ses plus bas résultats se situent dans les vieilles régions industrielles, lesquelles souffrent de l'ouverture européenne et connaissent un fort taux de chômage (Nord, Pas-de-Calais, Ardennes...). La carte du candidat arrivé en tête au premier tour renforce ces clivages. Ainsi, les régions périphériques ont placé le candidat du Front national en tête, alors que l'électorat chiraquien se situe largement à l'Ouest et au centre de la France.

L'entre-deux tours de l'élection présidentielle accélère la création d'une structure de parti unique en vue de soutenir Jacques Chirac. Le 23 avril 2002, Philippe Douste-Blazy, président du groupe UDF de l'Assemblée nationale, l'annonce. Elle est destinée à faire gagner Jacques Chirac, en unissant toutes les forces politiques de droite. Le 24 avril 2002, le bureau politique du RPR approuve la création de l'Union pour la Majorité Présidentielle (UMP), à l'unanimité, moins l'abstention de Philippe Séguin.

Le 5 mai 2002, Jacques Chirac remporte l'élection présidentielle, dans un contexte particulier, avec 82, 21% des voix face à Jean-Marie Lepen, candidat du Front National (carte n°20, page 365).

L'élection gagnée, un nouvel élan est demandé pour les élections législatives de juin 2002. En effet, les faibles résultats du premier tour, amènent la droite à une nécessaire union, face au Front National et la gauche.

C'est sous l'étiquette « *Union pour la Majorité Présidentielle* » que le RPR et DL partent au combat. La droite remporte ces élections législatives, avec 399 députés, dont 358[1247] sous la bannière de l'UMP. Le PS totalise 140 députés et le PCF, 21 députés.

[1247] Sur les 358 élus sous l'étiquette UMP, 207 seront d'anciens du RPR.

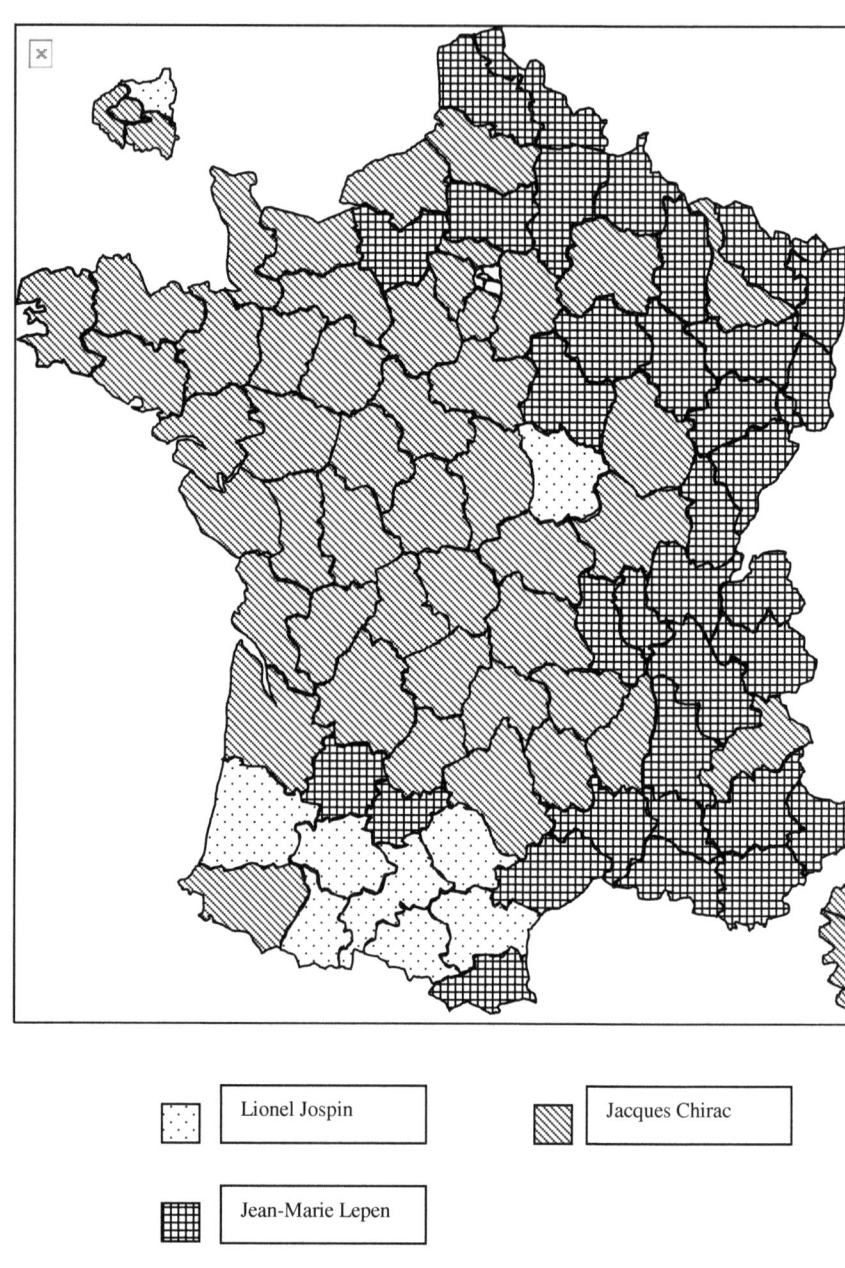

Carte n°18 : Candidats arrivés en tête lors du premier tour de l'élection présidentielle de mai 2002.

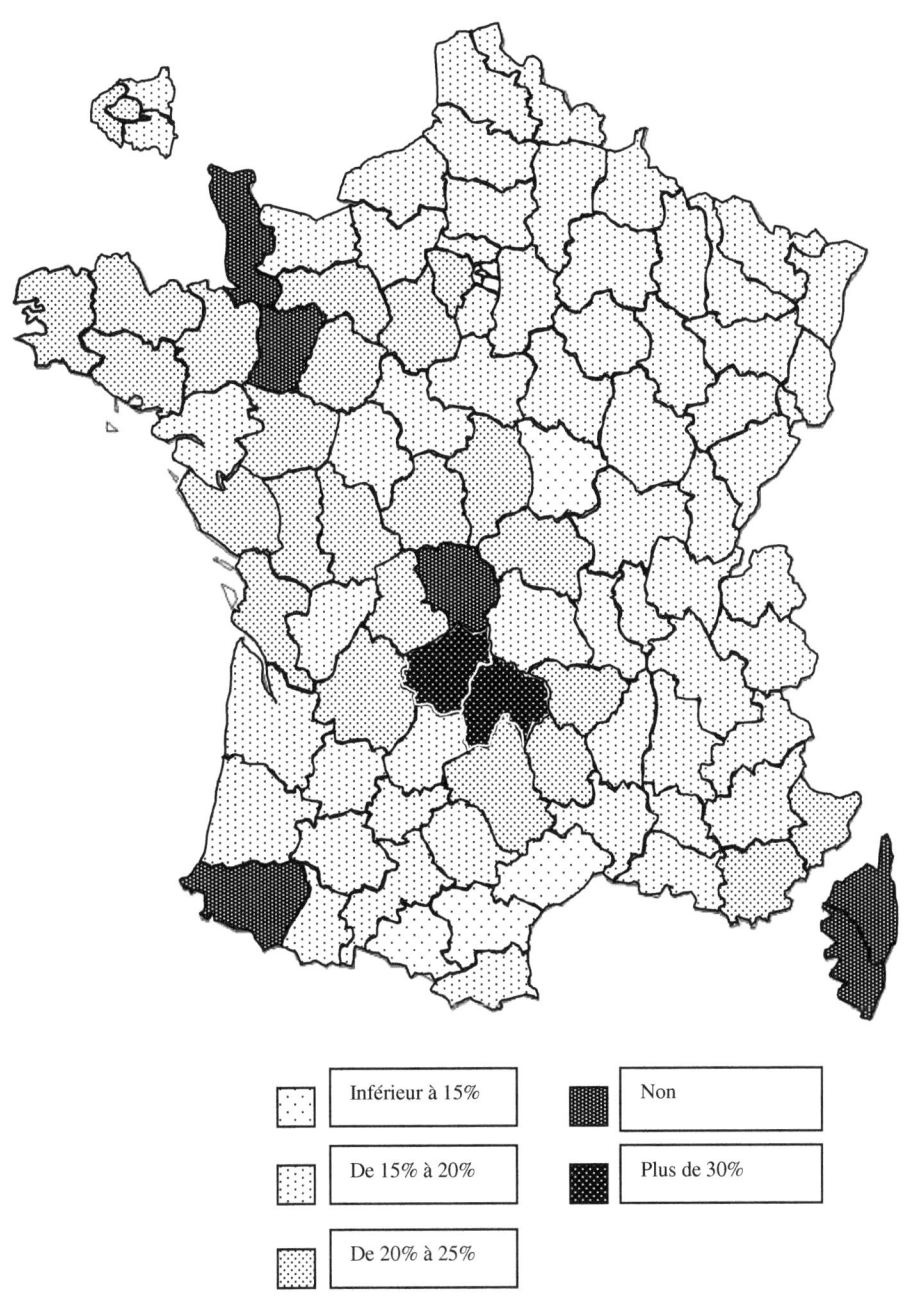

Carte n°19 : carte des suffrages exprimés, obtenus par Jacques Chirac, lors du premier tour de l'élection présidentielle de 2002.

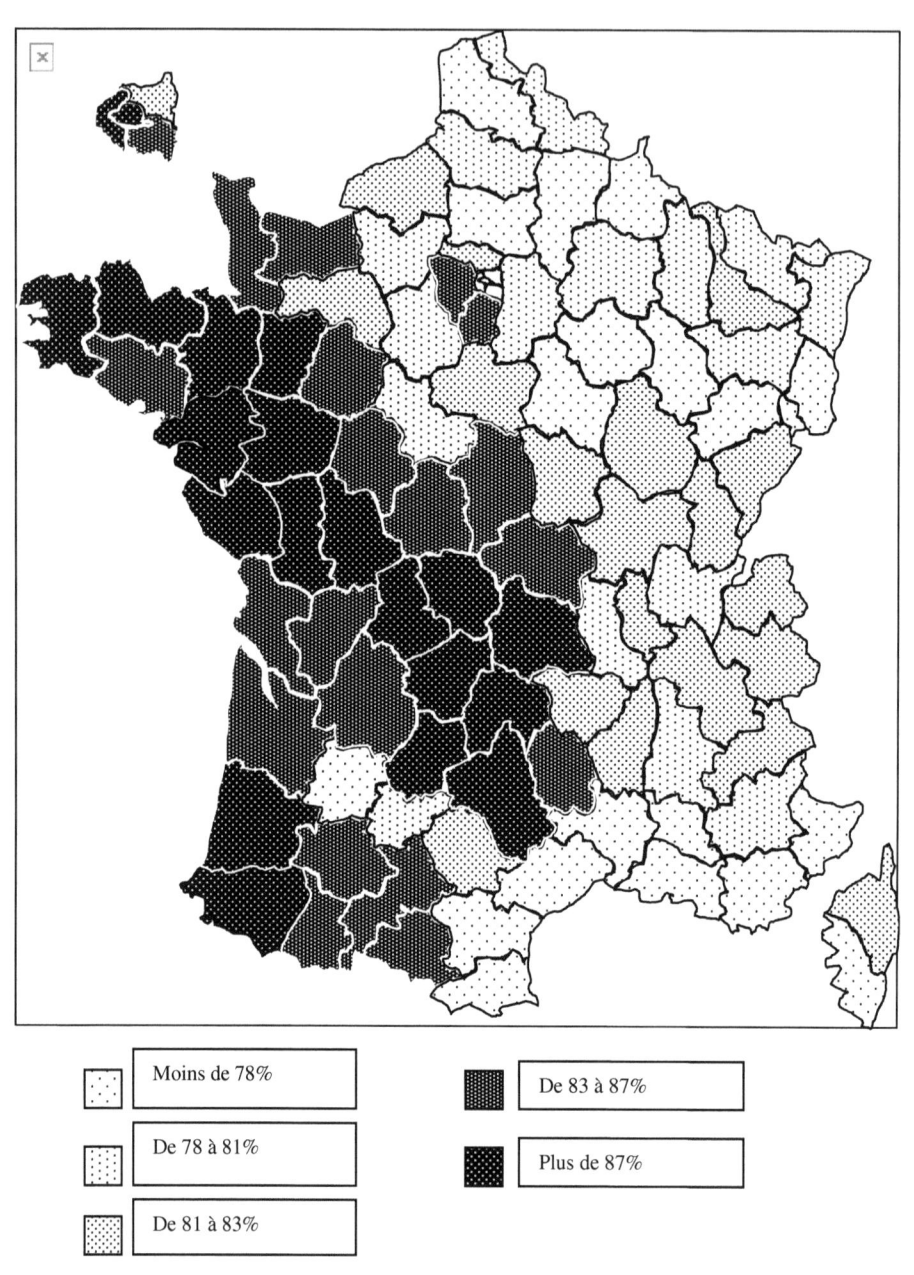

Carte n°20 : Pourcentage exprimé en faveur de Jacques Chirac au deuxième tour de la présidentielle de 2002.

3 L'avenir du RPR

Le 21 septembre 2002, aux Assises extraordinaires du RPR, à Villepinte (Seine-Saint-Denis), les militants du RPR décident la disparition du RPR et sa fusion dans l'Union pour un Mouvement Populaire[1248]. Le 17 novembre, l'UMP est créé, lors de son congrès fondateur où Alain Juppé devient le premier président.

Au RPR, cette idée de fusion entraîne quelques inquiétudes. En effet, comme le souligne Michèle Alliot-Marie, certains ont des réticences à se fondre « *dans un tout indifférencié* », même si elle tente de persuader les militants que le RPR va rester le « *cœur, la force de cette nouvelle union* ». Dès lors, le nouveau parti chiraquien est-il la simple transformation du RPR ? L'analyse de l'origine politique des sympathisants de l'UMP est révélatrice. En effet, l'ancien RPR représente 71.6%, l'ancienne UDF : 15%, DL avec 6% et 8% pour les autres formations[1249].

Dès lors, sur quel projet, ces différentes forces de l'UMP se regroupent-elles ?

Sur l'Europe, la charte de l'UMP l'inscrit comme son « *horizon* »[1250]. Elle est présentée comme « *un élargissement de nos perspectives* », lequel doit permettre de « *construire un projet commun* ». Ainsi, la charte expose ce qu'elle attend des institutions européennes. Elle souhaite voir « *délimiter les compétences* », ce qui suppose « *d'inventer les formes d'une construction où chaque pays conserve son identité tout en s'unissant aux autres* ». Au fond, c'est l'image d'une fédération d'Etats-Nations qui ne veut dire son nom et qui doit amener à une « *Europe forte et puissante* ».

[1248] Les militants devaient s'exprimer sur deux questions :
- Approuvez-vous la révision des statuts du Rassemblement par création du Titre IX article 53 suivant :
(Titre IX: Transformation du Rassemblement, Article 53: "Toute transformation du Rassemblement ou fusion de celui-ci avec une autre formation politique peut être décidée par les Assises statuant à la majorité absolue des mandataires." ?: 2 250 oui (90,73%) et 230 non
- En cas d'adoption de la révision des statuts, approuvez-vous la transformation du Rassemblement pour entrer, par voie de fusion avec les autres formations qui la constitueront, dans l'UMP lors de son congrès fondateur ? :
2 141 oui (86,51%) et 334 non

[1249] Profils, attentes et positionnement des sympathisants UMP. Analyse de l'IFOP, avril 2004, page 3. Consultations sur : www.ifop.com/europe/universite/ ProfilsattentessympathisantsUMP

[1250] Charte des valeurs de l'UMP. Consultation sur :

4 Jacques Chirac : un Président européen ?

4.1 : Quel européen ?

Jacques Chirac est-il un Européen ? La question mérite d'être posée. Il est vrai que ses positions, en qualité de président du RPR, puis de président de la République, sont des plus contradictoires. En 1980, sceptique sur la construction européenne, il démissionne de son mandat de député européen. Il critique les aspects fédéralistes. Puis, l'évolution de l'Europe, le retour aux affaires de 1986 à 1988, sa stratégie de conquête présidentielle l'amène à assouplir ses positions. En 1992, son *« oui »* au traité de Maastricht, marque son ralliement au projet européen comme une grande partie de la droite. Mais, ce ralliement est-il de conviction[1251] ? Est-il le fruit d'un certain réalisme et pragmatisme politique ou relève-t-il d'un opportunisme politique ? La seule volonté de revenir au pouvoir n'est pas une explication suffisante pour le voir accepter l'Europe en construction. Il se montre un européen de raison. Son élection en 1995 est une occasion d'affirmer son engagement.

4.2 : Jacques Chirac : *« un rôle moteur »*[1252] dans l'évolution du RPR sur l'Europe.

Pour Alain Juppé, qui a été un des rouages essentiels du RPR, de 1988 à 1997, *« Jacques Chirac est un européen »*[1253]. Il estime qu'il a eu un *« rôle moteur »* dans l'évolution des idées. Sur l'Europe, il ne voit qu'une *« seule contradiction »* dans la pensée de Jacques Chirac, l'Appel de Cochin et ce même s'il souligne que Jacques Chirac était *« dans l'incapacité de rédiger ce texte »*. Ainsi, pour lui, entre 1976 et 1979, Jacques Chirac *« a flotté sur le plan européen, parce qu'il y avait Marie France Garaud, Pierre Juillet et Valéry Giscard d'Estaing »* et ce *« malgré l'influence de Georges Pompidou et malgré son passage au ministère de l'Agriculture »*[1254]. Est-ce à dire que Jacques Chirac est un *« homme sous influence »*[1255] ? Après cette période, il

---

[1251] Franz-Olivier Giesbert le dit dans Jacques Chirac se met au service de ses convictions. Dans Franz-Olivier Giesbert, La tragédie du président. Scènes de la vie politique 1986-2006, Flammarion, page 65.
[1252] Entretien avec Alain Juppé du 15 septembre 2004.
[1253] Ibid..
[1254] Entretien avec Alain Juppé du 15 septembre 2004.
[1255] Jean-Marie Colombani, Le résident de l'Elysée, page.

estime que *« son engagement dans sa volonté de faire avancer l'Europe dans le sens politique, ne se dément jamais »*. Il en va de l'acte unique, en 1987, du traité de Maastricht, en 1992, où nombre de ses amis l'incitaient à prendre position pour le *« non »*. Jacques Chirac lui aurait alors dit : *« je ne le ferai pas par conviction et parce que si demain je dois avoir un rôle prépondérant en France, je ne me vois pas aller à Bruxelles discuter avec Helmut Kohl, Margaret Thatcher ; si je dis « non » »*.

Or, sur Maastricht, il avait le choix. En prenant position, pour le *« non »*, il pouvait faire chuter François Mitterrand et l'amener à démissionner. Il aurait eu un *« destin national »*. Mais, il choisit le *« oui »*, ce qui amène Jean-Paul Bled[1256] à dire qu'il a fait le choix d'un *« destin électoral »* ? Christian de la Malène, ancien député européen du RPR, considère que Jacques Chirac, face à l'appel de Cochin, face à l'Acte Unique, face à Maastricht a fait preuve d'*« opportunisme politique »*. Il souligne que les positions de Jacques Chirac ont été *« personnelles et ne sont pas celles du RPR, même si ce dernier a fini par s'aligner sur ses positions »* [1257]. Alain Juppé rejette cette idée, soulignant qu'en 1989, alors qu'il est dans une *« traversée du désert »* et qu'à ce moment là, l'enjeu n'est pas la reconquête politique immédiate, il a souhaité une liste d'union, pour les Européennes, et a appelé le RPR à soutenir son *« ancien rival »*, Valéry Giscard d'Estaing. Dès lors, son engagement européen est un engagement de *« conviction »*.

Alain Bournazel et Etienne Tarride[1258] en tirent la même conclusion. En qualité de chef du parti néo-gaulliste, le *« parti de la souveraineté nationale »*[1259], Jacques Chirac aurait du s'opposer à Maastricht. Or, il s'est *« complètement rallié à la cause européenne »*[1260]. Ainsi, ils estiment que ce ralliement n'est pas le fruit de *« raisons d'opportunité tactique »*, mais relève d'une *« adhésion … sincère et fervente »*[1261].

Une évolution de la pensée de Jacques Chirac qui trouve des raisons dans l'évolution même de l'Europe. Le *« fédéralisme européen »*, sur le modèle fédéral américain ou allemand, semble être abandonné, parmi les partenaires européens de la France. Ainsi, les actes de Jacques Chirac en faveur de

---

[1256] Jean-Paul Bled, *Une étrange défaite, le piège de Maastricht, lettre ouverte d'un gaulliste à Jacques Chirac,* Combats pour la liberté de l'esprit, François Xavier de Guibert, 81 pages, 1998. Il est universitaire et ancien président des Cercles universitaires d'études et de recherches gaulliennes.
[1257] Entretien avec Christian de la Malène du 27 novembre 2001.
[1258] Alain Bournazel, Etienne Tarride, *Pour des états-généraux de la souveraineté nationale : y aura-t-il un sursaut pour la France ?,* Combat pour la liberté, François-Xavier de Guibert, 1998, 134 pages.
[1259] Ibid. page 114.
[1260] Ibid., page 115.
[1261] Ibid., page 115.

l'Europe en construction sont significatifs : l'Acte unique, le *« oui »* de Maastricht. Mais ce choix européen a été dicté par certains facteurs, mais aussi par certaines influences comme les agriculteurs et les milieux économiques.

Dès lors, élu président, sa politique vise à respecter les décisions européennes. Dès 1995, il impulse une politique d'austérité de manière à respecter le Pacte de stabilité et de croissance de manière à permettre l'introduction de la monnaie unique ; il se montre partisan d'une Europe puissance dans un monde multipolaire.

CONCLUSION

De 1976 à 2002, le RPR a évolué sur ses conceptions européennes. D'un parti réservé sur la supranationalité, se réclamant de la défense de la souveraineté, dénonçant l'influence américaine, il a fini par se rallier à une Europe peu ou prou fédérale et intégrée. Que de chemin parcouru alors pour ce parti, qui, en 1976, voulait reconquérir le pouvoir, sous ses propres couleurs. Mais, en rejetant la supranationalité et en dénonçant son ancien allié, l'UDF, comme *« le parti de l'étranger »*, il échoue aux élections européennes de 1979. En 2002, ces évolutions ont permis la réunification des droites républicaines et modérées dans un grand parti européen, libéral et de droite, l'UMP. Elles mettent fin aux rivalités internes à droite entre le RPR et l'UDF. L'UMP, sur la construction européenne, s'est rassemblée sur une Europe peu ou prou supranationale et libérale. La réalité en a décidé autrement. Ainsi, de l'appel de Cochin de décembre 1978 au discours de Jacques Chirac, le 27 mai 2002, à Berlin, qui appelle à une refondation institutionnelle autour d'une constitution et qui modifie la donne de la finalité européenne vers une Europe intégrée et une Europe politique, quel paradoxe, quelle évolution ?

Ces évolutions ont été rendues possibles grâce au contexte économique, politique qui a changé avec la mondialisation, la concurrence économique, le rôle des Etats-Unis devenus la seule hyper puissance… La construction européenne a elle-même évolué. Des évolutions qui ont aussi amené tous les partis à des adaptations, des infléchissements. Au RPR comme à l'UDF, ces évolutions ont entraîné des alignements, des consensus, mais aussi des éloignements, des réticences, des ruptures. Finalement, le RPR implose et fusionne, avec une grande partie de l'UDF, dans ce grand parti, l'UPM.

Il aura fallu 26 années pour amener le RPR à se convertir peu ou prou à la construction européenne, ce qui peut l'amener à fusionner avec l'UDF.

Durant ces années, le RPR a *« instrumentalisé »* la construction européenne, par opportunisme, sans doute, mais aussi par pragmatisme en utilisant les évolutions comme facteurs d'adaptation. Ces dernières évolutions s'inscrivent dans la construction européenne elle-même. Au RPR, elles ont généré des évolutions idéologiques et structurelles.

L'évolution de la construction européenne

Face à ces nouveaux enjeux, l'Europe a du s'adapter, évoluer. De 1976 à 2002, pour répondre à la crise économique, financière et monétaire, l'Europe s'est élargie passant de Neuf à bientôt vingt-cinq. Elle s'est approfondie avec des transferts de souverainetés et des *« souverainetés renforcées »*.

Finalement, l'Europe de 2002 n'est plus celle de 1976. Les solutions imaginées à cette époque ne répondent plus aux nouveaux enjeux.

Face à cette évolution, le RPR avait le choix, celui de rester sur ses conceptions et finalement sans doute disparaître ou évoluer. En effet, toute évolution suppose des alignements, des abandons idéologiques, la recherche d'alliés comme celle de nouveaux électorats. Mais elle entraîne aussi des hésitations, des éloignements, des réticences, des ruptures, sur fond de rivalités politiques, de rivalités de conquête du pouvoir au sein même du RPR, pour infléchir ou non les évolutions.

Mais, ces évolutions ont davantage été le reflet d'une volonté, celle de la reconquête du pouvoir comme elles soulignent les ambitions politiques de quelques personnalités, en particulier, celle de Jacques Chirac.

Ces évolutions trouvent essentiellement leurs sources dans le cadre de la reconquête du pouvoir où la construction européenne a été « *instrumentalisée* » pour entraîner, favoriser des évolutions. Des évolutions qui sont à la fois idéologiques et structurelles.

Des évolutions idéologiques

De 1976 à 2002, le RPR a donc évolué et infléchi ses positions sur la construction européenne. Des infléchissements idéologiques qui ont permis des rapprochements avec l'allié d'hier, l'UDF et les centristes, au point de finir par une fusion des deux entités politiques, en octobre 2002.

Ainsi, au RPR comme à l'UDF, chacun a fini par infléchir ses positions, ses exigences au point de parvenir à un positionnement pratiquement similaire sur l'idée d'une Europe supranationale et libérale.

Si, les élections européennes de 1979 s'inscrivent davantage dans une rivalité personnelle entre le Président et Jacques Chirac, l'Europe a été une opportunité pour se différencier. Le RPR défend alors une Europe indépendante, souveraine et européenne et ce même si elle semble ne pas être en phase avec les aspirations du moment, à l'inverse de la liste officielle du Président. L'échec à la présidentielle de 1981 modifie un peu plus la donne. Avec l'arrivée de la gauche au pouvoir, la stratégie de reconquête du pouvoir va appeler à une autre stratégie, celle de l'union. Cette dernière suppose alors des rapprochements idéologiques. Le RPR réalise alors une « *mue idéologique* ». Cette conversion l'amène à se rallier au libéralisme et à se convertir à l'Europe en construction. En effet, l'Europe lui a montré qu'elle n'était pas forcément un danger pour les nations, les souverainetés. Ainsi, les élections européennes de 1984 sont sous le signe de l'union du RPR et de l'UDF, à la différence de celles de 1979. La prédominance est alors donnée à l'UDF. Ce rapprochement par l'économique et par le libéralisme est aussi une occasion de rivaliser avec les socialistes au pouvoir, engagés dans une politique économique à contre-courant de l'économie libérale dominant en Europe et influencée par les exemples américains et anglais.

Si ces évolutions idéologiques modifient les rapports des forces politiques, elles modifient aussi la structure des électorats. Si les débuts du RPR lui ont donné des électorats attirés comme le monde paysan, lequel est favorable aux intérêts que lui procure l'Europe, ce bastion électoral dont le nombre diminue inexorablement, ne peut plus lui permettre d'accéder à la magistrature suprême, alors qu'il a « *ouvert la porte de Matignon* »[1262]à Jacques Chirac. C'est la recherche de nouveaux électorats qui s'imposent. Par un ralliement sur le libéralisme et l'Europe, le RPR rallie un électorat d'artisans, de professions libérales... mais aussi du monde économique, comme Jérôme Monod. Si, l'évolution idéologique modifie les électorats, elle modifie aussi les équipes, la direction du RPR. Ainsi, à l'ère Juillet-Garaud des années 1976 à 1979, succède l'époque des « *libéraux* » dans le sciage d'Edouard Balladur, d'Alain Juppé... puis les entourages de Philippe Séguin...

Mais, ce rapprochement idéologique n'est pas sans incidence sur le parti. La stratégie de l'union a entraîné des rivalités de pouvoir au sein même du RPR, mais aussi à l'UDF.

Ainsi, en 1994, les élections européennes voient la liste RPR-UDF opposée à une liste de Philippe de Villiers qui dénonce une « *bruxellocratie irresponsable* ».

Les divergences persistent avec le temps. En 1999, le scénario se reproduit avec l'opposition de deux listes, celle du RPR-DL et celle d'un ex-RPR, Charles Pasqua et Philippe de Villiers se déclarent contre l'Europe de Maastricht et se réclament du souverainisme. Bien que leurs démarches s'inscrivent davantage dans une défense de la nation et de la souveraineté pour ne pas laisser le seul Front National, parler de la Nation. L'aile « *souverainiste* » quitte le RPR et fonde un nouveau mouvement, le RPF[1263] (Rassemblement pour la France).

Ce rapprochement idéologique amène aussi à la contestation des leaders, surtout en période d'échec électoral. Ainsi, le RPR connaît la contestation

---

[1262] Hélène Delorme, dans Coulomb, Agriculture et politique, page 437.
[1263] Ce RPF est composé de 6 élus membres du Groupe de l'Union pour un Mouvement Populaire (UMP) à l'Assemblée Nationale: Jean-Jacques Guillet, Lionnel Luca, Jacques Myard, Philippe Pemezec, Georges Siffredi, et Philippe Folliot (élu apparenté au Groupe Union pour la Démocratie Française (UDF)). Et, au sénat, Charles Pasqua, membre du Groupe Union pour un Mouvement Populaire (UMP).

après l'échec présidentiel de 1988 ou en 1992 avec Maastricht ou après la dissolution de l'assemblée nationale en 1997.

Si le RPR évolue idéologiquement, ces évolutions ont des incidences sur la structure du RPR et celles de ses alliés.

Des évolutions structurelles

Sur la période, les évolutions idéologiques semblent avoir été acquises plus rapidement que les évolutions structurelles. Ce décalage résulte des rivalités de personne. En effet, les droites s'affrontent. Il en est de la lutte aux élections présidentielles entre Jacques Chirac et VGE en 1981 ; puis celle de Jacques Chirac et Raymond Barre en 1988 ; enfin, celle de Jacques Chirac et Edouard Balladur, en 1995.

Entretemps, des tentatives d'union ont lieu. Ainsi, dès l'échec à la présidentielle de 1981, des cartels sont mis en place de manière à rassembler les droites. C'est l'Union pour la Nouvelle Majorité (UNM), pour les élections législatives de juin 1981 ; puis l'Union du Rassemblement et du Centre, en 1988, comme c'est l'ambition des tentatives de confédération avortées comme l'Union pour la France (UPF) en 1993 ou l'Alliance, en 1998. Mais, ces rivalités de personne donnent aussi lieu à des tentatives diverses comme les contestations, en 1988, la vague des rénovateurs, en , tout comme les rivalités de pouvoir au sein du RPR en vue d'en conquérir la direction comme en 1988, en 1992 ou en 1997.

La stratégie de l'union est donc un outil tactique en vue de cette probable reconquête. A ce titre, l'Europe est « *instrumentalisée* » pour modifier la donne en imposant des alignements, des tentatives d'union ou chacun doit y trouver son intérêt, mais aussi des ruptures. Elle suppose la recherche de consensus, qu'il faut au fil du temps maintenir afin d'éviter l'éclatement, lequel, politiquement, aurait des conséquences néfastes dans la reconquête du pouvoir. Mais, plus l'Europe s'unifie, s'élargit, plus elle demande des transferts de souveraineté. Dès lors, le consensus interne est de plus en plus impossible. Tel est le sens, en 1999, de la rupture avec Charles Pasqua, laquelle montre que le consensus entre deux conceptions de l'Europe, celle des « *européistes* » et celle de « *souverainistes* » devient inconciliable. Cependant, entre 1999 et 2002, le poids de la tendance « souverainiste » est réduit à une peau de chagrin[1264]. La période qui débute en 1999 et qui va

---

[1264] Le « Collectif pour une confédération des Etats d'Europe », regroupe des personnalités gaullistes, centristes et souverainistes. Il est créé en novembre 2004, il lance la campagne du « non » à la campagne du référendum sur la « Constitution européenne ». On y trouve plusieurs personnalités issues notamment du gaullisme et

jusqu'en 2002, permet au RPR, dont le gros des troupes lui est resté attaché de clarifier ses positions sur l'Europe, débarrassé, qu'il est, des « *souverainistes* ».

Parti créé pour la reconquête du pouvoir, le RPR ne pouvait sur la construction européenne qu'évoluer et s'adapter. Parti de gouvernement, il ne pouvait plus, s'il souhaitait revenir au pouvoir, remettre en cause l'Europe qui se bâtissait, sans isoler la France. En effet, si la finalité de la construction européenne pouvait laisser libre cours à diverses conceptions, dans les années soixante-dix, l'évolution vers une union de plus en plus poussée ne permet plus une instrumentalisation.

---

de l'UMP : l'ancien Premier Ministre Pierre MESSMER ; les anciens ministres du général de Gaulle : Jean CHARBONNEL, Ancien ministre, fondateur d'Action pour le renouveau du gaullisme et de ses objectifs sociaux (ARGOS) ; Gabriel KASPEREIT ; Christian de LA MALENE ; Jean MATTEOLI, ancien président du Conseil économique et social ; Roland NUNGESSER, Président de Carrefour du gaullisme. Puis, Bernard DE GAULLE ; Nicolas DUPONT-AIGNAN, Député UMP de l'Essonne, président de Debout la République (DLR) ; Elie-Jacques PICARD, Président de l'Union gaulliste pour la démocratie ; il est présidé par Jacques BAUDOT, Sénateur centriste de Meurthe-et-Moselle, Président ; et, a comme secrétaire général : Christophe BEAUDOUIN, ex Président des jeunes Gaullistes (UJP). On y trouve aussi Guy SABATIER, Ancien Député (UDR), Président d'honneur du Collectif ; Amiral Michel DEBRAY Ancien Président de l'Institut Charles de Gaulle ; Pierre MAILLARD, Ambassadeur de France, ancien collaborateur du général de Gaulle ; Jacques MYARD, Député de la Nation (UMP), Président des Cercles Nation et République ; Pierre LEFRANC, Ancien Chef de Cabinet du Président de Gaulle ; enfin, Jean-Paul BLED, Professeur à l'Université Panthéon-Sorbonne ; Marcel BOITEUX, Président d'Honneur d'EDF ; Michel CAZENAVE, Ecrivain et journaliste ; Christian CABROL, Professeur honoraire de chirurgie, ancien Député au Parlement européen ; Paul-Marie COÛTEAUX, Ecrivain, Député MPF au Parlement européen ; Philippe DARNICHE, Sénateur MPF de Vendée ; François-Georges DREYFUS, Professeur ; Alain DUFAU Sénateur du Vaucluse ; Bernard FOURNIER, Sénateur UMP de la Loire ; Olivier GOHIN, Professeur à l'Université Panthéon-Assas ; le Professeur Lucien ISRAEL, Membre de l'Institut ; Guy de KERGOMMEAUX, Avocat à la Cour ; Patrick LOUIS, Député au Parlement européen ; Sylvie PERRIN, Membre du Bureau politique de l'UMP ; Michel PINTON, cofondateur de l'UDF ; Bruno RETAILLEAU, Sénateur MPF de Vendée ; Philippe de SAINT-ROBERT, Ecrivain. L'analyse des opposants à la constitution européenne, en 2005, montre non seulement, ils sont minoritaires au sein de la nouvelle UMP, même s'ils sont nombreux issus de l'ancien RPR, et, appartiennent essentiellement à la génération qui a collaboré, sous Charles de Gaulle.

L'élection présidentielle de 1995 montre les limites d'instrumentalisation européenne. Si, un temps, Jacques Chirac pour se différencier d'Edouard Balladur dénonce la pensée unique et prône une Europe plus sociale, la fin de la campagne l'amène à nuancer son discours européen. Son élection confirme alors un engagement européen. Un engagement qui franchit le pas, en 2002, avec le projet de constitution européenne.

Ainsi, après 26 années de luttes entre les deux formations, le RPR et l'UDF fusionnent pour donner un grand parti européen, libéral et de droite à l'image des grands partis de droite en Europe.

Dès lors, quel avenir pour l'UMP et la ratification de la constitution ? Les Français sont-ils aussi convaincus de l'abandon total de leur souveraineté ? Quant à l'électorat est-il susceptible d'aller plus loin devant cette Europe qui se construit ? Enfin, l'UMP est-elle décidée à aller encore plus loin dans une Europe unie et élargie ?

BIBLIOGRAPHIE

SOURCES

- Année politique, 1977, 1978, 1979.
- L'année politique, économique, sociale et diplomatique en France, de 1980 à 1995, Edition de la Revue Politique et Parlementaire du Moniteur, Editions Evènements et Tendances.
- Encyclopaedia Universalis, Universalia, de 1975 à 2001.
- L'Etat de la France, Paris, La découverte, 1989-2001.
- Le Monde, de 1976 à 2002.
- Le Monde, Dossiers et Documents, les Européennes de 1979, de 1984, de 1989, de 1994 et 1999.
- Le Monde, Dossiers et Documents, élections législatives, 21 mars.28 mars 1993, la droite sans partage, avril 1993.
- Le RPR de 1981 à 1986, Dossier de presse, 5 tomes, Science Politique.
- Le RPR de 1986 à 1995, Dossier de presse, Science Politique.
- Le RPR après les élections de 1995, Dossiers de presse.

Ouvrages :

- Actes du colloque des états-généraux de la souveraineté nationale, Ormesson-sur-Marne, 19 octobre 1998, François-Xavier de Guibert, 1999, 131 pages.
- Actes de la Convention pour l'Europe, organisée par le RPR, le 5 et 6 octobre 1998. Une certaine Idée, hors série, octobre 1988, 227 pages.
- Bled Jean-Paul, Une étrange défaite, le piège de Maastricht : lettre ouverte d'un gaulliste à Jacques Chirac, Combat pour la liberté de l'esprit, Paris, 1998, 81 pages.
- Bournazel Alain et Tarride Etienne, Pour des états-généraux de la souveraineté nationale : y aura-t-il un sursaut pour la France, Combats pour la liberté de l'esprit, 1998, 134 pages.
- Chirac Jacques, Discours pour la France à l'heure du choix, Stock, 1978, 288 pages.
- Chirac Jacques, La lueur de l'espérance, réflexion du soir pour le matin, La Table Ronde, Paris, 1978, 237 pages.
- Chirac Jacques, Oui à l'Europe, Le Figaro magazine, Albatros, 1984, 155 pages.
- Chirac Jacques, Une nouvelle France, réflexions 1, Nil éditions, 1994, 141 pages.
- Chirac Jacques, La France pour tous, Nil éditions, 1995, 139 pages.

- Giscard d'Estaing Valéry, Démocratie française, Paris, Fayard, 1976, 175 pages.
- Laulan Yves Marie, Jacques Chirac et le déclin français, Trente ans de vie politique premier bilan, 1974-2002, François Xavier de Guibert, Paris, 2001, 235 pages.
- Minc Alain et Séguin Philippe, Deux France ? Plon, 1994, 312 pages.
- Monod Jérôme et Magoudi Ali, Manifeste pour une Europe souveraine, Editions Odile Jacob, 1999, 159 pages.
- Pasqua Charles et Séguin Philippe, Demain la France, La priorité sociale, tome 1, Demain la France, Paris, 1992, 154 pages.
- Pasqua Charles, Séguin Philippe, Demain la France, La reconquête du territoire, tome 2, Demain la France, Paris, 1992, 154 pages.
- Pasqua Charles, Séguin Philippe, Demain la France, La priorité sociale, tome 3, Demain la France, Paris, 1992, 154 pages.
- Pasqua Charles, Tous pour la France, Albin Michel, 1999, 251 pages.
- Pasqua Charles, Non à la décadence, Albin Michel, 2001, 189 pages.

Biographies :

- Clerc Christine, Journal intime de Jacques Chirac, tome 1, Albin Michel, 1995, 435 pages.
- Clerc Christine, Journal intime de Jacques Chirac, tome 2, mai 95 - mai 96, Albin Michel, 1996, 362 pages.
- Clerc Christine, Journal intime de Jacques Chirac, 3 : exil à l'Elysée, tome 3, Albin Michel, 1997, 435 pages.
- Clerc Christine, Journal intime de Jacques Chirac, 97-98 : le suicide, tome 4, Albin Michel, 1999, 294 pages.

Mémoires:

- Attali Jacques, Verbatim, I (chronique des années 1981-1986) Paris, Fayard, 1993, 530 pages ; Tome II (1986-1988), 1995, 519 pages ; Tome III (1988-1991), 1995, 785 pages.
- Balladur Edouard, Deux ans à Matignon, Plon, 1995, 271 pages.
- Barre Raymond, Entretien, Mémoire vivante, Flammarion histoire, 2001, 285 pages.
- Chaban-Delmas Jacques, Mémoires pour demain, Flammarion, 1997, 517 pages.

- Debré Michel, Combattre toujours, Mémoires V, 1969-1993, Albin Michel, 1994, 334 pages.
- Peyrefitte Alain, C'était de Gaulle : " La France redevient la France", 1995, 616 pages.
- Séguin Philippe, Itinéraire dans la France d'en-bas et d'ailleurs, Paris, Seuil, 2003, 600 pages.
- Védrine Hubert, Les Mondes de François Mitterrand (à l'Elysée, 1981-1995), Paris, Fayard, 1996, 784 pages.
- Védrine Hubert, Face à l'hyper-puissance, Textes et discours 1995-2003, Paris, Fayard, 2003, 385 pages.

<u>Discours, débats, conférences faisant essentiellement référence à la question européenne, prononcés par les principaux responsables du RPR (Présidents du RPR, Premiers ministres, Secrétaires généraux, Présidents d'assemblées, Ministres, personnalités chargées de la question européenne au RPR), à l'Assemblée Nationale et au Parlement européen.</u>

<u>Programmes politiques en vue des élections européennes.</u>

REVUES :

La Lettre de la Nation, directeur de la publication : Pierre Charpy, de 1974 à 1989, Paris.
La Lettre de la Nation magazine, directeur de publication : Camille Cabana, d'octobre 1989 à octobre 2002, Paris.
La lettre de Michel Debré, Paris.

OUVRAGES :

Ouvrages méthodologiques :

-
- Berstein Serge (sous la direction de), Les cultures politiques en France, Seuil, 1999, 412 pages.
- Goguel François, Chroniques électorales, La Cinquième république après de Gaulle, Presses de la Fondation Nationale des Sciences Politiques, 1983, 198 pages.

Ouvrages généraux sur les partis politiques, la vie politique :

- Allaire Marie-Bénédicte, Goulliaud Philippe, L'incroyable septennat : Jacques Chirac à l'Elysée 1995-2002, Fayard, 2002, 746 pages.
- Bréchon Pierre, La France aux urnes, cinquante ans d'histoire électorale, Paris, La Documentation française, 1998, 232 pages.
- Bréchon Pierre (sous la direction), Les élections présidentielles en France, quarante ans d'histoire politique, La documentation française, 2007, 183 pages.
- Offerlé Michel, Les partis politiques, Paris, PUF, 1987, 125 pages.
- Ysmal Colette, Les partis politiques sous la Cinquième République, Paris, Montchrestien, 1989, 312 pages.

Manuels :

- Berstein Serge et Milza Pierre, Histoire de la France au XXème siècle, tome 5, de 1974 à nos jours, Bruxelles, Complexe, 1994, 453 pages.
- Berstein Serge, Rioux Jean-Pierre, La France de l'expansion, tome 2, L'apogée Pompidou (1969-1974), Paris, Seuil, Collection « Nouvelle Histoire de la France contemporaine », 18, 2000, 337 pages.
- Berstein Serge, Histoire du gaullisme, Perrin, 2001, 569 pages.
- Cohen Samy, La Monarchie nucléaire : les coulisses de la politique étrangère sous la Cinquième République, Parsi, Hachette, 1986, 271 pages.
- Grosser Alfred, Affaires étrangères. La politique de la France (1944-1984), Paris, Flammarion, 1984, 352 pages.

- Rémond René, (avec la collaboration de Jean-François Sirinelli), Notre siècle, (1918-1995), nouvelle édition, Paris, 1996, 1109 pages.
- Teyssier Arnaud, Le dernier septennat (1995-2002), Editions Pygmalion, Collection Histoire politique de la France, 2002, 160 pages.

Histoire de la construction européenne :

- Bitsch Marie-Thérèse, Histoire de la construction européenne, Editions Complexe, 2004, 401 pages.
- Bossuat Gérard, Faire l'Europe sans défaire la France : 60 ans de politique d'unité européenne des gouvernements et des présidents de la République française (1943-2003), PIE-Peter Lang, EUROCLIO Etudes et Documents, Bruxelles, 2005, 630 pages.
- Duroselle Jean-Baptiste, L'Europe, Histoire de ses peuples, Hachette Littératures, Pluriel, 1998, 705 pages.
- Gerbet Pierre, La construction européenne, Paris, Imprimerie nationale, 1983, 3ème édition, 1999, 620 pages.
- Prate Alain, La France en Europe, Paris, Economica, 1995, 373 pages.
- Toulemon Robert, La Construction européenne, Histoire, acquis, perspectives, Editions de Fallois, Paris, 1994, 288 pages.
- Zorgbibe Charles, Histoire de la construction européenne, PUF, 1997, 382 pages

Ouvrages et revues spécialisés sur les élections européennes :

- Charlot Monica (sous la direction de), Les élections européennes de juin 1984 : Une élection européenne ou dix élections nationales, Publications de la Sorbonne, Paris, 1986, 251 pages.
- Deloy Yves (Sous la direction de), Dictionnaire des élections européennes, Economica, Collection Etudes Politiques, 2005, 705 pages.
- Belot Céline et Greffet Fabienne, « 15 élections nationales pour un Parlement européen », dans Regards sur l'actualité, Mensuel, n°253, juillet-août 1999, La Documentation Française, pages 3-24.
- Ferenczi Thomas (sous la direction), 9 juin-12 juin 1994, Elections européennes, progrès des droites, Le Monde, Dossiers et Documents, 1994, 128 pages.
- Habert Philippe, Ysmal Colette, Elections européennes 1989, Le Figaro-Etudes politiques, Paris, 1989, 98 pages.

- Le Monde, Numéro spécial des Dossiers et Documents du monde, L'élection présidentielle, 23 avril-7mai 1995, mai 1995, 128 pages.
- Offerlé Michel, Elections européennes. Des voix qui parlent : les élections du 13 juin 1999 en France, dans Regards sur l'actualité, Mensuel, n°253, juillet-août 1999, La Documentation Française, pages 25-42.
- Perrineau Pascal et Ysmal Colette, « Chroniques électorales, Le vote des Douze : les élections européennes de juin 1994, Presse de Science Politique, 1995, 313 pages.
- Pascal Perrineau, « Le vote européen : 2004-2005. De l'élargissement au référendum français, Presses de la Fondation Nationale de Sciences-Po, 2005, 320 pages.

Histoire de la droite :

- Frémontier Jacques, Les cadets de la droite, Point Politique, Seuil, 1990, 345 pages.
- Rémond René, Les droites en France, Paris, Aubier, 1982, 544 pages.
- Sirinelli Jean-François, Histoire des droites en France, Paris, Gallimard, 1992, 3 volumes.

Ouvrages spécialisés sur le gaullisme, le pompidolisme, le chiraquisme :

- Association Georges Pompidou, Georges Pompidou et l'Europe, Préface d'Edouard Balladur, Post-face de Jacques Chirac, Bruxelles, Complexe, 1995, 692 pages.
- Bahu-Leyser Danielle, De Gaulle, les Français et l'Europe, Paris, PUF, 1981, 259 pages.
- Berstein Serge, Histoire du gaullisme, Le Grand Livre du Mois, 2001, 569 pages.
- Cerny Philip G., Une politique de grandeur. Aspects idéologiques de la politique extérieure de de Gaulle, Paris, Flammarion, 1986, 342 pages.
- Charlot Jean, le phénomène gaulliste, Paris, Fayard, 1970, 207 pages.
- Collovald Annie, Jacques Chirac et le gaullisme, Belin socio-histoire, 1999, 320 pages.

- Cousté Pierre-Brenard et Visine François, Pompidou et l'Europe, Librairies Techniques, Paris, 1974, 208 pages.
- Coudurier Hubert, Le monde selon Chirac : Les coulisses de la diplomatie française, calmann-Lévy, 1998, 417 pages.
- De Gaulle en son siècle, Tome 5 l'Europe, ouvrage collectif publié par la Fondation Charles de Gaulle, Paris, Plon, La Documentation française, 1992, 529 pages.
- Jouve Edmond, Le général de Gaulle et la construction européenne (1940-1966), tome 1, 1967, 881 pages.
- Knapp Andrew, Le gaullisme après de Gaulle, Seuil, Science Politique, 1996, 907 pages.
- Maillard Pierre, De Gaulle et l'Europe, édition Approches Tallandier, 1995, 370 pages.
- Sabatier Guy, Ragueneau Philippe, Le dictionnaire du gaullisme, Albin Michel, 1994, 507 pages.
- Sabatier Guy, Pourquoi détruire la France afin de construire l'Europe ? Une seule solution : la Confédération d'Etats-Nations voulue par le Général de Gaulle, Grancher, 2004, 127 pages.
- Vaïsse Maurice, La grandeur, politique étrangère du général de Gaulle, 1958-1969, Paris, Fayard, 1998, 726 pages.

Ouvrages spécialisés sur le RPR :

- Bréchon Pierre, Derville Jacques, Lecomte Patrick, les cadres du RPR, Paris, Economica, 1987, 260 pages.
- Brisard Jean-Charles et Pinard Patrice, Enquête au cœur du RPR, Granger, 1996, 238 pages.
- Charlot Jean et Claudius, le RPR et ses vingt ans, Regard d'aujourd'hui, Fontaine, 1996, 64 pages.
- Cristol Pierre, Lhomeau Jean-Yves, La machine RPR, Paris, Fayolle, 1977, 260 pages.
- Derville Jacques, Lecomte Patrick, Les Cadres du RPR, Paris, Economica, 1987, 205 pages.
- Desjardins Thierry, Les chiraquiens, La Table Ronde, 1986, 306 pages.
- Schonfeld William R., Ethnographie du PS et du RPR : Les éléphants et l'aveugle, Paris, Economica, 1985, 152 pages.

Inédits sur le RPR :

- Bréchon Pierre, Adhérents et militants gaullistes. Profil socio-démographique, univers politiques, univers culturel, Le RPR et l'UDF à la fin des années 1980, Bordeaux : congrès national de l'AFSP, 1988.
- Derville Jacques, Lecomte Patrick, « RPR-Génération 1986 : processus de mobilisation et système de représentation des adhérents récents du RPR ». Le RPR et l'UDF à la fin des années 1980, Bordeaux, congrès national de l'AFSP, 1988.
- Schonfeld William, The RPR: From a Rassemblement to the Gaullist Movement, paper prepared for the Conference on Twenty Years of Gaullism, Brockport, New York, June-9-12, 1978.

Biographies :

- Bechter Jean-Pierre et Boyer Christian, A l'écoute de la France, Jacques Chirac, La Table Ronde, 1995, 320 pages.
- Billaud Bernard, D'un Chirac à l'autre, Fallois, 2005, 537 pages.
- Boggio Philippe, Alain Rollat, Ce terrible M. Pasqua, Paris, Olivier Orban, 1988, 240 pages.
- Derai Yves, Chirac, le « Président sympa », J'ai lu, 2002, 184 pages.
- Desjardins Thierry, Pasqua : portrait étonnant d'un ministre surprenant, Paris, Edition n°1, 1994, 457 pages.
- Edwars-Vuillet Céline, Le joker : Alain Juppé. Une Biographie, Seuil, 2001, 248 pages.
- Giesbert Franz-Olivier, Jacques Chirac, Seuil points, 1995, 530 pages.
- Girard Patrick, Philippe Séguin, biographie, Ramsay, 1999, 393 pages.
- Madelin Philippe, Jacques Chirac, une biographie, Le Club, Flammarion, 2002, 848 pages.

Ouvrages généraux :

- Barbier Christophe, La comédie des Orphelins : les vrais fossoyeurs du gaullisme, Grasset, 2000, 366 pages.
- Castex Henri, Théorie Stratégies, 7 volumes, Economica, Bibliothèques stratégiques, 1999.

- Charlot Jean, Pourquoi Jacques Chirac, Editions de Fallois, Paris, 1995, 331 pages.
- Colombani Jean-Marie, Le Résident de la République, Paris, 1999, 221 pages.
- Desjardins Thierry, L'homme qui n'aime pas les dîners en ville, Editions n°1, 2001, 417 pages.
- Duhamel Alain, de Gaulle Mitterrand : la marque et la trace, Flammarion, 1991, 235 pages.
- Duhamel Alain, La République giscardienne : Anatomie politique de la France, Grasset, 1980, 251 pages.
- Favier Pierre et Martin-Roland Michel, la décennie Mitterrand, Les ruptures (1981-1984), tome 1, 1995, 708 pages.
- Favier Pierre et Martin-Roland Michel, la décennie Mitterrand, Les épreuves (1984-1988), tome 2, 1995, 967 pages.
- Favier Pierre et Martin-Roland Michel, la décennie Mitterrand, Les défis, tome 3, 1997, 687 pages.
- Favier Pierre et Martin-Roland Michel, la décennie Mitterrand, Les déchirements, tome 4, 2001, 748 pages.
- Garaud Marie-France et Séguin Philippe, De l'Europe en général et de la France en particulier, Le Pré aux clercs, 1992, 255 pages.
- Giroud Françoise, la comédie du pouvoir, Paris, Fayard, 1977, 357 pages.
- Juppé Alain et July Serge, Entre quatre z'yeux, Grasset, 2001, 317 pages.
- Nay Catherine, La double méprise, Grasset, 1980, 297 pages.
- Nay Catherine, Le Dauphin et le Régent, Grasset, 1994, 382 pages.
- Pfister Thierry, Dans les coulisses du pouvoir : la comédie de la cohabitation, Albin Michel, Paris, 1986, 301 pages.
- Prate Alain, La France, Economica, 1995, 373 pages.
- Zemmour Eric, Le livre noir de la droite, Grasset, 1998, 300 pages.

TABLE DES MATIERES

INTRODUCTION..9

PARTIE I :
LA GESTION DE L'HERITAGE EUROPEEN (1976-1979)

Chapitre 1 : Quelle Europe ont bâti les gaullistes à la veille de la création du Rassemblement Pour la République ?...............25

1 Construire une Europe des Etats..27

1.1 : D'une « certaine idée de la France »
1.2 : ... « Une certaine idée de l'Europe »
1.3 : Une construction européenne ambigüe ?
1.4 : Une Europe politique : Une Europe des Etats, indépendante et
« européenne »

2 De la théorie à la pratique ou comment bâtir une Europe Gaulliste : la politique européenne de 1958 à 1969..............................32

2.1 : Les initiatives en matière européenne de 1958 à 1962 : bâtir une
Europe des Etats, une Europe confédérale
2.1.1 : Le plan Fouchet
2.1.2 : Le chantier du Marché commun
2.1.3 : L'union douanière à quel prix ?
2.1.4 : La Politique Agricole Commune
2.2 : L'offensive contre la supranationalité : 1963-1969
2.2.1: Le traité de l'Elysée (22 janvier 1963)
2.3 : Les crises
2.3.1 : le compromis de Luxembourg où le refus du vote à la majorité qualifiée
2.3.2 : le double refus à la Grande Bretagne
2.3.3 : la crise de politique intérieure
2.4 : Quels bilans de la présidence gaullienne ?

3 L'infléchissement sous Georges Pompidou 1969-1974 ?.................................41

3.1 : Une élection présidentielle conditionnée par une relance
européenne ?
3.2 : La relance de la construction européenne : « Achèvement,
approfondissement, élargissement »
3.3 : Les limites de la politique européenne de Georges Pompidou
3.3.1 : le référendum d'avril 1972
3.3.2 : Un bilan mitigé ?

Chapitre 2 : De la création du RPR à la recherche d'une identité européenne……………………………………………………….49

1 La création du RPR : le pourquoi ?..51

1.1 : Se rassembler
1.2 : Exister comme force politique
1.3 : Le gaullisme : l'héritage du RPR ?
1.4 : Les groupes intéressés
1.5 : Quel message en général et sur quel message européen en particulier?
1.5.1 : Du « manifeste » au discours fondateur du RPR
1.6 : Se démarquer : être le « négatif » du Président

2 La construction européenne : une arme de la différenciation ?......................60

2.1 : Les initiatives giscardiennes en matière européenne

3 l'agitation du RPR………………………………………………………...64

3.1 : Le projet d'élection européenne : contre la démocratie ou contre une extension des pouvoirs du Parlement Européen
3.2 : Vers le vote à l'Assemblée Nationale
3.3 : Un congrès pour se positionner
3.4 : Quelle position sur les élargissements

4 Le congrès de novembre 1978 : l'Europe voulue par le RPR en phase avec celle voulue par les Français ?..75

5 la prise de décision : un choix contraint ou comment sauver l'unité du RPR face au débat sur la construction européenne………………...77

5.1 : La prise de décision de 1976 à la veille des élections européennes de juin 1979 : entre diversité et unité, un RPR monolithique face à la construction européenne?
5.2 : La motion d'ajournement de juin 1977
5.3 : Lueur d'espérance ou la critique du libéralisme

Chapitre 3 : De l'appel de Cochin aux élections européennes de juin 1979……………………………………………..87

1 L'appel de Cochin………………………………………………………....89

1.1 : Une dénonciation dans l'esprit gaullien sur la forme et le fond

2 Les réactions..**91**

2.1 : Un groupe RPR en crise ?
2.2 : Des RPR inquiets

3 La campagne du RPR...**98**

3.1 : Les candidats de la liste DIFE
3.2 : Le programme de la liste DIFE
3.3 : Un faux procès : de l'organisation de l'Europe aux problèmes
de politique intérieure

4 Les résultats...**106**

4.1 : La géographie électorale du RPR
4.2 : Stratégie, leadership, gaullisme et comportement contestés ?
4.3 : Les réponses de Jacques Chirac à la contestation
4.4 : Un RPR rassemblé mais …

IIème PARTIE :
DE LA CONVERSION EUROPEENNE : OUI A L'ECONOMIQUE, DES RESERVES SUR LE POLITIQUE

**Chapitre 1 : De la lutte contre la gauche 1981-1986
à une nouvelle culture d'opposition ?**..**125**

1 Une nouvelle culture d'opposition..**129**

1.1 : Les leçons de mai et de juin 1981
1.2 : D'une génération de conseillers à d'autres
1.3 : Un recentrage idéologique et générationnel : le libéralisme,
l'Europe, le glissement à droite
1.4 : Les prémices du développement international du RPR (1977-1983)
1.5 : L'arrivée de nouvelles recrues

2 Un nouveau contexte, le tournant tactique de 1983........................**143**

2.1 : Le tournant tactique de 1983
2.2 : Jacques Chirac au Georgetown : une nouvelle

perspective de la défense
2.3 : Le rapport du comité central du 12 juin 1983 :
un virage doctrinal et européen
2.3.1 : De l'éloge des politiques européennes aux réserves
2.3.2 : Des réserves sur le politique
2.3.3 : L'Europe, des actions à entreprendre
2.4 : Le discours devant la Konrad Stiftung à Bonn
en octobre 83
2.5 : Le « Oui, à l'Europe » de Jacques Chirac

3 La stratégie de l'union……………………………………………………...155

3.1 : Le rapprochement avec l'UDF sur un discours européen
3.2 : La stratégie de l'union pour les élections européennes de 1984
3.2.1 : Pour une liste unique UDF-RPR
3.2.2 : Un programme
3.3 : Les résultats des élections européennes de juin 1984

**Chapitre 2 : De la cohabitation (1986-1988) à la
confirmation d'un changement de cap européen………………….165**

**1 Jacques Chirac et la réalité du pouvoir : deux années
pour réussir……………………………………………………………...……….167**

1.1 : La cohabitation ou la réalité du pouvoir
1.2 : Réussir économiquement : le programme libéral en pratique

2 La ratification de l'Acte Unique……………………………………..169

2.1 : La défense du « pré carré » présidentiel
2.2 : L'acte en lui-même
2.3 : Le RPR face à l'Acte unique
2.4 : Les moyens chiraquiens pour faire approuver l'acte

3 Le bilan européen du gouvernement de Jacques Chirac………………....175

**Chapitre 3 : De la défaite à la Présidentielle
au nouveau contexte européen en passant par
les élections européennes de juin 1989 : entre
les premières contestations et l'unité sauvegardée ?
(1988-1991)……………………………………………………………..179**

1 Un mouvement de contestation……………………………………....**182**

1.1 : L'échec à l'élection présidentielle de mai 1988 et
aux élections législatives de juin 1988
1.2 : La contestation parlementaire de juin 1988
1.3 : La deuxième tentative : les élections européennes de 1989,
un échec devant les électeurs

2 La liste d'union RPR UDF pour les élections
européennes de juin 1989………………………………………………..**191**

2.1 : Les résultats

3 Bouleversement à l'Est, bouleversement au RPR ?
Un RPR entre unité et division, la recherche d'un
nouveau consensus interne………………………………………………..**197**

3.1: Le RPR et l'opposition face aux évènements européens
de l'année 1989
3.1.1 : Les positions face à l'action de François Mitterrand
3.1.2 : Le conseil national du RPR de décembre 1989
3.1.3 : Les assises de février 1990
3.1.4 : Le Conseil National de décembre 1990
3.2 : A la recherche d'un consensus avec les centristes
3.2.1 : La définition d'une politique : les positions d'Edouard
Balladur en cas de cohabitation
3.2.2 : Quelle politique européenne pour la France ?
3.3 : Le Congrès du RPR : un programme

Chapitre 4 : Maastricht ou l'heure de vérité ?……………………………**217**

1 Les préparatifs au Traité de Maastricht………………………………..**221**

1.1 : Une préparation motivée par un contexte européen bouleversé

2 Un RPR divisé : « entre la Nation et Maastricht »………………………....**223**

2.1 : De la nation en question
2.1.1 : Le Traité en lui-même.
2.2 : Le RPR face au Traité de Maastricht : minimiser le texte.
2.3 : La nation et la souveraineté au cœur du débat

**3 Les conditions du RPR à la ratification
ou comment contenir une cohésion ?**..**233**

3.1 : De la réunion de l'Intergroupe à la définition d'exigences
3.2 : Jacques Chirac: « faire l'Europe sans défaire la France »
3.3 : De l'exception d'irrecevabilité à la modification de la Constitution
3.3.1 : Le RPR divisé sur l'exception d'irrecevabilité

4 La campagne du référendum……………………………………………...**243**

4.1 : L'explication de Jacques Chirac
4.2 : Le rassemblement pour le non au référendum
4.2.1 : Le débat télévisé entre Philippe Séguin et François Mitterrand
4.3 : De la tribune libre de « la lettre de la Nation »
4.3.1 : Du non au référendum
4.3.2 : Du oui au référendum

**5 Les résultats du référendum : Quelles France ?
Quelle stratégie pour le RPR ?**..**252**

5.1 : Deux France ?
5.2 : Du vote de confiance lors du conseil national
du 23 septembre : quelle stratégie ?

TROISIEME PARTIE :
DE LA CLARIFICATION DES POSITIONS EUROPEENNES, A L'ECLATEMENT DU RPR (1993-2002)

**Chapitre 1 : Exercer le pouvoir : De la cohabitation à la
nécessité de respecter le Traité de Maastricht (1993-1995)**……...….**265**

1 Le projet européen du RPR ou le symptôme de Maastricht……………**267**

1.1 : De la doctrine Balladur

**2 Les législatives de mars 1993 : une deuxième
cohabitation aux couleurs de Maastricht ?**..**270**

2.1 : Quelle cohabitation pour quel gouvernement ?
2.2 : La politique gouvernementale sous influence de Maastricht ?
2.3 : La crise monétaire de l'été 1993
2.4 : Les négociations du GATT
2.5 : Les élections européennes de 1994
2.5.1 : La préparation des élections
2.5.2 : Le programme
2.5.3 : Les résultats

Chapitre 2 : Jacques Chirac à l'Elysée : Vers une « Europe puissance »? (1995-2002)..........285

1 La campagne des présidentielles................287

1.1 : Les résultats

2 La politique européenne de Jacques Chirac 1995-2002..............297

2.1 : « Juppé, le choix de l'orthodoxie », respecter les engagements
de la monnaie unique
2.1.1 : Des mesures symboliques
2.2 : projet de défense européenne
2.2.1 : De la réforme des armées à la suppression du service national :
l'effacement de l'Etat-nation ?
2.3 : L'objectif : Maastricht : vers l'union monétaire ou
l'abandon de la souveraineté monétaire
2.3.1: Le mémorandum du sommet de Turin : pour quelle
politique extérieure ?
2.4 : Du traité de Nice, en décembre 2000

Chapitre 3 : De l'accentuation des divisions, à l'éclatement du RPR..........309

1 Vers l'Europe que nous voulons : de la préparation de la Conférence Intergouvernementale de Turin..........312

2 La dissolution de 1997 : un choix dicté par les nécessités européennes ?..........315

2.1 : Rénover le RPR ?

3 La convention sur l'Europe où comment sauver l'essentiel ?..........319

4 Le traité d'Amsterdam en question et ses conséquences......................325

5 Les élections européennes de 1999, dans la désunion.........................329

5.1 : La préparation de la campagne
5.2 : Le programme : une Charte Européenne, pour l'union
5.3 : Les résultats

Chapitre 4 : Vers un nouveau RPR européen? (1999-2002)..........339

1 Entre sauver son existence et s'affranchir du Président de la République……………………………………………………….......341

1.1 : Les assises de 2000 : entre la présidence française de 2000 et l'idée d'une constitution européenne
1.2 : Les francs-tireurs du RPR : Alain Juppé et Jacques Toubon pour une constitution européenne
1.3 : Les propositions de Jacques Chirac

2 De la présidentielle à l'UMP : vers un parti de droite, libéral et européen……………………………………………………….347

2.1 : La présidentielle de 2002

3 L'avenir du RPR…………………………………………………......353

4 Jacques Chirac ou l'Europe comme facteur d'appréciation d'un grand Président ?..354

4.1 : Quel européen?
4.2 : Jacques Chirac : « un rôle moteur » dans l'évolution du RPR sur l'Europe

CONCLUSION……………………………………...…………….....357

L'évolution de la construction européenne
Des évolutions idéologiques
Des évolutions structurelles

BIBLIOGRAPHIE……………………………………......................365

TABLE DES MATIERES……………………………….................377

L'HARMATTAN, ITALIA
Via Degli Artisti 15 ; 10124 Torino

L'HARMATTAN HONGRIE
Könyvesbolt ; Kossuth L. u. 14-16
1053 Budapest

L'HARMATTAN BURKINA FASO
Rue 15.167 Route du Pô Patte d'oie
12 BP 226 Ouagadougou 12
(00226) 76 59 79 86

ESPACE L'HARMATTAN KINSHASA
Faculté des Sciences Sociales,
Politiques et Administratives
BP243, KIN XI ; Université de Kinshasa

L'HARMATTAN GUINEE
Almamya Rue KA 028 en face du restaurant le cèdre
OKB agency BP 3470 Conakry
(00224) 60 20 85 08
harmattanguinee@yahoo.fr

L'HARMATTAN COTE D'IVOIRE
M. Etien N'dah Ahmon
Résidence Karl / cité des arts
Abidjan-Cocody 03 BP 1588 Abidjan 03
(00225) 05 77 87 31

L'HARMATTAN MAURITANIE
Espace El Kettab du livre francophone
N° 472 avenue Palais des Congrès
BP 316 Nouakchott
(00222) 63 25 980

L'HARMATTAN CAMEROUN
Immeuble Olympia face à la Camair
BP 11486 Yaoundé
(00237) 99 76 61 66
harmattancam@yahoo.fr

L'HARMATTAN SENEGAL
« Villa Rose », rue de Diourbel X G, Point E
BP 45034 Dakar FANN
(00221) 33 825 98 58 / 77 242 25 08
senharmattan@gmail.com